国家出版基金项目
NATIONAL PUBLICATION FOUNDATION

广西壮族自治区党委宣传部
当代文学艺术创作工程扶持项目

『马克思主义与当代中国』系列研究丛书

M & C

国家治理体系和治理能力现代化论

现代化论

王伟光 邓纯东 等著

GUANGXI NORMAL UNIVERSITY PRESS
广西师范大学出版社
· 桂林 ·

图书在版编目（CIP）数据

国家治理体系和治理能力现代化论 / 王伟光等著. --
桂林：广西师范大学出版社，2021.6
（"马克思主义与当代中国"系列研究丛书）
ISBN 978-7-5598-3818-6

Ⅰ.①国… Ⅱ.①王… Ⅲ.①国家－行政管理－现代
化管理－中国－文集 Ⅳ.①D630.1-53

中国版本图书馆 CIP 数据核字（2021）第 095623 号

广西师范大学出版社出版发行

（广西桂林市五里店路 9 号　邮政编码：541004
网址：http://www.bbtpress.com ）
出版人：黄轩庄
全国新华书店经销
广西民族印刷包装集团有限公司印刷
（南宁市高新区高新三路 1 号　邮政编码：530007）
开本：880 mm ×1 240 mm　1/32
印张：15.375　　字数：330 千
2021 年 6 月第 1 版　　2021 年 6 月第 1 次印刷
定价：85.00 元

如发现印装质量问题，影响阅读，请与出版社发行部门联系调换。

中国社会科学院

"国家治理体系和治理能力现代化问题研究"

课题组

前　言

　　中央马克思主义理论研究和建设工程重大项目"国家治理体系和治理能力现代化问题研究",于 2015 年 10 月 18 日立项。该项目第一首席专家为中国社会科学院原院长、党组书记王伟光同志。首席专家为马克思主义研究院原院长、党委书记邓纯东同志,信息情报研究院副院长辛向阳同志,哲学研究所副所长冯颜利同志。

　　课题立项后,课题组首席专家高度重视,多次召开课题组会议,带领课题组优化细化课题计划,明确分工,开展实地调研、课题研究等工作,各项工作按照计划有序推进。

　　2017 年底,课题组完成课题结项报告。报告内容包括:

　　第一章:马克思主义国家理论和国家治理体系治理能力理论研究;

　　第二章:中国历史上的国家治理经验及其启示;

　　第三章:苏联、东欧社会主义国家治理的经验教训研究;

　　第四章:亚洲新兴工业化国家治理的体制、方略、经验教训研究;

第五章：西方发达国家及拉美国家治理的经验教训研究；

第六章：国家治理现代化进程中的农村社会治理研究；

第七章：当代中国国家治理热点和难点问题研究；

第八章：中国国家治理体系和治理能力现代化方略、制度、体制、机制研究。

课题研究期间，课题组形成了系列阶段性研究成果。王伟光等同志向中央领导同志和有关部委上报内参9篇，其中3篇获习近平同志批示，多篇获中国社科院优秀对策信息特等奖和一等奖，课题组成员在核心期刊等公开发表论文59篇。根据国家社科基金管理规定，本课题可以申请免于鉴定结项。

同时，课题组围绕中国治理体制特点、优势及改革方向等国家治理体系和治理能力现代化的重大理论和实践问题、热点和难点问题，完成9篇研究报告、7篇专题研究材料，上报中宣部理论局。

目　录

第一章 马克思主义国家理论和国家治理体系治理能力理论研究

马克思主义国家理论是社会主义国家治理理论的重要基础和来源。新中国成立以来,中国共产党在学习和借鉴苏联等社会主义国家治理理论和实践的基础上,开始了治理社会主义中国的理论和实践探索。系统研究、全面准确把握马克思主义国家理论及其中国化的国家治理理论,是新时代完善和发展中国特色社会主义制度,推进国家治理体系和治理能力现代化的重要基础。

一、马克思、恩格斯关于国家理论的论述

马克思、恩格斯作为马克思主义经典作家,对国家的起源、本质、职能和消亡等方面进行论述的理论,称为马克思主义国家理论。这一理论对全世界无产阶级寻求解放的革命斗争和实现无产

阶级专政的社会主义国家的建设和发展都具有重要而深远的指导意义。但是，新时期面对现实问题，马克思、恩格斯国家理论遭遇到时代的挑战，这都直接或间接地涉及如何正确掌握和理解马克思、恩格斯国家理论。因此，对马克思、恩格斯国家理论进行系统的梳理，不仅可以为丰富马克思主义国家理论提供较为牢固的理论基础，也可以为我们研究和透析马克思主义国家理论在中国的创新发展提供理论依据。

(一)国家的阶级性与政治统治职能

马克思关于国家性质的论述主要是从国家的起源出发进行考察的。关于国家的起源，马克思认为，在人类社会的初期阶段，由于生产力水平极其低下，不可能存在阶级和人剥削人的现象，从而在经济方式上必然表现为原始公有制，而在政治方式上必然表现为原始民主制。但是，新的生产工具的使用，社会分工的不断发展以及交换的不断深入，促进了生产力的发展，导致剩余产品出现，为剥削提供了可能性，产生了阶级分化，从而使得原始社会内部生产力和生产关系产生了矛盾运动，所以"这种组织是注定要灭亡的"①。因此，马克思认为，国家是社会分化出阶级之后的产物。而在对国家形成过程的考察中，马克思首先将"生产"和"现实中的个人"联系起来，提出了两种"生产理论"，生产发展到一定程度，就会出现"分工"。马克思在分工理论的基础上，建立了他的所有制理

---

① 《马克思恩格斯选集》第四卷，人民出版社 2012 年版，第 110 页。

论。在此基础上，马克思把国家的产生同物质生产和社会分工联系起来，从而挖掘出国家产生的阶级根源和阶级利益本质。马克思对国家起源的思考是放置在现实世界之中，并从政治经济学角度对"市民社会"进行探讨完成的。在《德意志意识形态》中，他第一次涉及国家产生的阶级根源和阶级利益本质问题。在此著作中，马克思明确地将自己的研究立场和研究方法奠基于"社会现实生活"，把唯物史观作为历史前提，从而提出了萌芽态的两种"生产理论"，即"生命的生产，无论是通过劳动而达到的自己生命的生产，或是通过生育而达到的他人生命的生产，就立即表现为双重关系：一方面是自然关系，另一方面是社会关系"①。可见，马克思是从两个维度来思考国家的起源问题，一种是从人与自然的关系的角度，特别侧重从生产力的发展水平来考察，表现为"分工"理论；另一种是从人与社会的关系角度，主要考察生产关系形态，表现为"所有制"理论。马克思正是从国家的起源看出国家的本质，国家是因阶级的存在而起源的，那么它就不过是某个阶级的组织。换句话说，国家产生于阶级分化和阶级斗争，它是阶级统治的手段和工具。因此，马克思认为，国家"政权正是市民社会内部阶级对抗的正式表现"②，"是一个阶级用以压迫另一个阶级的有组织的暴力"③。换句话说，国家是阶级统治和压迫的工具，国家具有阶级性属性。

　　恩格斯受马克思的直接启发，从国家的起源出发去考察国家的本质，并做出回答，即国家产生于阶级分化和阶级斗争，是阶级

---

① 《马克思恩格斯选集》第一卷，人民出版社 2012 年版，第 160 页。
② 《马克思恩格斯选集》第一卷，人民出版社 2012 年版，第 275 页。
③ 《马克思恩格斯选集》第一卷，人民出版社 2012 年版，第 422 页。

统治的手段和工具,因而无产阶级要想取得胜利,必须建立无产阶级专政国家。他在《家庭、私有制和国家的起源》一书中,明确提出了国家起源的三种形式,从而进一步确定了国家阶级性的本质。恩格斯指出,在原始公社制度下,随着氏族组织的发展,生产工具不断改进,人们的劳动能力不断提高,产品逐渐出现剩余,这就为私有制的产生提供了现实的可能性。而且相伴随的是社会大分工的不断发展。首先是畜牧业从农业中分离出来,"也就产生了第一次社会大分裂,分裂为两个阶级:主人和奴隶、剥削者和被剥削者"①。随后是手工业与农业的分离,这次分工则使奴隶制"成为社会制度的一个根本的组成部分"②。等到商业独立化之后,"奴隶的强制性劳动构成了整个社会的上层建筑所赖以建立的基础"③。可见,正是由于剩余产品的出现和社会分工的推动,导致财产占有在部落或氏族成员之间事实上的不平等,这种不平等的加剧最终使占有财富者与不占有或较少占有财富者变成了两个互相对立的阶级,即奴隶主和奴隶。

奴隶主为了维护自身的特权,就需要一种维护社会秩序的暴力组织去镇压奴隶的反抗,从而把剥削和被剥削关系固定化、合法化。而氏族组织因不能有效地保护奴隶主阶级的特权,所以"它被分工及其后果即社会之分裂为阶级所炸毁。它被国家代替了"④。构成国家权力的"不仅有武装的人,而且还有物质的附属物,如监

① 《马克思恩格斯选集》第四卷,人民出版社2012年版,第178页。
② 《马克思恩格斯选集》第四卷,人民出版社2012年版,第180页。
③ 《马克思恩格斯选集》第四卷,人民出版社2012年版,第184页。
④ 《马克思恩格斯选集》第四卷,人民出版社2012年版,第186页。

狱和各种强制设施,这些东西都是以前的氏族社会所没有的"①。这些不同于氏族社会的特征构成了国家的基本规定性。在氏族制度的基础上,恩格斯具体分析了形成国家的三种形式:雅典式,这种"国家是直接地和主要地从氏族社会本身内部发展起来的阶级对立中产生的"②,是"一般国家形成的一种非常典型的例子"③;罗马式,这种国家的起源不仅依赖于本氏族内部的阶级斗争,而且还掺杂着外族居民反抗罗马贵族的斗争;德意志式,这种国家是靠战争征服外国广大领土而产生的。因此,在恩格斯看来,尽管有各种不同的国家产生形式,但基本都是阶级斗争尖锐化的结果,区别仅在于有的是阶级对立的直接结果,有的则是阶级对立的延伸和渗透。

最后,恩格斯对国家的起源做了总结概括。随着私有制的产生,原始的氏族管理机关已经逐渐从"人们的代表"变为"人民的统治者"。于是,"氏族制度的机关就逐渐挣脱了自己在民族中,在氏族、胞族和部落中的根子,而整个氏族制度就转化为自己的对立物:它从一个自由处理自己事务的部落组织转变为掠夺和压迫邻近部落的组织,而它的各机关也相应地从人民意志的工具转变为独立的压迫和统治自己人民的机关了"④。所以,"氏族制度已经过时了。它被分工及其后果即社会之分裂为阶级所炸毁。它被国家代替了"⑤。因此,恩格斯最后总结到,"国家是社会在一定发展

①《马克思恩格斯选集》第四卷,人民出版社 2012 年版,第 187 页。
②《马克思恩格斯选集》第四卷,人民出版社 2012 年版,第 186 页。
③《马克思恩格斯选集》第四卷,人民出版社 2012 年版,第 134 页。
④《马克思恩格斯选集》第四卷,人民出版社 2012 年版,第 181 页。
⑤《马克思恩格斯选集》第四卷,人民出版社 2012 年版,第 186 页。

阶段上的产物;国家是承认:这个社会陷入了不可解决的自我矛盾,分裂为不可调和的对立面而又无力摆脱这些对立面。而为了使这些对立面,这些经济利益互相冲突的阶级,不致在无谓的斗争中把自己和社会消灭,就需要有一种表面上凌驾于社会之上的力量,这种力量应当缓和冲突,把冲突保持在'秩序'的范围以内;这种从社会中产生但又自居于社会之上并且日益同社会相异化的力量,就是国家"①。由此表明,国家产生于社会,是社会阶级矛盾不可调和的产物,阶级矛盾不可调和是国家产生的最为根本的原因。

国家的阶级性决定了国家只不过是统治阶级对被统治阶级的压迫和剥削。国家的职能和目的就是为了维护自己的政治统治。一方面,马克思认为,随着工业的发展,国家的压迫职能会增强。他说,不管是不是民主共和国,现代国家的压迫性比古代国家和中世纪国家都要突出。因为"现代工业的进步促使资本和劳动之间的阶级对立更为发展、扩大和深化。与此同步,国家政权在性质上也越来越变成了资本借以压迫劳动的全国政权,变成了为进行社会奴役而组织起来的社会力量,变成了阶级专制的机器。每经过一场标志着阶级斗争前进一步的革命以后,国家政权的纯粹压迫性质就暴露得更加突出"②。另一方面,恩格斯也认为,随着资本主义进一步发展到国家所有制和发展成国家垄断资本主义,国家对人民的剥削也会更甚以前,因为"现代国家,不管它的形式如何,本质上都是资本主义的机器,资本家的国家,理想的总资本家。它越是把更多的生产力据为己有,就越是成为真正的总资本家,越是剥

---

① 《马克思恩格斯选集》第四卷,人民出版社 2012 年版,第 186—187 页。
② 《马克思恩格斯文集》第三卷,人民出版社 2009 年版,第 152 页。

削更多的公民。工人仍然是雇佣劳动者、无产者。资本关系并没有被消灭"①。可见,在马克思、恩格斯看来,这种为资产阶级利益服务的特性职能不但没有发生变化,而且为资产阶级压迫和剥削无产者提供了便利,增强了压迫和剥削。

(二)国家的公共性与社会管理职能

马克思、恩格斯在坚持国家阶级性的同时,也注意到了国家的公共性。他们看到,在某些特定的历史时刻,国家有可能表现出一种独立于社会各阶级之上的超然姿态,有可能具有自己的、不同于任何一个阶级(包括统治阶级)的利益。也就是说,国家既是阶级统治和压迫的工具,也是平衡社会各阶级利益的工具。国家不仅是阶级统治的工具,还是社会冲突的缓和者和社会秩序的提供者,它具有某种超越阶级统治的独立性。正如恩格斯明确指出的,在人类历史上有"这样的时期,那时互相斗争的各阶级达到了这样势均力敌的地步,以致国家权力作为表面上的调停人而暂时得到了对于两个阶级的某种独立性"②。国家是一个具有独立主权的社会组织,是管理社会公共事务,为全体社会成员提供公共服务的机构。

依据马克思和恩格斯的学说,国家在起源和本质上不仅具有阶级性,同时也具有公共性。从国家的起源上说,国家同时产生于满足和发展公共利益的基本需要。马克思、恩格斯认为,与阶级性

---

① 《马克思恩格斯文集》第九卷,人民出版社 2009 年版,第 295 页。
② 《马克思恩格斯选集》第四卷,人民出版社 2012 年版,第 189 页。

一样,国家的公共性同样是国家的基本属性。他们是以分工作为逻辑起点来论述这一属性的。1845 年,马克思、恩格斯在《德意志意识形态》中论述生产力、社会状况和意识三者之间可能而且一定会发生矛盾时,将分工看作是上述三者产生矛盾的基本原因,认为,"分工使精神活动和物质活动、享受和劳动、生产和消费由不同的个人来分担这种情况不仅成为可能,而且成为现实,而要使这三个因素彼此不发生矛盾,则只有再消灭分工。此外,不言而喻,'幽灵'、'枷锁'、'最高存在物'、'概念'、'疑虑'显然只是孤立的个人的一种观念上的、思辨的、精神的表现,只是他的观念,即关于真正经验的束缚和界限的观念;生活的生产方式以及与此相联系的交往形式就在这些束缚和界限的范围内运动着"①。他们认为,分工包含着所有这些矛盾,而且又是以家庭中自然产生的分工和社会分裂为单独的、互相对立的家庭这一点为基础的。与这种分工同时出现的还有分配,而且是劳动及其产品的无论在数量上还是质量上都不平等的分配,于是私有制也就由此产生。

私有制的产生是对他人劳动力的支配。马克思、恩格斯指出,"分工和私有制是相等的表达方式,对同一件事情,一个是就活动而言,另一个是就活动的产品而言"②。于是,随着分工的发展也产生了个人利益或单个家庭的利益与所有互相交往的人们的共同利益之间的矛盾,而且首先是作为彼此分工的个人之间的相互依存关系而存在于现实之中。最后,分工还提供了第一个例证,说明只要人们还处在自发地形成的社会中,只要私人利益和公共利益之

① 《马克思恩格斯选集》第一卷,人民出版社 2012 年版,第 162 页。
② 《马克思恩格斯选集》第一卷,人民出版社 2012 年版,第 163 页。

间还有分裂,只要分工还不是出于自愿,而是自发的,那么人本身的活动对人来说就成为一种异己的、与他人对立的力量,这种力量驱使着人,而不是人驾驭着这种力量。因此,私人利益一旦出现就与公共利益存在着矛盾。随着阶级及阶级差别的出现,所有相互交往的人民的共同利益不复存在,私人利益所对抗的实际上是那些在政治上占统治地位并代表社会的统治阶级的公共利益。这一矛盾使公共利益陷入危机。为了维护这种公共利益,社会在管理上就需要一种更为强大的力量,于是,特殊的公共权力,即国家的管理权力就出现了。

恩格斯在《反杜林论》中也进一步阐述了国家公共性的观点。他说:"一开始就存在着一定的共同利益,维护这种利益的工作,虽然是在全体的监督之下,却不能不由个别成员来担当:如解决争端;制止个别人越权;监督用水,特别是在炎热的地方;最后,在非常原始的状态下执行宗教职能。这样的职位,在任何时候的原始公社中,甚至在今天的印度还可以看到。这些职位被赋予了某种全权,这是国家权力的萌芽。生产力逐渐提高;较稠密的人口使各个公社之间在一些场合产生共同利益,在另一些场合又产生相互抵触的利益,而这些公社集合为更大的整体又引起新的分工,建立保护共同利益和防止相互抵触的利益的机构。"①可见,在马克思、恩格斯看来,社会生活总是会产生与社会生活的整体息息相关的公共利益和与公共利益密切相关的公共事务,即便总是在经济上占统治地位的阶级国家,它也必须成为公共利益的实际主体,并承

————

① 《马克思恩格斯选集》第三卷,人民出版社 2012 年版,第 559 页。

担履行公共事务的公共职能。

马克思、恩格斯虽然在很多著作中都强调国家的阶级本性,但他们从没有否认国家社会管理职能的存在。对于社会管理职能,早在1853年前后,马克思在开始研究东方问题时,就已经有充分的论述。马克思在《不列颠在印度的统治》中分析印度政府的职能时,就发现国家担当了许多社会公共管理职能,如"农业上人工灌溉具有极端重要性,修建和管理公共水利工程、交通道路的任务"都应由中央集权政府所承担。马克思指出,"在亚洲,从远古的时候起一般说来就只有三个政府部门:财政部门,或者说,对内进行掠夺的部门;战争部门,或者说,对外进行掠夺的部门;最后是公共工程部门"①。由于自然气候和土地条件,人工灌溉设施成为东方农业的基础。亚洲的一切政府因此都必须执行一种经济职能,即承办公共工程的职能。马克思还用英国人的无知进行了反证,"现在,不列颠人在东印度从他们的前人那里接收了财政部门和战争部门,但是却完全忽略了公共工程部门。因此,不能按照不列颠的自由竞争原则——自由放任原则——行事的农业便衰败下来"②。马克思对亚洲国家的政府部门所具有的"举办公共工程的职能"的分析表明,国家不仅是维护统治阶级利益的需要,也是履行社会公共管理职能的需要。

后来,恩格斯在马克思关于社会管理职能的基础上进一步从国家起源的两种途径说明了国家的社会管理职能。首先恩格斯从社会的公共需要角度论证了国家的起源。他指出,国家在一定程

① 《马克思恩格斯选集》第一卷,人民出版社2012年版,第850页。
② 《马克思恩格斯选集》第一卷,人民出版社2012年版,第851页。

度上是为了维护社会公共利益的需要而逐步产生的。"在每个这样的公社中,一开始就存在着一定的共同利益,维护这种利益的工作,虽然是在全体的监督之下,却不能不由个别成员来担当,这些职位被赋予了某种全权,这是国家权力的萌芽。"①正是"在社会发展的某个很早的阶段,产生了这样一种需要:把每天重复着的产品生产、分配和交换用一个共同规则约束起来,借以使个人服从生产和交换的共同条件。这个规则首先表现为习惯,不久便成了法律。随着法律的产生,就必然产生以维护法律为职责的机关——公共权力,即国家"②。在这里,恩格斯对国家起源的论述明确了国家作为阶级统治的工具而具有的社会管理职能。此外,他还进一步指出,"政治统治到处都是以执行某种社会职能为基础,而且政治统治只有在它执行了它的这种社会职能时才能持续下去"③。这就明确肯定了执行社会公共事务的管理职能,是国家政治统治得以存在的必要性。

可见,在马克思、恩格斯看来,国家不仅具有阶级压迫和剥削功能,而且也是平衡社会各阶级利益的工具,从而具有维护社会公共利益、管理社会公共事务等职能。马克思、恩格斯的理论中包含了丰富的社会管理思想。马克思、恩格斯的社会管理思想以其国家理论为基础,剖析了资产阶级国家社会管理的性质及其有限性,阐述了无产阶级专政国家社会管理的必要性、管理措施的过渡性及其人民主体性原则,设想了共产主义自由人联合体的社会管理组织形式和管理目标。

---

① 《马克思恩格斯选集》第三卷,人民出版社 2012 年版,第 559 页。
② 《马克思恩格斯选集》第三卷,人民出版社 2012 年版,第 260 页。
③ 《马克思恩格斯选集》第三卷,人民出版社 2012 年版,第 560 页。

(三)"国家消亡"理论

马克思、恩格斯认为国家并不是从来就有的,而是阶级矛盾不可调和的产物。因此,国家的产生和消亡与阶级的产生和消失密切相关。正像恩格斯所指出的那样,"无产阶级将取得国家政权,并且首先把生产资料变为国家财产。但是,它就消灭了作为无产阶级的自身,消灭了一切阶级差别和阶级对立,也消灭了作为国家的国家"①。国家随着阶级斗争的需要而产生,是统治阶级进行阶级统治的工具。但随着阶级的消失,国家也会日趋消亡。1884 年,恩格斯在《家庭、私有制和国家的起源》中写道:"在生产者自由平等的联合体的基础上按新方式来组织生产的社会,将把全部国家机器放到它应该去的地方,即放到古物陈列馆去,同纺车和青铜斧陈列在一起。"②国家的消亡是不可避免的,到那时社会将变成一个无阶级的共产主义社会。消灭阶级差别,促使国家消亡,实现共产主义必须经过无产阶级专政的过渡时期。因此,国家消亡是必然趋势,但是要经历一个漫长的历史过程。

在马克思看来,阶级、国家都只是一个历史范畴,它并不是从来就有的,也不是永恒存在的。人类曾经有过不需要国家,也不知国家权力是何物的社会。国家只是在人类社会经济发展到一定阶段,社会分裂为阶级时,才成为必要。因此国家是社会被分裂成阶级后,阶级矛盾尖锐化的产物,国家与阶级的存在是紧密联系的。

---

① 《马克思恩格斯选集》第三卷,人民出版社 2012 年版,第 668 页。
② 《马克思恩格斯选集》第四卷,人民出版社 2012 年版,第 190 页。

而随着社会化大生产的发展,阶级对立的生产关系必将成为社会生产的真正障碍,作为先进生产力代表的无产阶级,将发动无产阶级革命消灭私有制,消灭阶级对立和阶级本身存在的条件。而当社会不再有需要加以镇压的阶级的时候,也就不再需要国家这种特殊的镇压力量,国家也就成为多余的了。正如恩格斯所指出的,"阶级不可避免地要消失,正如它们从前不可避免地产生一样。随着阶级的消失,国家也不可避免地要消失"①。

　　恩格斯在《家庭、私有制和国家的起源》中认为,当氏族制度处于过时阶段,就会被社会分裂成阶级,被国家取代。恩格斯还认为,社会不是被硬塞给国家的,"确切地说,国家是社会在一定发展阶段上的产物"②。所以,国家是社会发展到一定阶段而出现的,不是一开始就有的。国家的产生是随历史的发展而出现的,有其历史必然性。"辩证唯物主义认为,世界上的一切事物都有一个产生、发展和灭亡的过程"③,国家也是如此,也会经历一个产生、发展和灭亡的过程。国家是在一定的历史条件下产生的,因此,它也必将随着人类社会的进一步发展而走向灭亡。

　　国家的产生是公共权力与社会分离的结果,一旦公共权力由少数转移到多数乃至全体成员手中并自觉运用时,国家的政治权力已失去其存在的意义,国家也将消失。"那时,国家政权对社会的干预将先后在各个领域中成为多余的事情而自行停止下来。"

---

① 《马克思恩格斯选集》第四卷,人民出版社 2012 年版,第 190 页。
② 《马克思恩格斯选集》第四卷,人民出版社 2012 年版,第 186 页。
③ 聂立泽:《浅谈国家消亡的过程及其完全消亡的条件》,《南都学坛(哲学社会科学版)》1996 年第 1 期。

"国家不是'被废除'的,它是自行消亡的。"①国家消亡使国家回归社会,并作为一个社会管理机关服从并服务于社会。而马克思把实现人类解放的社会理想置于人类社会发展的历史进程中,认为国家的消亡是历史发展的必然,但它的实现是以一定的历史条件为前提的。那么国家将在什么条件下消亡?对此,马克思从经济基础、政治前提和思想文化条件等方面展开了可能性论证。首先,共产主义经济的高度发展是国家消亡的经济基础。其次,共产主义民主的高度发展是国家消亡的政治条件。恩格斯曾说,"国家的本质特征,是和人民大众分离的公共权力"②。这也就是说,国家的存在意味着有一个从社会中产生而又凌驾于社会之上的政治权力。共产主义民主既是国家存在的形式,也是国家消亡的形式。再次,共产主义觉悟和道德的高度发展是国家消亡的思想基础。国家的消亡不仅需要高度发展的生产力,而且需要全体社会成员共产主义道德觉悟的极大提高,这两者统称为共产主义的精神文明。精神文明的发展,是实现共产主义社会不可缺少的一个重要方面。

尽管国家消亡具有历史必然性的趋势,但更是一个长期的、复杂的、渐进的过程。换言之,国家消亡需要经历一个漫长而曲折的过程。在马克思、恩格斯看来,国家消亡是一个自发的、长期的过程。这个过程开始于无产阶级专政的建立,终结于共产主义社会的高级阶段的到来。在这个漫长的过程中,国家的政治职能和阶

---

① 《马克思恩格斯选集》第三卷,人民出版社 2012 年版,第 668 页。
② 《马克思恩格斯选集》第四卷,人民出版社 2012 年版,第 132 页。

级压迫工具性质日渐缩小和削弱，而其社会管理职能则日渐加大和增强。而当阶级消灭，进入社会主义社会以后，国家的政治职能和阶级压迫工具性质将完全消失，只保留社会管理职能。到了共产主义的高级阶段，国家就完全消亡了，而代之以社会管理机构。国家的消亡是需要具备一定条件的，即只有通过无产阶级革命，打碎资产阶级的国家机器，建立无产阶级国家，实现共产主义，才有可能谈得上国家的消亡。而要具备这些客观的条件，是需要经历一定的历史发展的，不是一蹴而就的。共产主义社会经济基础的高度发展是国家消亡的基本条件，而要实现物质财富的极大丰富，是需要很长时间的。

二、列宁的国家治理思想

十月革命的胜利开启了人类历史发展的新篇章，列宁领导的布尔什维克顺应了历史发展的要求，带领俄国人民建立了世界上第一个社会主义国家，在随后的苏联社会主义建设过程中，列宁坚持和发展了马克思无产阶级专政理论，使其形成了一个科学、严谨的理论体系。列宁作为马克思、恩格斯的继承者，在继承他们关于国家阶级本质理论的基础上，结合俄国革命的实践，进一步提出了工农民主专政理论，尝试通过暴力革命对苏维埃俄国进行政治统治。

(一)列宁的无产阶级专政思想

列宁无产阶级专政思想是在继承和发展马克思、恩格斯无产阶级专政理论的基础上,为解决俄国革命和建设实践过程中遇到的各种问题所形成的一个完整的理论体系。列宁认为,无产阶级专政这一概念具有丰富的内涵,与革命民主专政既有区别又有联系,并对无产阶级专政的实现形式、主要任务及无产阶级专政的实现条件都有系统的认识和研究。在十月革命胜利以前,全世界没有任何一个国家建立过无产阶级专政。巴黎公社虽然是无产阶级专政的形式,但是它存在的状态是非常短暂的。而十月革命后建立的苏维埃国家政权才是第一个无产阶级国家。而走上执政地位的俄共(布)党,如何实行无产阶级专政?列宁对此进行了探索,从而提出了许多重要思想,对无产阶级专政的实质、形式、内容、任务、基础和领导等问题作了详细论述。这不仅大大发展了马克思、恩格斯的无产阶级专政学说,还为巩固俄共执政地位奠定了理论基础,同时也为世界其他国家无产阶级政党建立无产阶级专政提供了理论指导。

列宁指出,无产阶级反对资产阶级的斗争胜利以后,到建立社会主义制度之间,有一个过渡时期。这个时期经济结构的基本形式是资本主义、小商品生产和社会主义。在政治上与之相适应的基本阶级是资产阶级、小资产阶级(主要是农民)和无产阶级。由于各个阶级的经济地位不一样,他们在政治上的态度也各不相同。资产阶级是在政治上已经被推翻、在经济上被剥夺了生产资料的阶级。

但他们不甘心自己的失败,因此总是向无产阶级发动反抗。资产阶级的反抗,"由于资产阶级被推翻(哪怕是在一个国家内)而凶猛十倍,资产阶级的强大不仅在于国际资本的力量,在于它的各种国际联系牢固有力,而且还在于习惯的力量,小生产的力量。……由于这一切原因,无产阶级专政是必要的,不进行长期的、顽强的、拼命的、殊死的战争,不进行需要坚持不懈、纪律严明、坚定不移、百折不挠和意志统一的战争,便不能战胜资产阶级"①。农民和其他小资产阶级既是劳动者,又是私有者,这样的经济地位决定了他们在无产阶级和资产阶级之间摇摆不定。

因此,无产阶级要巩固自己的执政地位、打退资产阶级的反扑,就必须和这些中间阶级结成广泛的同盟。无产阶级在推翻资产阶级的反动统治、夺取政权以后,被压迫、被剥削的阶级成了统治阶级,也就是成了掌握着国家政权的阶级、支配着公有化的生产资料的阶级、领导着中间阶级镇压剥削者日益反抗的阶级。无产阶级的这种地位,要求其必须加强无产阶级专政。当然,由于十月革命胜利后无产阶级刚刚取得执政地位,在政治上还缺乏经验,所以,"这个过渡时期不能不是衰亡着的资本主义与生长着的共产主义彼此斗争的时期,换句话说,就是已被打败但还未被消灭的资本主义和已经诞生但还非常幼弱的共产主义彼此斗争的时期"②。但是,无产阶级是人类历史上最先进的阶级,无论资产阶级如何反抗,都改变不了人类社会的发展方向,社会主义必定要在全世界取

---

① 《列宁选集》第四卷,人民出版社2012年版,第135页。
② 《列宁选集》第四卷,人民出版社2012年版,第59页。

得胜利。所以，无产阶级专政"不仅对推翻了资产阶级的无产阶级是必要的，而且对介于资本主义和'无阶级社会'即共产主义之间的整整一个历史时期都是必要的，只有懂得这一点的人，才算掌握了马克思国家学说的实质"①。

在无产阶级专政的实现形式上，马克思曾肯定巴黎公社实质上是工人阶级的政府，是可以使劳动者在政治上、经济上获得解放的政治形式。列宁在俄国革命的早期，十分重视马克思的这一思想。他在领导俄国无产阶级革命的过程中，又发现了苏维埃是俄国实现无产阶级专政的具体形式。十月革命胜利后，列宁不仅详细地谈论无产阶级专政，而且反复强调无产阶级专政的阶级性，并特别强调它是一个阶级即无产阶级的专政——"无产阶级的专政，即不与任何人分掌而直接依靠群众武装力量的政权"②。而"专政就是社会的一部分对整个社会的统治，而且是直接依靠暴力的统治，为了推翻资产阶级并且击退它的反革命的尝试，必须建立无产阶级这个唯一彻底革命的阶级的专政"③。"专政的科学概念无非是不受任何限制的、绝对不受任何法律或规章拘束而直接凭借暴力的政权。"④这里不仅强调了无产阶级专政的阶级性甚或是阶级性的纯粹性，而且认为"苏维埃是无产阶级专政的俄国形式"⑤。

苏维埃国家政权建立以后，为巩固其政权，和当时占全体人口中的绝大多数的农民结成了联盟。列宁认为，"工农联盟——这是

---

① 《列宁选集》第三卷，人民出版社 2012 年版，第 140 页。
② 《列宁选集》第三卷，人民出版社 2012 年版，第 131 页。
③ 《列宁选集》第二卷，人民出版社 2012 年版，第 776 页。
④ 《列宁全集》第十二卷，人民出版社 1987 年版，第 289 页。
⑤ 《列宁选集》第三卷，人民出版社 2012 年版，第 615 页。

苏维埃政权给我们的东西,也是苏维埃政权的力量所在。这是我们取得成就、取得最后胜利的保证"①。他还说,"在其他国家的革命还没有到来之前,只有同农民妥协,才能拯救俄国的社会主义革命"②。"我们帮助农民,是因为不和他们联盟就不可能有无产阶级政权,更谈不上保持政权了。"③"无产阶级专政是劳动者的先锋队——无产阶级同人数众多的非无产阶级的劳动阶层(小资产阶级、小业主、农民、知识分子等等)或同他们的大多数结成的特种形式的阶级联盟,是反资本的联盟,是为彻底推翻资本、彻底镇压资产阶级反抗并完全粉碎其复辟企图而建立的联盟,是为最终建成并巩固社会主义而建立的联盟。"④无产阶级"专政的最高原则就是维护无产阶级同农民的联盟,使无产阶级能够保持领导作用和国家政权"⑤。因此"工农联盟"是苏维埃政权的基础和支柱,巩固了工农联盟,就可以保证苏维埃政权胜利完成社会主义改造事业。

　　同时,苏维埃的无产阶级国家政权建立以后,列宁还反复强调,无产阶级及其先锋队共产党是无产阶级专政的领导力量。他说,无产阶级专政的含义就是"在推翻资本压迫的斗争中,在推翻这种压迫的过程中,在保持和巩固胜利的斗争中,在创建新的社会主义的社会制度的事业中,在完全消灭阶级的全部斗争中,只有一个阶级,即城市的总之是工厂的产业工人,才能够领导全体被剥削

---

① 《列宁全集》第三十三卷,人民出版社 1957 年版,第 218 页。
② 《列宁选集》第四卷,人民出版社 2012 年版,第 445 页。
③ 《列宁全集》第三十二卷,人民出版社 1958 年版,第 476 页。
④ 《列宁全集》第三十六卷,人民出版社 1985 年版,第 362—363 页。
⑤ 《列宁全集》第四十二卷,人民出版社 1987 年版,第 49—50 页。

劳动群众"①。共产党由无产阶级的先进分子所组成,无产阶级专政由无产阶级领导,实质上则是由其先锋队共产党领导。列宁认为,"只有这个先锋队才能抵制这些群众中不可避免的小资产阶级动摇性,抵制无产阶级中不可避免的种种行业狭隘性或行业偏见的传统和恶习的复发,并领导全体无产阶级的一切联合行动,也就是说在政治上领导无产阶级,并且通过无产阶级领导全体劳动群众。不这样,便不能实现无产阶级专政"②。所以,共产党是无产阶级专政的最高领导力量。但是,共产党的领导必须通过苏维埃、工会、非党工农代表会议等"传动装置"和本阶级的群众取得密切联系来实现。这个"由若干齿轮组成的复杂体系","就是无产阶级专政的基础本身的结构"③。

十月革命取得胜利后,刚刚建立的苏维埃国家政权就遭到国内被推翻的剥削阶级反扑,因此,列宁最初对这种新型的国家政权过多地强调了专政的暴力镇压职能。他说,"国家是一个阶级对另一个阶级使用暴力的机关或者机器"④。"无产阶级的革命专政是由无产阶级对资产阶级采用暴力手段来获得和维持的政权,是不受任何法律约束的政权"⑤,因此,"这个专政必须采取严酷无情和迅速坚决的暴力手段来镇压剥削者即资本家、地主及其走狗的反抗。谁不了解这一点,谁就不是革命者,就应该取消他的无产阶级

---

① 《列宁选集》第四卷,人民出版社2012年版,第10页。
② 《列宁选集》第四卷,人民出版社2012年版,第474页。
③ 《列宁选集》第四卷,人民出版社2012年版,第369页。
④ 《列宁选集》第三卷,人民出版社2012年版,第308页。
⑤ 《列宁选集》第三卷,人民出版社2012年版,第594页。

领袖或顾问的资格"①。列宁对无产阶级专政的镇压职能过分强调,曾遭到机会主义分子的攻击,说无产阶级专政和苏维埃政权仅仅是暴力。对此,列宁认为,"无产阶级专政不只是对剥削者使用的暴力,甚至主要的不是暴力"②。"无产阶级专政同其他阶级专政相似的地方在于,同任何专政一样,是由于必须用暴力镇压那个失去政治统治权的阶级的反抗。无产阶级专政同其他阶级专政(中世纪的地主专政,一切文明的资本主义国家中的资产阶级专政)根本不同的地方在于,地主、资产阶级的专政是用暴力镇压大多数人即劳动人民的反抗。相反地,无产阶级专政是用暴力镇压剥削者的反抗。"③同时,无产阶级专政还要对广大人民群众实行最广大的民主。"因而这个时期的国家就不可避免地应当是新型民主的(对无产者和一般穷人是民主的)和新型专政的(对资产阶级是专政的)国家。"④

然而,社会主义革命的根本目的就是解放生产力,发展生产力,提高劳动生产率,满足人民群众的物质和文化生活的需求。在打退国内阶级敌人的进攻以后,形势趋于稳定,列宁更强调要发展经济。他说,"无产阶级专政的实质不仅在于暴力,而且主要不在于暴力,它的主要实质在于劳动者的先进部队、先锋队、唯一领导者即无产阶级的组织性和纪律性。无产阶级的目的是建成社会主义,消灭社会的阶级划分,使社会全体成员成为劳动者,消灭一切

---

① 《列宁选集》第三卷,人民出版社 2012 年版,第 835 页。
② 《列宁选集》第四卷,人民出版社 2012 年版,第 9 页。
③ 《列宁选集》第三卷,人民出版社 2012 年版,第 699 页。
④ 《列宁选集》第三卷,人民出版社 2012 年版,第 140 页。

人剥削人现象的基础"①。建立社会主义的新型生产关系,从而"保证建立秩序、纪律,提高劳动生产率,实行计算和监督,建立比过去更巩固更坚强的无产阶级苏维埃政权"②。

由此可见,"'苏维埃政权'是无产阶级专政发展过程中具有世界历史意义的第二步或第二阶段。第一步是巴黎公社"③。国家政权对资产阶级进行暴力镇压,从而建立了苏维埃政权,这种"苏维埃政权正是无产阶级专政即先进阶级专政的组织形式"④。然而,由于"无产阶级专政本身就意味着无产阶级民主",因此,对于苏维埃政权的民主,列宁声称,"苏维埃政权比最民主的资产阶级共和国要民主百万倍"⑤。因为"苏维埃是新型的国家机构,第一,它有工农武装力量,并且这个武装力量不是像过去的常备军那样脱离人民,而是同人民有极密切的联系;在军事方面,这个武装力量比从前的军队强大得多;在革命方面,它是无可替代的。第二,这个机构同群众,同大多数人民有极其密切的、不可分离的、容易检查和更新的联系,这样的联系从前的国家机构是根本没有的。第三,这个机构的成员不是经过官僚主义的手续而是按照人民的意志选举产生的,并且可以撤换,所以它比从前的机构民主得多。第四,它同各种各样的行业有牢固的联系,所以它能够不要官僚而使各种各样的极深刻的改革容易实行。第五,它为先锋队即被压迫工

---

① 《列宁选集》第三卷,人民出版社 2012 年版,第 835 页。
② 《列宁专题文集》,人民出版社 2009 年版,第 384 页。
③ 《列宁全集》第三十五卷,人民出版社 1985 年版,第 444 页。
④ 《列宁专题文集》,人民出版社 2009 年版,第 104 页。
⑤ 《列宁专题文集》,人民出版社 2009 年版,第 243 页。

农阶级中最有觉悟、最有毅力、最先进的部分提供了组织形式。第六,它能够把议会制的长处和直接民主制的长处结合起来"①。

因此,在列宁看来,苏维埃政权不仅是一种民主,而且比在当今其他一切国家盛行的民主都要好。正如斯大林所评价的,因为它不仅是"群众本身的直接的组织",而且也是"工人和被剥削农民在反对剥削者的斗争中结合和合作的场所",更是"多数居民统治少数居民的政权",它是"一种多数人实施并且在多数人内实现了民主的专政"。② 同时,在苏维埃政权中,作为无产阶级先锋队的共产党在阶级斗争中充当着主导的角色。正如斯大林所说,这种"党实现着无产阶级专政,但它是实现着无产阶级专政,而不是别的什么专政"③。也就是说,"专政是由组织在苏维埃中的无产阶级实现的,而无产阶级是由布尔什维克共产党领导的"④。不仅如此,这种苏维埃政权具有镇压资产阶级和建设社会主义经济的双重职能。

(二)列宁的社会管理思想

1917 年,俄国十月革命胜利后,建立起了世界上第一个社会主义国家政权。列宁作为世界上第一个社会主义国家的缔造者和社会主义建设事业的领导者,在领导苏维埃国家的建设过程中继承

---

① 《列宁选集》第四卷,人民出版社 2012 年版,第 295—296 页。
② 《斯大林选集》上卷,人民出版社 1979 年版,第 222—224 页。
③ 《斯大林选集》上卷,人民出版社 1979 年版,第 416 页。
④ 《列宁选集》第四卷,人民出版社 2012 年版,第 157 页。

和发展了马克思、恩格斯的社会管理思想,把他们关于共产主义的一些社会管理设想和苏维埃俄国创建的社会主义制度结合起来,提出了一系列关于社会主义社会的管理思想。这些社会管理思想是伴随着苏维埃国家的建设进行的,同苏维埃国家的成立和巩固紧密相连。苏维埃新政权建立并取得国内战争胜利后,列宁就指出,新型国家的巩固与发展不仅需要掌握坚强有力的国家暴力机器,更要通过国家进行有效的社会管理,迅速发展经济。列宁从苏维埃俄国经济文化落后的国情出发,对社会主义管理思想的理论进行探索和大胆实践,从而创造性地提出了社会主义社会的管理是在布尔什维克党的领导下,人民管理国家,实行民主集中制,要有管理人才和严整的组织等许多"管理俄国"的新思想,从而开创了社会主义管理的新局面。

十月革命胜利后,建立了苏维埃新的国家政权。列宁作为领导者,在革命刚刚胜利初期,领导刚刚建立的社会主义建设时,认为政权刚转到苏维埃手中,苏维埃政权还没有学会管理,苏维埃应该分成若干小组把管理工作担当起来,向社会主义前进。在组织对俄国的管理上采取的措施是"计算和监督",并把它作为一种新型的国家管理社会的方式。列宁认为当时资产阶级虽然已经被击败,可是还没有彻底摧毁,因此同资产阶级斗争新的更高形式便提到日程上来,就是要创造资产阶级既不能产生也不能存在的条件。列宁在《论无产阶级在这次革命中的任务》中指出:"我们的直接任务并不是'实施'社会主义,而只是立刻过渡到由工人代表苏维埃监督社会的产品生产和分配。"①在列宁看来，建国初期建设社会主义的思路就是利用手中的政权夺取资产阶级手里的企业和经济部门，从而对产品的生产和分配组织最严格的全民计算和监督，从而在全国范围内提高劳动生产率。在列宁看来，"计算和监督"是一种全社会性的管理措施和行动。他指出，"社会主义就是计算。如果你们愿意对每一块铁和每一块布都实行计算，那就是社会主义"②。在这里他讲的"计算"显然是指苏维埃国家要有管理经济的计算职能，这种"计算"，在本质上就是通过统计把投入和产出计算清楚，制定出符合国家经济发展客观实际的计划，并不断根据客观情况变化对计划进行调整，是国家管理整个国民经济不可缺少的一个环节和一个职能。而对于"监督"，列宁认为，苏维埃俄国的国家政权要成为一个"监督"机关，全国的一切企业、机关和人员，以及全部生产、分配等都将置于它的监督之下。1918 年在《苏维埃政权的当前任务》这篇著作中他还强调："没有监督，就是扼杀社会主义的幼芽，就是盗窃公产。"③

十月革命后，苏维埃政权建立，在关于无产阶级政权机构建立问题上，列宁借鉴了马克思、恩格斯给予积极肯定的巴黎公社的实践经验，实行普选制、罢免制等制度。列宁在《苏维埃政权的当前任务》中还对苏维埃国家政权的性质做了明确的阐述。他指出："苏维埃民主制即目前具体实施的无产阶级民主制的社会主义性质就在于：第一，选举人是被剥削劳动群众，排除了资产阶级；第

---

① 《列宁选集》第三卷，人民出版社 2012 年版，第 16 页。
② 《列宁全集》第三十三卷，人民出版社 1985 年版，第 59 页。
③ 《列宁选集》第三卷，人民出版社 2012 年版，第 488 页。

二,废除了选举上一切官僚主义的手续和限制,群众自己决定选举的程序和日期,并且有罢免当选人的完全自由;第三,建立了劳动者先锋队即大工业无产阶级的最优良的群众组织,……从而第一次着手使真正全体人民都学习管理,并且开始管理。"[1]具有社会主义性质的苏维埃政权,在施政原则上,也同样借鉴了巴黎公社的民主集中制原则。正如列宁所说,"巴黎公社作出了把来自下面的首创精神、独立性、放手的行动、雄伟的魄力和自愿实行的、与死套公式不兼容的集中制互相结合起来的伟大榜样。我们的苏维埃走的也是这条道路"[2]。

列宁主张国家机构在进行社会管理时实行民主集中制。集中就是统一的意思,是在民主基础上的集中。如列宁所说,"任何大机器工业——即社会主义的物质的、生产的泉源和基础——都要求无条件的和最严格的统一意志,以指导几百人、几千人以至几万人共同工作。这一必要性无论从技术上、经济上或历史上看来,都是很明显的,凡是思考过社会主义的人,始终认为这是社会主义的一个条件"[3]。民主就是人民群众的首创精神,是集中前提。如列宁所说,民主集中制"丝毫不排斥各个地区以至全国各个公社在国家生活、社会生活和经济生活方面有采取各种形式的完全自由,而且相反地还要以这种自由为前提"[4]。列宁认为国家机关在实际的管理工作中贯彻民主集中制的原则,就是把民主讨论决定问题和

① 《列宁选集》第三卷,人民出版社 2012 年版,第 504 页。
② 《列宁选集》第三卷,人民出版社 2012 年版,第 382 页。
③ 《列宁选集》第三卷,人民出版社 2012 年版,第 500 页。
④ 《列宁全集》第二十七卷,人民出版社 1959 年版,第 190 页。

建立严格的责任制结合起来。如列宁在《关于苏维埃机关管理工作的规定草案》中指出："苏维埃机关的管理工作问题一概通过集体讨论来决定,同时应当极其明确地规定每个担任公职的人对执行一定的具体任务和实际工作所担负的责任。"①

社会主义国家的管理是通过人民群众选举人民代表来组织国家政权,因此,列宁也十分重视不断加强对管理工作的监督,认为广泛吸收工农群众参加国家管理,并监督苏维埃国家机关及其工作人员的工作,是消除苏维埃机关中官僚主义恶习的一种手段,人民群众的监督是苏维埃反对官僚主义的重要措施,只有这样才能改变对国家机构形式上的监督,变成真正人民的、社会主义的监督机关。社会主义社会建设和管理的主要任务之一就是要广泛吸收人民群众有效地建设国家、管理国家,同时为了防止文化落后性造成的官僚主义作风影响国家机关,防止权力的集中和权力的滥用,必须采取不同的办法对国家政权机关的工作实行有效的监督。列宁认为,无产阶级最重要的任务不仅在于推翻资产阶级国家和建立无产阶级国家,而且要建立来自劳动人民的政权,为此,他从理论和实践上为真正实现工农民主监督进行了努力。首先,他提出必须建立无产阶级的有效监督,以防止国家机关工作人员滥用权力,由社会公仆变成社会主人。列宁在苏维埃的《真理报》上提出:"应当使工人进入一切国家机关,让他们监督整个国家机构。"②借助所有有觉悟的工人农民清楚认识这种敌人,号召"必须加紧同官

---

① 《列宁全集》第三十五卷,人民出版社 1985 年版,第 359 页。
② 《列宁全集》第三十八卷,人民出版社 1986 年版,第 140 页。

僚主义作斗争,多派一些工人到机关里去"①。

另外,十月革命胜利后,列宁认为苏维埃政权的工作重心应该是管理国家,管理国家的主要任务是进行经济建设,发展生产,提高劳动生产率,为社会主义创造物质前提。而发展生产依靠的是科学技术,需要有文化、懂管理、懂技术的人才。正如列宁所说的,"要管理,要进行国家建设,就应当有掌握管理技术、具有管理国家和管理经济经验的人才"②。但是苏维埃政权建立后,经济文化十分落后,文盲占人口的大多数。而社会主体的素质高低与社会规范的优劣是由当时社会整体的文化状态和社会个体的文化素养决定的。在社会主义先进制度下,愚昧落后的封建主义文化仍然占据俄国政治文化的主导地位。这种落后的文化阻碍了苏维埃制度先进功能的实现。在原则上,苏维埃制度实行高得无比的民主;但文化的落后性却贬低了苏维埃民主,并使官僚制度在实践中泛起。针对这种情况,列宁揭示了文化革命的迫切性和必要性,从而提出了消灭文盲的文化革命的任务。他认为,"现在,只要实现了这个文化革命,我们的国家就能成为完全社会主义的国家了"③。文化革命意味着人性的重大变革,也就是人的革命,即改造人。在列宁的思想中,实现人的改造是进行文化革命和建设的终极目标。在他看来,社会主义不仅意味着一种新的社会经济形态,而且是人的发展的新阶段和新形态。整个文化革命的目的就在于促进人的全面发展,造就一代新人。

---

① 《列宁全集》第三十五卷,人民出版社 1985 年版,第 419 页。
② 《列宁选集》第四卷,人民出版社 2012 年版,第 124 页。
③ 《列宁选集》第四卷,人民出版社 2012 年版,第 774 页。

（三）列宁的"国家消亡"思想

马克思、恩格斯以历史唯物论为理论基础，揭示了国家产生、发展和消亡的客观规律，指出国家不是从来就有的，也不会永远存在下去，而是社会生产力发展到一定阶段上的产物。列宁继承和发展了马克思、恩格斯的国家理论，更为完整地描述了国家演变的过程和趋势。他们都认为，国家在消亡前，需要经历"政治国家"到"非政治国家"的过程，最后国家才完全消亡。无产阶级革命专政是"国家走向消亡"的过渡阶段，社会主义社会是"国家正在消亡"的阶段，共产主义社会"国家将完全消亡"。在共产主义社会中，以往阶级社会中存在的差别被消灭，人们有条件和能力管理社会事务，社会可以通过良好的道德和习俗的调节实现健康运转，这时，国家就无须存在了。

众所周知，国家是随着私有制的出现，被社会发明出来的，而这个时期的国家都是剥削阶级专政的国家，就是原来意义上的国家。而无产阶级通过革命斗争，推翻剥削阶级专政的国家，夺取了国家政权，建立了无产阶级专政的国家，社会开始从资本主义向共产主义过渡。马克思认为，"在资本主义社会和共产主义社会之间，有一个从前者变为后者的革命转变时期。同这个时期相适应的也有一个政治上的过渡时期，这个时期的国家只能是无产阶级的革命专政"①。而且马克思对这里所说的"共产主义社会"还做

---

① 《马克思恩格斯选集》第三卷，人民出版社 2012 年版，第 373 页。

了说明："共产主义社会"，并非共产主义的高级阶段，而是共产主义的初级阶段或第一阶段，即社会主义阶段。而在向社会主义社会过渡时期，由于存在着阶级斗争，因而必须坚持无产阶级专政。无产阶级专政的国家同历史上的国家有着相同之处，即它们都是进行阶级压迫、实现阶级统治的工具，所以它们都属于"政治国家"。① 恩格斯和列宁认为，"政治国家"指的是具有政治职能和阶级压迫工具性质的国家。资产阶级专政的国家和无产阶级专政的国家，都是政治国家。但是，由于无产阶级专政的国家不同于历史上那种少数人用来统治多数人的国家，而且这种国家将自行消亡，因此，它又不再是原来意义上的国家，列宁称之为"半国家"②。

列宁继承了马克思、恩格斯的思想，在批判改良派时指出，"应该用革命暴力'摧毁'资产阶级'官僚军事国家机器'，用'公社'，用新的'半国家'来代替它"，而且列宁进一步说，"按恩格斯的看法，资产阶级国家不是'自行消亡'的，而是由无产阶级在革命中来'消灭'的。在这个革命以后，自行消亡的是无产阶级的国家或半国家"。③ 过渡时期和无产阶级专政结束后，进入了社会主义社会阶段。正如列宁所说的，"在共产主义下，在一定的时期内，不仅会保留资产阶级权利，甚至还会保留资产阶级国家——但没有资产阶级！"④这里讲的共产主义的"一定时期"，就是指共产主义社会的低级阶段或第一阶段，即社会主义社会。列宁不仅把它称之为

---

① 《列宁全集》第三十一卷，人民出版社1985年版，第59页。
② 《列宁选集》第三卷，人民出版社2012年版，第124页。
③ 《列宁选集》第三卷，人民出版社2012年版，第124页。
④ 《列宁选集》第三卷，人民出版社2012年版，第200页。

"（半资产阶级）国家"和没有资产阶级的"资产阶级国家"，同时还明确说，"正在消亡的国家在它消亡的一定阶段，可以叫作非政治国家"①。这里的"正在消亡的国家"包括两个发展阶段：第一阶段指的是无产阶级专政的国家，它仍然具有政治职能和阶级压迫工具性质，属于"政治国家"；第二阶段即"在它消亡的一定阶段"，属于"非政治国家"，指的是在共产主义社会的低级阶段或第一阶段还没有完全消亡的国家。在"非政治国家"中，消费品的分配是和每个人向社会提供的劳动量成比例的，这也是一种强制形式，谁不劳动，谁就没饭吃，分配的不平等还很严重，还没有完全超出"狭隘的资产阶级权利眼界"，因此，国家也还不能完全消失。但是，社会主义社会，"国家正在消亡，因为资本家已经没有了，阶级已经没有了，因而也就没有什么阶级可以镇压了"②。

列宁认为，在社会主义社会，"国家还没有完全消亡"，"还需要有国家在保卫生产资料公有制的同时来保卫劳动的平等和产品分配的平等"③。这里讲到的"国家"，就是不具有阶级性质和政治职能而仍然具有某种强制性的非政治国家，它已经不再是无产阶级专政的国家政权。而且，随着阶级和阶级斗争的逐渐消灭，生产力的不断发展，人民群众觉悟的不断提高，国家的强制作用越来越小，社会主义民主的范围越来越大，无产阶级专政国家就从大多数人民派代表行使国家职能，逐渐变为大多数人民行使国家职能，再逐渐变为全体人民行使国家职能的非政治国家，这时候，"国家还

---

① 《列宁选集》第三卷，人民出版社 2012 年版，第 166 页。
② 《列宁选集》第三卷，人民出版社 2012 年版，第 196 页。
③ 《列宁选集》第三卷，人民出版社 2012 年版，第 196 页。

没有完全消亡,因为还要保卫那个确认事实上的不平等的'资产阶级权利'"①,只有当按劳分配已经被按需分配所代替的时候,国家权力对社会关系的干涉才会逐渐成为多余而自行停止,真正完全的民主才可能实现,国家才能完全消亡。当国内阶级已经完全消亡,国家的社会职能逐渐丧失其政治形式,内部镇压的职能基本上消失之时,再加上国际上消灭了人剥削人的制度,国外的暴力职能也将消失。但国家还保留着,这时保留国家不是为了执行镇压职能,而是为了维护某些社会利益必须保留的强制性的权力规范,这是"正在消亡的国家"。

社会主义阶段("共产主义第一阶段")中,国家仍然存在,但这是一种特殊性质的国家,即基于社会消费品分配方面存在的资产阶级权利之上的国家,列宁甚至把这称作"保留资产阶级国家,但没有资产阶级"②。这种性质的国家从总体上是沿着弱化的历史路线发展,一是因为比起少数人对多数人的压迫,多数人对少数人的压迫将"很容易、很简单和很自然",因此不需要特殊的国家机器,只有简单的武装群众组织就够了;二是因为无产阶级专政的镇压过程同时也是民主向绝大多数人扩展的过程,"以至对实行镇压的机器的需要就开始消失"。而且社会主义国家发挥着经济作用,主要是通过武装工人的国家,而不是官吏的国家对社会生产进行监督和计算。在这种情况下,"整个社会将成为一个管理处,成为一个劳动平等和报酬平等的工厂"③。当人们广泛参与政治,学会了

---

① 《列宁选集》第三卷,人民出版社 2012 年版,第 196 页。
② 《列宁选集》第三卷,人民出版社 2012 年版,第 200 页。
③ 《列宁选集》第三卷,人民出版社 2012 年版,第 202 页。

管理国家后,"对任何管理的需要就开始消失"①,国家的这种经济作用也就随之消失了。

马克思主义经典作家认为,随着生产力的高度发展,人类社会最终将进入完全的共产主义社会。他们明确指出,"要使国家完全消亡,必须有完全的共产主义"②。"只有在这个高级阶段,国家才能完全消亡。"③在这个社会中,国家完全消亡了,对人的统治将由对物的管理和对生产过程的领导所代替。那时,社会就会摆脱国家这个"赘瘤",把它"放到它应该去的地方,即放到古物陈列馆去,同纺车和青铜斧陈列在一起"。人们将十分习惯于遵守公共生活的基本规则,因而任何强制机关都不复存在,国家将完全消亡。共产主义社会的高级阶段,实行"各尽所能,按需要分配",劳动成了生活的第一需要,没有任何强制。

在对国家治理的探讨中,国家是所有政治问题的核心。19世纪马克思主义创始人创立的并在继续产生重大影响的国家理论,无疑成为我们追溯和研究的重要理论依据。就正如列宁所说,"国家问题,现在无论在理论方面或在政治实践方面,都具有特别重大的意义"④。马克思主义国家理论是创始人对关于国家的起源、本质、职能及未来发展趋势等的系列论述,是我们当前认识国家治理思想和推进国家治理现代化的极其宝贵的理论资源。通过梳理清楚马克思主义国家理论中关于诸如国家职能等的论述,可以从马

---

① 《列宁选集》第三卷,人民出版社2012年版,第203页。
② 《列宁选集》第三卷,人民出版社2012年版,第196页。
③ 《列宁全集》第三十一卷,人民出版社1985年版,第165页。
④ 《列宁选集》第三卷,人民出版社1972年版,第171页。

克思主义国家理论中总结出国家治理的本质、功能及理念，从而对探索当前实现国家治理现代化的路径提供思路和带来启示。

三、中国共产党的国家治理思想

国家治理是在坚持马克思主义国家理论的基础上，在吸收治理的理念基础上形成的概念。创新是马克思主义国家学说的生命力之所在，马克思主义国家学说史就是不断创新的历史发展过程，没有创新就不会有马克思主义的国家学说的建立，也不会有马克思主义国家学说的发展。与时俱进，开拓创新是马克思主义国家学说的灵魂。马克思、恩格斯所创立的马克思主义的国家学说，本身就是一个前无古人的理论创新。毛泽东同志把马克思主义国家学说与中国的国情相结合，坚持和发展了马克思主义国家学说，并创造性地提出了人民民主专政的理论，这是对马克思主义的无产阶级专政理论的又一重大创新。在马克思主义国家学说史上，邓小平同志丰富并完善了马克思主义关于社会主义国家的理论，根据当代社会主义实践的要求，创造性地提出了许多新的思想。可以说，从马克思主义国家学说的创立，到今天马克思主义国家学说在中国的实践，马克思主义国家学说史无疑是一部发展史、创新史。发展无止境，创新永远不会停止，创新是马克思主义国家学说发展的内在要求。

不断提高国家治理能力，科学构建中国特色的国家治理体系，始终是中国共产党带领人民治理国家的努力方向。国家治理能力和治理体系的现代化是伴随着我国社会主义现代化建设进程和马克思主义中国化的进程而发展的,国家的社会主义现代化、马克思主义的中国化发展和国家治理能力和治理体系的完善是一个相互关联的整体。伴随着中国特色社会主义实践的探索,中国道路也越走越宽,国家治理的理论也日臻完善。回顾中国共产党领导人民治理国家的历史,我们以下面几个基本问题为线索,大致梳理中国共产党国家治理理论的基本内容。

(一)国家治理的理论渊源

马克思主义经典作家虽然没有明确论述国家治理的问题,但在《共产党宣言》《家庭、私有制和国家的起源》等一系列经典著作中,根据当时特定历史条件的生产力的发展水平、资本主义国家的危机情况,以及社会主义巴黎公社和苏维埃俄国的具体实践,展开了对无产阶级国家治理极其宝贵的理论与实践探索,从而形成了经典作家对国家治理的探索的重要思想,这些思想不仅为我们指出了今天在进行国家治理过程中所要坚持和遵循的原则,也明确了国家治理的根本任务,更为我们实现国家治理指明了方向。

1.无产阶级专政是国家治理的根本原则

马克思主义经典作家在其著作中就指出,无产阶级专政是通向共产主义过渡时期的国家形态。恩格斯早在《共产主义信条草案》中就指出,从资本主义的财产私有向共产主义的财产公有过渡的"第一个基本条件是通过民主的国家制度达到无产阶级的政治解放"①。之后,马克思在《1848年至1850年的法兰西阶级斗争》一文中也指出,"这种专政是达到消灭一切阶级差别,达到消灭这些差别所由产生的一切生产关系,达到消灭和这些生产关系相适应的一切社会关系,达到改变由这些社会关系产生出来的一切观念的必然的过渡阶段"②。而且马克思主义经典作家强调,无产阶级只有夺取政权,建立自己的无产阶级专政,运用自己的政治统治,消灭剥削者,社会主义经济制度才能建立起来。无产阶级夺取政权后,必须采取新的组织方式实现向无产阶级社会的过渡,因为这一时期治理的任务比以往任何旧国家更为繁重和复杂。因此,无产阶级专政首先要在政治、经济与意识形态上建立强大稳定的社会秩序,以维护无产阶级占统治地位的社会生产关系,维护无产阶级及其联盟阶级的根本利益。同时,无产阶级国家所面临的社会冲突将不再是简单的阶级对立和阶级冲突,而是表现为劳资对立和政党对立的无产阶级与资产阶级的矛盾与冲突。

如果是阶级矛盾和阶级冲突,无产阶级必须赋予国家以革命的暂时形式来缓和阶级矛盾;如果是无产阶级内部或阶层之间的对立和冲突,则属于人民内部的矛盾冲突。无产阶级国家只能通过公平合理的政策与法律以及健全的社会协调机制,以对话、协调、谈判甚至争论的形式,达成各方都能接受的利益分配协议。无产阶级专政的历史任务是对广大劳动人民实行最广泛的民主,对剥削阶级和一切敌对势力实行专政,大力发展生产力,不断完善和

---

① 《马克思恩格斯全集》第四十二卷,人民出版社1979年版,第379页。
② 《马克思恩格斯选集》第一卷,人民出版社2012年版,第532页。

发展社会主义的生产关系和上层建筑,并消灭一切阶级差别、重大社会差别和社会不平等,建立高度民主的社会主义政治文明和高度发达的社会主义精神文明,从各方面创造有利条件向共产主义过渡,这是无产阶级国家的总秩序。

2.发展问题是国家治理的根本任务

时代发展的宏观环境与一个国家的发展息息相关,国家治理与时代发展也紧密相连。1848 年,马克思、恩格斯在《共产党宣言》中就指出,无产阶级夺取政权后,应"利用自己的政治统治,一步一步地夺取资产阶级的全部资本,把一切生产工具集中在国家即组织成为统治阶级的无产阶级手里,并且尽可能快地增加生产力的总量"①。这里已经指出了无产阶级夺取政权后,国家政治治理的基本任务是把生产资料收归国家所有。但是因为当时生产力发展水平的限制,对于生产资料如何实现国有化,马克思主义经典作家没有做出具体的分析,只是指明了发展方向。而到了 19 世纪 70 年代,当资本主义发展的集中化趋势得到加强时,资本主义国家具有经济管理和领导职能时,国家作为资本主义社会的正式代表,最终将承担起对生产组织的领导责任,而且"这种转化为国家财产的必要性首先表现在大规模的交通机构,即邮政、电报和铁路方面"②。在这里,马克思主义经典作家强调,无产阶级夺取政权后,国家必须剥夺资产阶级生产资料,将其逐步地收归国家所有,生产资料的

---

① 《马克思恩格斯选集》第一卷,人民出版社 2012 年版,第 421 页。
② 《马克思恩格斯选集》第三卷,人民出版社 2012 年版,第 666 页。

公有制是以国家为代表来实行的,将贯穿整个过渡时期。

　　而随着生产力的发展和社会分工的产生,相互协作的社会共同劳动也出现了。马克思认为,一切规模较大的直接社会劳动或共同劳动,都需要协调个人的活动并执行生产的总体的运动所要产生的职能。同时认为,无产阶级国家国有化与生产资料归社会占有,为社会占有提供了相关准备条件,将大规模地采用合作生产作为向新社会过渡所普遍采用的形式;并认为应把国家所有和经营区别开来,归国家所有但并不都由国家来经营。就如马克思、恩格斯所认为的那样,"我们一旦掌握政权,我们自己就一定要付诸实施,把大地产转交给(先是租给)在国家领导下独立经营的合作社,这样,国家仍然是土地的所有者"①。可见,马克思主义经典作家非常重视利用生产资料的所有制占有形式来发展生产,达到大力提高社会主义生产效率的目的。

　　同时,苏维埃社会主义政权建立以后,如何大力发展生产力、提高人民生活水平也成为国家治理的首要问题。正如列宁所强调的那样,"无产阶级取得国家政权以后,它的最主要最根本的需要就是增加产品数量,大大提高社会生产力"②。为了大力发展生产力,列宁认为要学习西方的先进技术和管理经验。而十月革命胜利后,列宁领导的苏维埃政权开始转入实行"战时共产主义"政策,包括余粮收集制、全部工业国有化、国内贸易国有化等。1921年,随着俄共(布)十大的召开,苏维埃俄国进入了"新经济政策"时期。新经济政策的实行,探索出了在小农经济占优势的国家建设社会

---

① 《马克思恩格斯选集》第四卷,人民出版社2012年版,第581页。
② 《列宁选集》第四卷,人民出版社2012年版,第623页。

主义的途径和方法,调动了农民的积极性,推动了生产力的迅速发展。

3.民主管理是国家治理的重要路径

马克思、恩格斯在指导无产阶级革命运动的过程中,探索了无产阶级民主建设问题。他们认为,社会主义应该实行全体劳动群众共同参与的民主管理。在《共产党宣言》中,他们就提出,工人革命的第一步就是使无产阶级上升为统治阶级,就要争得民主。他们通过对资产阶级民主共和国的仔细观察和认真研究,对资产阶级国家制度及无产阶级未来国家形式提出新的见解,明确肯定了资产阶级民主制度在无产阶级专政中的利用价值与有益启示,并认为要善于吸收和借鉴而不应当简单地抛弃资产阶级民主制度中的有益成分。"首先无产阶级革命将建立民主的国家制度,从而直接或间接地建立无产阶级的政治统治。"①民主共和制度的关键在于内容。如果资产阶级掌握国家政权,则其具有资产阶级性质。反之,如果无产阶级掌握国家政权,则其具有无产阶级性质。就正如恩格斯所强调的那样,"民主共和国甚至是无产阶级专政的特殊形式"②。

巴黎公社作为无产阶级国家专政的实践尝试,是由"巴黎各区通过普选选出的市政委员组成的。这些委员对选民负责,随时可

---

① 《马克思恩格斯选集》第一卷,人民出版社2012年版,第304页。
② 《马克思恩格斯选集》第四卷,人民出版社2012年版,第294页。

以罢免"①。可见,公社是由人民自己管理自己,人民成为国家管理的主体,实行真正的民主集中制,这不仅给"共和国奠定了真正民主制度的基础"②,也是最彻底、最完备的民主。因为"所有公职人员,不论职位高低,都只付给跟其他工人同样的工资"③。让人民群众直接积极参与对国家公共事务的管理和监督,对于防止政权蜕化和变质,并有效防止社会公仆演变成社会主人,起着积极的作用。同时,积极主张未来国家要像巴黎公社那样,政府应同时兼行政和立法的工作机关,实行议行合一,这样有利于摆脱官僚主义的作风,形成良好的工作作风。实行选举制、低薪制等民主原则有利于保证无产阶级国家政权的人民性和社会性,可以起到对公职人员的权力进行有效监督的作用。

4.社会治理是国家治理的未来走向

在人类历史发展的长河中,国家并不是从来就有的。国家的诞生,是由于社会共同体陷入各类矛盾,无法实现自我管理,因此必须由国家来协调矛盾,将冲突限制在社会共同体可以接受的"秩序"之内。但是,国家一经产生,往往容易由社会公仆异化为社会主人,阻碍社会发展。在现实生活中,由于对国家的迷信,人们容易产生"对国家以及一切同国家有关的事务的盲目崇拜",以至人们从小就习惯性地认为,全社会的公共事务和公共利益只能像迄

---

① 《马克思恩格斯选集》第三卷,人民出版社 2012 年版,第 98 页。
② 《马克思恩格斯选集》第三卷,人民出版社 2012 年版,第 101 页。
③ 《马克思恩格斯选集》第三卷,人民出版社 2012 年版,第 55 页。

今为止那样,由国家和国家的地位优越的官吏来处理和维护,即一些本来属于社会公共领域的事务也必须由国家来治理。针对这种错误认知,恩格斯明确提出,"国家再好也不过是在争取阶级统治的斗争中获胜的无产阶级所继承下来的一个祸害"。所以,在人类社会发展的更高阶段,必须"尽量除去这个祸害的最坏方面,直到在新的自由的社会条件下成长起来的一代有能力把这全部国家废物抛掉"①。在这里,马克思主义提出了国家逐步退出公共事务管理,以至最终消亡的历史发展方向。

实际上,国家消亡的过程,也就是实现社会自主治理的过程。在马克思看来,巴黎公社就是一次人类努力实现社会自主治理的伟大尝试。在巴黎公社的尝试中,人们把"国家政权重新收回,把它从统治社会、压制社会的力量变成社会本身的生命力;⋯⋯这是人民群众获得社会解放的政治形式"②。对于巴黎公社的这种尝试,马克思给予了很高的礼赞,认为它包含着人类解放最终完成的途径和方向,也就是说,人类要最终实现自由和解放,必须由社会力量取代政治力量,即由社会自主治理取代国家统治。

(二)国家治理的实践主体

国家治理作为一种实践活动,离不开开展这种实践的主体。中国国家治理的真正主体是人民群众,而这种治理实践是在中国共产党的领导下,在人民群众的广泛参与下实现的。坚持党的领

---

① 《马克思恩格斯全集》第三卷,人民出版社 2002 年版,第 34 页。
② 《马克思恩格斯选集》第三卷,人民出版社 2012 年版,第 140 页。

导,依靠人民治理,实现人民共享,这是中国特色社会主义国家治理理论的鲜明特征,也是国家治理能力和治理体系现代化必须始终坚持的根本原则。

1.坚持党的领导

把中国共产党作为国家治理的领导主体,这是国家治理的根本前提和首要原则。中国共产党领导人民取得了革命的胜利,建立了人民民主政权,从而成为执政党。在中国,党的领导地位是历史决定、人民选择的,领导中国革命和建设的只能是中国共产党。同样,在当代中国,领导国家治理的也只能是中国共产党。

在新中国成立前,毛泽东已经注意到国家治理的问题,在延安时期创建了"三三制"政权原则等,在国家治理方面进行了有益探索。在新中国成立前夕的七届二中全会上,毛泽东以"进京赶考"来告诫即将执政的中国共产党人,要戒骄戒躁、谦虚谨慎,从思想上做好长期执政的准备。在社会主义改造和社会主义国家制度确立以后,毛泽东在《论十大关系》等著作中论述了国家治理的思想,总结了社会主义国家建设规律,形成了根据自己的国情建设社会主义的思想。改革开放的总设计师邓小平也高度重视加强党的领导,他认为国家治理的关键在于党的建设,"说到底,关键是我们共产党内部要搞好"①。坚持党的领导始终是中国共产党领导人民治理国家的一条重要原则,这一原则得到了一贯的坚持,不仅被作为

①《邓小平文选》第三卷,人民出版社1993年版,第381页。

"四项基本原则"的其中一条,还被写入宪法。

国家治理的关键在党,中国共产党的执政地位和性质宗旨都决定了,党的自身建设在国家治理中发挥着至关重要的作用。加强党的建设,成为治理国家的先决条件。邓小平一贯重视党的建设,将国家治理的成败与党的自身建设紧密地联系在一起,高度重视通过治党来实现国家治理。他在1992年发表南方谈话时明确指出:"中国要出问题,还是出在共产党内部。"①江泽民将治党作为治国的前提,认为坚强有力地从严治党是正确有效的国家治理的先决条件。他提出,"治国必先治党,治党务必从严。治党始终坚强有力,治国必会正确有效"②,这一时期围绕保持党的先进性和纯洁性,开展了一系列教育活动。十八大以来,以习近平同志为核心的党中央进一步发展完善了治国必先治党的思想,提出要将全面从严治党落到实处。开展了党的群众路线教育活动和"三严三实"专题教育,推进"两学一做"学习教育常态化制度化,将转变党的工作作风作为治党的重要举措。

提高国家治理能力,关键在于加强执政党建设,"只有以提高党的执政能力建设为重点,尽快把我们各级干部、各方面管理者的思想政治素质、科学文化素质、工作本领都提高起来,尽快把党和国家机关、企事业单位、人民团体、社会组织等的工作能力都提高起来,国家治理体系才能更加有效运转"③。

---

① 《邓小平文选》第三卷,人民出版社1993年版,第380页。
② 《江泽民文选》第二卷,人民出版社2006年版,第496—504页。
③ 《习近平谈治国理政》,外文出版社2014年版,第105页。

2.人民当家作主

"一个国家选择什么样的治理体系,是由这个国家的历史传承、文化传统、经济社会发展水平决定的,是由这个国家的人民决定的。"①国家治理体系是由人民群众决定的,人民是国家治理的真正主体。中国共产党是马克思主义的党,充分尊重人民群众的历史主体地位,把人民群众视为国家治理的主人。不断巩固人民群众在治理国家中的主体地位,始终是党领导人民实现治理体系和治理能力现代化的一条重要线索。为了实现人民治理国家的主体地位,党领导人民制定了人民代表大会制度等具体的制度,人民通过选举代表行使治理国家的权利,人民的国家治理主体地位是真实的,有宪法作为保障。

党的性质和宗旨决定了,坚持党的领导必然要尊重人民的主体地位,人民群众是国家治理的基本主体。中国共产党充分尊重群众的首创精神,一方面做好顶层设计,通过人民代表大会制度、政治协商制度、党的代表大会制度,使群众参与到国家治理的实践之中;另一方面也在广泛吸收群众在国家治理中的聪明才智。小岗村家庭联产承包责任制的创举拉开了农村改革的大幕,改革开放以来群众积极参政议政,提供了国家治理的新鲜建议。

---

① 《习近平谈治国理政》,外文出版社 2014 年版,第 105 页。

3.治理主体多元化

在当代中国,国家治理就是党领导人民建设中国特色社会主义现代化国家的实践活动。在这实践中,党的领导是前提,人民群众则是国家治理的真正主体。为了适应信息化、全球化的时代要求,充分发扬社会主义民主,充分调动社会各方面的智慧参与国家治理,党领导人民积极推动实现治理主体的多元化,不断完善党的领导、人民当家作主和依法治国的治理体制机制,努力构建全方位、广覆盖的现代化国家治理体系。与治理主体多元化相伴随的,是国家治理方式和形式的多样化。国家治理的基本形式是全国人民在党的领导下集中统一地开展国家治理行动,通过科学合理的制度安排,把人民群众的意愿转化为施政纲领和治国方略。我们党根据不同地域、行业、人群的特点,建立并不断完善区域自治、基层自治、行业自治等治理方式和形式。通过民族区域自治、村民自治、社区自治等灵活多样的形式吸收党内外、各行业、各基层人民的治理智慧,努力让每一个公民的国家治理地位得到体现,使得全社会的治理才能得到充分体现,共同致力于现代化国家治理能力的提升和国家治理体系的构建。

(三)国家治理的价值取向

"为什么人"的问题,是中国共产党在治国理政中始终高度重视的一个原则问题。在国家治理中,"为什么人"的问题关系到国家治理的价值取向,中国共产党以"为人民服务"为根本宗旨,以实现好、维护好人民群众的根本利益为神圣使命。我们党始终坚持以"为人民服务"为基本价值追求,努力在国家治理中代表好维护好人民群众的利益,给予人民更多的获得感。

1.为人民服务

马克思、恩格斯在《共产党宣言》中指出:"过去的一切运动都是少数人的或者为少数人谋利益的运动。无产阶级的运动是绝大多数人的、为绝大多数人谋利益的独立的运动。"[1]根据马克思主义基本原理,毛泽东同志创立了"为人民服务"的科学理论,并使之成为我们党一贯坚持的根本宗旨。新中国成立后,以毛泽东同志为代表的中国共产党人将为人民服务落实在治国理政的具体实践中,他认为,"我们共产党人完全是为着解放人民的,是彻底地为人民的利益工作的"。在他看来,"我们一切工作干部,不论职位高低,都是人民的勤务员,我们所做的一切,都是为人民服务"[2]。邓小平不仅大力倡导为人民服务,而且创造性地提出了"领导就是服务"的科学论断,他指出,"什么叫领导?领导就是服务",[3]并且满怀深情地说:"我是中国人民的儿子,我的一切都是为了我的祖国和人民。"胡锦涛在十七届中央纪委六次全会上强调:"我们必须进一步把以人为本、执政为民贯彻落实到党和国家全部工作中,不断

---

① 《马克思恩格斯选集》第二卷,人民出版社1995年版,第262页。
② 《毛泽东文集》第三卷,人民出版社1996年版,第243页。
③ 《邓小平文选》第三卷,人民出版社1993年版,第121页。

实现好、维护好、发展好最广大人民根本利益,始终保持同人民群众的血肉联系。全党同志必须坚持全心全意为人民服务,做到权为民所用、情为民所系、利为民所谋,使我们的工作获得最广泛、最可靠、最牢固的群众基础和力量源泉,使我们的事业经得起任何风浪、任何风险的考验。"十八大以来,以习近平同志为核心的党中央,坚持为人民服务的价值导向,在治国理政中提出了一系列新思想新理念。习近平同志指出:"说到底还是为人民服务这句话。我们党就是为人民服务的。"党员干部牢固树立为人民服务的核心价值追求,对于我们党保持先进性、应对新的风险挑战、团结带领人民实现中华民族伟大复兴的中国梦具有重大现实意义。

为人民服务,就要具体化为维护和实现人民群众的根本利益,让人民群众在国家治理中共享改革的成果。维护人民利益是团结带领人民群众治理国家的重要前提。加强党的领导与实现人民利益是紧密相关的两个方面,"一切空话都是无用的,必须给人民以看得见的利益,"毛泽东指出,"领导的阶级和政党,要实现自己对于被领导的阶级、阶层、政党和人民团体的领导,必须具备两个条件:(甲)率领被领导者(同盟者)向着共同敌人作坚决斗争,并取得胜利;(乙)对被领导者给以物质福利,至少不损害其利益"。邓小平带领中国共产党做出了实行改革开放的决策,提出判断改革成败的"三个有利于"标准,其中关键一条即"是否有利于提高人民群众的生活水平"。邓小平鲜明地提出维护人民利益是中国共产党和每一名党员的准绳,"中国共产党员的含意或任务,如果用概括的语言来说,只有两句话:全心全意为人民服务,一切以人民利益作为每一个党员的最高准绳"。以江泽民为代表的党中央提出,中国共产党必须代表最广大人民群众的根本利益,并将其作为"三个代表"重要思想的第一条。江泽民指出:"坚持立党为公,执政为民,坚持以人民群众为本,必须实现好、维护好、发展好最广大人民的根本利益。"科学发展观将人民群众的利益从物质生活水平的改善拓展到生活质量,实现"全面、协调、可持续"的发展成为党领导人民治理国家的目标。习近平总书记指出:要让改革给人民带来更多的实惠,要让人民拥有更多的获得感。习近平在阐述中国梦时特别强调,中国梦是中国人民的梦,是国家富强、民族振兴、人民幸福。人民群众不仅是治理国家的主人翁,而且是国家治理成果的享有者,人民群众在国家治理中的主体地位得到了尊重并不断得以巩固。

2.坚持走群众路线

在确立现代化国家治理体系的过程中,加强党的领导和巩固人民主体地位是两个重要方面,两者也是内在一致的。人民的主体地位得到巩固,党的领导才能更加有力;人民的主体地位得到巩固,利益得到切实维护,治理国家才能获得更多的力量支持。

马克思主义认为,人民群众是历史的创造者,是社会发展的决定力量。毛泽东高度重视并大力倡导群众路线,在国家治理中紧紧依靠群众,他指出:"凡属正确的领导,必须是从群众中来,到群众中去。这就是说,将群众的意见(分散的无系统的意见)集中起来(经过研究,化为集中的系统的意见),又到群众中去作宣传解释,化为群众的意见,使群众坚持下去,见之于行动,并在群众行动中考验这些意见是否正确。"邓小平不仅深情地称自己为"人民的儿子",而且把"人民拥护不拥护,人民赞成不赞成,人民高兴不高兴,人民答应不答应"作为治理国家好坏的评价指标。在一系列讲话、批示上,习近平发出了"人民群众的事情就是我们的牵挂","让改革给人民群众带来更多的获得感","让人民群众感受到公平正义","做人民群众的贴心人","切实保障人民群众'舌尖上的安全'"等新的时代呼声,尊重群众和热爱人民是新一代中央领导人国家治理思想的显著特点。群众路线实践教育活动,进一步加强了党的作风建设,密切了党与人民群众的关系。

(四)国家治理的奋斗目标

在中国共产党的国家治理理论中,与"为了谁"和"依靠谁"两个问题同样重要的,还有一个国家治理的奋斗目标问题。从革命年代的共产主义最高奋斗目标到"四个现代化"的提出,一直到"中华民族伟大复兴的中国梦"的提出,国家治理蓝图越来越清晰,国家治理行动也越来越明朗。

1.毛泽东提出"四个现代化"奋斗目标

将社会主义的中国治理成什么样,是一个艰巨的命题,在每一个历史阶段,中国共产党人都在探索描绘国家治理的蓝图。毛泽东在《论联合政府》中提出了国家的"工业化"问题,在《关于正确处理人民内部矛盾的问题》中又明确地提出要把"我国建设成为一个具有现代工业、现代农业和现代科学文化的社会主义国家"。后来，逐步形成了"四个现代化"的提法，并初步设计了中国社会主义现代化的总体目标。实现四个现代化成为国家治理的目标，通过一系列探索实践，我国逐步走上了中国特色社会主义发展道路，中国共产党对治国理政的规律认识逐渐深入。

2.邓小平提出共同富裕奋斗目标和"三步走"战略

什么是社会主义，社会主义的本质是什么？邓小平同志一针见血地指出："社会主义的本质，是解放生产力，发展生产力，消灭剥削，消除两极分化，最终达到共同富裕。"[①]在党的领导下，不断解放和发展社会生产力，最终实现人民群众的共同富裕，这就是国家治理的一个重要目标。社会主义本质论的提出，标志着中国共产党对社会主义建设规律有了新的认识，也有了更加清晰的国家治理目标。

同时，邓小平提出了发展现代化的"三步走"战略：第一步，从1981年到1990年，国民生产总值翻一番，解决人民温饱问题；第二步，从1991年到20世纪末，国民生产总值再翻一番，人民生活水平达到小康水平；第三步，到21世纪中叶，人均国民生产总值达到中等发达国家水平，人民生活比较富裕，基本实现现代化。然后，在这个基础上继续前进。

---

① 《邓小平文选》第三卷，人民出版社1993年版，第373页。

3.江泽民提出全面建设小康社会奋斗目标和"新三步走"战略

江泽民同志在党的十六大报告中提出了我国在 21 世纪头二十年全面建设小康社会的奋斗目标。江泽民在报告中指出,经过全党和全国各族人民的共同努力,我们胜利实现了现代化建设"三步走"战略的第一步、第二步目标,人民生活总体上达到小康水平。这是社会主义制度的伟大胜利,是中华民族发展史上一个新的里程碑。江泽民在报告中说,综观全局,21 世纪头二十年,对我国来说,是一个必须紧紧抓住并且可以大有作为的重要战略机遇期。根据十五大提出的到 2010 年、建党一百年和新中国成立一百年的发展目标,我们要在 21 世纪头二十年,集中力量,全面建设惠及十几亿人口的更高水平的小康社会,使经济更加发展、民主更加健全、科教更加进步、文化更加繁荣、社会更加和谐、人民生活更加殷实。这是实现现代化建设第三步战略目标必经的承上启下的发展阶段,也是完善社会主义市场经济体制和扩大对外开放的关键阶段。经过这个阶段的建设,再继续奋斗几十年,到 21 世纪中叶基本实现现代化,把我国建成富强民主文明的社会主义国家。

1997 年,党的十五大确定了"新三步走"战略,即 21 世纪第一个十年实现国民生产总值比 2000 年翻一番,使人民的小康生活更加宽裕,形成比较完善的社会主义市场经济体制;再经过十年的努力,到建党一百周年时,使国民经济更加发展,各项制度更加完善;到世纪中叶新中国成立一百周年时,基本实现现代化,建成富强民主文明的社会主义国家。"新三步走"战略是在新的历史阶段和时代条件下,中国人民全面加速实现现代化的努力与追求。

4.胡锦涛提出构建和谐社会目标

社会主义和谐社会是人类孜孜以求的一种美好社会,是中国共产党不懈追求的一种社会理想。中国共产党逐渐认识到,应该将建设和谐社会作为中国特色社会主义国家治理的重要方向。进入 21 世纪后,中共十六大和十六届三中全会、四中全会,从全面建设小康社会、开创中国特色社会主义事业新局面的全局出发,明确提出构建社会主义和谐社会的战略任务,并将其作为加强党的执政能力建设的重要内容。中共十六大报告第一次将"社会更加和谐"作为重要目标提出。中共十六届四中全会,进一步提出构建社会主义和谐社会的任务。

5.习近平提出中华民族伟大复兴的中国梦和"两个一百年"的奋斗目标

中华民族伟大复兴的中国梦是以习近平同志为核心的党中央提出的重大战略目标,它着眼于坚持和发展中国特色社会主义,体现了中国共产党高度的历史担当和使命追求。

习近平在《切实把思想统一到党的十八届三中全会精神上来》的讲话中指出,"怎样治理社会主义社会这样全新的社会,在以往的世界社会主义中没有解决得很好。马克思、恩格斯没有遇到全面治理一个社会主义国家的实践,他们关于未来社会的原理很多是预测性的;列宁在俄国十月革命后不久就过世了,没来得及深入探索这个问题;苏联在这个问题上进行了探索,取得了一些实践经验,但也犯下了严重错误,没有解决这个问题。我们党在全国执政以后,不断探索这个问题",也"发生了严重曲折"。

在马克思主义中国化的过程中,中国的改革开放已经走出了一条中国特色社会主义建设之路,形成了国家治理的丰富经验。近四十年的改革开放是以"摸着石头过河"开始的,而今改革已经"步入深水区",国家治理的目标越来越清晰,方向越来越坚定。2012 年 11 月 29 日习近平总书记在参观《复兴之路》展览时提出中华民族伟大复兴的中国梦,他指出:"现在,我们比历史上任何时期都更接近中华民族伟大复兴的目标,比历史上任何时期都更有信心、有能力实现这个目标。"2012 年,党的十八大描绘了全面建成小康社会、加快推进社会主义现代化的宏伟蓝图,向中国人民发出了向实现"两个一百年"奋斗目标进军的时代号召。"两个一百年"自此成为一个固定关键词,成为全国各族人民共同的奋斗目标。习近平总书记"7·26"讲话和党的十九大报告,对实现"两个一百年"奋斗目标作出新阐述、提出新要求,强调到2020 年全面建成小康社会,实现第一个百年奋斗目标,是我们党向人民、向历史作出的庄严承诺。2020 年全面建成小康社会后,我们要激励全党全国各族人民为实现第二个百年奋斗目标而努力,踏上建设社会主义现代化国家新征程,让中华民族以更加昂扬的姿态屹立于世界民族之林。习近平总书记的重要论述,体现了中国共产党人强烈的历史担当,进一步明确了实现"两个一百年"奋斗目标的战略部署,擘画了由第一个百年奋斗目标向第二个百年奋斗目标迈进的宏伟蓝图,向全党全国再次发出了奋力实现"两个一百年"奋斗目标、踏上建设社会主义现代化国家新征程、实现中华民族伟大复兴中国梦的动员令。我们要深入学习领会讲话精神，全面准确把握"两个一百年"奋斗目标的任务要求，为决胜全面建成小康社会，建设社会主义现代化国家接续奋斗。

（五）国家治理的基本方略

在确立了国家治理的主体及其遵循的价值取向和奋斗目标之后，采取什么样的策略变得尤其重要。讲究战略和策略，一直是中国革命和建设的一条宝贵经验。在国家治理的历史实践中，中国共产党积累了丰富的策略和方略。简单来说，中国特色社会主义建设过程中，将马克思主义基本原理与中国实际相结合，做出了改革开放的伟大决定，改革开放是党领导人民治理国家的基本方略。中国共产党坚持以改革的思维推进国家治理的现代化，用改革的办法解决所遇到的问题，创造性地提出了依法治国、科教兴国、创新驱动、人才强国、文化强国等一系列富有创新性和针对性的治国方略，推动实施了西部大开发战略、中部崛起战略、振兴东北老工业基地战略等区域发展战略。

1.改革开放的总方略

邓小平作为改革开放的倡导者和总设计师，以巨大的勇气提出了实施改革开放的战略抉择。他严肃地告诫全党，"不坚持社会主义，不改革开放，不发展经济，不改善人民生活，只能是死路一条"。经过四十余年的改革开放，人民生活得到改善，社会生产力得到极大提高，改革开放成为新时期最鲜明的特征，改革开放是党领导人民治理国家的总方略。

为了坚持和发展中国特色社会主义，实现民族复兴的中国梦，习近平在十八大以来一系列重要讲话中，提出了"全面深化改革"的重要思想。习近平强调指出："改革开放是决定当代中国命运的关键一招，也是决定实现'两个一百年'奋斗目标、实现中华民族伟大复兴的关键一招。"习近平多次强调，要把党的十八大确立的改革开放重大部署落实好，就要认真回顾和深入总结改革开放的历程，更加深刻地认识改革开放的历史必然性，更加自觉地把握改革开放的规律性，更加坚定地肩负起深化改革开放的重大责任。他强调在领导改革的过程中，我们既要加强宏观思考和顶层设计，更加注重改革的系统性、整体性、协同性，同时也要继续鼓励大胆试验、大胆突破，不断把改革开放引向深入。党的十八届三中全会提出的全面深化改革的总目标，就是完善和发展中国特色社会主义制度、推进国家治理体系和治理能力现代化，这是坚持和发展中国特色社会主义的必然要求，也是实现社会主义现代化的应有之义。

2.依法治国基本方略

邓小平认为，要加强制度建设，使法治成为制度规定。他强调："为了保障人民民主，必须加强法制。必须使民主制度化、法律化，使这种制度和法律不因领导人的改变而改变，不因领导人的看法和注意力的改变而改变。"①为了切实保障人民民主,实现人民享有管理国家的权利,就必须坚持依法治国,邓小平指出:"要使我们的宪法更加完备、周密、准确,能够切实保证人民真正享有管理国家各级组织和各项企业事业的权力。"②

在十五大报告中,江泽民系统阐述了依法治国的思想,"依法治国,就是广大人民群众在党的领导下,依照宪法和法律规定,通过各种途径和形式管理国家事务,管理经济文化事业,管理社会事务,保证国家各项工作都依法进行,逐步实现社会主义民主的制度化、法律化,使这种制度和法律不因领导人的改变而改变,不因领导人看法和注意力的改变而改变"。

党的十六大提出,要把依法治国作为"党领导人民治理国家的基本方略",还把依法治国作为是"发展社会主义民主政治"的一项基本内容。1999年九届人大二次会议通过的宪法修正案规定:"中华人民共和国实行依法治国,建设社会主义法治国家。"

依法治国与以德治国相结合。江泽民指出:"我们在建设有中国特色社会主义,发展社会主义市场经济的过程中,要坚持不懈地加强社会主义法制建设,依法治国,同时,也要坚持不懈地加强社会主义道德建设,以德治国。"他认为,"要把依法治国同以德治国结合起来,为社会保持良好的秩序和风尚营造高尚的思想道德基础"。将依法治国与以德治国相结合,这是我们党对治国方略的新提法和新认识,标志着国家治理理论的新提升。

随着十八大全面推进依法治国的提出,依法治国基本方略进

---

① 《邓小平文选》第二卷,人民出版社1994年版,第146页。
② 《邓小平文选》第二卷,人民出版社1994年版,第339页。

一步获得关注,也将得到更好地实施。习近平在《在首都各界纪念现行宪法公布施行 30 周年大会上的讲话》中指出:"各级领导干部要提高运用法治思维和法治方式深化改革、推动发展、化解矛盾、维护稳定能力,努力推动形成办事依法、遇事找法、解决问题用法、化解矛盾靠法的良好法治环境,在法治轨道上推动各项工作。"

3.科教兴国、创新驱动、人才强国和文化强国战略

"科教兴国"思想的理论基础是邓小平同志关于"科学技术是第一生产力"的思想。在关于实现国家现代化的战略问题上,邓小平指出"不抓科学、教育,四个现代化就没有希望,就成为一句空话",明确把科教发展作为发展经济、建设现代化强国的先导,摆在中国发展战略的首位。从 20 世纪 70 年代后期到 90 年代初期,邓小平同志坚持"实现四个现代化,科学技术是关键,基础是教育"的核心思想,为"科教兴国"发展战略的形成奠定了坚实的理论和实践基础。邓小平及其之后的中国共产党领导人全面落实"科学技术是第一生产力"的思想,坚持教育为本,提高全民族的科学文化素质,把经济建设转移到依靠科技进步和提高劳动者素质的轨道上来,科教兴国作为治理国家的重要战略决策得到了一贯的坚持和发展。

中国共产党是善于创新、勇于创新的马克思主义政党,在开展革命和领导社会主义国家建设的实践中一直富于创新精神,毛泽东带领中国人民走出了"农村包围城市,武装夺取政权"的新路,结合中国的实际国情"走自己的路",建立起社会主义新中国。邓小

平结合新的社会主义实践,赋予实事求是以时代特征,使"解放思想、实事求是"成为新时期全面改革开放的思想基础。他带领党和国家做出了改革开放的重大战略决策,开辟了中国特色社会主义道路,在理论与实践、制度等诸多方面进行大胆的创新,创造性地建设社会主义,对社会主义国家的建设规律和治理规律的认识进一步深化。江泽民指出"创新是一个民族进步的灵魂。……创新也是一个国家兴旺发达的不竭动力"。习近平进一步指出"创新是引领发展的第一动力。抓创新就是抓发展,谋创新就是谋未来",将创新驱动作为国家现代化的重大战略。

人才强国战略是党和国家面对新世纪、新阶段的发展任务和时代挑战提出的一项重大战略,推进社会主义现代化建设,必须坚持人才为本,依靠人才兴邦,坚定不移地走人才强国之路。习近平总书记指出:"我国要建设世界科技强国,关键是要建设一支规模宏大、结构合理、素质优良的创新人才队伍。"习近平总书记不仅强调文化强国战略,而且与时俱进地提出坚定中国特色社会主义文化自信的时代命题,他认为"坚定中国特色社会主义道路自信、理论自信、制度自信,说到底是要坚定文化自信,文化自信是更基本、更深沉、更持久的力量"。

习近平在讲话中指出:"我们一定要深入实施科教兴国战略、人才强国战略、创新驱动发展战略,把提高职工队伍整体素质作为一项战略任务抓紧抓好,帮助职工学习新知识、掌握新技能、增长新本领,拓展广大职工和劳动者成长成才空间,引导广大职工和劳动者树立终身学习理念,不断提高思想道德素质和科学文化素质。"

4.构建中国特色的国家治理体系

十八大以来,以习近平同志为核心的党中央,把国家治理能力和体系建设提到历史的新高度,高度重视加强和改进国家治理能力,大力推进中国特色的国家治理体系建设进程。他强调,必须适应国家现代化总进程,提高党科学执政、民主执政、依法执政水平,提高国家机构履职能力,提高人民群众依法管理国家事务、经济社会文化事务、自身事务的能力,实现党、国家、社会各项事务治理制度化、规范化、程序化,不断提高运用中国特色社会主义制度有效治理国家的能力。

"我国今天的国家治理体系,是在我国历史传承、文化传统、经济社会发展的基础上长期发展、渐进改进、内生性演化的结果。我国国家治理体系需要改进和完善,但怎么改、怎么完善,我们要有主张、有定力。中华民族是一个兼容并蓄、海纳百川的民族,在漫长历史进程中,不断学习他人的好东西,把他人的好东西化成我们自己的东西,这才形成我们的民族特色",习近平多次强调,"实现中华民族伟大复兴是一项光荣而艰巨的事业,需要一代又一代中国人共同为之努力。空谈误国,实干兴邦"。国家治理体系和治理能力现代化"这项工程极为宏大,必须是全面的系统的改革和改进,是各领域改革和改进的联动和集成,在国家治理体系和治理能力现代化上形成总体效应、取得总体效果"。[①]

---

① 《习近平谈治国理政》,外文出版社 2014 年版,第 105 页。

国家治理能力和治理体系的现代化，是中国共产党领导人民不断探索的重要课题。在国家治理的实践中，我们党领导人民以改革创新的精神推进理论创新和实践探索，坚持走中国特色社会主义道路，不断适应新时代和新形势的要求，以求真务实的态度投身实践，认真总结中国经验，努力探索社会主义国家的治理规律，形成中国特色社会主义国家治理思想。

四、十八大以来党的国家治理现代化思想

党的十八大以来，习近平同志多次在出席会议和活动、会见接见外宾、主持党的重大会议时就国家治理等相关内容发表讲话。党的十八届三中全会通过的《中共中央关于全面深化改革若干重大问题的决定》（以下简称《决定》）首次提出推进国家治理体系和治理能力的现代化，明确将完善和发展中国特色社会主义制度、推进国家治理体系和治理能力现代化作为全面深化改革的总目标，对完善和发展中国特色社会主义制度、推进国家治理体系和治理能力现代化作出总体部署。习近平同志在《关于〈中共中央关于全面深化改革若干重大问题的决定〉的说明》《切实把思想统一到党的十八届三中全会精神上来》等讲话中，进一步阐述国家治理体系和国家治理能力现代化的基本要求。习近平关于国家治理的基本思想是新时期推进国家治理体系和国家治理能力现代化的重要指导，准确把握习近平关于国家治理的基本思想和要求，对于推进国家治理体系和治理能力现代化具有重要意义。

（一）国家治理体系和治理能力现代化思想的提出

新中国成立后，中国共产党作为执政党，坚持把马克思主义基本原理与中国国情相结合，开始了治理社会主义国家的积极探索。虽然也发生了严重曲折，但在国家治理体系和治理能力上积累了丰富经验、取得了重大成果，改革开放以来的进展尤为显著。进入21世纪以来，党的中央领导集体更加重视推进国家治理的现代化。21世纪初召开的党的十六大提出了"党领导人民治理国家"的理念。党的十七大报告提出，"要坚持发挥党总揽全局、协调各方的领导核心作用，提高党科学执政、民主执政、依法执政水平，保证党领导人民有效治理国家"。党的十八大报告多处采用"治理"的概念，并且在治理国家的意义上进一步提出："坚持依法治国这个党领导人民治理国家的基本方略"，"要更加注重改进党的领导方式和执政方式，保证党领导人民有效治理国家"，"更加注重发挥法治在国家治理和社会管理中的重要作用"，等等。以习近平同志为核心的中央领导集体，高度重视新形势下的国家治理，提出了实现国家治理体系和治理能力现代化的新任务和新要求。在习近平同志的讲话中，"治理"一词使用频率相当高，主要出现在如下几种语境中：

一是在重大国际会议或会见、接见国际组织领导人和外宾时，强调改革和构建新的公正合理的国际治理体系和秩序，推动全球治理机制变革，发挥各国在全球治理中的积极作用，协商共治，从而为中国的改革发展营造良好的、和平稳定的国际环境。如2013年3月27日，习近平同志在金砖国家领导人第五次会晤时作的

《携手合作,共同发展》主旨讲话中指出,"我们要坚定维护国际公平正义,维护世界和平稳定","不管全球治理体系如何变革,我们都要积极参与,发挥建设性作用,推动国际秩序朝着更加公正合理的方向发展,为世界和平稳定提供制度保障"。

二是在党的重大会议中,提出构建现代化的国家治理体系,推进国家治理体系和治理能力现代化。党的十八届三中全会通过的《决定》提出了推进国家治理体系和治理能力现代化的总体要求,明确将完善和发展中国特色社会主义制度,推进国家治理体系和治理能力现代化作为全面深化改革的总目标。全文共 24 次提到"治理",从经济、政治、文化、社会、生态文明等方面对新时期深化改革、完善和发展中国特色社会主义制度、推进国家治理体系和治理能力现代化作出全面部署。习近平在《关于〈中共中央关于全面深化改革若干重大问题的决定〉的说明》中指出,"全会决定对更好发挥政府作用提出了明确要求,强调科学的宏观调控,有效的政府治理,是发挥社会主义市场经济体制优势的内在要求"。他还曾明确指出:"国家治理体系是在党领导下管理国家的制度体系,包括经济、政治、文化、社会、生态文明和党的建设等各领域体制机制、法律法规安排,也就是一整套紧密相连、相互协调的国家制度。"

三是在出席会议活动中,从具体工作和具体方面对推进国家治理提出具体要求。如 2013 年 1 月 22 日,习近平同志在十八届中央纪委二次全会上的讲话中强调,要"坚持标本兼治、综合治理、惩防并举、注重预防方针,更加科学有效地防治腐败,坚定不移把党风廉政建设和反腐败斗争引向深入"。2012 年 12 月 4 日,习近平同志《在首都各界纪念现行宪法公布施行 30 周年大会上的讲话》

中指出,"要更加注重发挥法治在国家治理和社会管理中的重要作用,全面推进依法治国,加快建设社会主义法治国家"。2012年11月30日,习近平同志在参加世界艾滋病日相关活动时指出,要"坚持预防为主、防治结合、综合治理,扎扎实实做好艾滋病防治工作"。

从习近平关于"治理"的一系列相关讲话可以看出,习近平语境中的"治理",既包括传统意义上的统治、管理和处理、整治,又是超越传统的现代意义上的治理。其"国家治理"理念的含义,是指在中国共产党的领导下,坚持人民主体地位,完善和发展中国特色社会主义制度,完善国家治理机制,提高国家治理能力,从而推进国家治理体系和治理能力的现代化,建设民主、富强、文明、和谐、美丽的社会主义现代化强国。

习近平关于"治理"的系列讲话,明确提出了国家治理体系和治理能力现代化的重要任务,建构了治理体系、治理主体、治理方式、治理平台、治理目标等国家治理的基本架构,阐述了国家治理体系和国家治理能力现代化的基本内涵和要求。这一理念体现并丰富了党的国家治理理念,是对马克思主义国家治理思想的继承与创新、坚持和发展。

一是明确提出了现代化的国家治理体系,是在党的领导下管理国家的制度体系。习近平同志指出:"国家治理体系是在党领导下管理国家的制度体系,包括经济、政治、文化、社会、生态文明和党的建设等各领域体制机制、法律法规安排,也就是一整套紧密相连、相互协调的国家制度。"

二是基于人民当家作主的本质规定性,坚持人民主体地位,发挥人民群众在国家治理中的积极作用。习近平同志指出："坚持中国特色社会主义政治发展道路，关键是要坚持党的领导、人民当家作主、依法治国有机统一，以保证人民当家作主为根本，以增强党和国家活力、调动人民积极性为目标，扩大社会主义民主，发展社会主义政治文明。"

三是明确法治是国家治理的基本方式，强调发挥法治在国家治理和社会管理中的积极作用。习近平同志在《在首都各界纪念现行宪法公布施行 30 周年大会上的讲话》中指出："依法治国是党领导人民治理国家的基本方略，法治是治国理政的基本方式，要更加注重发挥法治在国家治理和社会管理中的重要作用，全面推进依法治国，加快建设社会主义法治国家。"①

四是明确了推进国家治理体系现代化的主要任务是完善和发展中国特色社会主义制度。党的十八届三中全会明确将完善和发展中国特色社会主义制度、推进国家治理体系和治理能力现代化作为全面深化改革的总目标。习近平同志进一步指出："摆在我们面前的一项重大历史任务，就是推动中国特色社会主义制度更加成熟更加定型……必须是全面的系统的改革和改进，是各领域改革和改进的联动和集成，在国家治理体系和治理能力现代化上形成总体效应、取得总体效果。"

五是明确了党在国家治理体系和治理能力现代化中的领导作用。习近平同志指出："国家治理体系是在党领导下管理国家的制度体系。""坚持中国特色社会主义政治发展道路，关键是要坚持党

---

① 习近平：《在首都各界纪念现行宪法公布施行 30 周年大会上的讲话》，2012 年 12 月 4 日，人民网 http://politics.people.com.cn/n/2012/1205/c1024-19793282.html。

的领导、人民当家作主、依法治国有机统一。"①"改革开放任务越繁重,越要加强和改善党的领导,越要确保党始终成为中国特色社会主义事业的坚强领导核心。"②

习近平关于国家治理的思想和理念,在治理体系上,强调坚持中国特色社会主义制度和发展中国特色社会主义制度的有机统一,强调完善和发展中国特色社会主义制度,推进中国特色社会主义制度更加成熟定型。在治理主体上,坚持党的领导和人民主体地位的有机统一,强调在党的领导下,坚持人民主体地位和发挥人民主体作用。在治理方式上,强调依法治国、依法执政、依法行政共同推进。在治理平台上,强调法治国家、法治政府、法治社会一体建设。在治理目标上,坚持治理体系和治理能力现代化的有机统一,强调和发展中国特色社会主义制度,实现治理体系现代化,同时推动治理能力的现代化以发挥治理体系现代化的效能。

(二)国家治理体系和治理能力现代化的基本目标

党的十八届三中全会通过的《决定》在对新时期全面深化改革作出总体部署的同时,首次提出推进国家治理体系和治理能力现代化,明确将完善和发展中国特色社会主义制度,推进国家治理体系和治理能力现代化作为全面深化改革的总目标。习近平同志在

---

① 习近平:《在首都各界纪念现行宪法公布施行 30 周年大会上的讲话》,2012 年 12 月 4 日,人民网 http://politics.people.com.cn/n/2012/1205/c1024-19793282.html。

② 《加强对改革重大问题调查研究提高全面深化改革决策科学性》,《人民日报》2013 年 7 月 25 日第 1 版。

《关于〈中共中央关于全面深化改革若干重大问题的决定〉的说明》《切实把思想统一到党的十八届三中全会精神上来》等讲话中,进一步阐述了国家治理体系和国家治理能力现代化的基本要求。

一是完善和发展中国特色社会主义制度,构建现代化的国家治理体系。国家治理体系和治理能力是一个国家制度和制度执行能力的集中体现。国家治理体系是包括中国特色社会主义制度及其在中国特色社会主义制度基础上形成的国家治理机制等在内的一系列体制机制、法律法规安排。新中国成立以来,中国特色社会主义制度形成了一整套相互衔接、相互联系的制度体系。中国特色社会主义制度作为一整套制度体系,由根本层面的制度、基本层面的制度、具体层面的制度以及中国特色社会主义法律体系组成。正是在这个意义上,习近平强调,要坚持把完善和发展中国特色社会主义制度,推进国家治理体系和治理能力现代化作为全面深化改革的总目标。要适应时代变化,既改革不适应实践发展要求的体制机制、法律法规,又不断构建新的体制机制、法律法规。

二是在完善和发展中国特色社会主义制度的基础上,实现国家治理能力现代化。国家治理能力是运用国家制度管理社会各方面事务的能力,包括改革发展稳定、内政外交国防、治党治国治军等各个方面。习近平同志指出,国家治理体系和治理能力是一个有机整体,相辅相成,有了好的国家治理体系才能提高治理能力,提高国家治理能力才能充分发挥国家治理体系的效能。要改革不适应实践发展要求的体制机制、法律法规,构建新的体制机制、法律法规,在各方面制度更加科学、更加完善的基础上,实现党、国家、社会各项事务治理的制度化、规范化、程序化。要更加注重治理能力建设,增强按制度办事、依法办事意识,善于运用制度和法律治理国家,把各方面制度优势转化为管理国家的效能,提高党科学执政、民主执政、依法执政水平。

三是在国家治理体系和治理能力现代化的基础上,服务于中国特色社会主义事业的发展。与工业、农业、国防、科技"四个现代化"类似,国家治理的现代化既是社会主义现代化建设的重要组成部分,同时又服务于中国特色社会主义事业的发展。习近平同志指出,完善和发展中国特色社会主义制度、推进国家治理体系和治理能力现代化,是要为党和国家事业发展、为人民幸福安康、为社会和谐稳定、为国家长治久安提供一整套更完备、更稳定、更管用的制度体系。① 这既是国家治理体系和治理能力现代化的最终目标,也是国家治理体系和治理能力现代化的评判标准。

(三)国家治理体系和治理能力现代化的基本要求

为了实现完善和发展中国特色社会主义制度,推进国家治理体系和治理能力现代化的基本目标,习近平同志从多个方面作出具体部署并提出具体要求。

1.以完善和发展中国特色社会主义制度为重点,推进国家治理体系现代化

国家治理体系是包括中国特色社会主义制度,以及在中国特

---

① 参见习近平《坚定制度自信,不是要固步自封》,2014 年 2 月 17 日,人民网 http://cpc.people.com.cn/n/2014/0217/c64094-24384920.html。

色社会主义制度基础上形成的国家治理机制等一系列体制机制、法律法规安排。新中国成立后，我国逐步形成了中国特色社会主义制度体系和国家治理体系。习近平指出："我们的国家治理体系和治理能力总体上是好的，是有独特优势的，是适应我国国情和发展要求的。同时，我们在国家治理体系和治理能力方面还有许多亟待改进的地方。"①邓小平同志在 1992 年提出，再有 30 年的时间，我们才会在各方面形成一整套更加成熟更加定型的制度。全面深化改革新时期，我们在坚定制度自信的同时，要加强顶层设计和摸着石头过河相结合，整体推进和重点突破相促进，进一步完善和发展中国特色社会主义制度。习近平同志指出："摆在我们面前的一项重大历史任务，就是推动中国特色社会主义制度更加成熟更加定型，为党和国家事业发展、为人民幸福安康、为社会和谐稳定、为国家长治久安提供一整套更完备、更稳定、更管用的制度体系。"②

2.以保证人民当家作主为根本，发挥人民在国家治理体系和治理能力现代化中的主体作用

坚持人民主体地位，是马克思主义的根本要求。国家治理最根本的是在党的领导下人民当家作主。党的十八大报告提出，"必

---

① 习近平：《坚定制度自信不是要固步自封》，2014 年 2 月 17 日，新华网 http://www.xinhuanet.com/politics/2014-02/17/c_119373758.htm。

② 习近平：《坚定制度自信不是要固步自封》，2014 年 2 月 17 日，新华网 http://www.xinhuanet.com/politics/2014-02/17/c_119373758.htm。

须坚持人民主体地位",坚持人民主体地位是坚持中国特色社会主义民主制度的内在要求,中国特色社会主义民主制度是人民当家作主的根本保证。习近平指出:"坚持中国特色社会主义政治发展道路,关键是要坚持党的领导、人民当家作主、依法治国有机统一,以保证人民当家作主为根本,以增强党和国家活力、调动人民积极性为目标,扩大社会主义民主,发展社会主义政治文明。我们要坚持国家一切权力属于人民的宪法理念,最广泛地动员和组织人民依照宪法和法律规定,通过各级人民代表大会行使国家权力,通过各种途径和形式管理国家和社会事务、管理经济和文化事业,共同建设,共同享有,共同发展,成为国家、社会和自己命运的主人。"①在推进国家治理体系和治理能力现代化的进程中,坚持人民主体地位,保证人民当家作主,对于充分调动人民群众的积极性、主动性、创造性,为中国特色社会主义提供最广泛、最可靠、最牢固的群众基础和力量源泉,具有重要意义。要积极稳妥地推进政治体制改革,拓宽民主管道,丰富民主形式,扩大公民有序政治参与,保证人民依法实行民主选举、民主决策、民主管理、民主监督。党支持和保证人民通过人民代表大会行使国家权力,依法管理国家事务和社会事务、管理经济和文化事业。同时,要进一步协商民主制度和工作机制,进一步健全基层民主制度,保证人民依法直接行使民主权利,建立健全权力运行制约和监督机制。

---

① 习近平:《在首都各界纪念现行宪法公布施行 30 周年大会上的讲话》,2012 年 12 月 4 日,人民网 http://politics.people.com.cn/n/2012/1205/c1024-19793282.html。

3.以建设社会主义法治国家为抓手,实现国家治理能力现代化

积极发挥法治在改革和国家治理中的引领和推动作用,发挥宪法和法律的规范作用,依法治国、依法执政、依法行政共同推进,是实现国家治理能力现代化的重要内容。习近平同志指出:"依法治国是党领导人民治理国家的基本方略,法治是治国理政的基本方式。"①国家治理体系现代化的重要任务是坚持依法治国,国家治理能力现代化的重要任务是坚持依法办事。一是发挥法治在改革和国家治理中的引领和推动作用。推进国家治理体系和治理能力现代化,就要充分发挥法治的引领和推动作用,保障国家各项事业、各项工作在法治轨道上运行。习近平强调:"要更加注重发挥法治在国家治理和社会管理中的重要作用,全面推进依法治国,加快建设社会主义法治国家。"②"凡属重大改革都要于法有据。在整个改革过程中,都要高度重视运用法治思维和法治方式,发挥法治的引领和推动作用,加强对相关立法工作的协调,确保在法治轨道上推进改革。"③二是发挥宪法和法律的规范作用。习近平强调:"任何组织或者个人都必须在宪法和法律范围内活动,任何公民、社会组织和国家机关都要以宪法和法律为行为准则,依照宪法和

① 习近平:《在首都各界纪念现行宪法公布施行 30 周年大会上的讲话》,2012 年 12 月 4 日,人民网 http://politics.people.com.cn/n/2012/1205/c1024-19793282.html。

② 习近平:《在首都各界纪念现行宪法公布施行 30 周年大会上的讲话》,2012 年 12 月 4 日,人民网 http://politics.people.com.cn/n/2012/1205/c1024-19793282.html。

③ 习近平:《把抓落实作为推进改革工作的重点 蹄疾步稳务求实效》,2014 年 2 月 28 日,新华网 http://www.xinhuanet.com/politics/2014-02/28/c_119558018.htm。

法律行使权利或权力、履行义务或职责。"①三是依法治国、依法执政、依法行政共同推进。"要更加注重治理能力建设,增强按制度办事、依法办事意识,善于运用制度和法律治理国家,把各方面制度优势转化为管理国家的效能,提高党科学执政、民主执政、依法执政水平。"②

4.以创新社会治理体制机制为关键,完善国家治理体制机制

社会治理是国家治理的重要平台和载体。创新社会治理,必须着眼于维护最广大人民根本利益,最大限度增加和谐因素,增强社会发展活力,提高社会治理水平,维护国家安全,确保人民安居乐业、社会安定有序。要改进社会治理方式,激发社会组织活力,创新有效预防和化解社会矛盾体制,健全公共安全体系。一是改进社会治理方式。坚持系统治理,加强党委领导,发挥政府主导作用,鼓励和支持社会各方面参与,实现政府治理和社会自我调节、居民自治良性互动。坚持依法治理,加强法治保障,运用法治思维和法治方式化解社会矛盾。坚持综合治理,强化道德约束,规范社会行为,调节利益关系,协调社会关系,解决社会问题。坚持源头治理,标本兼治、重在治本,以网格化管理、社会化服务为方向,健

---

① 《依法治国依法执政依法行政共同推进　法治国家法治政府法治社会一体建设》,2013 年 2 月 25 日,人民网 http://cpc.people.com.cn/n/2013/0225/c64094-20583750.html。

② 习近平:《切实把思想统一到党的十八届三中全会精神上来》,2013 年 12 月 31 日,新华网 http://www.xinhuanet.com//politics/2013-12/31/c_118787463.htm。

全基层综合服务管理平台,及时反映和协调人民群众各方面各层次利益诉求。二是激发社会组织活力。正确处理政府和社会关系,加快实施政社分开,推进社会组织明确权责、依法自治、发挥作用。三是创新有效预防和化解社会矛盾体制。建立畅通有序的诉求表达、矛盾调处、权益保障机制。四是健全公共安全体系。完善食品药品安全监管机构和监管制度,深化安全生产管理体制改革,加强社会治安综合治理。

5.以培育和弘扬社会主义核心价值体系和核心价值观为根本,奠定国家治理体系治理能力的基础

培育和弘扬核心价值观,是国家治理体系和治理能力的重要方面,是凝魂聚气强基固本的基础工程。如果说法律是较低层次的行为规范要求,那么道德则是较高层次的道德规范要求。核心价值观是决定文化性质和方向的最深层次要素。一个国家的文化软实力,从根本上说,取决于其核心价值观的生命力、凝聚力、感召力。习近平指出:"培育和弘扬核心价值观,有效整合社会意识,是社会系统得以正常运转、社会秩序得以有效维护的重要途径,也是国家治理体系和治理能力的重要方面。历史和现实都表明,构建具有强大感召力的核心价值观,关系社会和谐稳定,关系国家长治久安。"①推进国家治理体系和治理能力现代化,要大力培育和弘扬

---

① 习近平:《把培育和弘扬社会主义核心价值观作为凝魂聚气强基固本的基础工程》,2014 年 2 月 25 日,人民网 http://cpc.people.com.cn/n/2014/0225/c64094-24463023.html。

社会主义核心价值体系和核心价值观,加快构建充分反映中国特色、民族特性、时代特征的价值体系。坚守我们的价值体系,坚守我们的核心价值观,必须发挥文化的作用。民族文化是一个民族区别于其他民族的独特标识。要加强对中华优秀传统文化的挖掘和阐发,努力实现中华传统美德的创造性转化、创新性发展,把跨越时空、超越国度、富有永恒魅力、具有当代价值的文化精神弘扬起来,把继承优秀传统文化又弘扬时代精神、立足本国又面向世界的当代中国文化创新成果传播出去。只要中华民族一代接着一代追求美好崇高的道德境界,我们的民族就永远充满希望。

6.以坚持和改善党的领导为前提,确保国家治理体系和治理能力现代化的正确方向

政党是现代政治舞台上的主角,可以说现代政治就是政党政治。在社会主义国家,政权的合法性与政党的合法性紧密相连,政党合法性的丧失意味着政权合法性的丧失、国家政权的重建和政治动荡。苏联解体、东欧剧变的教训前车可鉴。中国共产党从诞生之日起,就把中国人民利益的忠实代表者的宣言写在自己的旗帜上。中国共产党作为中国特色社会主义事业的领导核心,是历史的选择、人民的选择。在中国,中国共产党不仅是领导人民夺取政权的党,还是领导人民执政的党,是中国政治生活的核心,决定着国家与社会的总体发展。党自身的建设不仅关系到社会主义国家的建立,而且关系到社会主义事业的发展。历史证明,只有中国

共产党的领导,只有社会主义才能救中国,才能发展中国;只有坚持和改善党的领导,才能发挥好党总揽全局、协调各方的领导核心作用。新中国成立后,在中国共产党的领导下,我国建立了社会主义制度,逐步形成了中国特色社会主义制度体系和国家治理体系,在国家治理体系和治理能力上积累了丰富经验、取得了重大成果,改革开放以来的进展尤为显著。我国政治稳定、经济发展、社会和谐、民族团结,同世界上一些不断出现乱局的地区和国家形成了鲜明对照。

中国共产党是中国特色社会主义事业的领导核心,发挥着总揽全局、协调各方的领导核心作用。加强和改善党的领导,是实现国家治理体系和治理能力现代化的根本保障。习近平强调:"全面深化改革必须加强和改善党的领导,充分发挥党总揽全局、协调各方的领导核心作用,提高党的领导水平和执政能力,确保改革取得成功。"[1]"改革开放任务越繁重,越要加强和改善党的领导,越要确保党始终成为中国特色社会主义事业的坚强领导核心。"[2]全面深化改革新时期,要以提高党的执政能力为重点,积极发挥党在国家治理体系和治理能力现代化中的领导核心作用。

---

[1]《中共中央政治局召开会议讨论拟提请十八届三中全会审议的文件》,《人民日报》2013 年 10 月 30 日第 1 版。

[2]《加强对改革重大问题调查研究 提高全面深化改革决策科学性》,《人民日报》2013 年 7 月 25 日第 1 版。

（四）国家治理体系和治理能力现代化的核心理念

十八大以来，以习近平同志为核心的党中央提出的一系列治国理政新理念新思想新战略，其根本就是以人民为中心的发展思想。"一切为了人民"，这是实现"两个一百年"奋斗目标和中华民族伟大复兴的中国梦的根本目的。为了实现中国梦，我们党提出了一系列新的发展要求、发展理念，探索中国特色社会主义道路，归根结底，都是为了人民的利益。换句话说，也只有获得最广大人民群众的拥护和支持，中国梦的目标才能最终实现。

不断满足民生新期待，就要牢牢把握人民群众对美好生活的向往，确保党始终同人民想在一起、干在一起。"如今人民群众的需要呈现多样化多层次多方面的特点，对美好生活的向往更加强烈。"未来仍要在人民群众最关心、最直接、最现实的利益问题上下真功、求实效。而"一切为了人民"这一核心理念有三方面内涵。

第一，把人民群众作为主体，一切依靠人民。人民群众是我们力量的源泉，我们党的根基在人民，我们党的力量在人民，我们党的兴衰成败在人民，应坚持人民主体地位。

第二，把一切为了人民当作目的。正如习近平总书记指出的，"人民对美好生活的向往，就是我们的奋斗目标"。经济发展，小康不小康关键看老乡；公平正义，要让人民群众在每一个司法案件中都感受到公平正义；文化领域，要丰富人民精神世界、增强人民精神力量；深化改革，必须尊重人民首创精神。

第三，把人民当作标准，坚持人民至上，把实现好、发展好、维护好最广大人民群众的根本利益作为我们一切工作的出发点和落脚点,得到人民认可、经得起历史检验。

十八大以来,从推进脱贫攻坚、改善民生的务实举措,到深化改革给人民群众带来更多获得感,再到着力解决群众普遍关心的环境、食品安全、住房、养老等突出问题,无不彰显着中国共产党人"让老百姓过上好日子是我们一切工作的出发点和落脚点"的价值追求。数据显示,2016 年,我国农村贫困人口 4335 万人,比 2012年减少 5564 万人,平均每年减贫近 1400 万人。截至 2016 年底,城镇低保、低收入住房困难家庭基本实现应保尽保。截至 2016 年 11月,全国共救助城乡低保对象 6053.4 万人,城乡居民人均可支配收入差距缩小,城乡低保标准有所提高。

(五)国家治理体系和治理能力现代化的总体方略

2015 年 2 月 11 日,在同各民主党派中央、全国工商联负责人和无党派人士喜迎新春联欢茶话会上,习近平同志指出:"'四个全面'的战略布局是从我国发展现实需要中得出来的,从人民群众的热切期待中得出来的,也是为推动解决我们面临的突出矛盾和问题提出来的。"党的十八大以来,党中央将新的伟大斗争、伟大事业、伟大工程、伟大梦想统一于实现"两个一百年"奋斗目标的进程中,进行新的长征。

1."四个全面"战略布局

全面建成小康社会,意味着发展成果要惠及全体人民,经济、政治、文化、社会、生态文明要全面发展。2020年,是实现民族复兴中国梦的关键一步。发展机遇与风险挑战并存。如果应对不好,或者发生系统性风险、犯颠覆性错误,就会延误甚至中断全面建成小康社会进程。确保决胜全面小康,是党和国家工作大局的首要任务。

全面深化改革,着眼解决我们面临的深层次矛盾和体制机制弊端;全面依法治国,着眼促进国家和社会生活的法制化、制度化、规范化。一"破"一"立",犹如鸟之两翼、车之双轮,为全面建成小康社会源源不断提供动力源泉和法治保障。

全面从严治党,坚持和完善党的领导,是党和国家的根本和命脉。长期执政对党的考验是严峻的、全方位的,党面临的各种危险是现实的、紧迫的。只有推进全面从严治党,保持党的先进性和纯洁性,着力提高执政能力和领导水平,才能为全面建成小康社会、全面深化改革、全面依法治国提供根本保证。

总体来说,"四个全面"战略布局,是一个有机统一体,要"统筹兼顾、综合平衡、突出重点、带动全局",这是走向民族复兴的固本之道、破障之道、兴旺之道。2016年11月,习近平总书记在十八届六中全会上强调,协调推进"四个全面"战略布局,是党的十八大以来党中央通过把握我国发展新特征确定的治国理政新方略,是新的时代条件下推进改革开放和社会主义现代化建设、坚持和发展中国特色社会主义的战略抉择。

2."五位一体"总体布局

党的十八大报告指出,要全面落实经济建设、政治建设、文化建设、社会建设、生态文明建设五位一体总体布局,强调建设中国特色社会主义,"五位一体"是总布局。习近平总书记在庆祝中国共产党成立 95 周年大会上指出,"五位一体"和"四个全面"相互促进、统筹联动,要协调贯彻好。"五位一体"总体布局,是坚持和发展中国特色社会主义、实现现代化和民族复兴、贯彻落实新发展理念的主要领域。"十八大以来,习近平总书记在统筹推进'五位一体'总体布局过程中提出一系列新论断,深化了对'五位一体'总体布局的认识,丰富了总体布局的内涵。"

"如果说'五位一体'总体布局是一棵枝叶茂盛的大树,那么'四个全面'战略布局就是这棵大树上结出的丰硕果实。""五位一体"构成"四个全面"的历史前提和战略基础,从这一历史前提出发,"四个全面"得以提出和展开;依据这一发展战略,"四个全面"紧紧围绕正确方向向前推进。协同推进"五位一体"和"四个全面",是对中国特色社会主义基本纲领的创新发展,是新形势下党治国理政的一大亮点。

(六)国家治理体系和治理能力现代化的发展理念

十八届五中全会提出,牢固树立"创新、协调、绿色、开放、共享"的发展理念。五大发展理念推动发展全局变革,力争实现更高质量、更有效率、更加公平、更可持续的发展。"五大发展理念",是在我国发展起来整体转型升级这一新的历史起点上,在继承当代中国马克思主义发展观的基础上,根据当今中国实践发展新要求,为实现中华民族伟大复兴、由大国成为强国而提出的。发展理念管全局、管根本、管方向、管长远,直接关乎发展成效乃至成败。中国共产党人干革命、搞建设、抓改革,从来都是为了解决中国的现实问题。创新、协调、绿色、开放、共享的五大发展理念,正是针对我国发展中的突出矛盾,回答了中国当前最为紧迫的现实问题,实现了科学社会主义与中国国情的有机结合。

当前,全面建成小康社会已经进入决胜阶段,越是接近目标的冲刺时刻,越需要客观审慎的态度与放眼长远的胸襟。当前的中国既有"发展的问题",又有"发展起来以后的问题"。随着经济社会发展到一定阶段,世界各国面临的共性问题也逐渐在中国出现。比如,生态环保问题,发展中遇到的各种矛盾、不平衡的问题等,都需要正确处理。"要实现'中国梦',就要实现发展。那么,本着什么样的理念来发展?中国共产党人在推进中国特色社会主义的过程中,不断探索着发展的规律。"无论是解决发展动力问题,还是解决发展不平衡问题;无论是解决人与自然和谐问题,还是解决社会公平正义问题,五大发展理念标定出了中国发展的路径,深化了我们党对经济社会发展规律的认识。

五大发展理念正是以现实问题为牵引,体现当前与长远的统一、公平与效率的统一、市场与政府的统一、对内与对外的统一、人与自然的统一。五大发展理念,既是对过去国内外实践发展经验教训的系统总结,也是为解决今天我国经济发展新常态背景下经济下行压力而开出的药方,更是未来使中国由大国成为强国的发展之道。五大发展理念,关乎发展动力、发展方式、发展基础、发展空间、发展目的等发展全局和根本,涉及当今我国发展的短板,引领着我国发展全局的深刻变革,是我国发展理论的又一次重大创新,标志着我们党对经济社会发展规律的认识达到了新水平。放眼中国未来,"五大发展理念就是要解决怎么走好中国特色社会主义道路的问题,它不仅为实现全面小康,也为实现第二个百年奋斗目标提供了遵循",五大发展理念将在中国现代化的"后半程",为中国发展方式的变革、发展优势的厚植提供强劲动力。

(七)国家治理体系和治理能力现代化的精神引领

党的十八大报告明确提出要坚定中国特色社会主义道路自信、理论自信、制度自信。十八大以来,习近平总书记在不同场合多次强调,"坚定中国特色社会主义道路自信、理论自信、制度自信、文化自信,不断夺取中国特色社会主义新胜利,是当代中国共产党人最核心的使命",它是我们实现战略目标的思想保障和精神引领。他还在此基础上提出了文化自信的命题,指出"文化自信,是更基础、更广泛、更深厚的自信。在5000多年文明发展中孕育的中华优秀传统文化,在党和人民伟大斗争中孕育的革命文化和社会主义先进文化,积淀着中华民族最深层的精神追求,代表着中华民族独特的精神标识"。

2016年7月1日,在庆祝中国共产党成立95周年大会上,习近平总书记在讲话中明确指出:"当今世界,要说哪个政党、哪个国家、哪个民族能够自信的话,那中国共产党、中华人民共和国、中华民族是最有理由自信的。"这向我们传递出一个明确的信号,当今中国已经到了一个需要自信、也能够自信的时代了。之所以如此说,一是实现"两个一百年"奋斗目标和中华民族伟大复兴中国梦的迫切需要;二是为应对外部环境的各种挑战;三是从我们自身看,仍有些人甚至包括一些党员干部,对中国的道路和制度缺乏信心,使得坚定"四个自信"成为必要。

"道路问题不能含糊,必须向全社会释放正确而又明确的信号。""坚定'四个自信',才能把人民群众的思想真正统一到建设中国特色社会主义这一不可动摇的大目标上。"当今中国也到了一个能够自信的时代。何以自信? 这来自对道路的坚定不移,对理论的持续创新,对制度的日臻完善,对文化的薪火相传。发展的实践与巨大成就,是我们能够自信的底气所在。"改革开放近四十年来的发展,让我们有资格自信,对我们的道路、制度、理论、文化保持自信,彰显出一种奋发昂扬的精神状态。"改革开放近四十年来,中国用优异的发展成绩单,为其他国家探索和坚持符合自身国情的发展道路提供了充分的理由和自信。十八大以来,以习近平同志为核心的党中央带领全国各族人民,始终在中国特色社会主义这条正确道路、正确方向上前进,将"自信"标注于实现中国梦的奋斗中,引领着我国发展站到了新的历史起点上,中国特色社会主义进入了新的发展阶段。

与此同时,"四个自信"彰显的是一种精神状态,坚定"四个自信"还要靠物质基础。习近平总书记明确讲,要坚定道路自信、理论自信、制度自信、文化自信,要有坚如磐石的精神和信仰力量,也要有支撑这种精神和信仰的强大物质力量。

（八）国家治理体系和治理能力现代化的国际战略

十八大以来，以习近平同志为核心的党中央擘画"中国特色、中国风格、中国气派"的大国外交，提出了一系列创新理念，为人类对更好制度的探索做出了历史性贡献。其中，"人类命运共同体"这一充满东方智慧的中国主张，是习近平外交的关键词、高频词。在我国发展起来进而实现中华民族伟大复兴、由大国成为强国的关键阶段，国际关系、世界格局发生了深刻变化，大国关系进行着深刻调整，重要战略机遇期的内涵和条件也在发生变化。

客观来看，当前人类社会的大发展大变革伴随层出不穷的挑战和日益增多的风险，世界经济增长乏力，国际金融危机阴云不散，发展鸿沟日益突出，兵戎相见时有发生，冷战思维和强权政治阴魂不散，恐怖主义、难民危机、重大传染性疾病、气候变化等非传统安全威胁持续蔓延，一些国家对我国围堵打压也日趋激烈。当今世界充满不确定性，世人对未来既期待又困惑。发展中的中国也遇到了很重要的问题：全球化向哪里去？中国共产党人把握住了时代主题与潮流并没有变，并进一步提出了"中国方案"，即构建"人类命运共同体"。这意味着，中国不仅在国内治理方面取得进展，还积极参与全球治理，以联合国为舞台，通过对话协商，提出自己的方案。

维护世界和平，促进共同发展，也是共产党人治国理政的目标。我们党治国理政的国际战略正在对世界产生积极效果。与人类历史上的"大国崛起"不同，中国的发展为世界注入了一股正能量。从 APEC（Asia Pacific Economic Cooperation）北京会议到 G20（Group of 20）杭州峰会，再到"一带一路"国际合作高峰论坛，一次次中国主场外交活动持续向全世界释放一个强烈的信号：中国正在努力为人类社会做出更大的贡献。习近平主席以大国战略思维，既在根本原则问题上坚定不移地走和平发展道路，倡导合作共赢、和平发展，捍卫国家核心利益；又积极主动作为，创造性提出以"正确义利观"为核心的中国特色大国外交理念，创造性提出用积极参与全球治理来打造人类命运共同体，力求使中国国际战略思想站到引领人类社会发展前景的全新高度。

作为世界上最大的发展中国家，如何对待全球政治经济秩序，如何在实现本国发展的同时推动世界发展，是党中央治国理政思考的重要问题。随着中国与世界的联系日益紧密，积极参与全球治理越来越成为实现国家利益的重要方式，成为党中央治国理政的重要内容。"人类命运共同体"理念，着眼寻求各方利益的"最大公约数"，不仅通过全球治理营造更加公平正义的全球秩序，为中国发展打造良好的外部环境，还向世界传递对人类文明走向的中国思考，为中国梦连接世界梦建起坚实桥梁。中国在走和平发展道路的过程中，按照"人类命运共同体"的理念，提出了"一带一路"倡议，与沿线国家分享发展经验，共同走向现代化。这一倡议，也是对中国和平发展道路的拓展，既造福于沿线国家，也有利于促进我们自身现代化。

（九）国家治理体系和治理能力现代化的领导保障

党的领导是我们实现目标的重要政治保证。要实现中国梦，最重要、最根本的条件就是始终坚持中国共产党的领导、始终坚持中国共产党的核心领导地位。因此，必须先把党的问题解决好，把党自身建设好。党的十八届六中全会正式确立习近平同志为党中央的核心、全党的核心，是关系党和人民根本利益的大事，是关系党中央权威、关系全党团结和集中统一的大事，是关系党和国家事业长远发展的大事。面对艰巨任务、复杂形势、各种挑战，全党要增强政治意识、大局意识、核心意识、看齐意识，自觉维护党的集中统一，坚决维护党中央权威，保证全党令行禁止。

十八大以来，以习近平同志为核心的党中央坚定不移推进全面从严治党，着力解决人民群众反映最强烈、对党的执政基础威胁最大的突出问题，形成了反腐败斗争压倒性态势，党内政治生活气象更新，全党理想信念更加坚定、党性更加坚强，党自我净化、自我完善、自我革新、自我提高能力显著增强，党的执政基础和群众基础更加巩固，为党和国家各项事业发展提供了坚强政治保证。以习近平同志为核心的党中央身体力行、率先垂范，从制定和落实八项规定入手，"打铁还需自身硬""从高级领导干部做起""抓好关键少数"，坚持思想建党、制度治党、文化强党紧密结合，相继开展党的群众路线教育实践活动、"三严三实"专题教育、"两学一做"学习教育，集中整饬党风，严厉惩治腐败，着力严肃党内政治生活、净化党内政治生态、纯洁党内政治文化，管党治党取得新的明显成效、创造积累了新的经验。十八大以来，以习近平同志为核心的党中央坚持全面从严治党,坚持问题导向,刀刃内向、自我革命。坚持管党治党、严字当头,构建不敢腐、不能腐、不想腐的体制机制,体现了共产党人实事求是的态度和担当。

全面从严治党,坚持思想先导,不忘初心,补足精神上的"钙",从思想建设上全面从严治党。开展严肃认真的党内政治生活,用全党的共同理想取代各种潜规则,用先进的政党文化取代圈子文化,用纯洁的党内关系取代不正之风。党内政治生活气象更新,全党理想信念更加坚定、党性更加坚强、先进性和纯洁性进一步增强。全面从严治党,靠制度治党来保障和巩固。《中国共产党纪律处分条例》《中国共产党党内监督条例》《关于新形势下党内政治生活的若干准则》……五年来,党完善制定了一系列制度建党的刚性规范,推动全面从严治党在新的更高阶段向纵深发展。全面从严治党,始终牢记根本宗旨,始终保持同人民群众的血肉联系。坚持以人民为中心的发展思想,大力保障和改善民生,坚决打赢脱贫攻坚战,尊重人民主体地位,保证人民当家作主,始终同人民想在一起、干在一起……正是坚持一切为了人民、一切依靠人民,才使得党始终拥有不竭的力量源泉。

正如习近平总书记在"7·26"重要讲话中指出的,实践使我们越来越深刻地认识到,管党治党不仅关系党的前途命运,还关系国家和民族的前途命运,必须以更大的决心、更大的勇气、更大的气力抓紧抓好。党和人民的事业发展到什么阶段,党的建设就要推进到什么阶段,这是加强党的建设必须把握的基本规律。全面从严治党永远在路上。

(执笔人:辛向阳、李紫娟、曾祥富、刘志昌)

第二章 中国历史上的国家治理经验及其启示

在漫长的历史长河中,中国古人积累了丰富的治国理政思想和经验。研究我国治国理政的历史,了解我国治国理政的实践,考察我国历史上治国理政的成败得失,可以给人以深刻启迪。

一、秦汉时期国家治理的经验与教训

秦汉时期(公元前221—公元220年)是我国封建社会初步发展时期,也是中国历史上的第一个大一统时期。在这个时期,国家治理机构和制度一方面逐步完善,另一方面也暴露出一些矛盾和问题,这些都对后世产生了深远的影响。

（一）秦代的"三公""九卿"制度

1."三公""九卿"制度

秦灭六国后，正式建立起中央集权制度。为使军政大权独揽，不使之旁落，秦逐渐确立并完善了以"三公""九卿"机构为主的国家中枢及行政管理机构。"三公"是秦代中央中枢决策机构。成型的"三公"府即指丞相府、太尉府和御史大夫府。其中，丞相府是中央最高中枢决策机构，其职能为："掌丞天子，助理万机。"秦代丞相府内主官为丞相，其下设众多属僚佐政，如有侍中。此外，还有尚书、舍人等属官。太尉府是中央最高军事机构，太尉府的职能为掌武事，"主五兵"，并兼掌用人、定爵等人事大权。秦太尉府内主官为太尉，其下亦有众多属官佐政。御史大夫府是中央最高监察机构，其职能为掌纠察百官，兼为皇帝的秘书机构，负责掌管图书秘籍，"受公卿奏事，举劾按章"。秦御史大夫府内的主官为御史大夫，其下设两丞，为主要属官：一为御史丞，一为御史中丞。此外，还有属僚侍御史等多人。

在这种制度下，丞相府统领百僚，协助皇帝处理日常政务，但无统兵之权；太尉府统兵，但无调兵权，调兵权力在皇帝手中；御史大夫府掌管监察百官，参与机要，对其他两府机构尤其是丞相府有明显的监督牵制作用。"三公"各府机构互不统属，互相制约，而皇帝通过"三公"机构能够很大程度地集中权力，这体现了中国早期封建集权制的特点。

"九卿"是秦代中央的行政执行管理机构。秦代的国家中央行政事务管理机构有十几个,其中最主要的有九个,史称"九卿",它们分管着秦代中央政府各主要行政部门的事务性工作。1.奉常,秦代国家中央宗教礼仪事务管理机构,职能为"掌宗庙礼仪"。2.郎中令,职能为"掌宫殿掖各门户",统领侍卫。3.卫尉,职能是"掌宫门卫屯兵"。4.太仆,职能是"掌舆马"。5.廷尉,职能为"掌刑辟"。6.典客,职能为"掌归义蛮夷"。7.宗正,职能为"掌宗属"。8.治粟内史,职能为"掌谷货"。9.少府,职能是"掌山海池泽之税,以给供养"。"九卿"各机构都有很多人员负责处理日常事务,其中很多是直接为皇帝私人或者皇室服务的,一般来说,直接服务国家事务的有"廷尉"、"治粟内史"和"典客"三个机构。负责皇帝私人事务的内廷机构与掌理国家行政事务的外廷机构还未能区分开来,这也体现了当时"朕即国家"的状态。除上述"九卿"机构外,秦代中央还设有其他一些行政机构。如客卿,为秦中央接纳、安置外来贤士之机构。

在地方上,秦代全面废除了封邑制,推广置建了郡县两级制,将东至辽东、西至陇西、南至南海、北至九原(包括西部秦国故地)的广大疆域分为 36 郡。以后,又随着边境的开发和郡治的调整,增至 40 多个郡。秦代地方郡级机构仿中央机构模式,设立三主吏,即监御史、郡守和郡尉。属吏主要有郡丞、长史、郡卒史、主簿、牧师令、断狱都尉等。这样的设置能使上下垂直成系统,便于中央直接统辖,当然也限制了地方的自主权。郡以下地方机构为县,由郡统辖,每郡所辖县数不等。县级机构的主吏是"县令"(万户以上的县)或者"县长"(万户以下的县)。主要属官有县丞、县尉,统称为"长吏";百石以下称斗食、佐史,是为"少吏"。地方县级机构之下,设置了基层组织——乡。"大率是十里一亭,亭有长;十亭一乡,乡有三老、有秩、啬夫、游徼"分掌教化、听讼、收赋税和捕贼盗。亭为秦代最基层的地方治安组织。亭的组织内,有亭长,下设亭父、求盗等。秦亭的作用,一是接待往来之官吏,以做临时馆舍驿站;二是兼管为政府输送、采购粮物及传送文书等事;三是管地方治安,追捕盗贼。秦代除亭外,还有里、什、伍等组织。

这样,秦代就构建了中国第一套比较完备、比较系统的国家管理机构,并"成功地把一套国家官僚机器的制度传给了它的政治继承者"①。这一国家治理体制对后世产生了极其深远的影响。

2.从"焚书坑儒"看秦朝国家治理的教训

秦始皇统一六国之后,在政治结构上,废除了分封制,在全国范围内施行郡县制;在文化上,统一了文字,确立以小篆为标准的官用文字;在经济领域内,统一货币,统一度量衡。这些措施都是国家大一统的基本要素,使中央决策能够得到有效执行。

在统一之初,朝廷内部就是否分封诸子为王展开了一场争论。以丞相王绾为首的一批官吏,请求秦始皇将诸子分封于占领不久的燕、齐、楚故地为王。但廷尉李斯则反对分封制,他认为春秋战国诸侯之所以纷争,完全是西周分封制造成的恶果。只有废除分封制,才可免除祸乱。秦始皇采纳了李斯的意见,在全国确立了郡

---

① ［英］崔瑞德、鲁惟一编:《剑桥中国秦汉史》,杨品泉等译,中国社会科学出版社1992年版,第107页。

县制。始皇三十四年(公元前213年),博士齐人淳于越反对"郡县制",要求根据古制分封子弟。丞相李斯予以驳斥,并主张禁止百姓以古非今,以私学诽谤朝政。秦始皇采纳李斯的建议,下令焚烧《秦记》以外的列国史记,对不属于博士馆的私藏《诗》《书》也限期交出烧毁;有敢谈论《诗》《书》的处死,以古非今的灭族;禁止私学,想学法令的人要以官吏为师。此即为"焚书"。在焚书的第二年,方士卢生、侯生等替秦始皇求仙失败后,私下谈论秦始皇的为人、执政及求仙等方面,之后携带求仙用的巨资出逃。秦始皇迁怒于方士,下令在京城搜查审讯,抓获460人并全部活埋。

通过焚书坑儒事件,我们可以看到,秦始皇通过建立有效的执行系统,使他的决策可以得到迅速地贯彻。一旦有人不能实现皇帝的意志,或者挑战皇帝的权威,皇帝就有权力将其放逐甚至处死。这个体制执行起来无疑是有效的,但它是维护和体现皇帝本人的意志、利益的,即使皇帝的决策会造成极端错误的后果,也会得到执行,这才会出现"焚书坑儒"一类的严重问题,其中的教训值得我们思考。

(二)汉代官制的完善及其对国家治理的影响

西汉官制基本沿袭秦朝但略有更异。"汉代中国行使权力的基本原则是不让人拥有过多的权力。官员与皇帝分享权力,官员与官员之间互相分享权力。"[1]中央官制最大的变化是内朝的形成,地方官制最显著的特点是分封的王国与郡县并存。

---

[1] [英]崔瑞德、鲁惟一编:《剑桥中国秦汉史》,杨品泉等译,中国社会科学出版社1992年版,第555页。

1.西汉时期的官制

中央最高职位仍是三公。西汉丞相、相国,汉哀帝的时候改名大司徒。汉初丞相多是功臣出身,位望甚隆,朝中大政也多出于丞相。丞相之下有主计,负责郡国上计。上计是地方守、相向朝廷申报一年治状的一种制度。治状包括郡国一年的租赋、刑狱、选举等情况。朝廷根据治状对地方官进行考核,有功者受奖,有过者受罚。相府属吏有长史、司直及诸曹掾属。长史是属吏的首领。司直负责纠察违法官吏。诸曹是按各种行政职能而分立的办事部门。有西曹、东曹、奏曹、议曹、仓曹等,分管官吏任免、郡国事务、章奏谋议、征集租谷等事。掾属是各曹的办事官,掾高于属。汉武帝以后,丞相权力下降,真正行使相权的是大将军大司马领尚书事。

太尉汉初不常设置,汉武帝时候将其省革。大将军本是武官,负责领兵征战。武帝死后,外戚霍光以大司马大将军领尚书事。从此,大司马成为事实上的执政。到汉哀帝的时候,大司马更出大司徒之上。大司马带将军称号则意味着有部曲。部曲是军事编制,即大将军营有五部,每部设一校尉;部下为曲,每曲设一军候。大司马领尚书事又开府置属吏。属吏有长史、司直、掾、史、功曹、议曹、门下吏、主簿、令史等。

御史大夫在汉初变化不大,汉成帝时更名大司空。管理政府的责任主要交给"丞相和御史大夫,决策事宜只能提交给这两名官员"①。御史大夫之下仍设丞、中丞,职务与秦朝相同。御史中丞在汉朝又称中执法。自御史大夫改大司空后,御史中丞也一度改名御史长史,为兰台主官,而大司空就不再负有监察百官的责任。御史中丞领侍御史 15 人,负责宫内、殿中执法,举劾百官的非法和违失行为。又有皇帝委以特殊任务的御史,如派往军队的称监军御史,出巡治理重大刑狱的称绣衣御史或直指绣衣使者,监察文武官吏的官员称治书御史。这类御史因事而设,不成定制。

内朝又称中朝。汉初随着丞相权力的发展,皇权与相权之间出现矛盾。汉武帝为了加强皇权,一方面削弱丞相权势,另一方面提高左右亲信臣僚的地位。这些人就是将军、侍中、中常侍、左右曹、诸吏、散骑等,而以地位极高的大司马大将军为主。他们日常在皇帝左右,直接替皇帝出谋划策,逐渐形成了一个宫内决策系统,称为"内朝"。内朝与丞相、御史大夫及九卿所构成的官僚体系"外朝"相对应。外朝则逐渐演变为执行系统。皇帝依靠内朝制约外朝,内朝则恃皇帝之重凌驾于外朝之上。由于上下文书由尚书掌管,所以武帝死后又以大将军大司马领尚书事。自此以后,大司马大将军成为掌握实权的内朝领袖,丞相虽然还有一定地位,但实际职权却削弱了。加官也是扩大内朝力量的一种手段。内朝官职,都可成为加官。加官中还有给事中。外朝官不分文武,不论职位高低,只要皇帝亲信,即可加侍中、给事中等官,从而得入禁中奏

---

① [英]崔瑞德、鲁惟一编:《剑桥中国秦汉史》,杨品泉等译,中国社会科学出版社1992 年版,第 141 页。

事,一身而兼内、外朝两种身份,成为执行皇帝命令的得力助手。①

汉代地方组织分为两类,一类是郡县,一类是诸侯王国。汉初,郡之组织设守、尉,不置监御史。景帝时改守为太守,尉为都尉。太守是一郡之长,都尉佐助太守,管理武职甲卒。武帝时候,为了加强对郡(国)县的监察,又把全国分为13个监察区,叫十三州部。每州部包括若干郡国,设刺史一人。县级组织仍设令(大县)、长(小县)、丞、尉。少数民族地区仍设道,相当于县。县下的基层组织为乡、亭、里。乡置三老、有秩、啬夫、游徼;亭置亭长,为治安兼驿传组织;里置里魁。

与郡县并存的有诸侯王国。汉初在消灭异姓王的同时,汉高祖又分封自己的子弟为王。汉景帝平定七国之乱以后,规定诸侯王不再治国,改丞相为相。汉武帝时候,令诸侯推恩分封子弟为列侯,王国析为侯国,相当于郡。汉成帝又罢内史,令相治民如太守,中尉如郡都尉。到汉元帝时,相更在郡守之下。

2.东汉时期的官制

东汉官制最重要的变化在于尚书组织的变化,当时称作“政归台阁”。从地方官讲,最突出的是由郡(国)、县两级改为州、郡、县三级。

东汉中央官的基本构成仍然是三公九卿。但在新皇帝即位之后,则以太傅或太尉录尚书事,总揽政务。东汉设太傅,称上公,位在三公之上,负责辅导皇帝。由于当时朝政实权转移到尚书台,所

---

① 参见王天有《中国古代官制》,中共中央党校出版社1991年版,第27—33页。

以太傅录尚书事,位高而任重。不过太傅一职并不常设。上公之下是三公。但是,东汉三公权力远不如西汉。东汉的三公成为徒有虚名的高官,真正拥有决策权和监督百官的执行权的是内朝。直到东汉末年,董卓废少帝,立献帝,自任相国;建安十三年(公元208年),曹操秉政,罢三公而置丞相,相权才骤然改变,成为王朝最高权力的实际操纵者,皇帝也在其控制之中。

东汉九卿及列卿没有什么太大的变化,只是尚书组织的地位加强了,所以当时有"虽置三公,事归台阁"的说法。"台阁",指宫内办事处,也就是内朝。皇帝虽也挑选太傅或太尉录尚书事,但无异于自己直接指挥尚书台,所以政归台阁,实际上是皇权进一步得到了加强。东汉皇权进一步加强,还表现在监察系统官制的变化上。司空的前身是御史大夫,东汉司空已无监察之责。主持监察的是御史台长官御史中丞。御史中丞属官有治书侍御史2人,掌解释法律条文;侍御史15人,掌察举官吏违法,接受公卿、郡吏奏事。东汉御史中丞秩仅千石,但权力却超过了原来的御史大夫,在朝廷上仅次于尚书令。这是因为御史中丞不再隶属司空,改隶少府,事实上归皇帝直属,成为皇帝直接掌管的、监察百官的工具。

东汉地方分州部、郡国、县三级。京畿地区称司隶校尉部,掌纠察京师百官及所辖附近各郡,相当于州刺史,而且比刺史地位高,权势也更为显赫。司隶部之外,分十二州,州设刺史。西汉时,州为监察区,刺史(西汉末年一度称州牧)是中央派出的巡视官,无行政权,开始无固定治所和衙门,秋冬出巡,年终回京奏事。东汉后期,刺史不仅有固定治所,而且属吏大量增加,事实上成为凌驾于郡国之上的地方行政长官。汉灵帝时候,再改刺史为州牧,由一批朝廷重臣出任,"州任之重,自此而始",不少地方的州牧已演变为拥兵自重的割据势力。

东汉建武六年(公元30年),裁撤郡都尉,并其职于太守,故太守又称郡将。东汉永和五年(公元140年)有郡国105个,除司隶部7郡之外,还有98个。其中列郡71个,王国27个。县的设置与西汉相同。①

3.从"挟天子以令诸侯"看汉末三国时期国家治理的教训

汉代的社会控制呈现出相对灵活的特征。"上面的行政控制与基层自我管理的行为标准结合了起来,正是这种法家和儒家的共生现象,才使中国具有得以生存下来的那种坚定性和灵活性的必要的结合。"②汉献帝刘协是东汉最后一任皇帝。公元189年,董卓废汉少帝刘辩,立刘协为皇帝。董卓被王允和吕布诛杀后,董卓部将李傕等攻入长安,再次挟持了刘协,后来逃出长安。公元195年,曹操战败吕布,平定兖州。7月,因李傕、郭汜火并,汉献帝从长安东归,下诏让各路诸侯勤王。公元196年,曹操迎汉献帝。汉献帝封曹操为司隶校尉,录尚书事,后迁都许昌,汉献帝又封曹操为司空,行车骑将军事,百官总己以听。作为丞相的曹操,总揽军政大权,皇帝实际上在他的控制之中,达到"挟天子以令诸侯"的目的。公元220年,曹操病死,刘协被曹丕控制,随后被迫禅让于曹

---

① 参见王天有《中国古代官制》,中共中央党校出版社1991年版,第38—43页。

② [英]崔瑞德、鲁惟一编:《剑桥中国秦汉史》,杨品泉等译,中国社会科学出版社1992年版,第107页。

丕。曹丕称帝后,自然不能允许相权过大,于是又改相国为司徒。直到公元 260 年,魏国才又恢复丞相职位。不久,掌握实权的司马昭任相国,权倾朝野,实际上传递着一种信息:实权在握的朝臣将要谋取皇位。东汉的皇帝"或满足于起一种更消极的作用,或希望减轻他们行政职责的负担,而把权力委托给别人"①,这在某种程度上也导致了"挟天子以令诸侯"的出现。当实际权力控制在大臣手中,皇帝成为傀儡,这对于封建皇权来说是一种不正常的状态。

(执笔人:陈建波)

二、唐代国家治理的经验和教训

唐朝(公元 618 年—907 年)是公认的中国最强盛的时代之一。全盛时期的唐朝,在文化、政治、经济、外交等方面都取得了很高的成就,与当时阿拉伯帝国并列为世界上最强盛的帝国。总结唐代的国家治理经验和教训,对于我们完善和发展中国特色社会主义制度,推进国家治理体系和治理能力现代化具有重要意义。

(一)重视"民惟邦本",减轻百姓负担

在中国历代帝王中,唐太宗李世民最有"民本意识",他认为"君依于国,国依于民。刻民以奉君,犹割肉以充腹,腹饱而身毙,

---

① [英]崔瑞德、鲁惟一编:《剑桥中国秦汉史》,杨品泉等译,中国社会科学出版社 1992 年版,第 555 页。

君富而国亡"。李世民常提荀子的观点:"君,舟也;民,水也。水所以载舟,亦所以覆舟。"据《贞观政要·仁义》记载,李世民称,"古来帝王以仁义为治者,国祚延长,任法御人者,虽救弊于一时,败亡亦促"。李世民要求自己治国首先要保持清心寡欲、清静无为的思想。"故夙夜孜孜,惟欲清净,使天下无事。遂得徭役不兴,年谷丰稔,百姓安乐。夫治国犹如栽树,本根不摇,则枝叶茂荣。君能清净,百姓何得不安乐乎?"李世民在位期间,曾采取很多具体措施,"以顺民意"。首先轻徭役,薄赋税,继续推行均田制、租庸调制和府兵制度,减轻百姓负担。其次,倡导俭朴之风,反对奢侈。据《贞观政要》记载,其时"风俗简朴,衣无锦绣,财帛富饶,无饥寒之弊"。李世民对诸王、公主的用物也有限制,多次下令杜绝宫内奢靡。最后,为减少国家开支,李世民大力裁减冗员,整个中央机构只留640人。

李世民的"民本模式",就是借"仁义为治"实现的,表现为"宽律令"。《唐六典·尚书刑部》注记,李世民指示长孙无忌、房玄龄等臣僚重新审订刑律条款,尤控死刑。李世民强调"死者不可复生",要求"用法务在宽简",所以唐律"比古死刑,殆除其半"。为防错杀,李世民要求死刑案都要报中央,再三复核。为减少刑罚的酷烈,唐初在全国颁布关于棍棒刑具和其他刑具的规定尺寸,约束使用方法。唐律规定:"决笞者,腿、臂分受,决杖者背、腿、臂分受,拷讯者亦同。笞以下者愿背、腿分者,听。"贞观四年(公元630年)唐太宗颁布诏书:"罪人无得鞭背。"此年,全国被判死刑的仅29人。最能说明李世民"宽刑"观的,是贞观六年(公元632年)发生的一件事。当年十二月,他在查阅死刑案件时,出于怜悯,下令将

390名死囚全部放回家过年,来年秋再回长安就死。第二年死囚一个不少回来了,李世民全部赦免了这些死囚。李世民执政几年后,便"海内升平,路不拾遗,外户不闭,商旅野宿焉",后来被称为"贞观之治"。

贯彻"民惟邦本",就要制定有关法律制度,确保广大百姓有所遵循。在唐代,为了保证健康稳定的社会秩序,统治者对于法律在国家治理中的作用,给予了足够的重视。唐太宗很欣赏魏徵提出的"法,国之权衡也,时之准绳也。权衡所以定轻重,准绳所以正曲直"的主张,把健全法制看作"安民立政,莫此为先"的大事。"贞观之治"不仅表现为立法的相对完备,还表现为执法的严肃性。《唐律疏议·断狱律》规定:"诸断罪皆须具引律令格式正文,违者笞三十。"李世民还曾明确表示,"法者非朕一人之法,乃天下之法",并强调"人有所犯,一一于法",这是依法执法思想在法律条文上的明确表述。这些法律规定明确地告诉人们,这个社会提倡什么,反对什么,使人们的观念和行为与国家所确立的规范能够基本达到一致,不仅使国家充满了生机与活力,而且推动了经济、文化的发展。

(二)最高统治者善于"纳谏"

中国历史上,谏官制度始于春秋初年,齐桓公曾设大谏。到了秦朝,郎中令属下有谏大夫。自此以后,从汉到隋,都有谏大夫或谏议大夫的设置。谏官的职责是议论政事,对减少朝廷政策失误、约束皇帝私欲等方面有一定的作用。唐朝不仅在谏官的组织方面进一步完善,而且在实际运行中也很有特色,特别是唐太宗的时候,谏官职能发挥得比较充分。著名的谏官就是魏徵。

唐太宗对魏徵的劝谏十分在意,甚至对魏徵本人也很忌惮。"魏徵在朝廷起了清廉刚直的表率作用和限制皇权的作用。"①据《资治通鉴》记载:魏徵相貌平平,但是很有胆略,常常犯颜直谏。碰上太宗非常恼怒的时候,他面不改色,太宗的神威也为之收敛。他曾经告假去祭扫祖墓,回来后,对太宗说:"人们都说陛下要临幸南山,外面都已严阵以待、整装完毕,而您最后又没去,不知为什么?"太宗笑着说:"起初确实有这个打算,害怕你又来嗔怪,所以中途停止了。"太宗曾得到一只好鹞鹰,将它置于臂膀上,远远望见魏徵走过来,便藏在怀里;魏徵站在那里上奏朝政大事,很久才停下来,鹞鹰最后竟死在太宗的怀里。有一次,唐太宗问魏徵:"历史上的人君,为什么有的人明智,有的人昏庸?"魏徵说:"多听听各方面的意见,就明智;只听单方面的话,就昏庸。"他还举了历史上尧、舜和秦二世、梁武帝、隋炀帝的例子,说:"治理天下的人君如果能够采纳下面的意见,那么下情就能上达,他的亲信要想蒙蔽也蒙蔽不了。"后来,太宗决定把18岁以上未成丁的人简点为兵,命令已下。当时魏徵是谏议大夫,皇帝的敕令要由他联署才能生效。他依据唐初"民年二十为兵"的规定,封还诏书,不肯签署。太宗大怒。魏徵语重心长地劝说:竭泽而渔,不是不能捉到鳞鱼,但明年就没有鱼了;焚林打猎,不是不能捕到野兽,但明年就没有野物了。倘若把18岁以上的强壮男子都简点入军,今后国家的租赋杂役去向谁要呢?太宗幡然悔悟,收回敕命。魏徵死后,太宗恸哭长叹:"以铜

---

① 〔英〕崔瑞德编:《剑桥中国隋唐史》,中国社会科学院历史研究所西方汉学课题组译,中国社会科学出版社1990年版,第197页。

为镜,可以正衣冠;以古为镜,可以知兴替;以人为镜,可以明得失……魏徵殂逝,遂亡一镜矣。"他还令公卿大臣们把魏徵遗表中的一段话写在朝笏上,作为座右铭,以魏徵为榜样,做到"知而即谏"。

(三)完备的国家治理机构

唐朝中央机构由政事堂、台省等几个部分组成。

政事堂,唐初设于门下省,为宰相议事之所。唐朝宰相不同于秦汉,主要区别是宰相集体共同论执朝政,而不是以个人尊官独掌相权。唐初宰相由两类人构成,一类是三省长官,即门下侍中、中书令、尚书左右仆射;一类是他官加"参预朝政""参知政事""同中书门下三品""同中书门下平章事"等衔者。他们都是"兼职宰相",各有本署事务。所以,宰相通常是上午在政事堂议事,下午回本署办公。军国大政及五品以上官员的任免黜陟,均由政事堂会议商定,然后奏请皇帝批准。高宗时候,政事堂徙于中书省。尚书省长官无加衔的反而不是宰相。玄宗开元十一年(公元723年),改政事堂为"中书门下",下设吏、枢机、兵、户、刑礼五房,分曹办事,从议事所变为办公处。

台省指尚书省、门下省、中书省和御史台。

三省仍然是正式机构。尚书省是最高政务机构,负责执行经中书省起草、门下省审核、最后由皇帝批准的各项诏令。长官是尚书令,因唐太宗即位前曾任此职,此后臣下不敢居此职,遂以左右仆射为尚书省长官。尚书省有一个总机关,称尚书都省。都省中设尚书左丞和尚书右丞,分掌左右两司,左司管吏、户、礼三部,右司管兵、刑、工三部。吏、户、礼、兵、刑、工六部长官是尚书、侍郎。尚书在唐初位望甚隆,中唐以后成为高级官员的迁转之阶,侍郎真正掌握一部之实权。吏部掌管官员的选授、封爵、勋赏与考课。户部掌管户口贡赋、财政收支、钱谷出纳等事。礼部掌管礼仪、祠祭、宴享、朝聘等事。兵部掌管武官选授、地图、传驿、军器等事。刑部掌管刑法、徒隶、勾覆、关禁之政令。工部掌管工程、屯田、山泽、水利之事。中书省是由隋朝内史省改置,曾先后改名西台、凤阁、紫微省,后仍复名中书省。主要职掌是起草诏命,颁发制敕。长官是中书令,副长官是中书侍郎。具体负责起草诏敕的是中书舍人。门下省是对中书省起草的诏令、尚书省拟制的奏疏进行审议的机构,有封驳权。封是封还诏书使不下行,驳是驳正百司奏抄公文失误之处。长官为侍中,副长官为门下侍郎。具体执行封驳职事的是给事中。中书、门下两省关系最密。

御史台是最高监察机构。武则天时曾改为左、右肃政台,分察朝官和郡县。后又改为左、右御史台。睿宗时复旧。御史台台长为御史大夫,台副为御史中丞。大夫不常设,中丞往往是实际上的台长。唐玄宗时候,御史台体制开始完善,内部分为台、殿、察三院,各设侍御史、殿中侍御史、监察御史,合称三院御史。侍御史的职责是弹劾官员,特别是职位较高官员的不法行为,办理皇帝亲自委命的案件,以及处理御史台内部日常杂务。殿中侍御史的职责是纠察朝廷各种典礼活动中的仪制。监察御史负责巡按郡县,以纠察地方官吏的不法行为及受理地方重要刑案为职,军队出征则充任监军。三院御史共司监察,各有侧重。

唐朝的地方治理机构也比较完善。安史之乱前,唐朝地方分州(府)、县两级。州设刺史,佐官有别驾、长史、司马,又有录事参军事,掌管各种文书的收发和审核。下设司功、司仓、司户、司兵、司法、司士六曹(有的州不全设),各曹有参军事,分管官吏考核、租赋征收、仓库保管、户口管理、兵甲器仗、刑狱审讯、建筑工程等事务。京师或陪都所在地称府,如京兆府、河南府、太原府,长官为牧,由亲王遥领,但实际主持府事的是府尹。府尹同刺史,亦有佐官及录事参军事、诸曹参军事。以后府的设置增多,则不再设牧。县设令,职责是导扬风化、躬听狱讼、劝课农桑、征收赋税、管理户籍。县令之下有丞、主簿、尉等,协助县令工作。又有司功佐、司仓佐、司户佐、司兵佐、司法佐、司士佐等(京县全置,一般县仅设司户佐、司法佐),分管各项具体事务。

唐朝为管理周边地区,又有都督府和都护府的设置。都督府初称总管府,武德七年(公元 624 年)改名。都督府设官与州(府)相仿,惟长官称都督。有大、中、下都督府之分。大都督府都督由亲王遥领,长史主持事务。通常都督总领所管诸州军事防务,同时兼任所在州刺史,安史之乱后废除。都护府与都督不同,都督府主要任务是掌督所辖州的军事,都护府具有管理羁縻府州的职责。所谓羁縻府州,是指仿内地府州而设在少数民族地区的一种行政单位。唐朝先后设置有安西、北庭、濛池、昆陵、单于、安北、安东、安南等八个都护府。

唐朝地方还有道的设置,前期为监察区,中央不时派出各种使节巡省。太宗时候分十道,玄宗时候增至十五道。安史之乱后,道逐渐凌驾于州(府)之上,又称方镇。唐后期多至四十余道。道设节度使或观察使(初称采访使)。节度、观察都是使职差遣。节度使下有文职也有武职;观察使府全是文职。方镇下的州称支州,设支州刺史,也带团练使、防御使一类使职头衔。① 唐朝中后期,中央对地方的控制力已经弱化了。

(四)实行科举制,实施开放的人才政策

魏晋以来,主要采用九品中正制进行选官,官员大多从各地高门权贵的子弟中选拔。后来这种制度逐渐衰落,权贵子弟无论优劣,都可以做官;许多出身低微但有真才实学的人,却不能到京和地方担任高官。为改变这种弊端,隋文帝开始用分科考试的方法来选拔官员。他令各州每年贡士 3 人,后设不同科目选拔人才。隋炀帝时期正式设置进士科,考核参选者对时事的看法,按考试选拔人才,就是以应策取士。分科取士就是科举的前身。

唐朝科举的科目有秀才、明经、进士、俊士、明法、明字、明算等五十多种。其中明法、明算、明字等科,不为人重视。俊士等科不经常举行,秀才一科,在唐初要求很高,后来渐废。所以,明经、进士两科便成为唐代常科的主要科目。明经、进士两科,最初都只是试策,考试的内容为经义或时务。后来两种考试的科目虽有变化,但基本精神是进士重诗赋,明经重帖经、墨义。所谓帖经,就是将经书任揭一页,将左右两边蒙上,中间只开一行,再用纸帖盖三字,令试者填充。墨义是对经文的字句作简单的笔试。帖经与墨义,只要熟读经传和注释就可中试,诗赋则需要具有文学才能。一般

① 参见王天有《中国古代官制》,中共中央党校出版社 1991 年版,第 66—77 页。

来说,明经科的内容包括九部经书:《礼记》《左传》为大经,《诗经》《周礼》《仪礼》为中经,《周易》《尚书》《公羊传》《穀梁传》为小经。不仅仅是九经,另外,《孝经》《论语》也曾列为必考。明经科的考试方式一般只是口试,帖经(填空),墨义。只要对经文及注释记忆背诵熟练,就可中试。再看进士科。进士科原来只考策问,后来加上帖经(填空),杂文(诗赋)。帖经只帖大经,即《礼记》《左传》,再加上帖《老子》,十个问题中能答上四个即可合格。杂文要求诗赋各一。策问要写五篇。策问主要是针对时下国家的政治、经济、法律、军事、政务、漕运、盐政等等方面提出问题,要求考生用义理分析作回答。

唐代进士录取要求严苛,宁缺毋滥。据《新唐书·选举志上》,唐文宗李昂曾诏令礼部:"岁取登第者三十人,苟无其人,不必充其数。"因此当时流传有"三十老明经,五十少进士"之称。唐前期每科只取十几人,后期也只取三十几人。孟郊当时考中后,欣喜若狂,作《登科后》"春风得意马蹄疾,一日看尽长安花",李山甫诗中称"麻衣尽举一双手,桂树只生三两枝",可见其难。当时的考试范围非常广泛,要学的东西也非常多,不仅儒家,还有道家及各种经史,还有诗词歌赋,并且非常重视策问,即考治国方略。这样的考试容易选拔出人才来。而且,常科登试后,不能立即做官,必须经吏部的考试,叫选试,合格者,才能授予官职。韩愈中进士后,三次选试都没有通过,只好去刺史那里做幕僚,可见制度之严格。唐朝的科举制打破了血缘世袭关系和世族的垄断,在一定程度上实现了底层人士的"朝为田舍郎,暮登天子堂"梦想,使得一部分社会中下层有能力的读书人进入社会上层,获得施展才智的机会。

另外,唐朝在人才选拔和使用上采取十分开放的态度。唐朝初期,与羁縻政策并行,先后任用了突厥、匈奴、鲜卑、高丽、吐蕃等族群的人士担任中央政权管理下的官职,连日本、大食的人才也可以在唐朝廷做官,这些人才政策的开放性、开明性都是十分明显的。

(五)采取开放包容的民族政策,坚决维护国家统一和稳定

唐朝鼎盛时期,在疆域上,东至大海,西到中亚阿姆河(唐时称乌浒河)流域,北方囊括蒙古高原和西伯利亚平原,南至南海诸岛,地域辽阔,民族众多。如何处理好民族关系,维护国家统一,是关系唐朝国家治理的重要问题。在这种情况下,唐朝实施了较为开明的民族政策,汉族与边疆民族,中原与内陆地区的经济文化交往空前繁荣。

第一,加强中央与地方的联系。唐朝建立之初,亟须处理与当时的北方突厥、回纥,东北靺鞨等诸多族群的关系问题。这些问题的处理方式直接关系到当时的唐朝中央政权与地方政权的关系能否巩固。为此,唐朝在北部边境先后建立了都护府和都督府。如公元 640 年设安西都护府;公元 664 年改云中都护府为单于都护府;公元 668 年设安东都护府;公元 669 年设安北都护府;公元 702 年设北庭都护府。其中,所设立的最高军政兼职的都护府兼具军事和行政职能,其机构较为完善,定岗定员,各有其职。军政机构的设立,在当时促进了丝绸之路畅通,加强了民族文化的融合与交流。东北地区,唐朝分别设立了黑水都督府、渤海都督府。这一时期,在具体措施上,唐朝沿用了中国历史上统治阶级用以处理族群

关系问题的最主要的政策——羁縻统治政策。在少数民族地区设立特殊的行政单位，保持或基本保持少数民族原有的社会组织形式和管理机构，承认其酋长、首领在本民族和本地区中的政治统治地位，任用少数民族地方首领为地方官吏，除在政治上隶属于中央王朝、经济上有朝贡的义务外，其余一切事务均由少数民族首领自己管理。唐朝还实行册封制度，改善中央与地方关系。在具体措施方面，对于回纥，唐太宗任命回纥首领为瀚海都督府都督，唐玄宗封回纥首领骨力裴罗为怀仁可汗，安史之乱期间，回纥出兵助唐平叛；双方经济文化交流密切。唐朝还采用联姻的办法加强同少数民族的联系，如派文成公主入藏和松赞干布联姻，派金城公主入藏和尺带珠丹联姻，发展了唐蕃关系，促进了汉藏两族经济文化的密切联系。另外，唐朝在边疆少数民族地区普遍设置羁縻府州。这些对于巩固国家统一，加强民族之间的经济文化交流，促进各民族自身发展发挥了积极作用。

其次，唐朝统治阶层的民族观念十分开放。作为皇族的李氏集团，是一个拥有鲜卑血统的家族。李氏为陇西大贵族，在西魏、隋时期都受到重用，如李渊的祖父李虎在西魏时为八柱国之一，李渊的父亲李昞在北周时也是得势权贵。李昞的妻子独孤氏、李渊的妻子窦氏、李世民的妻子长孙氏都属少数民族血统。唐初名将李靖曾讲："天之生人，本无番、汉之别，然地远荒漠，必以射猎为生，故常习战斗。若我恩信抚之，衣食周之，则皆汉人矣。"在这种情势下，自然是华夷一家或彼此不分了。天宝之前，唐朝不断出兵征服四境各族，对于这些被征服者，唐朝大多采取安抚政策。如唐太宗征辽东，掳得高句丽百姓一万四千口，本当分赏将士，"上愍其父子夫妇离散,命有司平其直,悉以钱布赎为民。欢呼之声,三日不息"。此外,唐朝对于非汉族人才也大胆委以重任。如阿史那社尔、契苾何力、黑齿常之、李谨行等都深受重用,有的还成了驸马。开元、天宝之际,非汉族将帅甚至成了唐军主力的组成部分。安禄山、哥舒翰还晋升为王爵。这类现象在其他王朝是非常罕见的。

第三,十分重视不同民族、国家间的文化交流。唐朝对外开放程度非常高,中外文化交流很发达。如玄奘一人西行 5 万里,历经艰辛到达印度佛教中心那烂陀寺取真经。前后 17 年,他学遍了当时的大、小乘各种学说,共带回佛舍利 150 粒、佛像 7 尊、经论 657部,并长期从事翻译佛经的工作。玄奘及其弟子共译出佛典 75部、1335 卷。玄奘的译典著作有《大般若经》《心经》《解深密经》《瑜伽师地论》《成唯识论》等。当时有很多地区和国家,都向唐朝派遣留学生。日本的"遣唐使"送来的有学问僧,也有留学生。有的时候,国子监讲学,不仅有唐朝的学生听课,也有来自其他地区和国家的学生听课。美国学者爱德华·谢弗的《唐代的外来文明》详细研究了当时的世界文化交流和唐朝的文明引进。内容涉及了唐朝生活的各个方面,家畜、野兽、飞禽、植物、木材、食物、香料、药品、纺织品、颜料、矿石、金属制品、世俗器物、宗教器物、书籍等,举凡生活所需、日常所用,几乎无所不包,可见当时的中外文化交流是盛况空前的。

最后,唐朝采取措施坚决维护国家统一和稳定。唐朝建立后,突厥就对中原展开持续进攻。唐高祖当政的 9 年,中央政权的主要任务就是削平各地的武装势力,而这些势力恰恰受突厥人的支持。唐太宗即位的当月,突厥颉利可汗就率领 10 万大军向唐进攻。在逐一剪平各地割据势力之后,唐朝便将其中心任务转向对付东突厥。贞观四年(公元 630 年),唐朝趁东突厥内部矛盾激化、暴风雪灾害频仍之机,派大军并联合回纥、薛延陀等势力,将东突厥征服。随后,唐朝又征服了漠北的薛延陀势力,在东北和西域两地展开攻势。贞观十四年(公元 640 年),唐军消灭高昌国,在此地建立西州,由唐人直接控制。唐朝以此为契机,进而又征服了西突厥势力。而在东北,唐太宗也数次派军队东征高句丽,直至高宗即位后,唐终于将高句丽制服。

(六)唐代国家治理的重要教训

唐代国家治理的一个重要教训就是"安史之乱"。唐朝为了加强中央对边疆的控制、巩固边防和统理异族,唐玄宗于开元十年(公元 722 年)于边地设十个兵镇,由九个节度使和一个经略使管理。此等以数州为一镇的节度使势力渐增,到唐后期,不单管理军事,而且因兼领按察使、安抚使、支度使等职而兼管辖区内的行政、财政、人民户口、土地等大权,这就使得原来为一方之长的州刺史变为其部属。据《新唐书·志第四十·兵》言,"既有其土地,又有其人民,又有其甲兵,又有其财赋",节度使因而雄踞一方,尾大不掉。唐初,全国实行府兵制,共置 634 个折冲府,其中有 261 个位于保卫京师长安的关中,故军力是外轻内重。唐玄宗开元十年(公元722 年)设置节度使,许其率兵镇守边地,军力日渐强大,渐有凌驾中央之势。天宝年间,边镇兵力达 50 万,而安禄山一人即拥兵 20万,实力强大。相反,中央兵力则不满 8 万,形成外重内轻的军事局面。

唐玄宗开元时期,社会经济虽然达到空前繁荣,出现了盛世的局面,但同时由于封建经济的发展,土地兼并加速,以至百姓多迁徙流亡。均田制破坏,农民失去土地成为流民。唐朝最高统治集团日益腐化。当然,民族之间的矛盾,也是使安史之乱爆发的一个不可忽视的因素。隋唐以来,河北北部幽州一带杂居着许多契丹人、奚人,唐太宗打败突厥人以后,又迁徙许多突厥人在这一带居住。他们的习俗与汉人不同,摩擦和矛盾在所难免。胡人安禄山正是利用这点拉拢当时的少数民族上层,作为反唐的亲信。史称,安禄山于天宝十三年(公元754年)乱前,一次提升奚族和契丹族2500人任将军和中郎将。在他的收买下,当地少数民族竟把安禄山和史思明视为"二圣"。

天宝十四年(公元755年),身兼范阳、平卢、河东三节度使的安禄山趁唐朝内部空虚腐败,率领部属,联合同罗、奚、契丹、室韦、突厥等民族共15万士兵,号称20万在范阳起兵。后来,安禄山被杀,他的部将史思明继续与朝廷对抗,史称"安史之乱"。安史之乱历时七年又两个月,是唐由盛而衰的转折点,也造成唐代的藩镇割据。唐朝中央政府不仅不能节制这些地方势力,反而常加"同中书门下平章事"给节度使,故当时有"使相"之称。节度使的官署称使府、幕府,其僚属为幕职,可以自行任命。这说明,在一个封建大国,如果中央对地方的监管不力,那么不但中央决策得不到贯彻,而且地方势力会不断扩大,从而架空中央,最终导致社会动乱、国家衰亡。

(执笔人:陈建波)

三、明代国家治理的经验和教训

明代在中央政府治理、地方政治治理、边疆治理等方面形成了一系列严密的制度,对于维护中央集权和社会稳定起到了积极作用,但同时,也因权力过度膨胀、高度集中导致明代制度的僵化和治理的失效。

(一)明代的中央政府治理

1.明代专制主义集权的特点

明代封建专制主义中央集权的程度高于历代王朝。明代中央政府具有极高的权威,中央政府掌握大权,能够很大程度地限制地方的权力。其一,地方官吏的任免权在中央。地方官吏,无论大小全部由中央统一任命、统一控制。实行严格的官员回避制度,如籍贯回避,就是自学官外,不得官本省,防止他们在地方上发展势力,贪污腐化。其二,地方上没有军队。实行卫所制,军队分布在各个地方,然而军队的统帅权在中央,地方官员没有权力掌握、调动军队。明代军制,将兵分离,将帅不能久专兵权,调遣权归兵部,军需归工部。调兵、遣将、特种训练、后勤供应等权力都在中央。其三,地方收入由中央决定和分配。明代赋役法由中央统一制定,主要按照赋役黄册征收,夏天收税,秋季收粮,都由中央规定。地方政府只管征收、运解。其四,司法权在中央。明代地方上设有提刑按察使司,掌管着一省的刑名、案件审理,但是死刑重案的处决权由中央掌控。中央设立三法司,其中,刑部是司法的主管部门,审理地方上报的死罪囚犯;大理寺具有复审权,只有经过其评议,犯人才能被处决,否则不得结案;都察院是由御史台变来的,专管弹劾纠察,它与刑部、大理寺共同审理大狱死囚。这三者,又叫三法司,朝廷一切重大司法案件,都由三法司会审。①

2.废除丞相,升级六部

洪武十三年(公元 1380 年),通过宰相"胡惟庸案",明太祖朱元璋吸取了宰相权力过大的教训,从此废止宰相。废除宰相制,其政权划分主要是罢中书省权分六部,改大都督府为五军都督府,以五府六部协助皇帝处理庶务。六部原属中书省,归丞相领导,六部尚书位卑权轻。升六部以后,六部尚书直接奉行皇帝命令,而且只对皇帝负责,地位比原来提高了,权力加重了。但它是六部分治,六部首长,各不相属,各司一职,不能集权于一个职务、一人之身,从而成了一个多头的衙门。他们直接与皇帝议事,免去丞相一级的转议,少一道行政手续,这就使得政事不致流于窒蔽。

武官则有大都督,全国有五个大都督府。大都督只管外出打仗时带兵。五军都督府,分统诸都司卫所,每一个都督府职权都比原来大都督府小得多。六部、五府,一升一降,使六部尚书与五府都督都是正二品的官员,这在当时已经是最高的官阶了。也就是

---

① 参见钱穆《中国历代政治得失》,三联书店 2014 年版,第 104—106 页。

说,能掌握一部分实权的官职最高级别是正二品。可见,废止中书省以后,六部的地位虽然提高了,但皇帝与官员之间的实际等级差距加大了。官员地位的降低,意味着皇权的进一步加强。

3.内阁制

明代皇帝的秘书处,当时称为内阁。明朝内阁制有一个形成的过程。朱元璋时期,内阁学士不过像是皇帝的顾问,没有僚属,尚无内阁之名。明成祖选取翰林院侍读、侍讲、编修、检讨等官为内阁学士,参与机务,因其在大内授餐,常侍天子殿阁之下,所以被称为内阁。这是他们参政之始,但事权尚微。明仁宗、宣宗时,内阁学士兼任六部尚书,内阁地位有了提高。明英宗天顺以后,内阁学士的权势明显上升。嘉靖中期以后,内阁学士的朝位班次,列在六部之上,大学士几乎变成了真宰相。

内阁制形成与完善的过程,基本上也是它与六部权力互相消长的过程。内阁学士原本只是五品官阶,而六部尚书是二品官阶,内阁学士在朝廷上的地位并不高。然而,内阁的权力,从大学士产生之日起,是逐渐加重的,到明中叶就超过六部了。洪武之际,大学士与六部相比,六部位尊权重。明永乐年间,大学士与六部无所统属。明仁宗用杨士奇、杨荣等为大学士,他们原是仁宗在东宫时的属臣,对巩固仁宗的太子地位起过重要作用,因而仁宗继位后他们得到重用。在仁宗、宣宗时,尤其是宣宗时,大小事务,皇帝都要让大学士参决,这就使他们的实际权力加大了。后来大学士朝位班次位居六部之上,从官制体制而言,这就巩固了内阁的权力,进而将六部置于内阁的下属地位了。朱元璋原意是"升六部",但它同逐渐形成的内阁产生了矛盾,以至不得不降为内阁的附属物。明代内阁与六部之间职权的消长,实际上是明朝皇帝采取"彼此颉颃,上下相维"的官制的体现。这主要为了加强皇帝的统治,便于实现皇帝的至高无上的权力。

4.大学士

皇帝在宫里办公,需要有几个秘书帮助、辅助,这些人的办公地点在中极、建极、文华、武英四殿,还有的在文渊阁、东阁两阁等内廷。这些人就被称为内阁学士或者内阁大学士。大学士,同时可以有数人,其中资格最高者为一人,被称为首辅。内阁的票拟,最后要经过首辅的同意,故其在同僚中权力最大。首辅和一般大学士权力的差别,有时达到长官与属员之间关系的程度。首辅权力尽管很大,但是它仍不同于丞相。他有参决权、票拟权,没有任免权,这个权力在皇帝手中。所以首辅即使很有作为,权势煊赫,亦不能像汉魏之丞相,势力赶过皇帝,取而代之,另立新朝。首辅没有任免权,凡是要专权的,就要与科道官紧密联系,利用他们制造舆论,攻击一部分人,吹捧一部分人,以便首辅左右皇帝对官员的任用,在实质上取得一部分任免权。明代各种势力纷争频起,大学士之间,官僚之间为争权夺利,互相结合,各自制造舆论,于是舆论混乱,门户之见甚深;阁臣之间利用科道,互相攻讦,层出不穷,把政治搞得乌烟瘴气。于是有按照封建礼法的要求,好的大学士应该不接近科道的说法。明代有一些任久而权重的大学士,但有作为、可称为"名相"的却少之又少。

"明代真正的名相只有张居正,他自隆庆初年为大学士,历时16年,其间10年居首辅。他清丈土地,使明朝政府所掌握的垦田大增;全面推行一条鞭法,一定程度上适应了社会经济发展的要求;支持潘季驯修黄河;与高拱同主俺答封贡,增强明朝与蒙古族的联系。"他的职权很重,在明神宗还没有做皇帝时,张居正就是神宗的师傅。神宗做了皇帝后,张居正正是当朝皇帝的老师。明神宗朱翊钧待以师礼,称张居正为"元辅张少师先生""太师张太岳先生",而且张居正又是内阁大学士。"张居正回籍奔丧,所过之处,'守臣率长跪,抚按大吏越界迎送,身为前驱,道经襄阳,襄王出疾',而居不按规定的臣礼见王,他使首辅的权势达到了高峰。但他死后不久,即被籍没家财,家属获罪,此为有震主之权者,亦招祸。张居正之后,大学士俱平庸,只能造成恶浊的政治。"①

(二)明代的地方政府治理

地方政治一向是中国政治史上最大的一个问题。中国偌大一个国家,地方行政的好坏,直接影响着这个国家治理状况的好坏。从中国历史上看,地方政府制度最好的当属汉代,唐代的地方制度也还成功。明代,地方政府制度治理的困局暴露得比较明显。以明代的地方长官为例,它是与承宣布政使并列的。除了承宣布政使之外,明代还设置了提刑按察使、都指挥使。布政使管行政,按

---

① 郑天挺:《明代的中央集权》,《天津社会科学》1982 年第 2 期。

察使管司法，都指挥使管军事。三个司合称"三司"。承宣布政使司又叫藩司，提刑按察使司叫臬司。布政使下面有参政、参议等官；提刑按察使下面设有副使、佥事等官，这种官派出去，叫分司。1367 年，明王朝在中央设立了发挥监察职能的御史台，在地方设立监察司这一机构，在构建监察体系的同时，也在地方设立了按察使、副使、佥事职位。在废除了元代的行中书省制以后，明代构建了以承宣布政使司、都指挥使司和提刑按察司等为主的机构体系。

根据明朝的制度安排，地方行政制度，最低一级是县。县上面是府和州，这是行政序列的第二层级。再往上面是省，也就是承宣布政使司，这是第三级。在这三级之外，再加上分司，就变成了行政序列的四级。明清两代实行把地方高级政府官员派到低级去的制度，派出去的这些官员叫监司官。由布政使派出的叫分守道，由按察使司派出的被称为分巡道。在明代的行政体制序列中，县上面有府，府上面有司（分司），司上面才是省（司）。在这种官员序列中，管官的官多，管民的官少。用现在的话讲，就是管理层太多，执行的干事的人少。明制中，管民的官不仅少，而且官阶又很小。这就使得县官被压得太低太可怜。他们忙于应付上面长官的各种差使，所以根本没有动力、没有精力去为百姓做事。

明代的巡按御史在历朝制度中是较为严密完备的。巡按御史制度对保证朝代建立初期地方吏治的清明，维护中央集权和社会稳定起到了重要作用。明代的巡按制度是汉代刺史制度和唐代分道巡按制等制度的一种延续，监察体制具有很高的严密性，其巡按地位也非常特殊，这是明代巡按制度的主要特点。巡按御史的职权体现在察吏和安民两个方面。在察吏方面，一是考察地方文武官吏,举荐人才;二是审录罪犯,断理冤狱;三是照刷文卷,即对各级机关所行公文档案进行审查,检阅各级官吏为政情况。在安民方面,主要包括对库仓、税粮、户口赋役、督修农田水利及公共设施、灾荒赈济等方面的民情考察。明代的巡按御史对于澄清地方吏治、保障政令畅通、促进司法公正、维护民众利益等方面起到了积极作用。但是,巡按作为皇权在地方的直接代表,其权力过大而集中,缺少制约监督,这就给地方政治带来一些负面影响,比如举劾不公、紊乱吏治,干预地方政务,影响行政效率,贪赃枉法,加重地方负担。到了明朝中后期,巡按机构的权力过度膨胀,最终走向了一条从膨胀到衰落的不归之路。①

(三)明代的腐败治理

明代在治国理政方面采用了严刑峻法,尤其对贪官污吏的惩处和刑罚更为残酷。朱元璋作为明朝的统治者,他所制定的法律名目繁多,极为严苛,所涉及的官员贪污受贿的范围之广、适用刑罚之重为历代所罕见。据记载,在明朝,官吏因贪赃而被枭首示众、施以剥皮之刑的数量非常之大,可以说,这是中国有史以来最为严厉的惩治贪污腐败的法令。这些法令在《大明律令》《大诰》《大诰续编》《大诰三编》和《大诰武臣》等法律典籍中随处可见。肃贪惩腐是始终贯穿于这些法律典籍的核心思想。

明朝惩腐的法律严苛,其适用死刑起刑的标准低、数目多,除

---

① 参见蔡明伦《明代巡按御史制度的兴废》,《中国纪检监察》2014 年第 20 期。

对贪污受贿等常见贪腐行为规定重罚外,还加重了对谋反、强盗、官吏犯赃等直接危害皇权行为的惩处力度。明朝对贪官所适用的酷刑可以说是名目繁多、令人发指。除规定笞、杖、徒、流、死(斩、绞)五种刑罚外,还动用了残酷的凌迟、黥刺、挑膝盖、剁指、刖足、剕、劓、阉割、枭令、炮烙、锡蛇游、刷洗、称竿、抽肠、剥皮楦草等酷刑,并经常使用连坐族诛之刑,株连三族、九族。据统计,明朝仅因贪污受贿被杀死的官员就多达几万人。因杀官太多,以致有些地方衙门无人办公,朱元璋不得不实行"戴死罪、徒流还职"的办法,叫判刑后的犯罪官吏,戴着镣铐回到公堂办公。明朝设立了一整套包括都察院、六科和提刑按察司在内的监察制度。此外,明太祖朱元璋时期还设立了类似特务机构的"东厂"、"西厂"以及"锦衣卫"机构。这些机构的一项主要职能就是监督查处官员的违法违纪行为。明初刑罚的残酷程度超过了以往的任何朝代。明朝初年也确实出现了难得的官场清廉。然而,在明朝封建皇权的高压统治之下仍然会出现贪腐现象,因为中国的封建社会始终走不出"人治"或"王治"的怪圈,这就是中国古代法制弊病的根源。[①]

(四)明代的边疆治理

明代的边疆治理思想既有对以往封建王朝治边思想的继承,又有自己的独特之处,在取代元朝之后,边疆局势与其他王朝有许多不同之处,治理边疆理念也必然随之发生很大的变化。明代统

---

① 参见王媛《从明朝的严刑峻法看治理腐败的法制良方》,《中共郑州市委党校学报》2009 年第 4 期。

治者提出"华夷一家"的国家理论,这标志着民族融合已经达到一个新的层次,中华整体观念已深入人心。明朝治理边疆的思想大致是在明太祖和明成祖时期形成的,基本上继承了历代封建王朝治理边疆的思想,是"内中国、外夷狄"(以下简称"内中外夷")的传统观念的体现。总体而言,明朝对开拓疆土采取相对保守的态度,对边疆地区的少数民族则采取比较宽松的羁縻政策。朱元璋建立明朝以后,深刻铭记元朝的亡国教训,认识到制定正确的民族政策是维护明朝统治长久的有力保证。他在继承历代统治者治理边疆思想的基础上,为明朝治理边疆的思想和政策制定了基本的方针,宣传"内中外夷"论与"华夷一家"论,在制定政策时则本着"以夷治夷"的原则。明朝的统治者虽然来自汉族,在他们的思想观念中,"内中外夷"的思想是根深蒂固的,但他们能够顺应时代的发展,在促进"华夷一家"思想的发展方面做出了自己的努力。明代的中央和地方政府中有大批的少数民族官员为明廷效力,"华夷一家"的思想在明代有进一步的发展。[①] 下面以治理西藏、南方少数民族和澳门为例进行分析。

治理西藏。明王朝也继承了西藏地方对中原王朝的政治藩属关系。但与元朝治藏政策相比,明王朝对西藏的治理政策,在沿袭元朝旧制的同时,也做了一定的调整,主要内容有:建立军政机构,加强对西藏的治理;利用宗教,多封众建;朝贡与赏赐,明朝中央正是通过这套严整的朝贡制度,作为其维系和加强西藏对中央政治隶属关系的最重要的纽带和途径;茶马互市,这是明王朝为了达到

---

① 参见栾凡《明朝治理边疆思想的时代特征》,《学习与探索》2006 年第 3 期。

"以茶马驭番"的政治目的而实施的又一项重要的治理西藏的经济政策。明朝通过各种政治、经济、军事政策,建立了西藏地方与中原王朝之间普遍而广泛的联系,并在这个过程中实现了对西藏相对有效的治理。这可以说是明朝治理西藏的成功之处。[①]

治理南方少数民族。明代对边疆民族地区进行了有效的管辖和治理,促进了我国统一多民族国家的发展。尊重各民族原有的风俗习惯,反对南北大迁移,这就为安定南方奠定了基础;在军事征服、政治臣服之后无法立即改变南方各族的社会发展情况下,采取尊重各族原有的政治体制、实行土司制度的政策,这是安定南方的根本措施;此外,还非常注重减轻南方各族的贡赋徭役负担,谨慎选拔边境文武官员,注意培养南方民族地区土著官员,这是安定南方的不断起作用的重要因素。这一系列安定南方少数民族的策略,使得明代中央集权的统一封建国家内部的割据状态削弱,自明代以后,南方没有出现过割据政权,使得历史的发展趋势逐步归于统一。[②]

治理澳门。明代澳门的治理,主要是指在澳门这块中国拥有完整主权的领土上,明代政府管辖下的一个特殊侨民社区的治理。它产生于前近代东西方最早的交通点上,定型于明代,为清代所沿袭,直至道光二十九年(公元 1849 年)为澳门葡萄牙总督亚马留所破坏。从澳门治理的层次上看,是一上一下,一主一辅,中国地方政府在上,为主,居澳葡人自治机构在下,为辅;就治理的方式而

---

① 参见彭建英《明朝治藏方略的内容及特点》,《西北史地》1998 年第 3 期。

② 参见范植清《论朱元璋治理南方各族的政策》,《中南民族学院学报(社会科学版)》1986 年第 2 期

言,是中西合璧,既是中国传统地方行政治理的延续,又加入了西方城市自治的因素。可以说作为中西直接接触早期出现的这一治理形态,既是对古代中国地方行政特殊建制和地方自治传统的继承和发展,又是在西方扩张东来的新形势下,吸收西方制度因素的结果。因而这一治理形态是中西直接接触早期中西制度文化交流、碰撞和融合的产物。在澳门治理形态下,居澳葡人服从中国地方政府管辖,与中国地方官府配合、合作,使澳门在明代发展迅速,一跃成为当时重要的国际贸易港口城市。同时,通过澳门这一辐射中心,中国的大量丝绸等产品走向世界,对当时正在形成中的世界市场起了重要的作用。这种治理形态可以说基本上延续了近300年,直至鸦片战争以后才被完全打破。①

治理海疆。海上敌对势力的存在、西方殖民势力的侵扰和国内海上力量的壮大,打破了明代以前传统中国数千年来海疆的平静局势。基于对国内外客观局势的审慎考量,"拒外防内"成为明政府控驭海疆的基本主线,同时也是明代海疆治理策略导向的主旋律。明代海疆治理策略主要有:强化朝贡体制以实现"怀柔远人"的目的;严厉禁海以达到"拒外防内"的治海初衷;有限开海以绥靖民间海上商业力量;局部通商以防御西方殖民商业势力;限制民船发展以遏制民间海上商业力量崛起。然而,明朝建立以后,海疆治理策略导向已经呈现渐趋收缩和封闭的走势。明代长期遭受海寇的侵扰、遭遇民间海上商业力量的增强以及西方势力的侵入,这就使得明朝廷面临着前所未有的"困局"。明朝的统治者不断在

---

① 参见万明《试论明代澳门的治理形态》,《中国边疆史地研究》1999 年第 2 期。

前朝的治国宝典中寻求治理海疆的良方,但最终也没有找到。[1]

(五)明代国家治理的几点经验

1.明代处理中央和地方关系的经验和教训

明代自朱元璋以来形成的中央与地方的关系模式可以称之为"中央至上模式"。这种模式具有如下特点:其一,中央和地方权力集中于皇帝一身,不论地方还是中央机构,均无独立的行政权力;其二,从中央各部到省、府、州、县,行政活动听命于皇帝,"天子居至尊之位,操可致之权。赏罚予夺,得以自专"。朱元璋通过一系列政治改革,把军政大权控制于手。为了朱家王朝能代代相传,朱元璋封诸子为王,历史上称为封藩制。然而,事与愿违,封藩制成为一枚政治炸弹,这枚炸弹在朱元璋百年后几次反复爆炸,使中央与地方的关系出现复杂的局面。建文帝朱允炆密议削藩,先后削除周、湘、齐、代、岷五个亲王的藩王爵位,但这一计谋没有成功。建文帝的目的是先剪燕王手足然后斩之,未曾料到,燕王意识到自己的处境,主动兴兵,最后攻下南京,建文帝从此不知下落,燕王登上皇位,史称明成祖。明成祖进一步巩固和加强了中央专制主义和中央集权。他通过大清洗造成一种恐怖、血腥的气氛,保持中央的高度集权;通过削除藩王兵权,打掉地方割据势力,确保皇权的

---

[1] 参见李国强、刘俊珂《挑战与变调——明代海疆政策探论》,《社会科学战线》2014年第1期。

专制;远征漠北,统一中国;正确处理中央与地方少数民族政府的关系,加强对边疆地区的行政管理。在中央与地方的关系处理上,明成祖有一定的创新之处,尤其体现在他对中央与地方少数民族政府的关系处理上。总体而言,明朝在中央和地方关系的处理上给我们留下了太多的经验和教训,让我们时刻警醒:过于集权会走向历史的反面,过于专制会走向衰败。

2.明代巡按制度对我国巡视制度的借鉴意义

明代建立了严密、完整的巡按制度,它为我们党巡视制度的发展提供了有价值的借鉴。

明代的巡按制度具有很强的权威性。巡按御史就是皇权的代表,具有钦差大臣的身份,这实际上是自身工作权威性的一种表现。我们党的巡视制度,是党章所确定的一项党内监督制度,具有很高的约束力,任何党的组织和党员都要自觉接受巡视监督。当前我们党的巡视制度也必须突出强调权威性,而且需通过党的组织程序为权威性的发挥提供保障,进一步提升巡视员和巡视机构的作用。这是加强巡视工作权威性的一种有效方式。

明确巡视人员的职责。明代的《巡按七察》、《出巡事宜》和《满日造报册式》等对巡按御史的自身职责作出了明确的规定。我们党在开展巡视工作的过程中,同样需要明确规定巡视人员的自身职责。巡视员不是一般的到地方和单位去"看一看",而是带着明确的任务,对下级领导班子及其成员特别是主要负责人进行监督,也就是对地方和单位的党政领导班子执行中央决策情况的监督、加强对官员自身职责的履行情况的监督等。

明确规定巡视的地区和时限。明代设立的十三道监察御史实际上就是划分了监察区域，对巡按御史的检查区域进行了固定。一年为期的巡视时间规定，保证巡按御史有充分的时间了解真实情况，同时，也使其没有过长的时间与当地官员产生过多的瓜葛和不当的利益关系。在我国目前的巡视工作中，我们也需要对巡视的地区进行固定，保证充分的巡视时间。为了避免巡视员与地方官员相互勾结，还应设立巡视员定期轮换制度，防止与监察对象情亲而弊生，从而使我党现行的巡视制度的科学性得到有效提升。

加强对巡视工作者的监督。为了加强对巡按御史的监督，明代统治者通过任职、履职回避制度，巡按巡抚之间的制约机制，被纠劾官员申辩制度的构建，对巡按做出了专门的、严格的纪律规定。明朝后期巡按制度的逐渐失效，最主要的原因恰恰也是权力的无限膨胀以至失去了监督。目前我们党所采取的巡视制度，是巡视组代表上级党政机关对下级进行监督的模式，为了保障巡视制度的实效性，要加强对巡视工作者自身权力的监督。同时，不断推动巡视报告公开，建立问责机制，在每一次巡视结束后，都要将巡视成员身份、巡视报告内容、处理结果和工作建议尽可能公开，从而让巡视工作者接受社会各界和群众的监督。

从现代巡视工作的权威性入手，对巡视人员的监督制约机制进行强化，是我党巡视制度发展过程中所要遵循的重要原则。对明代巡按制度中一些优点的借鉴，可以让我党的巡视制度更加完善。[1]

---

[1]　参见赵京京《明代巡按制度及其现代启示意义》，西南政法大学硕士学位论文，2012 年。

3.明代腐败治理的教训

"前事不忘,后事之师",通过古今反腐法律和制度的比较,可以为目前党风廉政建设和反腐败斗争提供有价值的借鉴和启示。目前,我们正处于各种腐败犯罪的恶性、高发时期,如何对症下药、找到根治腐败的有效办法已迫在眉睫。治理腐败的重中之重,是建立起一套行之有效的行政、经济、监督制度。靠明朝那样事后的严惩,可能起到一时的作用,但绝对不是治本之策。明朝的严刑峻法不可能从根本上肃清贪腐行为,在日益加强对人权的保护、推进民主政治发展的进程中,我们同样不能单纯地依靠严酷惨烈的刑罚来遏制腐败。只有在权力制约、监督到位、机构设置科学等制度基础之上,真正把权力关进制度的笼子;只有在人人相信法律、敬畏法律、遵守法律,进而形成良好的法治文化氛围的时候,才能真正实现依法行政、依法治国,从而最终实现政府的清正廉洁、国家的长治久安和社会的稳定繁荣。①

4.明代边疆治理的经验

如何才能有效治理不同地域少数民族地区,维护国家的统一和边疆的稳定,是明朝统治者始终面对的一个复杂尖锐的问题。以明太祖治理边疆政策为例,为了确保明朝统治的长久稳固,明太

---

① 参见王媛《从明朝的严刑峻法看治理腐败的法制良方》,《中共郑州市委党校学报》2009 年第 4 期。

祖放弃了主动进攻的姿态,从明朝江山的长远利益出发,制定了治理边疆问题的纲领性策略:一是守中治边,守在四夷。明太祖意识到,由于自身还不具备解决蒙古问题的实力,在短期内不可能予以解决,因而改变了彻底消灭蒙古势力的想法,转变为积蓄力量,积极防御,维护边境安宁。二是重点防御北方民族。明朝统治者认为,蒙古族等北方少数民族对朝廷的威胁更大,因而就将北方民族造成的威胁看成是根本性的威胁。为此,明朝在"东起辽海,西尽酒泉,延袤万里"的防线上"列镇屯兵,据大险以制诸夷"。三是"威怀"南方各民族。所谓"威怀",即以军事力量为后盾,尽量施以怀柔,以使这些地区的少数民族臣服。与重点防御北方蒙古等少数民族不同,明朝对威胁不大的西南地区少数民族采取的便是"威怀"政策。四是以海屏陆,加强海防。明初东南沿海遭到倭寇不断侵扰,治理海疆对于明朝政府来说是一个全新的课题,没有成例和经验可循。明太祖只好把治理路疆的防御经验照搬到海上的防卫。所谓以海屏陆,就是通过"防御海洋、巩固海防、严加城守"构成内外相连、密不可分、互为因果、互为依托的海防战略体系。同时,明朝出于防范倭寇的侵扰,防止海商与倭寇、西方殖民者相互勾结,于是就制定了海禁的政策并加以实施,从而为海防思想提供政策保障。①

"以史为鉴,可以知兴替。"明朝的边疆治理思想为明朝对边疆的有效治理提供了重要的思想保障,对于巩固和发展统一的多民族国家起到了积极作用,其治理边疆的经验和教训能够为我们提供有益的启示。当前我国边疆经济繁荣发展、社会安定、民族关系和谐,然而由于动荡的国际形势、复杂的周边安全环境,我国边疆

---

① 参见辛昊《明朝治边政策研究》,《科技信息》2012 年第 14 期。

的治理又面临着许多新情况、新问题。制定科学合理的边疆治理政策,仍然是当前一项非常重要的现实任务。中国自古以来就是统一的多民族国家,而边疆问题在很大程度上都与民族宗教问题交织在一起。凡是民族宗教处理得好的地方,各民族之间就比较团结,边疆也就比较稳定巩固。这对于国家统一和社会安定具有非常重要的作用。正所谓,边疆安,则国家安;边疆兴,则国家兴;边疆富,则国家富。因此,我们要坚决贯彻党和国家的民族宗教政策,加强各民族团结,促进边疆地区经济社会发展。此外,明朝的海防政策实际上是一种"近海防御"的海上策略,长期以来中国一直实行这种政策。这一策略在相当长的历史时期,与中国的海上力量和中国面临的外部海洋战略环境基本上是适应的。但是国际上海洋国土概念的改变以及海洋环境的新变化等,在客观上冲击着我们国家的海洋战略,使得"近海防御"战略变得不合时宜。这一战略已经不能有效地保卫我国的海洋国土和海洋权益,这就要求我们与时俱进地做出相应的调整,必须实行更加开放和更加积极的海洋战略,实现海防从近水走向"蓝水"。①

(执笔人:史为磊)

---

① 参见辛昊《明朝治边政策研究》,《科技信息》2012 年第 14 期。

第三章　苏联、东欧社会主义国家治理的经验教训

回顾历史,苏联和东欧社会主义国家的建立和发展,为社会主义国家治理现代化进行了初步探索。同时,由于种种原因,苏联、东欧最后发生剧变,给世界社会主义运动带来了重大挫折和倒退。苏联解体、东欧剧变的原因很多,科学总结国际共产主义运动特别是苏联、东欧国家共产党兴衰成败的经验教训,对于推进中国国家治理体系和治理能力现代化具有重要意义。

一、背叛初心:苏联解体的原因和教训

苏联、东欧从成功走向失败关键是背叛了自己的初心:"东欧剧变、苏联解体,最深刻的教训是:放弃了社会主义道路,放弃了无产阶级专政,放弃了共产党的领导地位,放弃了马克思列宁主义,

结果使得已经相当严重的经济、政治、社会、民族矛盾进一步激化，最终酿成了制度剧变、国家解体的历史悲剧。"①相反，中国共产党则自信坚定地昭告世界举什么旗、走什么路、以什么样的精神状态、担负什么样的历史使命、实现什么样的奋斗目标，这就是我们不变的初心。

（一）背叛了社会主义道路的初心

道路决定命运，党和国家事业能挺进在社会主义康庄大道上，中国发展能站上新的历史起点，中国特色社会主义能进入新的发展阶段，源于我们党对共产党执政规律、社会主义建设规律、人类社会发展规律的深刻把握和不忘初心的历史智慧；源于我们摸索出一条实现社会主义现代化、创造人民美好生活的必由之路；源于我们找到了党带领人民团结奋进、砥砺前行、走向胜利的精神旗帜；源于我们遵循了当代中国发展进步的根本方向。这就是中国特色社会主义道路，我们坚定走自己的路，舞台无比广阔，历史底蕴无比深厚，前进定力无比强大。中华民族由衰变强、由穷转富的命运扭转，从几千年封建专制向人民民主的伟大飞跃，关键在于选择了社会主义这一正确道路。

苏联解体的关键在于抛弃了社会主义道路，没有科学把握坚持社会主义制度的优越性与改革创新的辩证统一关系，而从死守拒绝变革的"老路"突然跃进变轨到休克疗法的"邪路"，而没有植

---

① 《江泽民文选》第三卷，人民出版社 2006 年版，第 230 页。

根于苏俄大地、苏联人民意愿去寻找出路。在一些阶段上,其僵化保守的体制无法顺应人民的需求。死守老路,不敢搞创新,不愿意开拓进取,只能因循守旧、故步自封。不能顺应历史潮流,虽然在基本路径上坚守是对的,但不能随着国情、党情、世情的变化在实践上进行创新,钝化了党的领导集体对外部世界和人民群众需求的感知,生机和活力也逐渐下降,吸引力和凝聚力自然随之减弱。像斯大林、勃列日涅夫等处于发展关键时期的苏联领导人拒绝改革,不去寻求适合苏联的发展道路,使得危机和矛盾不断聚集,给苏联的最终解体埋下了隐患。对事关人民利益需求的呼声置若罔闻,而对自己家族有利的事情却在不断倾注精力。在勃列日涅夫执政的 18 年中,他贡献给家族的回报是:他的儿子是外贸部的副部长,女婿是内务部的副部长,就连他的私人飞机驾驶员布加耶夫也在 1970 年被提升为民航部长,后又成为苏共中央委员和苏联空军主帅。这样中饱私囊式的安排,已经背离了社会主义道路的基本要求、忽视了人民主体地位、束缚了社会生产力、拒绝了改革,致使"平静的停滞,那时问题没有解决而是被搁置下来,灾难在不断地聚结"①。加上思想上的僵化、教条,体制改革不可能从内部找到动力,而设高压线、设警戒线、设禁区、扣帽子、打棍子的党内现状更使苏联社会主义实现自我完善困难重重、道路艰辛、歧路遍布。

道路问题是关系党的事业兴衰成败第一位的问题,苏共抛弃社会主义道路——符合未来人类利益最好的路,最终只能走向"邪路"。胡锦涛同志在纪念改革开放 30 年的报告中说:"只要我们不

---

① 〔苏〕罗伊·麦德维杰夫:《个人和时代——勃列日涅夫政治肖像》,莫斯科新闻出版社 1991 年版,第 13 页。

动摇、不懈怠、不折腾,坚定不移地推进改革开放,坚定不移地走中国特色社会主义道路,就一定能够胜利实现这一宏伟蓝图和奋斗目标。"①中国共产党总结出来的"不动摇、不懈怠、不折腾"这个结论,有苏联解体的深刻教训蕴含其中。有学者指出:"斯大林领导的苏共没有看到改革的必要性而拒绝改革,赫鲁晓夫时期苏共的改革走了很大的弯路,勃列日涅夫又将苏共拖回了斯大林时期的老路,戈尔巴乔夫抛弃苏共则使苏联走上了亡党亡国的邪路和绝路。"②戈尔巴乔夫走上"邪路"的标志性动作就是从"动摇"开始,甚至是"山崩地裂"开始的,在"公开性""不留历史空白"的中央号召下放任、夸大对苏共历史负面信息的传播。戈尔巴乔夫走上"邪路"也是从"折腾"开始的,重提"一切权力归苏维埃",将苏联共产党和苏维埃国家对立起来,忘却苏共是苏联人民的选择,使党的领导和执政合法性受到质疑。戈尔巴乔夫走上"邪路"是从"懈怠"开始的,懈怠了基本矛盾,忘却了重点工作,还没有弄清楚苏联严重不合理的经济结构如何调整,无视经济领域效率低下的问题,没有把准当时苏联需要解决的基本矛盾,就草草在政治领域掀起血雨腥风的改旗易帜。苏共亡党教育我们"不动摇、不折腾、不懈怠"的极端重要性,以苏为镜,正华夏衣冠。正如邓小平在1992年南方谈话中指出的那样:"一些国家出现严重挫折,社会主义好像被削弱了,但人民经受锻炼,从中吸取教训,将促使社会主义向着更加健康的方向发展。"③

---

① 《胡锦涛文选》第三卷,人民出版社 2016 年第 1 版,第 171 页。
② 郭春生:《弯路·老路·邪路:战后苏联共产党败亡的轨迹》,《党政研究》(成都)
   2016 年第 6 期,第 43—51 页。
③ 《邓小平文选》第三卷,人民出版社 1993 年版,第 383 页。

（二）背叛了无产阶级专政的初心

无产阶级专政是人类历史上最进步的也是最后一次专政，是为走向人类的美好明天并最终取消阶级而实施的专政。打碎资产阶级国家机器，建立无产阶级专政的政权，是无产阶级和广大劳动人民不可须臾离开的护身法宝。列宁指出，社会主义是一个在阶级斗争中前行的"漫长而复杂的过渡"，离不开无产阶级专政。

第一，苏联的后继者忘却了列宁的这个警告。1956 年 2 月，赫鲁晓夫在苏共第二十次代表大会的秘密报告中全盘否定了斯大林，他们把斯大林错误的领导方法同无产阶级专政混为一谈，认为斯大林的集权就是无产阶级专政导致的。"他骄傲了，不谨慎了，他的思想里产生了主观主义，产生了片面性，对于某些重大问题做出了错误的决定，造成了严重的不良后果。"[1]但这并不等于是无产阶级专政出了问题，不能否认斯大林是一个伟大的马克思列宁主义者，更不能否定无产阶级专政的伟大价值。1957 年 11 月，赫鲁晓夫在庆祝十月革命四十周年纪念大会上，已经迫不及待地提出阶级调和论、无产阶级专政职能应该逐渐消逝的论断。赫鲁晓夫用"全民党"和"全民国家"的理论来否定阶级和阶级斗争、否定无产阶级专政，认为无产阶级专政已经"完成了自己的历史使命"，从而全面抛弃了马克思主义的阶级观点和阶级分析的方法，在苏共意识形态内部埋下了核炸弹。1961 年 10 月苏共第二十二次代表

---

[1]《关于无产阶级专政的历史经验》，《人民日报》1956 年 4 月 5 日第 1 版。

大会上，赫鲁晓夫又在党的指导纲领中公开宣布，苏联已经消灭了敌对阶级，已经没有阶级斗争。这是最高领导层堕落到同帝国主义的悲剧。面对这样的错误，中共中央及时发声批判，而苏联领导人则是这样回应中国的批判："中央全会断然拒绝中共中央对我们党和其他共产党，对第二十次、第二十一次和第二十二次代表大会的决议，对苏共纲领的攻击，认为这种攻击是没有根据的和诽谤性的。"①

第二，鼓吹军队"国家化""全民化""非政治化"是苏共抛弃无产阶级专政的又一表现。抛弃阶级斗争理论和无产阶级专政，必然影响执政的群众基础；在军营里否定无产阶级专政，必然质疑枪杆子的价值，否定党对军队的领导。建军的灵魂和政治思想基础遭遇釜底抽薪，苏共主动放弃军队意识形态领域的主导权。伟大导师马克思指出："无产阶级专政的首要条件就是无产阶级的军队。"②对于"无产阶级军队究竟由谁来领导"这个建军原则问题，列宁、斯大林遵循了马克思的主张，坚决主张无产阶级政党必须独立地行使对红军的领导权和指挥权。20世纪80年代，戈尔巴乔夫开始推行军队改革，则慢慢"丢弃列宁建军原则，取消了党对军队领导的组织保证，致使危急关头军队不听指挥"③。在戈尔巴乔夫看来，阶级斗争已经不需要了，自然要削减军费、缩减编制、放弃对军队的领导，甚至取消了苏共中央及总政治部对军官晋升的政治

① 《苏联共产党中央委员会给苏联各级党组织和全体共产党员的公开信（之一）》，《人民日报》1963年7月20日第5版。
② 《马克思恩格斯全集》第十七卷，人民出版社1963年版，第468页。
③ 李桥铭：《苏联军队"非党化"的历史悲剧》，《红旗文稿》2013年第13期。

审查,结果"把庸人留在部队,使骗子扛上将军肩章"①。为了塑造追求和平的高大形象,戈尔巴乔夫及部分苏共领导人刻意与军队保持距离,甚至在媒体上公开指责部队。时任图拉 106 空降师师长的列别德在回忆录中提到,"这一事件使得军官对党的领导的态度开始向危险的方向转变,随后作战师、团拖延或拒绝执行命令的事情不断发生"②,最终发展到军队调转枪口"革了苏共的命"。

第三,割裂民主与专政的关系,搞极端民主化是苏联的又一教训。共产党本身就是阶级斗争的产物,无产阶级专政是社会主义制度得以维系的理论依据。阶级统治的工具在无产阶级专政的国家,不可能是"代表全民意志",无产阶级民主与全民的民主不能混淆,敌人依然存在。戈尔巴乔夫把社会主义与资本主义的本质区别在人道的民主社会主义概念中悬置了,把民主和专政对立、把集体领导原则和民主对立、把斯大林的个人错误和无产阶级专政等同,割裂了民主和专政的关系,模糊了阶级立场和阶级界限。所以,在无产阶级专政的使命远没有完成之前,戈尔巴乔夫就转身拥抱了西方民主。在民主的进程中,官僚特权势力逐渐强大,最终结果就是苏共的蜕化变质,亡党亡国。

(三)背叛了共产党的领导地位的初心

1920 年 4 月,俄共(布)中央和共产国际派遣全权代表前往中

---

① 〔俄〕尼·布兰涅茨:《棋子:国防部秘书眼中的俄罗斯将军们》,新华出版社 2003 年版,第 336 页。
② 〔美〕威廉·奥多姆:《苏联军队是怎样崩溃的》,新华出版社 2001 年版,第 301 页。

国,帮助建立共产党。1990 年 2 月的苏共中央全会取消了宪法赋予共产党的领导地位,开始实行多党制。从第一个布尔什维克政党到苏共亡党,短短 74 年给了我们什么教训?

第一,主动放弃共产党的领导权是造成悲剧的重要原因。共产党领导是社会主义最本质特征之一,它的成立是人类发展史上开天辟地的大事变,它从人类发展的必然性上为世界发展提供了新的方案,它的创立深刻改变了世界发展的趋势和格局、东西力量的对比,深刻改变了东欧、苏联等民族国家发展的方向和进程,深刻改变了中国人民和中华民族的前途和命运。今天,苏共亡党更是世界史的世纪悬疑。在苏联,非马克思主义者走向领导岗位的闸门是如何打开的?戈尔巴乔夫为什么要革去共产党的命?有人说戈尔巴乔夫改革是苏共拯救苏联社会主义的最后一次尝试,我认为,是他在带领苏联进行放弃社会主义、背弃共产党的第一次尝试。在短短 6 年多的时间里,这场疾风骤雨式的道路改革影响了苏联、震惊了世界,也把社会主义拉入谷底。这些戈尔巴乔夫式的"持不同政见者"所组成的右翼集团,就是要变更道路,革新意识形态,重建门庭,试图通过资产阶级的所谓人道的民主社会主义来颠覆苏共执政的社会主义根本制度,改向为资本主义,并带动整个东欧社会主义国家一起转向资本主义道路,走向多党制。这个致命的政治性转变的根本原因是以戈尔巴乔夫为首的苏共领导集团背叛了马克思主义和科学社会主义。① 如此我们才能准确理解习近平总书记在"七一"讲话中坚定的宣誓:"历史和人民选择中国共产

---

① 参见程恩富、丁军《苏联剧变主要原因的系统分析》,《中国社会科学》2011 年第 6 期,第 207—217 页。

党领导中华民族伟大复兴的事业是正确的,必须长期坚持、永不动摇。"

第二,一个政党,一个政权,其前途命运取决于人心向背。共产党的领导地位不是固若金汤天然稳定的,"打铁还需自身硬",苏共的垮台问题还在自身。苏联的思想僵化、治理模式固化、党的领导集权化,压抑了国家的创造精神,加剧故步自封,使得党同人民不能同呼吸、共命运、心连心,失去了科学的批判能力和鉴别是非的能力。作为领导党,苏共在僵化中慢慢成为盲人,自我排斥了寻求社会主义更广发展道路的科学探讨。习近平总书记在"7·26"讲话中指出:"只有进一步把党建设好,确保我们党永葆旺盛生命力和强大战斗力,我们党才能带领人民成功应对重大挑战、抵御重大风险、克服重大阻力、解决重大矛盾,不断从胜利走向新的胜利。"[1]管党治党搞得好,是人民之福,国家昌盛之源;管党治党不严,则是国家之祸,自毁执政资格。中国的伟大实践和伟大成绩用雄伟的事实证明,中国共产党已经从一个革命党成功地转变为一个执政党,并且在不断夯实基础,净化政治生态,服务好人民。

第三,苏联解体,关键在党,办好中国的事情,关键也在党。全面从严治党是确保党领导地位的重要法宝,党肌体不健康,国家就不健康,一切弱化党的先进性、损害党的纯洁性的行为、观念、思想,都必须从根源上清理,如确保反腐败斗争形成压倒性态势,全面从严治党,以高压和零容忍态度打击腐败,反腐永远在路上,不断净化政治生态,加强党自我约束、自我净化、自我完善、自我革

---

① 习近平:《为决胜全面小康社会实现中国梦而奋斗》,2017 年 7 月 27 日,中国共产党新闻网 http://cpc.people.com.cn/n1/2017/0727/c64094-29433349.html。

新、自我提高、慎独追远的能力建设，夯实党的执政基础和群众基础，更好地为党分忧、为党担责、为党尽责，维系好国运命脉，造福于人民大众。

(四) 背叛了马克思列宁主义指导的初心

指导思想是一个政党的精神旗帜，不论顺境还是逆境都不能动摇对马克思主义的信仰，不能污损这面旗帜，她是增进全党全国各族人民团结统一的坚实思想基础，是同心同德共谱鸿篇巨制的精神导引。失去旗帜的政党，必然亡党，没有先进理论的武装，十月革命也不可能成功。自马克思主义理论提出，到十月社会主义革命，再到中国特色社会主义理论体系的形成，马克思主义这一科学理论始终是行动指南，更是我们立党立国的根本指导思想。唯有先进的指导思想武装起来的政党和队伍，才能有舍我其谁的豪气、不畏险阻的气魄、敢于担当的勇气、勇于牺牲的决绝。背离或放弃马克思主义、共产主义，共产党就会失去灵魂、迷失初心、忘却了来路。

第一，苏共最终背叛了马克思主义，抛弃了科学理论的武装。一方面，把马克思主义教条化，脱离苏联的实际，遮蔽时代的呼声，不能很好地把马克思主义和苏联的具体实践相结合，与时俱进地推进马克思主义本土化，不断创新马克思主义，提升马克思主义新境界，没有认识到教条主义对于革命，对于人民，对于马克思列宁主义，都是有百害而无一利的。另一方面，苏联的后继者们又"乱创新"，搞人道的民主的社会主义，实质是复辟资本主义，这是共产党国家逆历史潮流的最大的思想僵化。其背叛党性、纲领、马克思主义、社会主义的勇气远大于对党性、马克思主义列宁主义的坚持。如果说，在赫鲁晓夫时期批判的主要是斯大林个人错误的话，那么，到戈尔巴乔夫时期已经发展到批判和否定斯大林时期形成的苏联社会主义制度和马克思主义理论。

第二，苏共后期全党精神缺钙，理想信念不坚定。革命理想高于天，怀着远大理想和崇高抱负的人，在成长中须臾离不开理想之光照耀征途，信念之光点亮人生。思想深处的动摇是最危险的动摇，理论上不清醒笃定，政治上不可能坚定执着。苏联解体、东欧剧变证明，一个政党的衰落，往往是从理想信念的丧失或缺失开始的。坚定的理想信念，必须建立在对马克思主义的深刻理解之上，建立在对历史规律的深刻把握之上。苏共执政 74 年，为什么党和国家的各种问题不仅没解决反而越来越多、越来越严重？党是一切问题的总根源，而党的问题核心则是信仰和理想的动摇。苏联领导人对前任的评价往往游离于党的纪律、纲领和原则之外，脱离马克思主义。比如赫鲁晓夫，他能在苏共十八次代表大会上 20 分钟的发言中，恭维斯大林 32 次，如"人类最伟大的天才、导师和领袖"，"伟大的常胜将军"，"自己生身的父母"。也能在苏共二十大时咒骂斯大林是"凶手"、"强盗"、"赌棍"、"俄国最大的独裁者"、"混蛋"和"白痴"。各种攻击、谩骂苏共和社会主义制度的声音不绝于耳，反马克思主义思潮泛滥成灾的直接后果就是苏共逐渐丧失了意识形态领域的阵地、主动权。舆论多元化激起意识形态上的反对"精神垄断"，呼吁着政治多元化、社会多元化、经济多元化、社会结构多元化、意见多元化、政党多元化。反对共产党一党专制必然热切期待多党制。

第三，一个有信仰、有信念、敢担当、坚强有力的领导核心和领导集体具有极端重要性。连勃列日涅夫自己也不再相信马克思主义原则、社会主义的胜利和共产主义的远景，认为这些仅仅是"哄哄老百姓的空话"。戈尔巴乔夫更是这样的模板，1999 年，戈尔巴乔夫在土耳其首都演讲时，毫不掩饰地坦白自己早已树立的埋葬社会主义和苏联共产党的决心："我利用了自己在党和国家中的地位。正是因此，我的妻子一直鼓励我不断占据国家中更高的地位。当我认识了西方，我的决定就成为不可更改的了。为此我需要消除苏共和苏联的整个领导……"这样的领导人怎么能带出一支有信仰的队伍呢？有俄罗斯人总结道："赫鲁晓夫破坏了国家精神的支柱，勃列日涅夫没有对其进行修复，仅仅是用红色颜料封上裂痕，戈尔巴乔夫和叶利钦在裂痕上挖出窟窿，使大厦最终坍塌。"①

如果领导核心和领导集体的站位比敌人核心领导层的站位还低，他所领导的党和国家怎么会有前途！作为敌人的丘吉尔能这样评价斯大林："他接过俄国时，俄国只有木犁，他撒手人寰时，俄国已经拥有核武器。"而戈尔巴乔夫及其领导集体则贬低十月革命"是布尔什维克党利用了第一次世界大战的特殊国际环境和临时政府的无能而发动的一个阴谋"、由十月革命引起的国内战争是一场"骨肉同胞之间的自相残杀"，布尔什维克党是这场战争的"造因

---

① 程恩富、丁军：《苏联剧变主要原因的系统分析》，《中国社会科学》2011 年第 6 期，第 207—217 页，原出处见 http://www.toyota-club.net/files/lib/z_st/06-04-10_pub_sgkm_siezd.htm。

者", 应对人民群众为此而付出的代价负责。[1] 这是针对马克思主义、无产阶级革命的恶毒攻击, 丑化苏联的社会主义制度、美化资本主义的人道与民主, 从根源上否定苏维埃的伟大实践、绝情于十月革命开辟的新征程, 积极宣扬成熟的资本主义具有"社会主义的特征",[2] 为国外敌对势力西化、分化苏联提供了可乘之机。这股反马克思主义逆流引发了苏联解体的思想寒潮。而在社会主义国家纷纷垮台之后, 中国的社会主义仍能立于不败之地, 并日益焕发出蓬勃生机和活力, 不断接近中华民族伟大复兴的希望, 关键在于党没有私心, 不忘初心, 继续怀着远大的理想信念和抱负, 走对了道路, 扛对了旗帜。

(五)背叛了永远做人民勤务员的初心

"领导者不把人民放在心上, 人民也不会把领导者放在台上。"苏共建党时倡导的奋斗精神没有了, 对人民的赤子之心丢失了, 列宁提出的公仆原则被抛弃了, 他们背叛了永远做人民勤务员的初心。教训是: 为民奋斗要不改初心, 公仆观念要经年弥坚。我们党从成立起就把为社会主义、共产主义而奋斗确定为自己的纲领, 牢记对人民的庄严承诺, 牢记人民对美好生活的向往就是我们努力的方向。务必坚信党的根基在人民、党的力量在人民、党的血脉在

---

[1] 参见[苏]帕·沃洛布耶夫《苏联史学家对十月革命史研究的新角度》,《世界史研究动态》1991 年第 4 期。

[2] 参见[美]大卫·科兹、弗雷德·威尔《来自上层的革命——苏联体制的终结》, 曹荣湘、孟鸣歧等译, 中国人民大学出版社 2003 年版, 第 91 页。

人民,坚持一切为了人民、一切依靠人民、始终与人民保持血肉联系。

第一,苏共领导层依靠人民力量打天下,却没有实现依靠人民力量治天下,逐渐脱离人民。在苏联中后期,人民不能以自己的名义来保护自己的利益,人民也对集权的体制表现出消极的对抗,苏共也逐渐丧失了代表人民利益的功能。当革命的光环退去以后,革命党的领袖们并没有顺利转变成执政党,也没有把人民的需要摆在第一位,未能满足人民对和平、土地、面包、自由的要求。

第二,特权阶层的出现,更是加剧了人民对苏共的失望。位高权重的特权阶层垄断政治、经济权力,破坏法制。过度集权的体制势必造就一个党政官僚特权的集团。高官得厚禄,早把巴黎公社的原则抛在脑后。1871 年巴黎公社革命工人政权采取了两项措施消灭了官僚特权阶层:公社委员由人民普选产生,不称职者可以随时罢免;取消高薪,公社委员(部长级)工薪不得超过熟练工人,工薪最高与最低差别不超过 5 倍。苏联在斯大林中期(1935 至 1936年)就已经形成了一个官僚特权集团,最高与最低工资差距达 30多倍,到勃列日涅夫时期工资差距达到 100 多倍。那个被恩格斯看作是"新的真正民主的政权","防止国家和国家机关由社会公仆变为社会主人"①的可靠的办法被无情抛弃了。高薪官僚成为统治阶级的一个特殊阶层,而这个由苏共和苏联自己培植起来的党政军高薪特权官僚集团,正是苏共和苏联的真正掘墓人。一个州委第一书记的权力就可以一手遮天、巨大无边,他们利用干部的任命

①《马克思恩格斯选集》第三卷,人民出版社 1995 年版,第 12—13 页。

权,贪污腐败、恣意妄为;利用权力的独占性任人唯亲、营私舞弊、养尊处优;利用改革之风大肆侵吞国有资产,化公为私、中饱私囊。特权阶层首先拥抱了资本主义,彻底背离了以人民为中心的发展道路。人民的需要、社会主义和共产主义概念,已经沦落为腐败分子口头上掩盖其贪腐的遮羞布,当他们作为特权阶层羽翼丰满、不可撼动之后,便会毫不犹豫地展示出狼子野心,将其扯去,踩在脚下,而美其名曰"人道的民主社会主义"。

苏共亡党、苏联解体教育我们,坚持不忘初心、继续前进的极端重要性。失去初心、背叛党性、放弃信仰、背离方向、抛弃道路、远离人民、改旗易帜是苏共、苏联的灾难,也是国际共产主义运动的灾难。这场灾难如果有积极价值的话,那就是对中国特色社会主义该如何走起到警示作用,为我们不忘初心、继续前行矫正了目标。置身中国改革的关键期,中华民族伟大复兴的历史时刻,面对伟大斗争、伟大工程、伟大事业、伟大梦想,共产党人和中国人民不做犹豫者、观望者、懈怠者、软弱者,要从指导思想、奋斗目标、根本要求、总体布局、战略布局、发展理念上与中央统一思想统一行动,时刻准备应对重大挑战、抵御重大风险、克服重大阻力、解决重大矛盾。不忘初心,砥砺前行。务必坚持中国特色社会主义,发展面向21世纪的中国的马克思主义,坚定马克思主义指导地位,怀揣远大理想和信念,坚定道路自信、理论自信、制度自信和文化自信,坚持和巩固党的领导地位和执政地位,把握好时代脉搏,面向实践问题,勇于创新,大胆开拓,为实现伟大复兴中国梦,增益人民的福祉和获得感而不懈奋斗。

（执笔人：刘须宽）

二、波兰对团结工会等社会组织治理的经验教训与启示

波兰团结工会的发展与崛起最终导致的波兰剧变较具代表性和典型性。总结苏东国家特别是波兰在国家和社会治理上的经验教训,对于我国完善和发展中国特色社会主义制度,推进国家治理体系和治理能力现代化,具有重大意义。

(一)团结工会崛起与发展的原因

1.团结工会发展壮大乃至夺权的过程

1980 年 7 月,波兰政府将肉价提高 40%,引发了全国范围的罢工潮。华沙乌尔苏斯拖拉机厂职工首先举行罢工,表示强烈不满。不久,格但斯克的列宁造船厂工人也举行了罢工,并与 21 个大型企业成立了厂际联合罢工委员会,还提出了成立独立自治团结工会的要求。1980 年 11 月,团结工会成立,瓦文萨当选为主席。团结工会在当时的影响非常大,据称有约 1000 万人参加,而波兰工人的总人数是 1300 万。团结工会成立后,举行了一系列静坐示威、罢工、占领行政机关等抗议行动。起初,它自称是"非政治性的,不打算起政党的作用",其主要诉求和关注点是要求成立团结农会、恢复被解雇职工的工作、实行 5 天工作制等问题。但随后,它开始寻求政治性的诉求,有了政治目标和纲领。1981 年,团结工会召开了

第一次代表大会,完善了中央领导机构,表示要把波兰建成"自治共和国",通过了"行动纲领",提出了排除波兰执政党——统一工人党领导等一系列与政府政策法规针锋相对的要求,发展成为一个"反对派政党"。之后,它就进一步推动了各种形式的罢工、抗议、游行集会。1981年12月,团结工会召开了多次会议,决定在全国采取重大的政治行动。它建议在全国立即举行公民投票来决定国家政治前途,成立"临时政府",拒绝参加政府倡议的民族协商阵线。它还决定,如果当局不同意其要求,团结工会将自行组织公民投票。此时,波兰社会动荡,罢工使工厂停工停产,使波兰本已摇摇欲坠的经济更加接近崩溃的边缘。面对这种局势,波兰当局态度趋向强硬,更换了持温和态度的党中央第一书记卡尼亚,由国防部长雅鲁泽尔斯基接任,并于1981年12月宣布全国进入战时状态,取消团结工会。但团结工会并没有停止对抗行动,他们通过秘密集会、秘密电台、地下刊物、国外报刊等多种渠道,转入地下继续开展活动。瓦文萨还宣称团结工会"依然存在",并将为"实现自己的主张"而"继续斗争"。不过,随着情况的变化,团结工会的影响和作用逐步削弱。直到1988年8月,随着波兰经济情况继续恶化,人民生活水平下降,波兰又出现了大规模的罢工浪潮。在此情况下,波兰政府让教会出面调停。波兰教会敦促政府克制,允许成立独立工会,把对话作为解决社会冲突的基础。波兰政府作出让步,同意举行圆桌会议,由统一工人党、教会、团结工会、统一农民党、民主党等参加,寻找讨论解决波兰问题的方案和途径。经过协商,政府同意团结工会合法化,政府吸收反对派参政,实行总统制和两院制,总统由议会和参议院联席会议,即国民大会选举产生,实行三权分立的原则。圆桌会议后的大选,以团结工会的胜利和波兰统一工人党的惨败而告终。雅鲁泽尔斯基虽然当选为总统,但却由团结工会顾问马佐维耶茨基组阁。这样,波兰成立了第一个由反对派出任总理的政府,这也是战后在东欧出现的第一个非共产党人领导的政府。团结工会上台后,雅鲁泽尔斯基总统的权力处于被架空的境地,最终,波兰又举行了第二轮总统选举,瓦文萨当选为波兰共和国总统,至此,波兰成了西方"和平演变"的第一个突破口。

2.团结工会崛起与发展的政治、经济原因

在政治上,波兰仿照苏联建立了高度集中的政治、经济、社会管理体制,国家权力集中在党的少数领导人手中。党内缺乏民主作风,缺乏对权力的监督和制约,脱离了群众,一些领导干部还存在着搞特殊化、以权谋私、贪污腐化等行为,引起群众的强烈不满。而政府工会的基本职能是代表和维护职工利益,却也由于严重脱离工人群众,不能将工人群众的利益和要求及时反映到党和国家的决策机构中去,没有什么作为,导致团结工会等名目繁多的"独立自治"工会纷纷出现。同时,波兰等东欧国家在政治上深受苏联影响,戈尔巴乔夫在苏联提出改革与新思维之后,波兰也紧随其后。1986年6月,雅鲁泽尔斯基在波兰统一工人党十大的政治报告中明确指出:"我们从苏联共产党第二十七次代表大会的内容和历史性成就中找到了这样的道路",我们党完全赞同戈尔巴乔夫"创造性的、坚定不移的活动",并把自己的"社会主义革新路线"同

戈尔巴乔夫为社会主义"大胆开辟的道路联系在一起"。波兰在政治上也搞"多元化""民主化""自由化",放弃波兰统一工人党在国家政治生活中的领导地位与领导作用,允许反对派活动,实行西方的"普世"政治制度,搞资本主义的议会民主、多党制、总统制,丧失原则,步步退让,最终束手让反对派夺权。

在经济上,波兰照搬苏联模式,不能依据本国国情制定相应的经济政策,导致经济发展严重失调,群众不满情绪日益加剧,并由此引发了一系列社会政治经济危机,导致团结工会的崛起。波兰政府盲目追求高指标、高速度,实行高积累,过分优先发展重工业,忽视农业和轻工业生产,导致国民经济比例失调。特别是 20 世纪 70 年代,波兰领导在经济上实行唯意志论,不顾后果,不顾波兰的基础和条件,盲目追求高速度,企图使波兰经济迅速达到发达资本主义国家的水平;盲目追求大型项目,基本建设战线拉得过长,经济效益低,建设周期长。对外开放方面,盲目引进、重复引进,引进项目效益差,借外债又过多,带来了一系列经济问题,加剧了经济危机。加之农业又长期落后,给波兰经济背上了沉重的包袱,严重损害了人民生活。因此,农业落后、开放中的失误、基建规模过大等方面造成的经济状况恶化、人民生活困难,是人民走上街头、团结工会崛起的直接经济根源。

3.团结工会崛起与发展的社会、文化基础

东欧包括波兰等社会主义国家是在苏联帮助下建立的。在历史上,原波兰共产党曾经在 1938 年被共产国际强行解散,在 1942

年才由各地党小组组成波兰工人党。1948年,波兰工人党和社会党合并成波兰统一工人党。因此,波兰统一工人党的力量较弱,对社会的整合和组织能力差;党员素质较差,党的基层组织建设薄弱;各种派别活动盛行,破坏了党的团结,党中央没能有效地掌握全局。

东欧国家的工人运动在历史上受社会民主主义或宗教的影响较深。波兰人民文化水平较高,有着良好的民主素质和追求自由的传统,但深受西方资产阶级民主观和自由主义的影响。历史上,波兰曾经发生多次大规模的罢工事件,如1956年的波兹南事件和1970年的"十二月事件"。波兰天主教会势力很大,88%到90%的波兰人是天主教徒,波兰军队甚至有随军神甫处,工人党九大党纲中规定可吸收信教者入党。在团结工会的夺权过程中,天主教会起到了推波助澜的作用。天主教会在波兰享有特殊地位,在进入战时状态后,各个组织的活动都受到严格监控,天主教会却不受限制。团结工会在教会的暗中帮助下转入地下活动,并为其东山再起创造了条件。1988年,也正是教会以中间人的身份出面调停,促使政府与团结工会召开圆桌会议,并在选举中为团结工会拉票,才最终推翻了社会主义制度和波兰统一工人党的领导。上台后的瓦文萨曾公开承认,离开天主教会的支持和帮助,"就不可能有团结工会今天的成就"。

4.对西方和平演变、援助与支持非政府组织、影响国家安全的行为没有予以及时治理,是造成团结工会崛起与发展的一个重要原因

从 20 世纪 50 年代开始,西方国家就采用各种手段,对苏东国家推行"和平演变"战略,其中非政府组织对引发苏东国家思想的混乱和社会的动荡起到了"先遣队""先锋队"性质的瓦解渗透作用。西方的非政府组织经常以研究机构、思想库、基金会、学校、环保组织、社会服务组织、慈善组织、宗教组织、人权组织等形式出现。美国政府拨出巨额经费大力资助这些组织在苏联、东欧开展公开活动,向苏联、东欧民众灌输西方价值观念,形成对美国有利的社会舆论,并伺机以此为依托开展颠覆活动。如,美国推出了以针对新闻记者为主的"国家访问学者计划",以培养亲西方的新闻记者和媒体。"美国民主基金会"向苏联、东欧的"民主分子"提供书籍、印刷设备及计算机、美元等等。索罗斯基金会曾在苏联和东欧地区投资 50 亿美元进行宣传。美国教师联合会与苏联东欧教师组织建立联系,鼓励教师用"民主的原则和实践教育学生"。在里根政府时期,美国加紧了利用非政府组织对苏东国家进行渗透演变活动的步伐。1982 年,里根签署了《美国国家安全战略》,授权采取隐蔽行动和其他手段支持该地区的反共组织,如秘密资助游行示威、集会、各种会议、出版印刷宣传品、制作电视节目、展览等活动。在西方非政府组织的帮助下,苏联、东欧各种非政府组织如雨后春笋般地发展起来,这些组织对苏联、东欧的剧变起到了推动

作用。团结工会崛起发展中就受到西方的大力资助,团结工会成立后,美国立即出台了经济援助计划,帮助团结工会发展壮大。与此同时,美国还采取各种措施阻止波兰或者苏联使用武力来镇压团结工会。仅在团结工会发展初期的 1980 年底,美国的"劳联—产联"各个成员组织就以各种方式援助团结工会共计 15 万美元。波兰进入战时状态和实施军管后,美国立即决定对波兰实施经济制裁,试图通过经济制裁迫使波兰政府向团结工会作出妥协。经济制裁给波兰国民经济造成巨大损失,严重影响了波兰人民的正常生活,增加了人民对政府的不满。美国为团结工会打气撑腰,不遗余力地继续给予援助,包括大量资金和印刷机、复印机、无线电通信设备等。之后,美国继续向波兰政府施压,迫使其恢复团结工会的合法地位。

(二)波兰国家治理的教训及启示

1.在党和国家的指导思想上,必须坚持以马克思主义为指导,并不断发展创新马克思主义,加强思想理论建设

东欧国家地处东西方文明的交汇点,又处于西方推行"和平演变"战略的前哨阵地,在历史上和现实中都容易受到西方价值观念的影响。而苏联、东欧国家在思想理论建设方面的教训就是先是搞教条主义,思想僵化,对全党和工人阶级的理论教育针对性不强,没有创新性,缺乏说服力,结果,党被反共分子煽动起来的工潮所淹没。而工人阶级也为自己的错误选择付出了惨重的代价,团

结工会执政后,推行资本主义制度的市场经济,实行"休克疗法"和"私有化",居民生活水平不但没有提高,反而比以往更加恶化,普通工人更是到了失业的境地。团结工会的摇篮格但斯克造船厂在剧变后生产经营状况持续恶化,甚至在1996年由股东大会表决宣布该厂破产。

苏联、东欧国家在20世纪80年代又在没有坚定地坚持自己的指导思想的前提下突如其来地宣布"公开性""多元化",从一个极端走到另一个极端,不但不能走出教条主义带来的误区,反而导致党和国家的思想混乱乃至大崩溃,从而导致解体与剧变。20世纪80年代尔巴乔夫上台后,打着改革的旗号,提出建立"人道的民主的社会主义模式",实行意识形态多元化,在意识形态领域推行"民主化、公开性、多元论"的方针政策,否定以马列主义为指导。东欧国家也追随苏联,放任各种非社会主义甚至反社会主义的思潮任意滋长,从而导致各种反马克思主义和社会主义的错误思想和反动思潮泛滥成灾。这些错误思想和思潮专门攻击社会主义制度,主张以西方为榜样,实行议会制、多党制,实行公开化和民主化,把苏联、东欧社会改造成"民主的社会主义"社会。这引发了民众对社会主义信念的丧失和动摇,成为制造东欧剧变的思想和舆论武器。

因此,在党和国家的指导思想上,必须坚持以马克思主义为指导,并不断发展创新马克思主义,加强思想理论建设。必须对全党和工人阶级进行马克思主义教育,特别是共产党的领导干部要提高马克思主义理论水平,坚持马克思主义的基本原理,有针对性地开展思想斗争,对错误思想决不能妥协迁就,必须用马克思主义统一全党全国的思想,决不允许错误思潮有合法地位。同时,要与时俱进结合本国的实际进行理论创新。只有不断进行理论创新,生动而具体地坚持和发展马克思主义,才能增强马克思主义的生命力和说服力。当前,较为重要的是要以马克思主义为指导,不断建设中国特色社会主义的哲学社会科学话语体系。由于西方敌对势力的文化霸权主义政策,在思想、学术舆论场中,西方学术理论和话语体系有着较大的影响,西方的"普世价值"理论仍然有较大的市场,人们对西方的政治经济制度还有比较盲目的迷信和崇拜。因此我们必须坚持理论自觉和理论自信,以马克思主义为指导,增强学术话语体系创新意识,运用创新的中国化的马克思主义话语体系阐述中国学术、中国道路、中国经验,打造具有中国特色、中国风格、中国气派的哲学社会科学创新体系及中国式的话语体系。

2.必须积极稳妥地进行社会主义政治体制改革,不断加强以保障工人阶级当家作主为核心内容的社会主义民主政治建设

波兰在政治体制方面的弊端导致团结工会的崛起,启示我们要加强社会主义民主政治建设,保证人民当家作主的政治地位,保证人民群众的民主权利,在做决策、办事情时,能听取和尊重民众的利益诉求。人民当家作主是社会主义民主政治和国家现代治理体系的本质要求。社会主义民主政治和国家治理体系建设包含多方面的内容,其核心和本质就是人民当家作主。在社会主义国家,人民在政治上当家作主,享有管理国家和社会事务的最高权力。国家的一切权力属于人民,是我国社会主义国家制度的核心内容,是我国宪法所确立的根本准则。社会主义国家确立了人民当家作主的根本政治经济制度，但社会主义国家大多数建立在经济文化落后的基础之上，社会主义民主政治还很不完善。人民主权原则是近代以来各民族国家建立的现代民主制度的理论基石，它已经为一切民主或自诩为民主的国家所普遍认同。现代资本主义国家形式上的民主掩盖不了其实质上的资产阶级专政，因此，资本主义国家里，人民群众享受的民主权利是非常有限和不真实的。因此，社会主义国家的政治体制改革必须走本国特色社会主义民主政治发展道路，绝不能照搬西方的政治制度，苏联解体、东欧剧变就是血的教训。党的十八届三中全会强调："紧紧围绕坚持党的领导、人民当家作主、依法治国有机统一深化政治体制改革，加快推进社会主义民主政治制度化、规范化、程序化，建设社会主义法治国家，发展更加广泛、更加充分、更加健全的人民民主。"这就指明了我国政治体制改革的目标、方向和路径。为了切实保障人民当家作主的各项权利，必须推进社会主义民主的制度化、规范化和程序化。作为国家制度的民主，从来都是具体的，有其特定的内容和形式、原则和规则。政体意义上的民主，表明怎样组织、运作和实现国家权力，体现国家的治理方式和形式。我国社会主义民主是国体与政体相统一的民主，必须有一系列具体的完善的制度、法律安排和运行规则，使国体与政体相统一、实体与形式相统一。因此，实现人民当家作主的本质要求就是要建设法治国家、法治政府、法治社会，使人民当家作主有完善的制度、法律保障，离开了制度、法律，人民当家作主就难以落到实处。

3.必须不断加强社会主义经济建设,在大力发展社会生产力的基础上不断改善和提高广大人民群众的物质文化生活

"二战"后,波兰几次罢工潮的出现都是因为经济状况不好、物价上涨引起工人群众的不满而发生的。这就启示我们要不断进行改革,促进生产力的发展,不断改善和提高广大人民群众的物质文化生活水平。同时,在改革过程中必须坚持正确的社会主义方向,社会主义改革是社会主义制度的自我完善与发展,必须坚持社会主义基本制度不动摇。回顾改革开放以来的奋斗历程,我们之所以能够取得举世瞩目的成就,根本原因就在于坚持了中国特色社会主义的正确方向,确保改革不变质、不走样。从波兰的情况看,波兰在20世纪七八十年代,选择走改革的道路,推动经济政治改革,以改革的方式促进生产力的发展,这无疑是正确的。但是,在改革中没有坚持社会主义方向,导致丧失了政权。因此,全面深化改革是有方向、有立场、有原则的,必须毫不动摇地沿着正确方向不断推进,我国全面深化改革的总目标是完善和发展中国特色社会主义制度,推进国家治理体系和治理能力现代化。我们必须坚持和完善社会主义基本政治经济制度,更加注重改革的系统性、整体性、协同性,加快发展社会主义市场经济、民主政治、先进文化、和谐社会、生态文明,让一切创造社会财富的源泉充分涌流,让发展成果更多更公平惠及全体人民。

推进改革,根本目的是让人民生活更加美好,人民群众最关注的领域、最迫切期盼解决的问题,也是最需要改革的地方。深化改

革就要围绕解决好人民群众反映强烈的问题,积极回应广大人民群众的强烈呼声和殷切期待,推动一系列重大改革举措,让"改革红利"体现到广大人民身上,使人民公平、公开、普遍受益,分享改革的成果。当前我国存在着收入分配差距过大等不合理现象,影响共同富裕的实现与社会和谐。我国在解放和发展生产力、促进共同富裕方面取得长足进展,但同时,因为社会主义市场经济体制还不完善,居民之间收入差距扩大的趋势还没有得到有效遏制,国民收入分配格局不合理,严重影响了人民群众的积极性。在发展经济的基础上促进共同富裕,已经成为发展中国特色社会主义必须认真解决好的重大现实课题。共同富裕是中国特色社会主义的根本原则。要坚持社会主义基本经济制度和分配制度,调整国民收入分配格局,加大再分配调节力度,着力解决收入分配差距较大问题,使发展成果更多更公平惠及全体人民,朝着共同富裕方向稳步前进。

4.牢记党的宗旨,全面加强和改善党的建设,加强和改进党的群团工作,始终保持党同人民群众的血肉联系

长期以来,苏联和东欧国家党内官僚主义、消极腐败等现象严重,严重脱离群众;党内思想建设薄弱,思想混乱,以至对马克思主义丧失信仰、对社会主义失去信心;党内分歧和派系矛盾突出,1988 年底,波兰统一工人党举行十中全会,大会围绕着团结工会合法化问题展开了空前激烈的争论,在争论中党内明显出现了两派,最终大会以多数票通过了实行政治多元化和工会多元化的决定;

党的工会等群团组织官僚气息严重，不能很好地代表人民的利益，不能赢得群众的信任，最终让团结工会做大。

因此，社会主义国家的执政党必须全面加强党的建设，加强和改进党的群团工作，做到以人为本、执政为民，始终保持党同人民群众的血肉联系。任何时候都要把人民利益放在第一位，坚决克服形式主义、官僚主义，以优良党风凝聚党心民心。必须坚定不移反对消极腐败现象，永葆共产党人清正廉洁的政治本色。要反对腐败，建设廉洁政治，如果这个环节处理不好，就会对党造成致命伤害，甚至亡党亡国。反腐倡廉必须常抓不懈，拒腐防变必须警钟长鸣。要从高级干部抓起，持之以恒加强作风建设，坚持和发扬党的优良传统和作风，确保党始终与人民同呼吸、共命运、心连心。要积极推进制度和机制改革创新，使密切党群关系得到有效的制度保障。必须坚持科学执政、民主执政、依法执政，不断完善党的领导方式和执政方式，保障群众诉求得到充分表达、利益得到充分保障。加大对党内民主的探索力度，坚持以党内民主带动人民民主，保证广大人民群众充分行使民主权利，充分体现群众当家作主的主人翁地位。在组织建设上，要加强民主集中制建设。民主集中制是马克思主义政党的根本组织原则，波兰等东欧国家放弃民主集中制原则，造成党内派别活动泛滥直至党的分裂。我们要贯彻民主集中制原则，处理好民主与集中的关系，坚决维护党的团结统一，决不允许党内有派别存在。

党的十八大报告在谈到提高党的建设科学化水平时，首次提出要牢牢把握加强党的执政能力建设、先进性和纯洁性建设这条主线，并指出要坚持党要管党、从严治党，全面加强党的思想建设、组织建设、作风建设、反腐倡廉建设、制度建设,增强自我净化、自我完善、自我革新、自我提高能力,确保党始终成为中国特色社会主义事业的坚强领导核心。在新的历史条件下,中国共产党面临着更多的考验和危险,为了迎接挑战,经受考验,最根本的是要加强党的自身建设,始终保持党的先进性和纯洁性。只有加强执政能力建设、先进性和纯洁性建设,始终坚持党的群众路线,一切为了群众、一切依靠群众,以人为本、执政为民,密切党同群众的血肉联系,才能使党永葆生机活力,永远立于不败之地。党的群团组织要增强群众观念,不断改进工作方式方法和作风,注意倾听群众呼声、反映群众意愿,切实维护群众权益,最广泛吸引和团结群众,最大限度把人民群众团结在党的周围,打造抵御国内外敌对势力干扰破坏和"颜色革命"的铜墙铁壁。

5.必须加强对社会组织和非政府组织的管理,认真治理非政府组织危害国家安全的行为

团结工会的发展壮大乃至夺权,外国非政府组织在波兰的危害国家安全的活动没有得到及时有效治理,是导致波兰剧变的最直接原因和最深刻教训。政府组织、企业组织和社会组织是现代社会建设的三大主体,在西方,围绕相对于政府系统的非政府组织、社会组织等,人们寄予了理想和期望,发展出了公民社会学说。西方公民社会理论认为,公民社会就是由具有独立自由权利的公民组成的群体和社会,它的基本元素是非政府组织、志愿性社团、慈善组织、协会、社区等社会组织。公民社会理论强调社会独立于国家和市场,要加强公民社会的培育,使社会组织成为一支独立的力量,发挥其联系公民和社会的桥梁与纽带的作用,以增强社会自治功能。国外许多学者认为中国要加强社会管理和社会建设,就需要大力发展非政府社会组织,发展"公民社会"。他们还认为中国迫切需要采用西方的社会管理体制,实行"小政府、大社会",主要用非政府组织等社会组织来进行社会管理。

进入新时期,中国的发展进入了重要的发展阶段,经济体制深刻变革、社会结构深刻变动、利益格局深刻调整、思想观念深刻变化。这一时期既是发展的重要战略机遇期,又是社会矛盾凸显期,社会矛盾触点多、燃点低、处理难的特点也愈发突出。同时,人民群众参与民主管理的热情日渐高涨。因此,积极发展社会组织,有利于改进公共服务供给方式,加强和创新社会治理;有利于激发社会活力,巩固和扩大党的执政基础。但同时我们也要汲取波兰对团结工会和外国非政府组织治理的教训,加强和改进社会组织管理制度,促进社会组织健康有序发展。首先,我们需要用马克思主义的观点对西方公民社会理论和社会治理理论予以辨析,不能用之指导我国的社会组织建设。西方学者的公民社会学说没有正确揭示出公民和公民社会组织的本质,这和对国家、政党等概念的研究如出一辙,总是有意无意地忽略其本质,或者是没有深刻认识到其本质,片面强调其全民性、超阶级性、无意识形态性、公共性、独立性等。在阶级社会中,"公民"是存在于一定的生产关系和社会关系之中的"政治人",是有阶级性、有意识形态性,不能独立于既定的生产关系和社会关系而存在的。那么在此基础上建立起来的所谓"公民社会",成立的"公民社会组织",自然也是有阶级性、有意识形态性,不能独立于既定的生产关系和社会关系而存在的。

西方的公民社会学说关于公民社会的概念和期待其发挥的作用,在资本主义社会中是不可能实现的,只能沦为资产阶级统治的工具,在资本主义制度范围内活动。在资本主义社会中成立的所谓公民社会组织,既摆脱不了社会上资本的控制和制约,也难以独立和自治于资本主导的国家。总之,西方在公民社会理论的研究中,多强调的是其积极方面和理论上的理想状况,企图独立于社会和国家建立所谓"公民社会",这在资本主义社会中注定是一个虚幻的梦想,是实现不了的。

在发达国家,对非政府组织等公民社会组织的管理有着严格的法律限制,形成了一套相对独立、职能完备和健全的行政管理体系,以确保这些组织在资本主义法律制度范围内活动。成立一些非政府组织要经过政府的批准,服从政府的法律和管理。资本主义国家政府和公民社会组织之间是补充与合作关系,乃至成为政府的统治工具。在美国,这一点体现得尤为明显。如一些非政府组织在美国外交中发挥着重要作用,成为美国政府有效、隐蔽的政治工具。非政府组织主要承担两类功能,其中一类是服务于美国外交大局,间接地、长远地配合美国的外交政策目标。美国福特基金会于1953年设立了培训与研究部,其培养人才的宗旨是在海外直接或间接地推进美国的利益。福特基金会还设置了国际奖学金项目,为每位受助者提供研究生学习资助。通过向非西方价值观的地区和国家的人提供资助,使其有国外学习的机会,接触西方的民主价值观等,进行长远的价值观渗透。另一类是非政府组织在全球"冲锋陷阵",与政府互相配合,直接服务于美国的外交政策目标。在西方"颜色革命"的攻势中,各种非政府组织就是急先锋,美国政府在后面支持,由非政府组织出面,支持和资助当地的反政府势力,以求实现目标国政权更迭的目的。

因此,党必须顺应时代的潮流和人民民主的要求,在领导方式和执政方式上做出改革,在社会治理方面做出改进,不断完善社会管理制度。但是,我们在借鉴一些西方政治理论和概念的时候,如公民社会的理论和概念时,必须要认清其实质,这样才能使我国社会主义民主政治建设保持正确方向。在加强社会组织建设时,我们不能不加批判和改造地拿"公民社会"这样一个貌似代表全民利益的概念和理论去削弱社会主义国家、削弱党的领导。中国作为一个社会主义国家,有适合自己国情的政治制度和社会管理制度,不能盲目地接受西方政治体制和社会管理体制。一些民间社会组织应该和党、和政府形成一种良性的互动,不然,在存在着非公资本和国外资本的社会条件下,如果被别有用心的政治势力所绑架,就会成为社会主义民主政治建设的对立面。

其中,俄罗斯的经验值得我们借鉴。近年来,西方国家加大对俄罗斯的渗透力度,暗中资助和支持俄境内非政府组织,严重威胁俄政局稳定。对俄罗斯非政府组织的活动,俄罗斯吸取苏联解体教训,采取法律手段予以规范。2012 年,普京签署《非营利组织法》(即《非政府组织法》),规定从国外获得资金并且参与政治活动的俄非营利组织必须以"外国代理人"的身份登记。非营利组织一旦被列入"外国代理人"类别,必须在其传播的出版物和网络材料上特别注明"由外国代理人发行"等字样。对此,我们要认真加以借鉴。我国也通过了《关于改革社会组织管理制度促进社会组织健康有序发展的意见》《境外非政府组织境内活动管理法》,但目前我国社会组织工作中依然存在法规制度建设滞后、管理体制不健全、支持引导力度不够等问题,应不断健全和完善相关法律政策,严格管理和监督,对一些社会组织和境外非政府组织影响国家安全的行为及时予以治理,严格规范社会组织行为。因此,十八大报告也指出,要围绕构建中国特色社会主义社会管理体系,加快形成党委领导、政府负责、社会协同、公众参与、法治保障的社会管理体制,加快形成政社分开、权责明确、依法自治的现代社会组织体制。

（执笔人:周淼）

第四章 亚洲新兴工业化国家治理的体制、方略、经验教训

新加坡、韩国、菲律宾、印尼、越南和印度都是亚洲新兴工业化国家,研究他们在推进国家治理转型中的成功经验,对加强我国治理体系的顶层设计,推进治理能力现代化具有重要借鉴意义。

一、新加坡、韩国国家治理的成功经验与启示

新加坡从独立建国时的人均 GDP 不足 320 美元,经过 47 年的发展,以人均 GDP 49 922 美元首次超过美国,成为世界公认的现代治理典范之城。韩国从建国之初的人均 GDP 不足 70 美元的落后国家,经过两代人的努力,成功跻身于世界发达国家行列,缔造了举世瞩目的"汉江奇迹"。党的十八届三中全会指出,"全面深化改革的总目标是完善和发展中国特色社会主义制度,推进国家治理

体系和治理能力现代化",明确提出了在 2020 年初步实现国家治理体系现代化的改革目标。新加坡人民行动党一党长期执政并以华人为主要执政主体,有着与中国相似的执政模式和受众;韩国与中国同受儒家文化影响,在地缘上又彼此相邻,有着共同的文化基因和价值取向。研究新加坡和韩国在推进国家治理转型中的成功经验,对加强我国治理体系的顶层设计,推进治理能力现代化具有借鉴意义。

(一)新加坡、韩国国家治理的成功经验

1.新加坡国家治理的主要做法

(1)政治上,精英型人治与严格型法治双管齐下,奉行"托管式"民主

在政治架构方面,新加坡传承了英国三权分立、议会共和、多党民主的特有形式,将民主选举作为政权合法性的来源与基础。基于对本国国情的理解与认识,李光耀等第一代领导人直言"脆弱的新加坡经不起任何民主尝试可能引发的动荡",强调"意识形态不能偏离常识",所以在结合国情的情况下,新加坡政府以人民的"信托人"身份行使权力,同时以建立"好政府"为目标,不断为民众提供优质服务,以换取民众对其执政合法性的长期授权。李光耀认为,挑选出最优秀的人治理国家是建立"好政府"的关键,故在选才择优方面,政府"不以选票论英雄"来阻碍对优秀人才的选拔,执政的人民行动党对人才的网罗和培养高度重视,在汇聚社会最优

秀精英的前提下,逐渐形成以"精英治国"与民本政治相结合的,具有托管性质的民主治理模式。在大力推行"精英型"人治的同时,新加坡政府充分吸纳并发扬西方法治精神,强调用法治加强对人治的约束,以健全而严格的法治来约束极富主观操作性的人治,大到国家制度、族群关系,小到行政规范、邻里关系,都让法律条文成为规范调解手段。努力让法律条文成为人民生活中不可缺少的意识形态,同时加强对人民的法律意识教育,强调自我约束和上行下效,尤其对腐败采取"零容忍"态度,使廉洁和公平正义成为一种社会风尚,打造了全球闻名的廉能政府。

(2)经济上,坚持宏观调控与微观干预并驱前进,提升经济改革效率

一方面,由于竞争性的市场经济制度,新加坡市场私人企业占领主流地位,政府对经济活动的控制力较弱,大部分由市场的供求与弹性自行对社会资源和生产要素进行配置和流动,实现了经济自由与贸易自由。而另一方面,新加坡领导人认为,如果放任市场这只无形的手来调控经济,只能使经济发展保持平稳而无法做出突破性的进步,当国家不予适当的干预以引导经济发展方向时,国家工业化进程只能停滞不前,从而无法提升人民的经济水平与致富需求。因此,新加坡政府采取理论与实践相结合的方式实行国家对经济的宏观调控,在国家出台法律政策的支持下,政府也加入企业的生产活动中,通过与私人企业竞争合作,掌握生产资料与投资股份等方式来建立强大的国有企业。新加坡国有企业的特点有二:一是自身属性,国有企业所选择的是关系国计民生的重要行业,如银行、港口、电力、电信等;二是管控方式与私企不同,新加坡

政府对国有企业采取"无为而治"模式,国有资产控股公司"管资本"而非"管企业"。在董事会中派驻的政府代表只监管企业财务等情况,经营完全交由专业的经理人团队运作,确保企业运行效率。国有资本不仅成为新加坡经济发展的"压舱石",更成为产业结构升级的"开山斧",其所投资的重点领域不是港口、道路、工业区等投入大、回报慢的基础性行业,就是高端制造、金融服务等风险大、需引领的新兴产业。确保了经济稳健增长与释放经济活力的良性循环。

(3)社会上,"治理"与"自理"相得益彰,构建国家、社会、个人的"三体联动"立体协作治理模式

新加坡政府十分注重政治、经济、文化的协调发展,强调稳定、协调与配合,通过系统而全面的社会体系来确保政策高效而有序运行,同时发挥"船小好调头"的优势,通过对政策实施后的及时反馈来灵活调整具体政策。其一,教育政策上,将实现教育公平与重视精英培养相结合、素质教育与职业培训相结合,既满足全体国民充分就业的教育需求,又适应经济发展对人才各尽其能的多层次需要。其二,劳资关系上,通过政府控制下的全国职工总会调解劳资纠纷,在经济景气时为工人争取更多福利,在经济萧条时通过降低人力成本稳定经济,形成稳定的政府、工会和资方三角合作关系。其三,社会保障上,编织并强化由中央公积金、公共组屋、终身健保、就业补贴等构成的社会安全网。建国之初,新加坡领导人认为增加财富比缩小贫富差距重要得多,坚持效率优先,提倡"多劳多得"和"能者多得"。当经济社会快速发展到一定阶段后,并不推行普及式福利制度,而是强调社会援助的针对性、有效性,重点加

大对弱势群体的援助力度,减免了无谓损失。

新加坡参与社会治理的主体主要包括官方社团、非政府组织和个人三个层次。传统上,以人民协会为代表的官方社团是政府机构在公民社会中的延伸,下设公民咨询委员会、民众联络所、居民委员会等基层组织,实现对社会的全覆盖。其主要作用是为政府提供了解民意的渠道,通过举办社会活动满足民众参与公共事务的愿望,为执政党和政府搭建网罗人才的平台。

第一,官方社团的带头作用。政府机构通过成立官方社团来深入社会基层,以人民协会为例,下设公民咨询委员会、民众联络所、居民委员会等基层组织,达到对每家每户信息全覆盖的效果。如此,既为政府提供了了解民意的渠道,同时也在官方社团所举办的社会活动中,提高了民众对公共事务的参与度,有利于培养民众的社会责任感,为执政党和政府网罗人才提供了平台。

第二,非政府组织的强势崛起。近年来,随着社会快速发展变革,新兴的志愿服务机构、慈善社团等非政府组织大量涌现,非政府组织成员的最小单位都是个人,所以非政府组织的大量涌现体现了新加坡民众个人参与治理社会的意识正在逐步完善并呈迸发趋势,此时政府的高度重视与引导显得尤其重要,而对于科学引导,政府如果采用恰当的做法则会使民众在社会参与中不断产生良性循环。首先,在建立完善法制框架基础上,对非政府组织实行自律性管理,鼓励其参与社会治理,通过资金援助、人才培训等提升其专业能力,由其承接政府部分社会服务功能。其次,对民众参与治理热情予以积极回应。通过举办对话会等形式,动员公民个人参与教育、医疗、国防等政策制定或改革进程,回应民众诉求,满足其参与感,不断完善社会治理格局。

(4)文化上,国家价值取向与基本国情相生相和,全力打造"新加坡精神"诞生的土壤

建国之初,由于上百年殖民统治及多元移民社会的背景,民众国家意识淡漠、民族凝聚力缺失,加之快速现代化进程中西化倾向蔓延,新加坡面临构建与经济社会变革相适应的社会价值体系的紧迫任务。鉴于此,新加坡坚持"技术上依附西方,精神上固守东方"的原则,力求将东西方文化精髓融会贯通,凝聚成独具特色的新加坡民族精神。

1991年,新加坡将"国家至上,社会为先;家庭为根,社会为本;关怀扶助,尊重个人;求同存异,协商共识;种族和谐,宗教宽容"确立为五大社会价值观,成为第一个以国家白皮书形式提出共同价值观的国家。其主要特色包括:一、突出个人与社会的相互依赖关系,强调艰苦奋斗的优良传统、强烈的家庭观念、互敬互爱的邻里关系及多元和谐共处的族群文化等。共同价值观不涉及政治价值观,内涵广泛,表达通俗易懂、简洁明了,易为民众接受。二、操作性强,细化到位,对每一项内容都制定了十分具体的原则规范,并建立相应的法律、政策等制度保障。例如,提出家庭价值观、公务员价值观等操作性极强的细化要求。三、注重实践创新。在推广实施共同价值观方面多措并举,既有从家庭到学校和社会的系统公民教育和形式多样的传播方式,又注重与民众日常生活实际相结合。其中以共同组屋政策为代表,最能体现新加坡的核心价值观的渗透之深。在共同组屋政策方面,规定与父母同住可享有优先申请组屋权,在组屋分配上尽量满足已婚子女靠近父母居住的

愿望。为促进不同族群间的沟通交流,政府还有意识地安排多族群民众混合居住,明确规定每座组屋各族群家庭的比例限制。

2.韩国国家治理的成功经验

(1)政治上,从"压制"走向"开放"

从 1961 年开始,韩国通过六个"五年计划"推动了经济的巨大发展,经济的快速发展促进了韩国社会结构的发展变化。一方面,韩国社会自主性进一步增强,以中产阶级为核心的社会组织的数量开始大幅提高,影响范围也显著扩大,比如公民经济正义联盟、反污染运动同盟和女权团体等。另一方面,既有威权体制不再符合民众的社会与自身的发展趋势,以全斗焕为首的军方高层所采取的压制政策使治理社会时遇到的阻力越来越大,当民众的需求与官方所能提供的标准背道而驰时,崛起的新公民组织对既有的威权体制提出了变革要求。

1980 年 5 月 17 日发生的光州事件成为韩国民主化建设的转折点。起初全斗焕的态度是强力压制,但在美国的强力介入下全斗焕的态度发生了很大转变。随即,韩国执政党总统候选人卢泰愚发表了"6·29"宣言,主动提出进行民主化改革,推动政治赋权建设。韩国政治赋权建设具体表现为三个方面:一是实行民主选举制度,包括总统、国会议员和地方首脑均通过民主选举产生;二是建立开放的政治生活环境,一方面保障媒体和民众的言论自由等权利,另一方面放开对社会组织的审查管制;三是强化政府自身组织建设,通过立法规范公务员队伍建设,加大对腐败的打击力度。自推进政治赋权系统建设以来,韩国的政治发展成就是显著的。得益于反腐制度建设的推进,韩国在腐败治理问题上取得了巨大进步。相关数据显示,韩国政府的清廉指数逐年上升。

（2）经济上,由"管制"转向"自由"

与新加坡改革前贸易过度自由不同的是,韩国在经济贸易方面实行了过多高度集中的国有企业发展,市场经济在经济运行中并不占据主流位置,其发展萎靡不振,政府对市场的干预超过了市场自身所能缓冲的程度,使贸易资源的流通被严重阻塞,甚至连健康平稳发展都难以做到。政府通过经济计划、信贷控制、外贸机制调控、技术转移许可、劳工控制和教育政策等,使经济计划发挥主导作用。具体来说,政府通过主导产业政策的选择把投资引入政府选择的战略性工业部门,进而实现战略性工业部门在短期内的快速成长。但从长远来看,战略性工业部门短期发展快速并不利于国家民生经济的发展,打压了人民工作的积极性,致使国家实现工业化的道路举步维艰。一方面,商业集团与政府结成联盟,造成规模庞大的企业财阀。另一方面,韩国政府通过控制信贷工具影响商业集团的发展。为了战略性工业部门的快速成长,韩国政府实施了长期信贷优惠利率,短期内虽然帮助战略性工业部门解决了资金问题,但却造成了日后大型企业的超高负债率问题。

"受管制的市场"一直到80年代初全斗焕上台后才开始有所变化。1981年全斗焕在施政演说中提出了稳定经济、减少政府干预、逐步向"民间主导型"过渡的经济改革思路:

一是政策上有所跟进。在立法方面,政府先后出台了《中小企业创业支援法》、《产业发展法》和《限制垄断及公平交易法》。前者要求商业银行将 35%—50% 的贷款给予中小企业,强调市场在资源配置中的基础作用,强调减少政府对产业政策的干预,通过限制财阀的投资行为防止财阀垄断。通过立法与政策出台,达到社会资源合理分配的同时,又做到了对市场的微观调控。

二是观念上有所改变。在管控方面,政府加快了金融自由化和国际化步伐,减少政府对银行业务的指导,把国家所属的银行进行重组和私有化,并向国际开放金融市场,加快了货币流通,为金融领域的高速发展奠定了基础。

三是改革上有所突破。第一,在转型方面政府进行了国企私有化改革。全斗焕执政期间,原 25 家国有企业有 12 个已经转变为私营企业。1997 年金融危机后,韩国政府加快了经济自由化建设的步伐,提出"98 民营化计划",从 1998 年到 2002 年,韩国政府先后对 66 家国有企业如浦项制铁、韩国重工等实施了民营化改革,国外资本也被允许购买韩国民营化企业的股权。第二,在试点方面,加大了对金融体系的改革,一方面通过关闭不符合国际标准的金融机构消除金融系统的不确定性,另一方面通过合并重组提高金融机构的竞争力。截至 2000 年,韩国共有 487 家金融机构关闭。第三,在结构优化方面,政府着力改革企业结构。在透明度、企业间交叉贷款担保、财务结构、剥离非核心业务和企业管理责任五个方面改革财团企业,并于 2001 年 8 月实施通过了《企业结构调整促进法》。以剥离非核心业务为例,到 1999 年 6 月,韩国 30 家财团企业共剥离非核心业务企业 484 家,由此大大降低了财团企业的负债率。第四,推进劳动力市场改革,推行新的劳工标准法,同意实施解雇工人制度。在此基础上,韩国基本上实现了市场的自由化转型,建立了完善的市场经济制度。

(3)社会上,由"安全阀"走向"福利国"

良好的社会赋权系统有助于巩固秩序系统。1960年,朴正熙政权就开始推进社会赋权系统建设。1967年1月,朴正熙政府就颁布了《岛屿、偏僻地区教育振兴法》,规定在免费教育上,政府向偏僻地区实行倾斜政策。1970年开始在全国推进"新乡村运动"。1977年开始部分实施《医疗保险法》。但是这一时期的韩国国家治理强调"经济至上",社会政策从属于经济政策,并且强调公共支出最小化。因此,此时社会赋权建设的角色仅仅是为经济发展提供稳定社会环境而设置的"安全阀",而不是现代国家治理意义上的福利国家建设。一些学者将此时韩国的社会赋权建设概括为"发展型福利国家",其主要特征包括:国家在社会福利问题上主要扮演着监管角色,低福利支出,以家庭为中心,关注经济成长的积极性福利政策等。而"发展型福利国家"并不能满足人们对社会福利的期待与需要,仅仅维持最低标准,使福利"为存在而存在",那么人民的幸福感便会下降,不利于政治稳定。因此,即使这一时期存在社会赋权建设,韩国仍然面临着较为严重的社会问题。1976年韩国基尼系数已经逼近0.4,1980年社会保障支出仅仅占国民生产总值的0.12%。大量社会问题的存在威胁到了国内的政治稳定。1970年11月和1971年2月发生的店员因不堪忍受恶劣劳动条件而自焚的事件引起了全国震动并引发了一些地方的局部暴动。"先经济后分配"模式已经严重侵蚀了经济发展积累的执政合法性。

从1980年代初开始,韩国政府开始有意识地加大社会赋权建设的力度。全斗焕执政后提出要把韩国建设成为一个"民主福利型国家"。相应地,1980 年宪法修订案中也新增了"政府应全力改善社会福利,为无力维持正常生活水平的社会成员提供基本保障"的条款。由此,福利国家开始成为韩国社会赋权建设的指导思想。如 1981 年,韩国政府在制定第六个五年计划时,就将"经济开发五年计划"更名为"经济社会发展五年计划"。1987 年民主转型后,韩国的社会运动明显增加,大大推动了韩国社会福利范式的转型。在此背景下,韩国对社会建设的投入开始显著提高。首先,韩国社会赋权法制化成果显著,事无巨细的条文操作性强,细化到位,对每一项社会问题内容都建立了相应的法律、政策等制度保障。1981 年出台了《老人福祉法》和《身心残疾人福祉法》,1986 年出台了《最低工资法》和《国民年金法》,1995 年出台了《社会保障基本法》,1997 年出台了《公益金法》,1999 出台了《国民基本生活保障法》和《国民健康保险法》,2002 制定了《父母福利法》,2005 年制定了《紧急福利援助法》,2007 年制定了《基础老龄年金法》等。其次,初步建成了覆盖全体国民的社会安全网。韩国 1989 年实现了医保全民参与,1999 年实现了养老金制度全民覆盖。1999 年金大中政府进一步提出了社会福利改革的"生产性福利"方向,强调为每个人提供最低生活保障,提高个体自我帮助的能力,增加社会保险支出的比例。在此基础上,韩国初步建立了一个覆盖全民的社会安全网,高水平福利国家的雏形逐渐显现。

(4)文化上,从"单一化"走向"全方位"

经过近四十年的发展,韩国文化产业取得了巨大发展,已成为全球第五大文化产业国。不管是以电视剧和电影为核心的影视文化,还是以动漫游戏为主的网络产品,均体现了韩国文化产业的实力。而韩国在文化发展中采用国家支持、社会配合的方式,为韩国文化的发展壮大提供了良好的大环境。

其一,从国家战略高度重视文化产业发展。韩国政府先后提出了"文化立国"方针,制定了《文化产业发展5年计划》《21世纪文化产业设想》《文化产业发展推进计划》等,积极扶植文化产业发展。

其二,健全法律法规,保障文化产业健康发展。先后制定或修订了一系列法律法规,如《互联网地址资源相关法律》《出版及印刷振兴法》《促进信息通信网的使用及信息保护等相关法律》《电影振兴法》等,规范了文化市场和管理,为文化产业的发展提供了法律法规保障。

其三,多元化投融资方式为文化产业发展提供资金保障。一方面,韩国政府通过设立文艺振兴基金、信息化促进基金、广播发展基金、电影振兴基金、出版基金等多个专项基金,调动企业对文化产业发展的积极性,有针对性地资助重点文化产业发展。另一方面,通过运作"文化产业专门投资组合",以及利用税收、信贷等经济杠杆,鼓励、引导民间资本投资文化产业,并对相应文化企业给予税收减免、低息贷款等优惠政策。

其四,积极开拓海外市场推动文化产品出口。韩国文化企业充分利用网络、代理商等管道,综合使用直销、合作经销等方式,构建起了庞大的文化产业海外营销网,为韩国文化走向世界提供了有效输出平台。另外,文化产业的迅猛发展,离不开技术的支持。在技术创新方面,通过整合技术创新把文化生产纳入文化产业的生产过程中,推动文化产业的演化和提升。

其五,在人才培养方面,大力加强人才培养和科技技术创新。通过在大学设置文化产业相关专业和成立各类文化产业培训学校,逐步形成了全方位的文化产业人才培养机制。高端人才与先进技术相结合,推动着韩国文化产业不断向前发展。

(二)新加坡、韩国国家治理的现代启示

1.新加坡国家治理的借鉴

(1)文化重塑:价值引领和学习嵌入的相互结合

在现代化治理的模式中,核心的要素是人,而在新加坡的政治语境下,这里的"人"是指拥有现代治理能力和持之以恒学习精神的政治精英群体,这些人塑造了新加坡国家行政文化的基本特点:有信仰、诚实、有道德、有决心、会组织。精英治国是新加坡政府治理的核心理念,从执政之初,新加坡人民行动党就把人才精英作为国家最宝贵的战略资源,李光耀曾多次指出:"国家的兴衰,关键在于有没有一个好的领袖以及团结在他周围的一批精英人才。"权力精英贯穿于制度性文化和能力提升的全过程,领导们要做出精确的选择就必须拥有必要的动力,这包括价值、态度、智慧、知识和技能,从而实施战略和政策创新,也正是领导人将文化和能力进行了有效的结合,实现了两套架构的有机互联。

为了以文化培育促进官员成长,新加坡还独创了一整套特殊的制度予以保障,最具代表性的是强化对人才吸引力的高薪养廉

制度,防控官员道德价值风险的品德考核制度,以及近乎苛刻的反贪制度,这些制度确保现代化治理中主体队伍思想统一、行动坚决和纪律严明,为政府高效有序运转提供了人才保障。

"政治路线决定之后,干部就是决定的因素。"中国共产党要实现国家治理体系和治理能力的现代化,首先应打造良好的行政环境与行政文化,提高领导干部的素质与能力,只有当一群拥有"责任、担当、奉献"的领导干部精英凝聚起来,才能保证国家治理体系高效有序进行。重塑国家的行政文化,一方面要坚定不移地坚持党和政府在意识形态方面的领导权和话语权,立足本国文化土壤,坚持社会主义基本价值,形成具有中国特色的核心价值观念和国家治理的话语体系,并通过加强宣传工作的组织体系和传播方式的创新增强价值的说服力和吸引力,最后还要将形成的核心理念作为公务员遴选、提拔的首要标准,在全体公职人员中形成共同的价值准则和坚定的理想信念,确保国家治理体系现代化不偏离中国特色社会主义的基本方向。另一方面还要以现代企业运转的理念和标准为蓝本,加强领导干部的行政能力建设,尤其是通过建立健全学习激励机制,促进领导干部学习现代管理技术,提高应对风险社会各种危机的动态管理能力。特别是要建立领导干部的动态学习机制,强化学习和实践的有机结合,使官员通过学习能切实增强工作本领,提高解决实际问题的能力,要在行政机关全面发扬理论联系实际的马克思主义学风,促进干部带着问题学、深入群众学,做到学以致用、用以促学、学用相长。

(2)模式重构:精英选拔和政策过程的有机统一

现代化治理的基本要求,就是政府部门要自觉适应环境和现实条件的变化,适时进行行政主体和争先活动的针对性调整。纵观新加坡现代化治理实践过程,可以看到现代化治理的运行离不开两个极其重要的杠杆——有能力的人和灵活的过程。新加坡政府从一开始就坚持把高标准的精英选拔和高水平的政策过程有机结合起来,一是秉持"人比制度更重要的观念"着力打造"好政府",通过吸纳社会精英充实政府管理队伍,并建立严格制度程序维持好政府的形象,新加坡行政部门逐渐聚集了一批高素质的管理人才和社会精英,这为政府实施有效治理提供了保证。二是严格遵守科学管理准则着力打造"高效政府",政策执行的科学性和执行的高效性是新加坡政府治理的传统特点,现代化治理则更加强调政策实施的可调性或回应性,这就是指新加坡政府的各项具体政策从酝酿、出台到执行的过程都有着科学的程序规范,并能够用企业精细化管理的标准及时捕捉社会变化,并进行适度调整,确保政策执行全程可持续。

对比新加坡现代化治理的科学模式,凸显出中国政府治理现阶段的两大难题:管理层的选拔机制不科学和政策运行过于粗放。

我们应当明白,想要建立一个高效而实用的政府,就必须以人民的诉求为宗旨,以新加坡为例,要建立"好政府",就要以提高人民生活待遇及幸福度为己任,成为人民的"信托人",而在此方面对管理层人才的渴求就更为迫切,首先应对现有干部进行培养与提升,争当"党和人民的好干部",强化作风意识,以清正廉洁的态度做事,当领导层作风清明之时,上行下效就会使下属机构的风气得到极大的改善;其次,从收纳新鲜血液的方面来看,选拔机制的改革迫在眉睫,应建立一套科学有效的选人用人机制,加强个人实践,实行民主公开选拔制度,让优秀人才的光芒不被埋没,同时提高优秀人才的待遇,防止人才流失。只有在高素质人才的支撑下,国家政策运行才能更加流畅。

(3)制度重调:目标愿景和适应调整的良性互动

新加坡的政府治理体制一直是"能人"统治下的"强政府"模式,但是这绝不意味着新加坡的政府治理模式是人治,恰恰相反,新加坡政府特别强调制度或法治在国家治理中的基础性作用。比如新加坡人民行动党的地位、新加坡政府的职能、政府主要领导人的工作生活都有着明确的规定。通过制度把现实分析、决策能力结合起来,在执行政策时,通过流程再造把"战略愿景"、"面对现实"和"贯彻如一"三项铁律结合起来。同时,还强调对每一政策的前瞻思考、反复思考和动态思考都要根据实际建立系统联动的科学机制。如以制度规范的内容和特征为标准,可把新加坡政府现代化治理所依附的制度分为两类:原则制度和具体制度。具体制度特指指导具体政策运行的、政治原则和政治特质色彩不显得特别突出的制度。这就从制度比较和借鉴的视角,为中国共产党主导的国家治理体系和治理能力现代化过程中的制度建设提供了参考指标。

"推进国家治理体系和治理能力的现代化,就是要顺应时代变化,既改革不适应实践发展要求的体制机制、法律法规,又不断构建新的体制机制、法律法规,使各方面制度更加科学,更加完善,实现党、国家、社会各项事务治理制度化、规范化、程序化。"比照新加坡现代化治理中制度建设的经验,推动中国国家治理体系和治理能力的现代化,首先是要加强前瞻思考,强化对制度体系的整体设计和系统协调,要按照现代化治理的标准坚决破除那些违背公理、损害国家和群众利益的治理体制机制,比如,加强治理机构的职能整合,杜绝只有权力不负责任的主体存在,通过系统调节和机构整合,防止政出多门、职责不清、职能错位问题的发生。其次还要注重对基本制度的反复思考,特别是国家治理体系中的基本制度,如人民代表大会制度、政治协商制度、基层民主自治制度,要形成经常性的"回眺"机制,思考制度设计的初始价值究竟是什么?为什么现实运行和核心价值之间出现巨大鸿沟?如何通过体系结构的调整弥合这些鸿沟?真正发挥这些基本制度的巨大政治优势和政治潜能。第三是在具体制度方面,要主动学习新加坡政府关于具体政策运行的科学流程和制度范式,运用精细化管理的现代治理思路,强化细节治理和微观执行,在政府组织内部形成学习和创新的良好风气,推动政策实践创新,最后进行全面的总结,用制度的形式加以固定和推广,在治理能力的增量发展中提升国家治理体系的科学化水平,达到各个部门各个系统集成联动的整体效果。

3.韩国国家治理的启示

(1)通过提高法律实施有效性保障国家治理的转型绩效

韩国以法治建设为核心的秩序系统建设同样对我国具有借鉴意义。首先,1987年后韩国确立了宪法在国家治理中的核心地位。第二,韩国建立了完善的法律体系。第三,韩国实现了法律的有效实施。

改革开放近四十年来,我国的立法工作取得了巨大成就,但是在立法的技术层面还有提升空间。更为重要的是,我国法律的有效实施仍然存在问题。韩国法治建设道路对我国的启示首先在于要建立宪法在国家治理中的核心地位,将宪法文本落实到社会生活和国家政治生活中。其次要在实施法律的过程中保障宪法赋予公民的基本权利。最后是在国家治理中加强对公共权力主体的法律约束,例如通过权力清单制度法律化实现公共权力的阳光运行。最后是继续强化普法宣传,在国家治理过程中形成法治的社会共识。

(2)强调赋权系统建设在国家治理体系中的基础地位

在社会赋权方面,韩国在保持经济高速发展的同时避免了社会差距的拉大,在全社会建立了一张社会安全网,从而有效地实现了经济发展成果由全民共享的目标。在人力资源建设方面,一方面提高对基础教育的投入,保证区域教育的公平性;另一方面借助网络技术推动教育变革。在经济赋权方面,韩国已经建立起一套完整的市场经济体系,经济透明度在经过亚洲金融危机后显著提高,政府对经济发展的干预逐渐减小,市场在资源配置中已经占有基础性地位。我们目前在社会赋权和经济赋权方面仍然面临着诸多挑战。一方面收入差距很大,基尼系数已经逼近国际警戒线;另一方面,市场在资源配置中的基础性地位还未形成。因此,我国推进国家治理现代化的基本使命是在完善市场经济体系的基础上实现向社会的有效赋权。

(3)将创新系统建设作为国家治理转型的根本动力

在科技创新方面,韩国无论是在科技研发投入还是科研人员配备方面都是领先世界的;同时,韩国较好地处理了产、政、学、研四者之间的关系,实现了四者之间的互动发展。

我国应从资源型国家转型为创新型国家,以创新性产业作为推动市场发展的支柱。第一,对于国家,应增加对科技创新的投入,为培养科研人员等战略性创新提供发展的环境,向创新领域的空白地带发起冲击,提高国家层面的核心技术竞争力。第二,对于社会,应加大对创新企业的扶持力度,推行"大众创业,万众创新"的社会风气,将创新与科研的任务交付企业与社会,推动以企业为主导的创新项目,让社会中的科研机构自行发展,减少国家的占比,使政府在科研创新发展中的作用主要体现在引领方向与财政支持上。第三,对于软实力,韩国文化产业的发展与对外输出,中国也可借鉴,中国的历史文化资源丰厚,但对外渗透和影响层面不够深远,在文化产业方面也应深入创新,改变传统的口口相传的传承方式,在互联网时代,从更加广阔的、细微的方面,打造符合现代信息接收方式的文化产业链,提高中国文化的自信。

(4)国家政策与社会资源共同倾斜,促进产业良性发展

在共同协作方面,韩国有效地将国家与社会摆在同一阵线之上,在政策及法律条文出台后,社会非政府组织的积极回应与支持,为产业的诞生、发展、壮大、延伸提供了广阔的平台,有利于打造国家龙头产业,同时创造了深厚的民众基础,使产业根基牢固,有更强更悠久的生命力。

我国应加强对非政府组织及民众团体的支持力度。第一,定期举行交流合作的会议,有助于上下层之间的沟通交流,有助于决策层及时了解政策实施过程中的问题与阻碍,群策群议及时解决问题,并对团体给予适当的政策指导,有利于提升政府的管理运作水平。第二,建立产业发展基金会,为支持产业投资发展的企业及

小型组织适当地拨款,调动小企业的积极性,培养社会以扶持产业发展为己任的风气,加强社会进步的脚步。第三,与媒体建立良好互惠关系,一方面,政府的具体举措经由媒体报道,使民众更加了解政策的好处与影响,增强民众的社会责任感,加深民众在社会建设中的参与体验,让产业发展有更深厚的社会土壤,发展的后劲更强;另一方面,政府将信息托付于媒体,让媒体更加具有公信力,为新闻传播打造干净自律的舆论环境,使信息传递更加高效,令国外媒体无法鱼目混珠,网民更加理智,从而为实现社会的信息全透明、全公开,企业高速发展提供基础。从以上三点,来达到举国合作、共同扶持企业发展的良好循环模式。

(执笔人:肖述剑)

二、菲律宾、印尼国家治理实践及对中国国家治理的启示

菲律宾和印尼都是东南亚发展型国家和新兴工业化国家,它们同泰国、马来西亚一起被称为亚洲四小虎。这两个国家,从第二次世界大战结束到 20 世纪 90 年代,在经济发展上取得了重大成就。但是此后两国的发展却陷入了低增长之中,与亚洲四小龙的差距越来越大,其主要原因在于这两个国家在政治、经济和社会治理方面出现了一些问题。本文通过对菲律宾和印尼两个国家的国家治理实践进行梳理,期望对其成功经验进行借鉴,以其失败教训为戒,进而为推动我国治理体系和治理能力现代化提供现实依据。

（一）菲律宾国家治理实践

第二次世界大战结束后，菲律宾在美国的安排下获得独立。独立之初，在政治上，菲律宾号称"亚洲第一共和国"，并被西方舆论誉为"东方民主橱窗"；在经济上，菲律宾是东亚最早走上工业化道路的发展中国家，菲律宾的经济发展水平和国民收入远超东南亚各国，在亚洲仅次于日本。但是，虽然拥有丰富的自然资源和文化素质较好的庞大劳动力群体，菲律宾的经济社会发展却每况愈下，逐步沦为经济、社会意义上的"东亚病夫"。菲律宾目前人均国内生产总值只有3000美元左右，全球排名在120位之后，有1/4的人口生活在贫困线之下。导致菲律宾没有完成工业化、无法进入东南亚先进工业化国家行列的原因在于国家治理出现了问题：政治治理模式导致国家政局不稳、贪污腐败严重；现行政治体制对经济结构调整起到反面作用；在经济上过早去工业化等。

1.政治治理方面：政治治理模式导致国家政局不稳、贪污腐败严重

第二次世界大战结束以后，菲律宾的政治发展大致经历了照搬西方民主政治阶段、军人独裁统治阶段和重新开启民主化进程阶段。菲律宾政治模式和政权的不断更迭造成了社会秩序的混乱，腐败问题严重，阻碍了经济的发展。作为美国的殖民地，1946年独立后，菲律宾借鉴美国的政治模式建立了三权分立的总统制

民主制度。这一民主制度一直延续到1972年费迪南德·马科斯对菲律宾进行军管。1972年，费迪南德·马科斯颁布军管法，废除宪法，禁止一切政党活动，清除一切反对派，保证他自己的政党——新社会运动党的绝对优势。1986年费迪南德·马科斯政权被"二月革命"推翻，菲律宾才结束了军人独裁统治，重启了民主化进程。然而无论是军人独裁统治还是西方式民主都对菲律宾的经济和社会造成了不良的影响。

军人干政实际上是"不发达国家中的一种更加广泛的社会现象的特殊表现，它违反任何公认的官场准则，破坏政治秩序的完整性和合法性基础"。费迪南德·马科斯统治后期，随着军人卷入非军事事务的加深，贪污腐败、滥用权力的现象也日渐增多。1986年费迪南德·马科斯下台后，兵变成为菲律宾影响政治事务的手段。费迪南德·马科斯下台后，科·阿基诺当政期间竟发生了七次兵变，阿罗约政府期间也发生了军事政变。在阿基诺三世政府时期，为了讨好和拉拢军队，阿基诺对军队的腐败问题也是睁一只眼闭一只眼。尽管军人独裁统治可能造成一段时间的相对稳定，这种安定的社会环境有利于经济的发展；但从长远来看，又可能激化各种社会矛盾，引起政治动荡，反过来影响经济发展。

菲律宾的民主体制是照搬美国的民主模式。一般而言，发展中国家是在外部世界影响下开始其政治现代化进程的，它不像西方那样由社会内部经济发展所产生的新兴政治力量所推动，而是一种刺激反应式的变化。菲律宾由于长期受西方殖民统治，以及同西方有多方面的关系和联系，它在摆脱殖民统治、获得民族独立以后，由于缺乏现代国家建设的经验，那些领导民族独立的领袖人物容易自觉或者不自觉地选择西方式的民主政体。但是西方的这种民主政体在菲律宾由于缺乏历史的、文化的、经济的和群众的基础,只是一种"自上而下"的制度安排,不能解决国内经济发展迟缓、贫富分化严重、腐败现象盛行等社会问题。相反,这些固有的问题在民主制度下进一步恶化,并导致了局势动荡不安、政变不断、游行示威频繁,使"菲律宾长期在民主的陷阱中挣扎"。

2.经济治理方面:过早去工业化

菲律宾在经济治理方面的失误在于,工业还没有发展起来就开始了去工业化。去工业化的一种表现就是一国制造业就业规模的萎缩和制造业产出占 GDP 比重不断下降。菲律宾是东亚最早走上工业化道路的发展中国家。20 世纪 60 年代之前,菲律宾曾是东亚地区最先进的国家之一,其经济实力仅次于日本,超过马来西亚、泰国、印尼、新加坡和韩国。1960 年各国的工业产值在 GDP 中所占的比重,日本为 45%,菲律宾为 28%,新加坡为 18%,韩国为 20%。作为新兴工业部门的制造业一直被认为是发展中国家经济增长的基础,其产值在 GDP 中的比重,日本为 34%,菲律宾次之为 20%,高于新加坡的 12%、泰国的 13% 和印尼的 8%。当时国际经济机构预测:菲律宾拥有富庶的自然资源、较高教育水平的劳动力和世界最富强的国家——美国公开支持的"自由民主"政府,具备了经济快速增长所必需的基本条件,不用多久,菲律宾便会加入先进工业化国家的行列。然而在 20 世纪 70 年代,菲律宾在人均收入低的情况下发生了明显的去工业化过程。从 1970 年至 2000 年的

30 年里,除了电子产品制造业得益于政府的自由化改革,其产出比重有所上升,成为菲律宾制造业中的"骄子"之外,菲律宾的工业内部结构基本上没有太多变化。20 世纪 70 年代之后,菲律宾经济增长中的全要素生产率(TFP)便一直呈现负增长颓势。世界经济发展的实践已经证明,实体经济是经济增长的根本动力。在工业社会时期,工业部门对经济增长发挥着决定性作用。菲律宾过早去工业化,使得菲律宾工业化尤其是制造业发展严重滞后,这也成为现在菲律宾经济转型的瓶颈。

3.社会治理方面:进行土地改革推动社会公平正义

在西班牙对菲律宾长达 333 年的殖民统治时期,殖民者统治者"跑马圈地",贫苦农民无地可耕,只能在地主的经济作物大庄园里充当雇农。美国殖民统治后,虽实行了土地私有制,但土地仍高度集中在少数地主阶层手中。过去 70 余年,菲律宾各届政府不断尝试用和平的方式实施土地改革,即由政府出资并购由地主阶层持有的规模较大的土地,并无偿分配给农民,但进展缓慢。近 30年来,得益于《综合土地改革法》和《综合土地改革计划延长与改革》法案的实施,菲律宾土地改革取得了实质性进展,截至 2016 年全国已有 88% 以上的土地分配到农民手中,而整个土地改革有可能在未来几年完成。土地改革完成以后,菲律宾有望改善农民的贫穷面貌和维护国家的粮食安全。然而这项工作也受到地主阶层强烈反对、政府并购资金短缺及政府部门工作效率低下等因素的影响。

4.政治对经济的影响:政治体制对经济结构调整起到反作用

菲律宾民主政治的实质是家族政治。菲律宾的政治家族是在西班牙统治时期形成的特权阶层,在美国统治时期其政治经济地位得到进一步加强,并在独立后成为国家政治的主宰者。从地方选举到国会选举,菲律宾的家族精英们把持着政坛,操纵着菲律宾的国家权力。因为家族政治的存在,政府公职变成世袭职位,政治家族间的竞争加剧,最终只能实行政治分肥,权力轮流运转。费迪南德·马科斯政权垮台以后,菲律宾并没有建立起现代民主宪政体制,只是重新回归到以家族权力为基础的传统民主体制,民选总统都是在政治家族势力的支持下当选的。这些政治家族为了维护他们的既得利益、利用国家机器,极力保存、维护旧的产业结构,反对开放和发展面向出口工业,从而阻碍了国内经济结构调整。

东南亚国家与地区在20世纪60年代初、70年代初和80年代中后期迎来了三次发达国家资本转移的浪潮,实现了经济的快速增长与发展。可是,菲律宾政府有关对外开放的货币与贸易政策,促进外资投资的激励政策等提案均无法在国会参众两院顺利通过。因为菲律宾的众议院和参议院分别控制在代表不同利益的家族手里,他们为了自己的利益而损害了国家利益,菲律宾从而错失了发展面向出口工业的良机,这是菲律宾工业化尤其是制造业发展严重滞后的重要原因。

(二) 印尼国家治理实践

印尼是东盟最大的经济体,经济总量占东盟 10 国的 30% 左右。印尼自 20 世纪末进行政治变革以来,在经济发展上取得了引人注目的成绩,但也积累了不少弊病。在政治上,印尼逐渐从人治走向法治,民主建设取得一定的成果,但是贪污腐败问题也变得尖锐。在经济上,印尼制定了雄心勃勃的国民经济 15 年中期建设规划,但是一下子铺开六大经济走廊,囊括整个印尼国土,面对着千亿、万亿美元的投资,以及落后的基础设施和"逆工业化",效果如何,还有待时间的检验。

1.政治治理方面:政治治理由人治走向法治

稳定的秩序是国家实现有效治理的根本前提。同菲律宾类似,印尼的政治模式也经历了照搬西方民主政治阶段、军人独裁统治阶段和重新开启民主化进程阶段。印尼从 1950 年建国到 1957 年苏加诺宣布实行"有领导的民主"前,实行的是西方式的议会民主制。印尼军人参政开始于 1957 年苏加诺实行"有领导的民主"时期,军人最终控制印尼政局则是在苏哈托实行"新秩序"时期。苏哈托当政以后,在国内实施政党合并,印尼国内 9 个政党被合并为 2 个政党——建设团结党和民主党,同时苏哈托宣称印尼禁止反对党制度。这样,苏哈托加强了他领导的专业集团的地位,形成苏哈托—军队—专业集团三位一体的集权统治。

印尼在 1998 年结束了苏哈托长达 30 多年的独裁统治。此后，印尼重启了民主化进程。近些年，印尼民主制度的逐步完善以及温和的伊斯兰国家形象使其国际形象更趋正面、国际影响日益提升。对外部投资者具有指南作用的美国商会报告显示，该商会对印尼的各项评价均趋于正面，对投资印尼具有极大的信心，因而鼓励商会会员进行投资，其中印尼最为重要的加分项就是民主制度的逐步完善。

在东南亚，不少国家内政陷入纷争乃至动荡，印尼在吸引外资方面具有超越其他邻近国家的优势。尤为重要的是，随着"伊斯兰国"的肆虐，恐怖主义和极端思想在世界许多地方沉渣泛起，而印尼恰在此时坚持严厉打击恐怖主义组织和思想，在伊斯兰世界中树立起了一个典范和标杆；也表明穆斯林人口占大多数的国家同样可以建立相对民主、温和的世俗政权。主要大国莫不强调印尼在国际反恐大局中所起到的重要政治作用。更可贵的是，印尼温和、包容的主流民意也没有受到极端思想的蛊惑，例如印尼选民可以推选双重少数族裔身份（华裔基督徒）的政治人物钟万学担任政治、经济和文化中心雅加达省的省长。

2.经济治理方面:印尼制定国民经济 15 年中期建设规划

2011 年 5 月，印尼正式公布了雄心勃勃的国民经济 15 年（2011—2025）中期建设规划。"规划"提出:经济增长率将连续 15 年达到年均 7%—8%，争取 2025 年进入世界经济十强，2050 年至少成为全球第六大经济强国；将全国经济发展重点分为六大经济走廊:爪哇经济走廊、苏门答腊经济走廊、加里曼丹经济走廊、苏拉威西经济走廊、巴厘与努沙登加拉经济走廊、巴布亚与马鲁古经济走廊。通过经济走廊建设,印尼将在国内主要岛屿上建立经济和商业中心群,以带动和发展当地经济,使每一个走廊成为特定产业中心,以形成整体经济发展合力。同时"规划"中提出,政府将采取强有力的举措,遏制贪腐,发展基建,扶持企业,加强行政和司法监控等。其中,提高投资、提高国民生产力、提高国民竞争能力和改善基础设施的"三提高一改善"将是政府在未来 15 年中予以落实的四大核心发展措施。

印尼国民经济 15 年中期建设规划还出台了制造业十大产业振兴计划。为了改善产业结构,政府陆续出台包括纺织、钢铁、汽车、天然气、矿业、海产品、棕榈油、石油化工、轻工服务业和烟草业等十大产业的调整振兴规划。工业政策侧重于提高工业产品附加值,扩大工业产品市场,提升产业结构核心竞争力,建立起独立齐全的工业化体系。提升爪哇岛以外特别是印尼东部的产业集群地位,把制造业生产基地尤其是自然资源加工业从爪哇转移到其他地区。

印尼国民经济 15 年中期建设规划推出印尼制造业"2025 构想",提出了印尼的长期工业发展战略目标,争取 2025 年使印尼成为世界性的工业强国,制造业成为经济发展的支柱产业。制造业在国民经济中占有极为重要的地位,是印尼经济增长的关键驱动引擎之一。20 世纪 80 年代中期,在政府减少经济发展对油气行业倚重的政策引导下,印尼工业迅速崛起,并形成外向型的加工制造业。2014 年制造业就业人数约为 1539 万人,约占全国总劳动人口的 13%。印尼出口结构由种植业主导向工业主导转变,工业品出口已占出口总额的 66%。近年来由于缺乏对劳动力技能提高、基础设施建设、研发等方面的投入,印尼加工制造业发展缓慢,增长速度已明显落后于马来西亚、泰国及菲律宾等其他东盟国家。2009 年制造业对 GDP 的贡献率为 26.4%;2010 年降为 24.8%,是近 30 年来的最低点;2013 年制造业占 GDP 比重为 28.4%;2014 年制造业对 GDP 的贡献度进一步降为 23.7%。印尼出现的"逆工业化"现象已开始影响国民经济的发展。

(三)菲律宾、印尼国家治理经验对中国国家治理的启示

菲律宾和印尼在政治、经济和社会等方面的治理经验,也为我国推进治理能力、治理体系现代化提供了借鉴。

1.坚定不移地走中国特色社会主义道路

菲律宾照搬美国的民主体制导致国家治理的混乱,可见发展中国家在实行政治民主化和现代国家建设的时候,不能够简单地照搬西方政治制度模式。西方的民主政治制度是西方社会的历史文化和政治经济状况的产物,尽管它具有某种意义上的历史进步性和现实合理性,但是将它看作是全人类的共同理论和所有社会的统一原则,是不合乎政治发展规律的。每一个民族,每一个国家都有着自己特有的经济、社会和历史条件,尽管也有普遍性存在,但是普遍且必然有效的唯一的政治发展模式是不存在的。由此可

以看出,发展中国家的政治发展必须立足于自身的国情,通过实践,探索适合自身特点的政治发展道路。具体到中国,中国特色社会主义道路是马克思主义与中国实践相结合的产物,是被实践证明了的一条光荣、正确、伟大的道路。在中国特色社会主义理论、道路、制度和文化的指引下,中国政治稳定、经济快速发展、人民幸福。未来在国家政治治理方面,我们要更加坚定我们的道路自信、理论自信、制度自信和文化自信。

2.慎重对待去工业化的问题

中国目前即将进入去工业化阶段,制造业面临着成本上升、人口红利消失、汇率上升以及东南亚国家的竞争等不利因素。鉴于菲律宾和印尼等国家过早去工业化阻碍经济发展的事实,中国在去工业化过程中要做到:结构性去工业化,实现产业升级,即要做到一方面坚持制造业的核心产业地位,另一方面调整产业结构,打造具有足够竞争力的新型制造业体系。制造业是经济增长的动力源泉,是技术创新的源泉,也是创造就业机会的源泉。中国过去近40年的经济发展奇迹,正是依靠制造业的崛起实现的。经过长期的基础设施建设和制度建设,中国制造业已经取得了一定的核心竞争力。在去工业化过程中,如果中国轻易地放弃已有的制造业,将大量的产业转移到其他国家,那么在未来的20年内,中国极有可能出现产业空心化的困境。此外,在面对去工业化挑战时,中国的制造业企业需要提升产品技术含量,增加产品附加值;同时还需要突出产品的差异性,打造品牌,提升中国制造业在国际上的核心竞争力;坚持发展新型工业,充分利用信息技术提高制造业的技术含量,发展科技含量高、经济效益好、资源消耗低、环境污染少、人力资源优势得到充分发挥的相关产业。

3.继续推进深化改革开放

无论是菲律宾还是印尼,在历史上都是长期遭受殖民主义统治的国家,这使得这些国家形成了比较浓厚的民族意识。再加上独立后两个国家相当长的一段时间都由军事强人进行独裁统治,使得两国的经济民族主义情绪较重,外国直接投资占 GDP 的比重长期保持低位,进而严重阻碍了两个国家在法律制度层面对外资的开放度。

以印尼为例,根据麦肯锡印尼公司的测算,未来 10 年,印尼涉及公私伙伴关系(PPP)的市场潜在价值高达 1800 亿美元,这对国际投资者有着巨大的吸引力。然而,长期的经济民族主义情绪使得外国投资者对印尼的制度限制乃至歧视感到担忧,这对于印尼解决巨大的资金缺口问题是极为不利的。同样,菲律宾于 1987 年 2 月制定的革命宪法将"菲律宾人优先"列入第 12 章有关"国民经济和国家资源"的条款,对外国投资领域和股份比重均做了严格的限制,如菲律宾公民或控股公司、社团,在与外资共同开发矿产资源时,控股必须占 60%;在某些领域如媒体、公用事业部门的控股必须占 100%;在菲律宾的外国人和外国公司土地租赁不得超过 25 年;国家对石油业生产的中下游实行管制。这些规定与客观实际格格不入,不利于菲律宾经济结构的调整和工业化发展。回顾中国的历史,中国正是由于过去的闭关锁国才造成了国家的落后挨打,正是由于实行了改革开放的伟大战略,才取得了今天的伟大成就。中国要以菲律宾和印尼为戒,在新时代要继续把国家的改革开放推向新的高度。

4.全面推进依法治国

菲律宾和印尼是政府主导型市场经济。所谓政府主导,实际上是官僚主导国家的发展政策。结果,有关限制政府集中、分配资源权力的法律不可能提出,即使偶然在议会中获得通过也很难执行。这些国家的官僚擅长"将法律偷梁换柱改成政令,葬送改革的成果,让通过的法案成为实际的废案"。现在的菲律宾和印尼好像已然是法治国家了,但只要还有这些官僚存在,接下来法律还是会处于被忽略的地位,而这些国家也仍将处在"官治国家"的格局之下。因而,中国在国家的治理中,要以此为戒,推动全面依法治国。国家应遵循改变国家作用的方式,政府将属于市场的权力归还给企业,逐步厘清政府与市场的界限;制定或修改法律,将政府的作用从直接配置大量资源转移到为企业提供公平的市场环境上来。唯有如此,法治才能真正实现。

5.继续加大反腐力度

印尼和菲律宾都认识到了贪污腐败对国家经济、社会发展的巨大危害。在苏西洛政府时期,印尼就已经意识到官僚作风对国家经济发展的制约。苏西洛表示,现在官僚作风盛行,政务工作拖沓,致使一些改革措施难以落实。要改变官僚作风,单凭承诺发誓或制订计划是不够的,必须要有认真实干的精神。各级政府必须从根本上进行改革,提高工作效益。"如果有官员阻碍官僚体制改革,那最好的办法就是把他们撤换掉。"2014年佐科·维多多上任后,以反腐和倡廉作为第一要务,他要求提名的所有内阁部长都要经过肃贪委的检验。菲律宾也一直想根除国家的腐败,但是由于菲律宾国内强大的家族寡头和利益集团长期主导着国家的政治,取代政党成为政治活动的主要行为体,从而造成即使在民主体制框架下,国家权力依然得不到有效监控,政治家族和其他利益集团通过角逐获取政治权力从而分割经济利益。中国在国家治理中,要吸取菲律宾和印尼反腐失败的经验,坚持全面从严治党,加大反腐力度,坚持反腐败无禁区、全覆盖、零容忍,坚定不移"打虎""拍蝇""猎狐",使得官员不敢腐败、不能腐败,从而为经济、社会的发展扫除障碍。

(执笔人:朱宝林)

三、越南、印度国家治理现代化的经验及对中国的启示

中国与越南同处亚洲,山水相连,地理相近,历史相似,在政治体制上有众多的相同,改革(革新)的总思路相似。对于什么是社会主义,怎样建设社会主义的问题,越南共产党开辟了越南特色社会主义道路,形成了越南特色社会主义理论,确立了越南特色社会主义制度,推动越南社会主义现代化建设取得巨大成就,积累了宝

贵经验。中越两国在探索符合本国国情的社会主义发展道路上面临的问题和挑战也相似,认真分析越南特色社会主义治理现代化的理论与实践,对于我们深化社会主义建设规律有重要的意义和价值。

(一)越南国家治理现代化的经验

一般认为,1986 年 12 月召开的越南共产党第六次全国代表大会是越南革新开放的起点。越共六大至七大期间,越南认为经济革新先行,政治革新跟进。自从 1991 年越共七大以后,越南进一步认识到若是光靠经济改革,而不进行其他方面的改革,会使经济改革陷入迷局。因此,越南逐步提出了党、行政体系、司法体系等方面的改革。从 2005 年开始,越南共产党主导的政治体制改革逐步从以党内民主化建设为主的层面扩大到党政分开和党领导模式革新的层面上来。2006 年以来越共十大明确决定推进政治体制改革,越南的政治体制改革提速,并步入政改快车道。总体来看,越南政治体制改革的新动向主要体现在如下方面:

1.强化党内民主制度建设,创新党内监督机制与制衡机制

越南共产党认识到要领导好国内经济建设和政治革新,首先对党的自身体制和领导方式要进行革新,并且认为这是确保革新成功的一个决定因素。具体举措有:

（1）废除实际上的领导干部终身制，大力推行干部队伍年轻化建设

越共对中央委员的年龄作出明确规定：凡是 60 岁以上党员不得第一次当选为中央委员，65 岁以上不得第二次当选中央委员，70 岁以上的中央领导人都要退下来；总书记任期不能超过两届，从而使干部的新老交替步入正轨。在越共十大上，越共坚决执行到了年龄的领导都必须退休的政策，不仅 8 名政治局元老同时告别了国家领导岗位，而且政府各部中的多名要员也因为年龄而提前退休拒绝提名连任中央委员。因此，在 2006 年越共十大选出的新一届中央委员，平均年龄小了至少 5 岁，从而增强了党的活力。

（2）实行党的集体领导制度，强化中央委员会对中央政治局与中央书记处的制衡与监督作用

在越共"九大"上，越南共产党采取措施强化中央委员会的集体领导作用，取消政治局常委会，代之以中央书记处，由中央书记处负责领导党的日常工作，强化越南共产党中央委员会的集体领导作用，规定重大政策主张、重要干部任免、大型工程等重大事项，都要在中央委员会集体民主讨论的基础上进行无记名投票表决，权力之间形成制衡与监督。这样，越共领导层的权力结构相对分散，并在发展中形成了"四驾马车"的权力架构，即党的总书记、国家主席、总理、国会主席这四大最高权力机构之间相互制衡的架构。这一架构导致了越南国家权力的相对分散，并进一步催生了被称作"超前民主化"的现象。

（3）实行中央委员会质询制度，引入"辞职"等监督惩戒机制

2002 年越南共产党九届五中全会首次引入了质询制度。规定

除了正常工作程序外,留出专门时间进行质询,任何一个中央委员都可以对包括总书记在内的中央委员提出质询,也可以对中央政治局、书记处、中央检查委员会提出集体质询,直到满意答复为止。同时,引入了"辞职"等监督、惩戒机制,如2006年6月潘文凯总理因对"交通部特大公款赌球案"的腐败事件负有领导责任而引咎辞职。

(4)实行中央委员和重要领导职务的差额选举与信息公开制度

越共中央规定,从九届中央开始,中央委员和包括总书记在内的重要领导职务的产生由等额选举改为差额选举。选举前,将所有候选人的基本情况、家庭地址、电话等向社会公布,便于党员干部和群众监督。省委书记及所有省级干部的产生均需10%差额比例,在全省干部大会上进行无记名投票选举产生。同时,允许党员干部自荐参选党政群众团体职务。2006年4月召开的党的"十大"上,越共中央委员会候选人名额207名,差额选举产生181人组成第十届中央委员会;中央委员会差额选出政治局成员;党的总书记首次通过差额选举方式产生。

(5)提前公布党代会政治报告草案,进一步提高决策透明度

从1986年越共"六大"开始,党代会政治报告草案提前两个月在全党范围内公布,在党内进行充分讨论的基础上,对文件做了重大修改,正式提出革新开放路线。"七大""八大"继续沿袭"六大"做法。而在准备"九大""十大"党代会政治报告时,则进一步提高决策的透明度,在党内征求意见的基础上,通过主要新闻媒体提前两个月公布政治报告草案,在全国范围广泛征求党内外意见,进行

补充修改。经过全党、全民讨论、补充、修改的政治报告,充分反映民意,更加能够体现全党、全国人民的意志,并且形成共识,而这个举动也表现出越南共产党的高度责任心和高度自信。

2.加强国会改革,不断强化国会的权力制约与监督功能

越南国会是越南社会主义共和国的最高国家权力机关。越南以国会改革作为政治革新突破口,符合社会主义民主政治的本质要求。越南国会改革使政治革新向前迈出了实质性的第一步。

(1)通过差额选举的方式选举国会代表

越南选举法规定,所有国会代表候选人都必须经过本单位和住地群众两道"民意关",如果得不到所在单位和住地居民50%以上的民意支持,他们将不能成为候选人。实行竞选制度,所有正式候选人应在各级祖国阵线委员会及同级地方政府的共同安排下,选择在同一个时间段,前往本人所在选区直接与选民见面,听取选民的意见,回答选民的问题,并陈述本人当选后的"行动计划",以争取选民支持,最后再通过最高超过30%的比例进行差额直选。越南国会代表由间接选举改为直接选举,使得普通群众当家作主的权利受到尊重,大大增强了人民群众的参政意识。更为重要的是,由于采取竞争性直接选举、差额当选制度,促使候选人为获得支持,自觉深入到民众当中去,与选民交流频繁、关系密切,更加关注民生民情,民意的代表性进一步增强。

(2)推行国会代表质询制和"信任投票"制度

越南国会自2002年开始实行质询制度。越南法律规定,在每

次全国国会例会期间(每年 5—6 月、10—11 月两次),国会代表都有权就某个问题质询包括总理在内的任何一个政府成员、高检或高院官员,质询场面向全国直播。每次全国国会例会期间,总有一些部长受到代表的质询,代表不留情面,质询非常尖锐。因为国会质询允许电视台和广播电台全程直播,民众不仅能了解官员是否熟悉本职工作,也能对代表是否称职进行评判,推动了民众参与国家政治生活,也增强了代表的使命感和代表意识。而国会代表依法根据质询的结果对由其选举或任命的领导人(包括国家主席、国会主席、政府总理)进行"信任投票"的制度,更进一步提高了国会的政治地位。

3.加大反腐败力度,完善惩治腐败的制度建设

腐败问题在越南被称为"国难",严重威胁到了党和国家的生死存亡,因此越南采取了多种措施治理腐败。

(1)高度重视腐败问题,加大对腐败分子的打击力度

越共认为,腐败是"一切危机之危机""一切灾难之源头"。越共中央在 1989 年做出《清除腐败分子,纯洁党的队伍》的决议,将反腐提到党建的议程,1994 年 1 月越共中期全国代表会议首次将腐败看作是党面临的四大危机(经济落后危机、国际竞争危机、和平演变危机和官僚腐败危机)之一,2001 年 11 月越共总书记农德孟在越共九届四中全会上指出:"腐败和官僚主义不仅威胁到改革的进程,而且已成为国家的一大灾难。"2007 年初召开的越南共产党十届四中全会决定,党的机关、军队、公安等特权部门一律停止

经商办企业,这些部门现有的纯经营性企业一律转交国家管理,从源头上遏制走私、腐败的发生。同时,越共严肃查处违纪领导干部和有影响的政治犯罪案件,加大对一些违法的高级干部包括部分省部级高干查处力度。据报道,2000—2004年的5年内,越南各省和中央直辖市先后查处干部贪污案件8800多起,涉案官员达1.2万多人,其中还包括几名在职的正副部长。

(2)积极推动司法改革和司法独立,逐渐打破"党大于法"的传统恶习

近年来,越南加入了联合国反腐败公约,出台了《反腐败法》《反浪费法》,并为此成立了由总理领导的反腐委员会。从法律层面上讲,1996年底越南国会颁布了《反腐败法草案》,对各种腐败行为做了具体界定,并提出相应的惩处规定。同年首次处决大贪污犯。1997年越南国会通过的修改后的《刑法》规定:骗取公款或社会主义财富5亿越南盾(约合人民币31.25万元)以上者判处无期徒刑或死刑;受贿1亿盾(约合人民币6.25万元)以上者判处无期徒刑或死刑。1998年越南国会通过的《反贪污法》规定,贪污或利用职权骗取社会主义财富500万盾(约合人民币3125元)以上者,受贿50万盾(约合人民币312.5元)以上者,行贿50万盾以上者,均追究刑事责任。为了打破"党大于法"的传统恶习,越共规定最高法院可直接审理越共的高级领导干部的腐败案件,越共中央完全不干预审判工作。

(3)推行官员财产申报制度

越南2005年通过的《防止和反对贪污腐败法》第二章第四条规定,公职人员必须公开申报财产和收入。为配合这项法律的实

施,2007 年 3 月 9 日,越南总理阮晋勇就签署了关于财产和收入公开的政府第 37/2007/N-CP 号决定,要求国会代表与政府官员申报财产。2008 年,开始有部分党政机关的干部申报财产。2011 年,政府颁布了第 68/2011/N-CP 号决定,对 2007 年的决定进行了补充和修订。2012 年 11 月,越南十三届国会第四次会议以 94.98% 的赞成票通过了《防止和反对贪污腐败法》(修正案),这部法律对领导干部个人所增加财产的各类义务加以规定,越南国会指定政府负责出台有关领导干部个人所增加的财产定价、申报人的权力与责任、申报手续与程序等的具体规定。根据《防止和反对贪污腐败法》(修正案)规定:越南的领导干部须在每年 1 月 1 日至 3 月 31 日期间,将个人财产申报清单在本人所在机关、组织或单位公布,与此同时,越南国会代表及地方各级人民议会代表,以及候选人的个人财产申报清单须在应选地区公布。2007 年政府第 37 号决定规定了 11 种人在申报范围内。这些措施的推行,加大了社会监督力度,打击了越来越严重的腐败行为。

(4)新闻监督力度加大

越南共产党认为,媒体对于国家的发展意义重大。一个民主社会的建设,需要透明的媒体,它在促进国家整体进步时起到积极的作用,既提高了政府的透明度,对腐败也起到了威慑、警示作用,同时也增加了社会民主的气氛。2000 年越南就出台了《新闻法》,允许新闻媒体在法律的范畴内对党、国会和政府部门及其官员进行监督。事实上,很多腐败案件,往往没有及时被党和政府组织发现,却被媒体送上了审判台。

4.继续强化行政管理体制改革,精简党和国家机关

越南的行政改革和经济改革是同时进行的,而且行政体制改革有所突破。2007 年越南按照大部门体制对党和国家机关进行精简,越共中央从 11 个部委精简为 6 个,6 个中央系统直属机关党委整合成 2 个党委;中央国家机关及省、市、市辖郡、县政府机构也按照实际情况进行精简,总体精简幅度在 10%—15%。同时,通过实行单位预算制度,辅之以新闻监督,越南党政机关一度存在的公款吃喝风、过度接待风得到有效遏制。这些措施,提升了党和国家机关工作效率,增强了社会活力。

5.注重民生需求,推动社会现代化建设

革新开放以来,越南的社会现代化成就显著,教育、卫生等领域的发展成绩在东南亚名列前茅。

(1)革新开放以来,越南的社会现代化稳步推进

越共"六大"提出"以民为本"的社会发展思想,加快了社会现代化进程。为了适应社会转型加快的需要,从"七大"到"十一大",越共逐步完善了"民富国强、民主、社会公平、文明"的社会发展目标。为进一步加快公民社会的建设,越共"十一大"出台了《2011年至 2020 年经济社会发展战略》,深入推进国民教育体制改革,将人力资源发展与高科技应用相结合和加大城市基础设施建设作为两大战略目标。构建社会民生和社会福利体系成为经济社会发展定向中的重要内容。

（2）在经济危机中保障民生

2007年，越南爆发了经济危机，给人民的生活带来较大影响，政府采取了以下措施保障民生：①加大社会保障力度，从2008年底开始，对农民实施粮食、种苗、资金扶持政策，杜绝饥民出现；②提高城乡居民收入，2007年把国企每月人均收入提高到206.42万越盾，实施最低工资计划，提高社保额50%；③对农村有关民生的基础设施提供优惠投资，如兴建经济适用房、公共租屋、商品房，开展就业培训，增加扶贫资金等；④对土地"三权"进行改革，给予私人除了土地权外的使用权、转让权和继承权；⑤责令社会政策银行给无力向工人发放工资的中小企业贷款；⑥实施第二阶段的"135"工程，政府拨款14亿美元用于另外1600个贫困村的发展；⑦把一些大规模投资项目改为与提高穷人生活相关的项目，如国会否决了投资额相当于GDP的60%的南北高铁计划。

（3）加快教育的革新和发展

越南认为，教育政策的出发点，是满足经济发展的需要，是和经济发展水平相协调。2007年6月，越南出台《职业教育法》，促进职业教育的发展。政府加大了对高等教育的投入，将在2006—2020年投入45亿美元发展高教。为保证教育公平，2007年开始大幅提高贫困学生的贷款额。2006年，政府给予大学在财政、招生、人事、培养计划和内容上更多的自主权。鼓励大学进行产学研活动并开展国际合作，引进西方的先进教育思想、体制。2008年颁行了发展中北部、中部沿海省份、西原地区及北部山区民族地区教育的特殊政策。以上措施使越南在成人识字率、公共教育费用、义务教育和大学普及率、教育投入占GDP的比例等方面在东南亚位居前列。

(二)越南国家治理现代化对中国的启示

革新开放以来,越南不断结合自身实际,采取改革措施,逐步完善国会选举制度。这些改革举措颇具"越南特色",受到国际社会的广泛关注,越南革新经验对我们有重大的启示作用。

1.以正确态度借鉴其他国家发展的经验,找到符合本国特点的正确道路,不断创新马克思主义理论

作为"中国模式"的忠实追随者,越南近些年的显著变迁某种意义上也是"中国模式"的印证与检验,尤其值得中国高度关注。可以看出,越南国会制度改革的目的,在于建立真正的民意代表机构,充分发挥立法和监督作用,使人民真正参与国家政治生活。随着国会代表直接差额选举的产生、国会代表质询制度的推行,群众主动参与政治生活的积极性不断提高,越南国会发挥着越来越积极的监督作用。坚持党对政治革新的领导,把党的自身体制改革放在首位,有利于不断增强党的执政能力,不断巩固党的执政地位。充分依靠群众,鼓励群众积极参与政治生活,有利于增强广大人民群众的主人翁意识,积极参与政治生活,不断增强国家政治活力。因此,我们要密切关注这个邻国在变革过程中出现的新动向及其成效,不断创新马克思主义理论,以完善"中国模式"。

2.在保证政治稳定的前提下进行渐进性政治革新

越南共产党在革新事业中认识到了政治稳定的重要性。越南共产党领导人多次强调要保持稳定，因为只有保持了政治稳定，经济发展才有可能。因此，没有政治的稳定，经济发展就失去了重要的前提条件。以稳定为前提，对政治革新不能操之过急，而要审慎地、逐步地摸索进行。中国应该坚持社会体制改革不动摇；保证一定的经济发展速度；认真发展教育；需要建设公平社会、完善政治法律制度、保障人民健康、营造良好环境、实现充分就业，以提高公众的幸福感和满意度；应该充满自信，大胆吸纳外国非政府组织参与慈善活动；应该引导社会组织和公众有序参与社会管理；创新思想政治工作的内容和形式。公开承认和改正工作中的缺点，正视党和国家面临的危机。这种坦诚的态度不但不会削弱党的领导，反而会进一步增强人民对党的信任；不但不会损害党的形象，反而会使改革开放事业更健康地发展。

3.努力创造政治革新与经济革新良性互动的局面

社会主义国家的历史经验从正反两个方面证明：政治体制改革与经济体制改革的关系可以是良性互动，也可以是恶性互动。戈尔巴乔夫执政时期苏联的政治改革就是恶性互动的典型案例。越南共产党汲取了苏联改革失败的教训，又借鉴了中国改革成功的经验，努力使政治革新和经济改革形成良性互动的局面。政治领域的革新,离不开相关领域的经济革新作为其必要的基础,而经济革新的深入也离不开政治革新的支撑和保障。越南的政治革新促进了社会主义定向市场经济的发展。一方面,通过加强和改善党的领导保证了市场经济的社会主义方向;另一方面,民主和法治的不断完善也为市场经济的发展营造了宽松的环境和良好的秩序。这一经验同样适用于中国特色社会主义市场经济建设。

(三)印度国家治理现代化的经验

印度和中国都是古老的国家。近代以来,印度经历了西方殖民主义者的入侵和统治,中国沦为了半殖民地半封建社会,又几乎是在同时,印度摆脱了殖民主义统治而独立,中国也推翻了三座大山。但不同的是,在政治上,印度推行的是西方式的政治体制,议会制,多党选举,权力相对分散。而中国则选择了中国特色社会主义制度,中国共产党领导的多党合作和政治协商制度,人民代表大会制,权力相对集中。这两种体制的性质及各自优势,不同的人会有不同的看法。分析印度国家治理的现代化进程,有利于促进中国国家治理现代化的进程。

1.实行带有中央集权制特点的联邦制

由于印度地域辽阔、人口众多、民族复杂、语言多样、各地区经济社会发展差异悬殊,况且每一个大的民族都建立起了相对独立的社会活动范围,要建立"大一统"的政治制度比较困难。所以,建立联邦制的国家,也是印度各个民族和宗教为建立统一的国家相互妥协的结果。实际上,印度政治制度既具有联邦制要素,又体现了中央集权制的基本特征,而且权力中心在联邦政府。因此,可以叫作带有中央集权制特征的联邦制。

2.印度实行议会民主制

印度在独立后,印度宪法坚持政教分离的世俗主义建国原则,同时规定,印度在政治上实行三权分立和议会民主制。这样一部宪法,对于刚刚摆脱殖民主义奴役的印度来说无疑是历史前进的一大步,它保障了人民的权利和自由,尤其是在法律上保障了少数民族和劣势人群(表列种姓和表列部族)的权利。印度的政治制度不仅传承借鉴了其宗主国英国的政治制度,而且根据自身的现实情况做了适当的调整与修正,保持了社会经济、政治生活的长期稳定。

3.印度推行多党制及议会选举

在政党制度方面,印度实行不同于英国的"一党独大,多党竞争"的政党制度。20 世纪 90 年代以来,印度政党政治发生重大变革,其多党制度从一党独大模式过渡到两大党主导下的多党竞争格局。其特征表现为政党结构中存在着稳定的两极,而多党联合执政的成员数量非常庞大。这种特殊多党制的形成在于两个主要政党的选民基础逐渐趋于稳定,政治竞争从无序状态走向理性化,适应了责任政府和联合政治的趋势,为政治竞争的有序化提供了基础,奠定了两大党制的竞争格局。

选举制度方面,印度的议会是由总统和联邦院、人民院所组成的,虽然总统本身并非议员,但是其作为国家元首,在议会的组成和立法活动中发挥着不可替代的作用。所以其仍是议会的一个重要组成部分。在议员的产生方面,印度人民院中的 525 名议员是按照人口在各邦划分选区,采用直接、自由和秘密投票的方式由选民直接选举产生的,另外的 20 名议员代表中央直辖区,其产生方式由议会以法律规定,或直接选举,或由总统任命。此外,还有两名议员由总统从英裔印度人中任命。印度议会联邦院的 250 名议员中有 238 名是由选举产生,其余 12 名则由总统任命,任期 6 年且不得被提前解散。

(四) 印度国家治理现代化对中国的启示

1.政治制度的选择必须立足本国国情

任何国家的政治制度都带有时代的印记,都反映这个国家的国情。印度独立是在血腥屠杀和骚乱中实现的,宗教矛盾尖锐,民族、部族、语言的分离倾向开始对国家整合构成威胁,况且新政府尚未站稳脚跟。为了应付这些挑战,制宪会议自然倾向于制定一部符合印度国情的联邦宪法。印度在独立时之所以选择了议会民主制的政治体制,这绝不是个别政治家的冲动之举,而是历史大背景所致。中国搞现代化只能靠社会主义制度而不能走资本主义道路,中国也不可能在闭关自守的情况下依靠计划经济实现现代化。

所以,必须建立改革开放型的市场经济新体制。在现代化的制度坐标问题上,毛泽东和邓小平都坚定地选择了社会主义。毛泽东始终把现代化和社会主义制度紧密地统一在一起,强调现代化的制度的取向必然是社会主义。邓小平反复强调,在国家政治制度即政治现代化上,中国绝不能照搬西方那一套。他指出,我们讲社会主义民主,和资产阶级民主的概念不同。西方的民主就是三权分立、多党竞选等。我们并不反对西方国家这样搞,但是自己不会这样搞。"我们实行的就是全国人民代表大会一院制,这最符合中国实际。如果政策正确,方向正确,这种体制益处很大,很有助于国家的兴旺发达,避免很多牵扯。"[①]他再三告诫国人:十亿多人口的中国,如果照搬西方的多党竞选、三权鼎立那一套,一定会出现"文革"中那样"全面内战"的混乱局面,什么建设也搞不成,这是一种灾难。

2.政治稳定是压倒一切的大局

所谓政治稳定,是指一个国家的一切个人、组织及社会集团的政治行为没有对现存的政治秩序和法律制度造成破坏与威胁,国家内部整个政治生活在正常、有序地运作。印度宪法所确定的政治制度,是由英国移植,又吸收他国的政治体制运行经验与本国历史、文化传统经过长期磨合、适应形成的。应当说,它对印度独立后的政治发展起了积极作用。印度统一的局面不仅得以维护,而且得到了进一步巩固,印度共和国的认同感得到了加强。威胁国

---

① 《邓小平文选》第二卷,人民出版社1994年版,第337页。

家统一和领土完整的内部因素逐步被削弱，至今已难以形成气候。在这些方面，政治制度可谓功不可没。所以，印度的政治体制是第三世界国家中较为完善的民主政治体制。

中国是一个发展中大国，社会主义制度仍需不断加以探索和完善，如今又处在社会大变革转型期，不稳定因素仍存在。政治稳定是实现社会主义现代化的保障。在一个拥有十四亿人口的大国进行社会主义现代化建设是一项伟大的事业。我们具有许多有利条件和优势，也有许多不利因素和困难，如众多的人口，以及由此带来的资源相对短缺、交通运输紧张、就业压力大、生态环境恶化等。在这样的国情下，如果全体人民同心同德、齐心协力地进行现代化建设，就能化不利因素为有利因素，最大限度地发挥我们的优势。反之，如果政治不稳定，社会出现动乱，人民内部发生分裂，那就不仅会加剧原有矛盾和困难，而且会丧失我们已有的有利条件和优势，实现现代化也就无从谈起。从这个意义上讲，保持政治的稳定是实现中国现代化的重要保证。用邓小平的话来说就是："中国的问题，压倒一切的是需要稳定。没有稳定的环境，什么都搞不成，已经取得的成果也会失掉。"[①]为此，所有关于中国现代化的设计都要把保持社会稳定放在首位，一切有关现代化的方针、政策、方案都要服从于稳定这一最根本的大局。经过近四十年的改革开放，中国发生了翻天覆地的变化，所取得的巨大成就举世公认均得益于此。

（执笔人：丁银河）

---

① 《邓小平文选》第二卷，人民出版社1994年版，第284页。

第五章　西方发达国家及拉美国家治理的经验教训

　　欧洲、美国和拉美地区大都实行资本主义制度,采取资本主义治理方式,但是,其国家治理的方式和效能存在较大差别。宏观上梳理这些国家治理的经验教训,对我们不断推进和落实全面建成小康社会、全面深化改革开放、全面依法治国、全面从严治党的"四个全面"战略布局,不断完善和发展中国特色社会主义制度、推进国家治理体系和治理能力现代化具有重要的启示意义。

一、欧洲国家治理的经验教训与启示

　　党的十八届三中全会《决定》指出,全面深化改革的总目标是"推进国家治理体系和治理能力的现代化","这是完善和发展中国特色社会主义制度的必然要求,是实现社会主义现代化的应有之义"。"国家治理"问题实际上就是如何协调政府、市场与社会三者之间关系的问题,而国家治理模式可被视为一种政府、市场与公民社会相互耦合所形成的整体性的制度结构模式。① 因此,国家治理应该包括国家治理、政府治理和社会治理三个方面,国家治理能力是一个国家制度和制度执行能力的集中体现,是一国政治生活中带有全局性、根本性的重要问题。

在当今经济全球化、文化多样化、社会信息化深入发展的时代背景下,公共部门与私有部门、国家与社会、政府与市场、主权国家与国际组织的界限日益模糊,出现了许多在传统国家治理体系下无法解决的"治理重叠"和"治理真空"、"市场失灵"与"政府失败"现象,导致无论是发达国家还是发展中国家的国家治理能力的合法性和有效性都不同程度地出现了诸多问题,产生了国家治理的危机。更进一步来看,全球化更是使诸多国家治理问题很难被控制在某国或某个层域的范围内,而是在全球范围内快速扩散和传导,变成了全球性问题,出现了国家治理问题的"涟漪效应"和"蝴蝶效应";与此同时,很多国际性问题也超越了国界,渗透和转化为主权国家内部的治理问题。因此,深入分析欧洲各国构建国家治理体系和提升国家治理能力的经验教训,可以为中国推进国家治理现代化提供参考借鉴,同样也要清醒地正视其教训和挫折,引以为戒。

---

① 参见景维民、王永兴《东欧国家的治理转型:困境与挑战——兼论对中国全面深化改革的借鉴意义》,《人民论坛学术前沿》2014 年第 20 期,第 7 页。

(一)欧洲各国实施现代国家治理的经验

1.实施福利制度,注重社会保障制度的建设和完善

"二战"之后,针对资本主义社会周期性经济危机的加剧和各种社会矛盾不断激化的形势,为维护资本主义制度和垄断资本的利益,欧洲发达资本主义国家以凯恩斯主义的财政政策思想为基础,创建福利保障制度,依靠国家干预经济,实现强有力的反经济周期的国家治理手段。

国家根据经济情况的变化,有意识地安排各项"反周期"措施,在经济萧条时期,实行扩张性财政政策,增加财政支出,减少财政收入,以刺激总需求;在经济繁荣时期,实行紧缩性的财政政策,减少财政支出,增加财政收入,以抑制总需求,可避免经济的一盛一衰的周期,实现资本主义经济既无失业又无通货膨胀的长期稳定的"计划化"。这种补偿性财政政策是"消灭"危机、"消除"经济周期,"解决"资本主义病症的全面性方案。欧洲福利保障制度主要包括四种模式:以斯堪的纳维亚半岛国家为代表的社会民主主义模式(北欧模式),以德国、法国等欧洲大陆国家为代表的保守合作主义模式(大陆模式,也称莱茵模式),以英国和爱尔兰等为代表的自由主义的盎格鲁 - 撒克逊模式,以南欧的西班牙、葡萄牙、希腊、意大利等国为主要代表的地中海模式。[①]　其中,北欧五国是高度发

[①] 参见丁纯、陈飞《主权债务危机中欧洲社会保障制度的表现、成因与改革——聚焦北欧、莱茵、盎格鲁 - 撒克逊和地中海模式》,《欧洲研究》2012 年第 6 期,第 2 页。

达的福利国家,普遍实行"福利普遍化,就业充分化,收入均等化,制度法律化",包括从"摇篮到坟墓"的各种生活需要在内的社会保障制度。而南欧地中海模式的福利制度较差,国家社会财富再分配功能较弱,社会保障程度也比较有限,陷入了低效率与低公平的糟糕状态。欧盟各国社会保障水平较高,并为其创造了前所未有的繁荣昌盛,缩小贫富差距,维护社会稳定,保障公民权利,促进社会公平,为西方国家政府提供了政治合法性。

2.实行社会市场经济,注重效率与公平相互促进

如何看待政府与市场、效率与公平的关系,是一个在世界范围内普遍存在争议的问题。莱茵河流域的西欧国家,主要是德国(还有瑞士、挪威、瑞典等国),实施以社会市场经济为基础的"莱茵模式"(Rhineland Capitalism)。这是一种把高度集中的中央计划经济和自由放任的资本主义市场经济有机结合起来,力求做到自由、效率和社会秩序三者和谐统一的国家治理模式。这种模式实质上是以市场自由竞争为主,以国家的适当干预为辅。换言之,它继承了传统资本主义市场经济中的私有制、契约自由、竞争自由、经营和择业自由等精华,又吸纳了社会主义的公正、公平和共同富裕的先进成分,即这种发展模式既要充分发挥个人自由、积极性、创造性和市场的竞争性,实行优胜劣汰,同时又特别注意用高税收和高福利的社会政策和社会保障来调整市场竞争带来的对公平的扭曲,[1]

---

[1] 参见周敬青、陈小斌《"莱茵模式"发展现状研究》,《上海行政学院学报》2010年第5期,第77页。

从而实现了效率与公平相互促进。与冷酷的资本主义"美国模式"相比,"莱茵模式"具有"温情资本主义"的色彩,适合长期性的产业增长,企业注重集体成功与长期利益,有利于渐进性创新,是德国、芬兰、丹麦等国大型实业经济发达的主要原因之一。同时,完善的福利制度,实行重大决策的"共参制",形成一个人数众多的中产阶级,有利于实现社会稳定和社会公正。

3.实施文化多元主义政策,注重社会融合

20 世纪 60 年代以来,西方国家面对族群与文化多样性,提出多元文化主义,实施尊重差异、追求多元文化并存的重要社会思潮和社会政策,在传统的移民国家与传统的民族国家和非典型意义上的现代移民国家的西欧,同样取得了引人注目的成就。

20 世纪 60 年代以来,因劳动力需求增加,殖民主义体系土崩瓦解,大量外来移民与原殖民地人民彻底改变了欧洲国家单一的人口结构和民族结构,形成了民族的多样性。英国、瑞典、法国、荷兰、比利时和丹麦等国家,先后实施了不同程度的允许外来移民保持其文化与宗教的多元文化主义的社会政策。在欧洲,文化多元(或文化多样性)基本上涉及两个范畴:一是欧洲本土文化的多样性;二是欧洲本土文化与外来的非欧洲文化形态的共存而形成的多样性。① 欧洲各国都赋予外来移民相应的政治、经济与社会权利,享有平等机会,使"移民适应本土社会",其目的是更好地整合

---

① 参见张金岭《欧洲多元文化主语:理念与反思》,《欧洲研究》2012 年第 4 期,第 126 页。

外来移民,促进社会融合。比如,荷兰自20世纪80年代起就强调移民群体对荷兰社会的全面参与,90年代,荷兰又强调对移民群体施行"整合政策",侧重于将他们转变为积极的公民,享有责任、权利和义务。自2000年开始,荷兰同时强调"共享公民权"和"共同参与",强调缩小移民和荷兰主流社会的差距。

(二)欧洲国家推进国家治理现代化的教训

正如马克思所深刻指出的,近代西方所产生的资本主义经济制度,以及与之相应的政治制度和价值观文化,在本质上是围绕资本主体(个体)的生存发展而展开的,即以资本实体为基础的社会,在主导的价值取向上也是个人权利取向的。以权利正义取向理论为基础的欧洲国家治理在本质上是个人权利价值取向的,也就是从个人价值的视野出发判别国家治理制度服务于个人发展的作用的性质和程度。因此,欧洲国家治理现代化过程中存在巨大的教训和很多的问题。

1.政府债务负担过重,导致严重的主权债务危机

欧洲国家的高福利支出也是建立在高税收的基础上,欧元区政府税收较为稳定,而国家社保支出节节攀高,加剧了财政赤字,造成债务负担过高。同时,人口老龄化问题日趋严重,为欧洲福利制度持续加压。社会保障制度财政上的不可持续性一直是困扰欧洲各国最主要的问题之一。尤其是采用超前、透支的高福利制度

的南欧五国,通过高的企业税收和社保缴费水平维持高福利支出,公共财政支出严重超过财政收入,加上实体经济的空心化和产业结构的失衡导致经济增长乏力,金融危机下政府无力偿付这些像雪球一样越滚越大的债务,最终爆发了严重的主权债务危机,成为欧元区成立以来最大的金融危机。社会福利保障制度作为反经济周期的国家治理政策失效了,极大地抑制了欧元区竞争力的提升,导致长期的结构性低增长、高失业,以及催生了大批的福利懒汉。

2.文化多元主义面临困境,难民问题和恐怖主义严重

欧洲国家将多元文化主义政策作为处理多样性的族群、语言、文化和宗教矛盾而实施的社会政策。然而,数以百万计的穆斯林移民涌入欧洲,暴力事件频发,如英国伦敦地铁爆炸案、西班牙的马德里爆炸案、法国的巴黎骚乱和挪威的布雷维克枪击案。尤其是近年来中东、北非难民问题,严重挑战了欧洲多元文化主义和社会融合的治理措施。

多元文化主义政策的实施,使得欧洲国家的穆斯林及其族群较好地保留了其伊斯兰教文化和生活方式,但客观而言,穆斯林族群构成的"社会"与欧洲国家的主流社会是分裂的、并行的"平行社会",穆斯林族群信奉的伊斯兰教文化与欧洲国家主流社会的基督教文化产生了激烈的冲突。欧洲主流社会呈现出越来越严重的民粹主义情绪,隔离和排挤外来移民。多元主义治理政策失败,各族群之间矛盾日益尖锐化。

3.东欧各国体制转型导致国家治理危机

东欧各国体制转型已经进行了 20 余年,各国模仿西方初步建立民主政治与市场经济体制,但是各国依然体系混乱、政府更替频繁、政治不稳定,呈现一种较低的制度化水平,国家治理能力存在较大的危机。中东欧国家都采取了政治与经济转轨同步进行,给国家和社会带来巨大压力,政治民主化决定着转型的方向和边界,经济转型的深化和发展为政治转型提供基础,也在很大程度上影响着中东欧国家的政治稳定和国家的治理能力。因此,这种经济和政治的"共振"现象,极大地影响了中东欧国家政坛的稳定。当经济形势相对乐观时,国内政坛也相对稳定,政治发展呈现良好态势。但当经济形势恶化时,政治体系内部也多有动荡,执政者缺乏有效的应对措施,难以有效应对经济形势的变化,使经济问题在政治领域乃至整个国家内蔓延,导致执政党地位不稳,政府垮台与重组频发。因此,经济形势恶化时,政治系统不能在此时起到有效的缓冲作用,给国家治理带来巨大的压力和危机,往往也是中东欧政坛最不稳定的时期。

4.欧盟治理和欧洲一体化的深化削弱了成员国的治理能力

欧洲一体化是一个为解决外部性危机而建立的一种共同治理体系的进程,它是有关国家出于实现至关重要的国家利益的需要而做出的,通过建立共同治理机制并向它转交相应权力以共同控制和解决外部性问题的一种战略选择。[①] 欧盟多层级治理,现阶段更多地表现为成员国对超国家机构的权力让渡,一体化的进一步发展将加大民族国家主权和欧盟超国家权力之间的矛盾,欧洲"善治"在某种程度上可能威胁和削弱既有国家制度的治理能力和民主质量。如,在 1993 年哥本哈根首脑会议上,欧共体提出了入盟的四项具体标准和要求,明确提出了加入欧盟的国家政治民主化和经济市场化转型的标准和要求。1997 年欧盟颁布了《2000 年议程》,开始每年对中东欧国家的转型进程进行评估,督促其对弱项限时整改,使原先国家治理能力较差的东欧各国雪上加霜。统一的货币政策使欧盟成员国在面临财政困难时,无法采用货币政策,无法通过货币贬值来增强竞争力和缓和财政负担,调控经济几乎只能依靠财政政策。当金融危机爆发后,为挽救经济,抵御衰退,各成员国不得不采取扩张性的财政政策以刺激经济,而欧盟却要求各国采用紧缩政策应对危机,结果赤字和债务状况更加严重。欧洲治理导致了成员国国家治理的去边界化,引发政治空间的去国家化,削弱了各成员国的治理能力。

(三)欧洲国家治理的启示

纵观当今世界的国家治理实践可以看出,欧洲大多数国家属于权利正义取向,即以个人价值为主导的资本主义国家治理类型,中国等国家则属于共同善目的取向的社会主义国家治理类型。党

---

① 参见陈玉刚《国家与超国家——欧洲一体化理论比较研究》,上海人民出版社 2001 年版,第 306—310 页。

的十八届三中全会已经明确指出了中国国家治理体系及其改革所指向的根本价值目的——促进公平正义、增进人民福祉。因此，中国的国家治理现代化是在中国特色社会主义道路下进行的，要坚持社会整体价值优先论。但是我们借鉴总结欧洲现代化进程中在国家治理上的经验教训，无疑具有十分重要的意义。

1.批判地借鉴西方国家治理模式，避免"普世"治理模式的陷阱

英、德、法、瑞典等虽同属欧洲国家，但各自治理理念和政策实践存在较大差别。英国国家治理更强调个人自由与市场竞争，社会与市场的地位与作用可与政府比肩，德、法、瑞典等欧陆国家则更注重政府责任与社会公正，强调政府公共服务职能。一些发展中国家曾一度自觉或被迫照搬西方"先进治理模式"，表面上虽拥有西式治理外壳，实际上却与本国国情严重脱节，因而陷入"低效治理"甚至"无效治理"困境。部分东欧转型国家在推进过程中急于求成，忽视本国政治文化、宗教民族和社会结构特性，将治理现代化等同于西式"政治民主化"和"经济自由化"，想要"一步到位"移植西方"先进治理模式"，加剧了国家"无效治理"乱象，治国体系难以形成"内生性"，难以形成符合本国实际的有效治理道路。我们要认清"普世"治理模式的陷阱，在坚持独立的中国特色社会主义国家治国之道的同时，努力融合"本土基因"和"外部元素"，构建出既有本国特色、又兼具众家之长的治理模式，提高治理能力。

2.增强政府、市场和社会三大治理体系的匹配程度,提高国家治理的有效性

政府治理、市场治理和社会治理是国家治理的三大"次级体系",三者任何一方权力过大或过小,边界过宽或过窄,均会导致国家治理体系功能紊乱。《中共中央关于全面深化改革若干重大问题的决定》做出"使市场在资源配置中起决定性作用"的定位,习近平总书记也清楚指出,"我国实行的是社会主义市场经济体制,我们仍然要坚持发挥我国社会主义制度的优越性、发挥党和政府的积极作用。市场在资源配置中起决定性作用,并不是起全部作用",这有利于树立关于政府和市场关系、公平和效率关系的正确观念。首先,要重新审视政府的作用。计划经济时代"全能型"的国家治理模式已经完全不适应市场经济的发展和改革,但近些年来以贸易自由化、全盘私有化、完全市场化为特征的新自由主义在国际上大行其道,也不适合中国的市场经济发展。中国政府应该"着力培育市场,部分地替代市场"。一方面,政府必须积极创造促进市场机制作用发挥的良好制度条件,担当起培育市场的职责,也就是"扶持之手"的作用。在弥补市场失灵方面,政府要保证不能"缺位"。另一方面,市场机制和社会组织能够自发解决的问题政府不能"越位"处理,当前我国政府倡导的"负面清单"管理很好地体现了这一思路,"法无禁止即可行"就是对"市场经济要在资源配置中起决定性作用"论断的有力诠释。只有当政府治理、市场治理、社会治理三者相互匹配时,国家治理才能找到秩序与活力、效

率与公平、权威性与自主性的最佳平衡点;一旦三者关系失衡、匹
配失度,则会陷入政治失效、市场失灵和社会失范等困境。[①]

3.构建中国特色的边疆民族治理模式,防范和打击国际恐怖势力的挑衅

中国拥有 3000 余年用和谐共生理念构建多民族统一国家的
历史经验,又有自 19 世纪 50 年代以来实施增进少数民族权益和民
族区域自治的成功实践,作为历史悠久的多民族统一国家,保持着
无与伦比的民族文化多样性,保持着令全球其他发展中国家钦羡
的社会稳定和民族和谐。目前,中国存在的边疆民族关系问题,多
是西方国际社会介入或干预造成的输入性民族冲突。通过构建有
中国特色的边疆民族治理,有助于中国反制敌对势力对国家内政
的干预,也能为新兴的发展中国家解决民族问题提供国际先进理
念。同时,也要严格防范和打击国际恐怖势力从欧美向南亚、西亚
等地区转移,利用宗教信仰和民族感情,与民族分裂分子相勾结,
带来恐怖活动。

4.重视个人价值,加强基层治理的有效性

中国市场经济体制和社会保障制度的完善,不断鼓励和激发
人们个性自由的成长意识,这就要求在中国的国家治理体系建设

---

① 参见张光平、张思萌《国家治理现代化:国际经验与教训》,《当代世界与社会主义》
2015 年第 2 期。

中,需要更加重视个人价值。中国各类非政府组织、志愿社团、协会、社区组织及相关基层自治组织迅速发展壮大,为公民提供了参与治理的机会和平台。社会组织具有志愿性、自主性、公益性、公平性、服务性及广泛参与性等特点,能及时满足人民群众日益多样化、个性化、高质量的国家治理服务需求。因此,尊重和重视公民的个人价值,才能启动国家治理现代化的社会活力,基层社会自治组织的完善和作用的充分发挥是提高中国国家治理现代化的关键性因素。

二、美国国家治理的经验教训与启示

(一)美国国家治理的理论传统

政治平等是美国国家治理理论中民主的标签。在当今贫富差距日益扩大、经济不平等加剧的背景下,美国的政治平等受到严峻挑战,国家治理的主体是否受金钱控制成为美国政治研究关心的主要问题。关于美国国家治理的主体问题,主要有四种理论传统。第一种理论认为,美国实行的是多数人的选举民主(Majoritarian Electoral Democracy),美国治理的主体是广大公民,美国推行的政策较好地体现了广大公民的意志。托克维尔在《论美国的民主》中认为,美国人实现了身份的完全平等,美国的政策能体现美国多数人的利益,"大多数"拥有至高权利;同时,托克维尔也担忧"大多数暴政",指出美国的民主形式绝不是民主具有的唯一形式。美国总统林肯曾将美国政府的理念概括为"民有,民治,民享",强调人民是治理国家的主人。而当今选举民主的理性选择理论被看作是对这一传统理论的继承和发展,代表作有道恩斯(Anthony Downs)《民主的经济理论》,该理论认为:竞选驱使总统候选人的政策倾向汇聚在美国广大公民政治偏好的中点。第二种理论认为,美国受经济精英支配(Economic-Elite Domination),美国治理的政策制定的主体实际上是占有重要经济资源的个人,经济精英对国家治理产生重要影响。例如,密尔斯(C. Wright Mills)的《权力精英》一书论述美国历史上,社会、经济、政治和军队的精英如何主导国家治理的政策制定;多姆霍夫(G. William Domhoff)则详细论述美国的经济精英如何支配美国政策制定的若干重要议题。第三种理论认为,美国的治理体现了多数多元化(Majoritarian Pluralism),所有的利益团体(包括大众的利益团体和商业利益团体),都对国家治理产生独立的影响。例如,美国总统麦迪逊(James Madison)强调各种组织起来的利益团体的作用,认为各类公司和工业部门等团体抗衡斗争的结果有利于合理地满足广大公民的需要。第四种理论则针锋相对地指出,美国的多元化实际上是有偏向的,只有商业利益团体才对国家治理产生重要影响,其他利益团体的影响并不完全独立。例如 E. E. Schattschneider,George Stigler 等人指出,虽然国家治理被多种利益团体之间的冲突所推动,但公共政策偏向商业利益集团或协会。[1]

---

[1] 参见 Martin Gilens and Benjamin I. Page, *Testing Theories of American Politics: Elites, Interest Groups, and Average Citizens*, Perspectiveson Politics, September 2014, Vol. 12, No. 35, pp564-568.

（二）美国国家治理实践中的问题：政策偏向富裕人群

近年来的一些数据调研支持第二和第四种理论，认为美国经济受经济精英和商业利益集团的支配，揭示了美国民主的困境。研究指出，经济精英等少数富裕人群对美国政策产生了重大而独立的影响，而一般公民和大众的影响微乎其微；而且，经济精英的政策偏好与广大民众的偏好存在较大差异，有时甚至背道而驰。民选的官员与广大民众的困苦脱节，国家治理被金钱财富所控制，仍是美国治理面临的一个重要问题。

本杰明·佩奇（Benjamin I. Page）等人利用"经济成功者调研"（Survey of Economically Successful Americans［SESA］），"消费者财务调研"（Survey of Consumer Finances［SCF］），芝加哥大学的"全国民意研究中心"（National Opinion Research Center［NORC］）的研究数据，对美国最富裕的1/3或1/5人群，以及最富裕的1%的群体的政策偏好进行了一系列分析，指出参议员的提案和联邦政府的相应政策更接近美国富裕人群的政策偏好，而不是低收入或中等收入者，美国治理的主体是处于财富金字塔顶端的少数富裕人群，他们才是"最富影响力的美国人"。[①]

佩奇等人的分析指出：首先，富裕人群对国家治理的参与度比一般公众更强。富人参政意识很强，几乎所有人（99%）都参与了

[①] 参见 Benjamin I. Page, Larry M. Bartels, and Jason Seawright, *Democracy and the Policy Preferences of Wealthy Americans*, Perspectiveson Politics, March 2013, Vol. 11, No. 1, pp51-73.

2008 年总统选举投票,绝大多数(84%)经常参加政治活动。2/3 的富人贡献了政治捐款,在一年内人均捐赠 4633 美元给政治竞选或组织。而 2008 年美国全国大选调研(American National Election Study)表明,仅有 14% 一般公众捐款给候选人或党派。研究者推测,富人发声的渠道比一般公众更顺畅,声音"更大",更容易被政策制定者听到。

其次,对于美国民众关心的经济、教育等国家治理的具体问题,美国富裕人群的主张和一般公众的诉求有明显差异。富人比广大公众更保守,这体现在对税收、经济调节、社会福利等方面的政策倾向上:对于"今天美国面临的最重要的问题",绝大多数富人(87%)认为预算赤字是最为重要的,其次是失业、教育(79%)、国际恐怖主义和能源供给,过半数富人指出医疗、儿童贫困及传统价值丢失等问题,而认为"通胀"非常重要的富人仅有 26%。这说明富人对预算赤字的担忧并不来源于通胀。而由于失业率自 2008 年以来在 10% 左右徘徊,一般公众非常关注就业和经济,半数以上公众认为经济是最重要的问题。

为处理赤字和国家债务,富人倾向削减开支而不是增加税收:八成富人主张削减农业补贴;三成左右的富人主张削减社会保障;两成富人主张削减医疗保障开支;一成左右要求减少国土安全和环保开支。对照之下,一般公众超四成要求增加社会保障、医疗和国土安全开支,近三成要求增加环保开支。对于医疗和退休养老金,愿意"支付更多的税以提供覆盖到每个人的医疗保障"的富人比例比一般公众的比例低。可见,富人在社会保障和医疗开支等福利项目上与一般公众的观点相左,这可以解释为什么很多官员提议削减福利项目,尽管这些项目惠及大多数普通美国民众。

为处理美国民众最关心的经济停滞问题,富人的政策主张与一般民众差异较大。富人主张依赖私人企业,反对政府的收入维持(失业救济)或就业项目。关于政府的就业和收入项目,例如"政府必须保障人人有饭吃有衣穿,或有住所","最低工资足够高,以保证有全职工人的家庭不会沦落到官方贫困线以下","政府应保证每个想工作的人找到工作"等问题,只有少数富人支持,而一般民众中七成甚至八成支持这些项目。

对于经济调节与宏观经济政策,同意"政府在调节市场中发挥基本作用"的富人比例比一般公众比例低(55%比71%)。针对一些特定的经济领域(例如金融业、石油工业、医疗保险业),富人更倾向于政府减少调控,一般民众更倾向于增加调控。

对于教育政策,虽然富人和一般公众都支持提高税收支付学前教育,提高教师绩效工资,为高中生提供职业教育,但是富人倾向市场化改革,而不主张加大公立学校投入,这无视了美国一般民众的诉求。调研表明,对于"联邦政府应有必要开支以保障每个孩子能上好的公立学校"这一要求,仅有35%的富人支持,而一般公众中有87%支持。对于"联邦政府投资职业再培训帮助工人适应经济发展变化"这一诉求,有过半一般公众支持,却有七成富人反对。对于提供奖学金让"想上大学的都能上大学"的要求,仅有28%的富人支持,而78%的一般公众支持这一主张。

对于"不平等"问题,富人和一般民众看法比较一致:半数人认为一半的财富集中在美国1%最富有的人手里,八成以上认为当今美国贫富收入差距比20年前大,六成认为贫富差距过大。对"再分配"问题,均认为基金经理、国有大公司 CEO 收入应减少一半,心脏外科医生减两成,店员和普通医生略增,工厂无技能工人和技术工人工资略增。富人虽然同意收入应更平等,但是,大多数富人却认为政府没有责任去减小收入差距,不能通过对富人课重税以减小差距,这与一般民众认识有差异。

由此可见,美国治理的政策偏向富人的偏好,与广大民众的诉求脱节,代议制表达公共利益的功能受到了严重的削弱,引发公众的不满,这是美国民主面临的难题。

(三)美国国家治理问题的症结:经济不平等

美国的治理政策为什么不能回应民众关切的问题?为什么会偏向富裕人群?佩奇认为,美国政策偏向的根源在于:整个美国社会的经济不平等问题日益严重,不再真实反映大众的利益诉求。我国学者也认为,美国民主政治未能在政治平等的基础上增强公民的社会权利,对经济不平等进行有效调节,反而在富裕阶层的影响下推动了经济不平等的急剧扩大,从而导致政治平等的实质下降,这是美国民主政治衰落的根源所在。①

1.美国财富集中的轨迹

从美国财富集中的演变轨迹来看(如图 5.1 所示),19 世纪美

---

① 参见汪仕凯《不平等的民主:20 世纪 70 年代以来美国政治的演变》,《世界经济与政治》2016 年第 5 期。

国的财富日渐集中,到了1910年,美国资本的不平等程度很高;而在1910年至1950年,美国的财富不平等程度逐步下降,而后稍有波动;1979年以后,美国贫富差距越来越大。1910年,美国前10%的人群占有总财富的80%,而前1%的人群占总财富的45%。[①]1950年到1978年,美国的低收入、中等收入及中高收入家庭的实际收入均增加一倍,穷人和富人几乎一样地分享了经济增长的收益。然而,从1979年到1992年,美国家庭收入增长8260亿美元,其中98%给了最富裕的1/5人口。1992年,最富裕的1%美国人拥有全部私人财富的42%。[②]2010年,美国10%的人群的财富比重超过70%,而前1%的人群的财富比重接近35%。

由此可见,1950年至1978年,美国对经济不平等进行了有效的调节,而1979年以来,正当人们以为资本主义的魔鬼已经被关进潘多拉的魔盒里时,社会公正没能继续前进一步,贫富分化再度反弹加剧。围绕1980年这个节点,政治学家、经济学家考察了不同的证据,做出了不同的解释:有人将此归罪于里根时代的税收政策降低了富人收入税,增加了低收入和中等收入纳税人的税收;有人认为这是受全球经济的影响,高技能工人收入上涨快,低技能工人薪资降低。

---

① 参见[法]托马斯·皮凯蒂《21世纪资本论》,巴曙松等译,中信出版社2014年版,第357—358页。

② 参见[美]迈克尔·桑德尔《民主的不满:美国在寻求一种公共哲学》,曾纪茂译,江苏人民出版社2008年版,第369、384页。

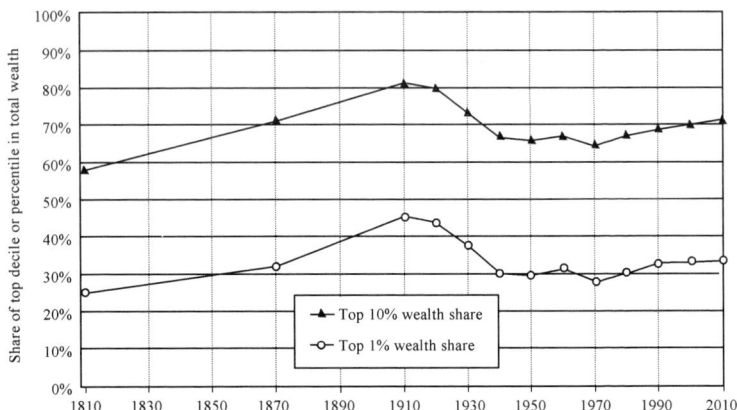

图 5.1　1810—2010 年美国的财富不平等①

2.经济不平等的调节

贫富差距为什么会扩大? 如何应对财富悬殊的影响以保证社会公正? 这是一些警觉的美国观察家关心的问题。早在 19 世纪末著名的"镀金时代",美国一些实业家和金融家(比如约翰·洛克菲勒、安德鲁·卡内基、约翰·摩根)积累了前所未有的财富,引起了不少美国观察家对丧失平等精神的警觉,1919 年,时任美国经济学会主席的欧文·费雪宣称,不断加剧的财富集中是美国最重要

---

① 参见[法]托马斯·皮凯蒂《21 世纪资本论》,巴曙松等译,中信出版社 2014 年版,第 358 页。(编者注:Share of top decile or percentile in total wealth,意为最富有的十分之一或百分之一的人所拥有的财富在总财富中的份额;Top 10% wealth share 意为前 10% 的财富份额;Top 1% wealth share 意为前 1% 的财富份额。)

的经济问题,威胁了美国社会的整个基础。一些政治学家和经济学家受费雪影响,把贫富分化看作最基本的问题,探讨贫富分化的原因和应对措施,以求推动社会公正的发展。

首先,有人强调税收对调节经济不平等的杠杆作用。1910 至 1920 年,美国倡导对高额财富征收非常高的累进税,并对过高收入征收累进所得税。两次世界大战期间,很多发达国家尝试了高税率,而美国对过高收入和财产的没收性税收仍是创造性的——它是第一个尝试实行超过 70% 税率的国家,先是 1919 至 1922 年针对收入,然后在 1937 至 1939 年针对遗产。在 1932 至 1980 年,美国联邦所得税的最高税率平均为 81%,其中 1942 年到 20 世纪 60 年代中期,最高税率在 90% 上下。而 1980 年至 2010 年,美国的最高税率下降到 30% 至 40%(1986 年里根税改后有一个 28% 的低点)。

可见,高税率曾有效地调节了美国的经济不平等,并且在以强有力的激进方式修正私人激励的同时,尊重自由竞争和私人产权,在此意义上,累进税被皮凯蒂称为一个相对开明的消减不平等的办法,代表社会正义和个人自由之间的一个理想折中。然而,这种社会进步在 1980 年以后慢慢停止,美国的政治进程被 1% 的人俘获的观点慢慢流行起来。

其次,一些经济学家关注劳动收入的不平等,尤其是工资收入的不平等,提出投资高等教育和培训的决定性意义。经济学家戈尔丁和卡茨的比较研究表明,美国的工资差距在 20 世纪 70 年代以前逐渐缩小,而在 20 世纪 80 年代突然扩大,差距开始扩大的精确时间点,恰是大学毕业生人数第一次出现增长停滞的时候,因此他们认为:美国工资不平等源于美国未能充分投资高等教育,高昂的学费让众多家庭难以承受。[①] 从长远看,教育和技术是工资水平的决定因素,大力投资教育是降低劳动收入不平等,提高经济整体增长的最好方式。但是,经济学家皮凯蒂指出,教育因素不能解释收入最高的1%人群的报酬急剧增长这一占据主导地位的现象,应把注意力集中在正确的问题上。

皮凯蒂认为,利用税收数据,更能把注意力集中到贫富分化的实质问题上。回顾20世纪累进税的历史,皮凯蒂提出了对精英治理的怀疑,他认为美国趋于寡头政治的风险确实存在,引发累进税制的是战争,而不是普选的自然结果,"当经济和金融精英必须维护自身利益时,其虚伪程度让人触目惊心","一些经济学家怀有保护一己私利的不良倾向,却难以置信地宣称他们在捍卫公众利益"。[②]

(四)美国国家治理的经验与教训

1.历史上的改革

在经济不平等加剧的现实条件下,财富对权利的影响成为政治理论家关心的问题,"金钱政治"被视为民主衰落的根源。历史上,为抑制金钱政治的影响,美国自建国以来陆续推行了一些改革

---

① 参见[法]托马斯·皮凯蒂《21世纪资本论》,巴曙松等译,中信出版社2014年版,第313—314页。

② [法]托马斯·皮凯蒂:《21世纪资本论》,巴曙松等译,中信出版社2014年版,第528—529页。

措施。首先,美国进行了一系列文官制度改革:例如,1883 年国会通过了《彭德尔顿法》稳定文官队伍,以绩效制选拔文官,文官不再因政党的更迭而改选,保障政府工作的连续性和政策的稳定性;美国国会先后通过了《宪法》第十六、十七条修正案,以抑制政党分赃、党魁政治对议会党团的控制,以及财团操纵立法机构等腐败现象。

其次,为了改变企业巨头对美国经济和政治的全面控制,美国通过了一系列反垄断法令。例如,美国国会于 1903 年通过了规定联邦政府优先受理反垄断案件及创立监管公司组织与运行的"商务与劳工部"等法令,减少了寻租腐败,以维护公平有序的社会经济环境。

再次,鼓励自治组织团体介入社会治理。例如,在食品安全领域,20 世纪初先后出台了《肉制品检验法》《纯净食品与药品法案》;在自然资源开发领域,通过了《森林保留法》等;通过法律保护为维护公众权利而进行结社,重塑社会治理能力;等等。食品、环境、安全生产等领域的新型自治组织团体大量涌现并介入社会治理,维护广大民众利益。

19 世纪末 20 世纪初的这些举措,在当时的社会条件下,取得了一定的效果,控制了利益集团的影响,政府赢得了民众的信任。1964 年,有 76% 的美国人相信华盛顿政府多数时候在做正确的事情。然而,30 年以后,只有 20% 的美国人仍对政府持有这份信任。① 近年来,由于社会矛盾和冲突愈演愈烈,导致民众对政府产生了信任危机。

---

① 参见 *Gallup Poll Monthly*, February 1994, p. 12,转引自[美]迈克尔·桑德尔《民主的不满:美国在寻求一种公共哲学》,曾纪茂译,江苏人民出版社 2008 年版,第 346 页。

2.严峻的现状

当今美国社会的矛盾和冲突凸显了利益集团的巨大影响,揭示了"金钱政治"的危机。一个典型的事例就是奥巴马医改,它加剧了民主党和共和党在国会内及总统之间的争斗,成为美国政治极化的标志。[①] 20 世纪 60 至 70 年代,美国初步建立较为完善的社会保障制度,尤其是针对低收入者的医疗保障制度,当时的医疗费相对合理。自 80 年代里根实施新自由主义改革之后,美国医疗体系全面私有化,医疗集团、制药公司和商业保险公司形成利益铁三角,急剧推高了医疗费用,这不仅给个人,也给联邦政府和州政府带来沉重的负担。同时,医疗负担推高企业成本,成为美国制造业外流的主要原因之一。90 年代,克林顿政府曾尝试推行医疗保险制度改革,但在利益集团压力下被迫叫停。奥巴马试图推行的医改,以其 2012 年总统竞选时,他的竞争对手罗姆尼任马萨诸塞州州长期间推行的医改方案为蓝本。2013 年,医改问题成为美国两党政治斗争的核心,至 2013 年 10 月,两党斗争达到顶峰,白宫被迫临时关闭联邦非安全部门。利益集团利用总统决策法令化的制衡体制,使医改偏离降低医疗费用的初衷,增加了联邦支出和中产阶级税收来补贴医疗保险。加利福尼亚年收入 16 万美元的家庭,扣除联邦税、州税和保险后,净收入只剩 9.28 万美元。由于不能享受医疗补助保险,中产的个人赋税和回报率不成比例,引发了中产阶层

---

① 参见雷少华《民主、民主化与美国民主的困境》,《国际政治研究》2016 年第 2 期,第 95—109 页。

的不满。

其次,控枪问题成为当今美国人最焦虑的问题。芝加哥 2016 年发生了 1000 多起各种枪击案,令人担忧。2016 年奥兰多枪击案后,民主党议员力推控枪法案,国会就控枪议案进行辩论。一方面,支持控枪者指出,枪支威胁民众的生命安全,甚至出现在普通家庭冲突中威胁至亲生命的案例,可以效仿欧洲控枪而实现社会稳定安全;另一方面,一些个人和团体极力反对控枪议案的实施。虽然反对控枪的只是少数人,但由于民主的一个原则是"不能忽略少数人的诉求",这导致国会维持现状,毫无作为,控枪辩论无果而终。

可见,经济的不平等,利益集团对政策的强大影响,损害了公众利益,成为美国民众对现实不满的根源。

(五)美国国家治理的启示

当今的美国社会,贫富差距日益增大已经成为公认的社会现实。在这种经济不平等日益扩大的现状下,财富对国家治理主体的影响,经济不平等与政治不平等的关系,成为政治理论家关注的首要问题。几个世纪来,为了摆脱财阀对政治的控制,美国通过一系列法令和举措,改革文官制度,整顿经济秩序,保障社团监督,取得一定效果。但是,美国仍被政治学家称作"不平等民主"(Unequal Democracy),美国国家治理政策的制定仍然偏向富裕人群而与广大民众的诉求脱节,且精英制定的政策反过来加剧了经济不平等,这一现象被视为对核心的"民主"价值的严峻挑战,因为核心的"民主"价值要求政府的政策制定应有利于所有公民的利益,实现政治平等。

在《21世纪的资本论》中,针对贫富分化这一重要问题,皮凯蒂考察了各种假说和证据,对精英治理的模式提出怀疑,把1%的精英财富的激增问题放到了聚光灯下。如何限制利益集团的影响,保障民众的权利?杜威认为,美国民主的关键问题在于"公共领域的侵蚀",即人民对其共同命运展开协商的公共领域的丧失。早在1927年《公众及其问题》中,杜威曾指出:"发展伟大社会的机器时代已经扰乱并部分地瓦解了从前的小共同体,与此同时却没有产生一个伟大的共同体。"霍耐特在《自由的权利》中论述了杜威的"民主公众性"形成的几个条件。① 为公众提供参政议政的机会和条件,推动事态向有利于公众的方向发展,是走向社会公正的有益思路。

美国国家治理的理论和实践给我们的启示是:第一,美国的民主形式不是"民主"具有的唯一形式,美国的民主形式并没有克服政治不平等,没有实现核心"民主"价值。第二,在实践中,贫富差距日益增大的现状,向政治平等的民主理念提出了严峻挑战,虽然目前的理论研究仍不能清晰地解释经济不平等的增长是否必然导致财富权力的壮大,从而对政治平等产生更强大的阻碍。第三,依赖精英治理保障公众利益并不现实,应发挥广大人民群众的主体性,为人民群众参与治理创造条件。最后,治理要保障广大人民的根本利益,不能照搬其他国家的模式,必须详尽调研、分析本国的实际情况,任重道远。

---

① 参见[德]阿克塞尔·霍耐特《自由的权利》,王旭译,社会科学文献出版社2013年版。

三、拉美现代化进程中国家治理的经验教训与启示

拉美在现代化进程中有不少经验教训,特别是在国际上有"拉美陷阱"之说,这特指拉美在现代化进程中,由于经济社会发展失衡导致的外债和财政赤字较大、通货膨胀严重、贫富两极分化严重、各种社会矛盾凸显和激化等,以致长期不能走出困局的情况。近年来,受国际金融经济危机的影响,拉美面临的经济形势较为严峻,各国经济增长疲软,通货膨胀和货币贬值加剧,经济不确定性增加。与此同时,拉美左翼政府也面临不少挑战和困难,特别是委内瑞拉经济形势更为严峻。因此,总结拉美现代化进程中在国家治理上的经验教训无疑具有十分重要的意义。

(一)要建立健全适合国情的政治经济制度,进行较为彻底的社会改革和治理

二次世界大战以后,广大发展中国家纷纷获得独立,资本主义殖民体系被瓦解。独立之后,发展中国家为了迅速发展经济,缩小与发达国家的差距,普遍进行了程度不一的政治经济改革。在经济制度方面,发展中国家首先面对的是封建土地所有制和殖民时代留下的大地产、大种植园制度。东亚韩国、新加坡等国家和地区的现代化发展成效被普遍认为较好,这是因为这些国家进行了较为彻底的土地改革,建立了比较平等的社会经济结构,并在发展过程中注重解决收入分配差距过大问题。进行较为彻底的土地改

革,意义极为重大。废除前资本主义的土地关系,消灭带有封建主义色彩的高地租率,才能使资本转向工业;有助于把劳动者从旧的社会关系中解放出来,从而改善阶层结构,缩小收入差距,为社会提供较高素质的劳动者,促进经济发展,扩大国内市场。因此,土地改革可以说是衡量发展中国家现代化建设能否成功的一个风向标。最为重要的是,废除旧的土地制度,才能削弱种植园主、大农场主旧政治经济势力对社会发展的不利影响。由于没有旧的既得利益集团阻挠社会进步,东亚地区的经济发展模式转变、产业结构调整等才得以顺利推行,这些国家的现代化建设取得了较大的成就。否则,在旧社会政治经济结构上追求经济增长,无论采取何种发展模式,都很难达到理想效果,反而是收入分配严重不公,腐败、失业和贫富两极分化等社会问题更为严重。

在拉丁美洲,20 世纪 60 年代至 70 年代,掀起了土地改革的高潮。土地改革运动在各国的进行情况是不同的,有较为彻底的,有局部性的,也有迫于国际国内压力仅做表面文章的。国际上普遍认为,仅古巴、尼加拉瓜、智利、墨西哥、秘鲁等国的土地改革比较激进。总而言之,这些改革是很不彻底的,拉丁美洲的许多土地改革没有像预期的那样在把土地重新分给农民后导致大庄园制度的消灭。相反,它导致了大庄园的现代化,大庄园被改造成资本主义的农场,这样大农场主取代了地主、大种植园主等,现代农业工人取代了佃农、农奴等,依旧是两极分化的阶级阶层格局,阻碍着经济社会的进步。至今巴西 45% 的可耕地仍被占农户总数 1% 的大庄园主占有。① 在政治制度方面,拉美国家大多采取西方的政治制度。正是因为拉美的社会改革不彻底,传统种植业主、大庄园主等旧势力、旧阶层的力量仍比较强大。因此一直以来,拉美的政局极不稳定,其中国外资本与新兴的国内资本的联盟、传统的种植业势力等社会力量,在西式政治制度形式下,形成了政治上极不稳定的国家,这构成了拉美的政治生态。在发达资本主义国家,大资本垄断了国家政治经济权力。这些大资本又是在长期的经济社会发展进程中生长起来的,对社会的渗透性、掌控力强;其政治民主、市场经济的制度形式较为完善,因此,在西式民主之下,发达国家政治经济秩序较为稳定。相反,发展中国家尤其是拉美国家落后的社会阶层(如大地产者)、民族资产阶级等国家上层力量,实力较为薄弱,往往依附于国际垄断资本,又照搬西方政治制度,造成水土不服,难以独立自主进行有效的国家和社会治理。同时又因为发展的起点就是两极分化的政治经济格局,所以拉美国家随后虽然经常对贫富分化问题进行治理,但往往因为既得利益阶层的阻挠,治理效果有限,从而使拉美的经济发展绩效不高。

所以,拉美国家应建立健全适合国情的政治经济制度,自主地选择符合本国国情的发展模式和道路。在政治上,不能盲目照搬西方民主制度,追求所谓西式的"民主指标",民主政治建设应注意根据本国国情,采取循序渐进、从低级到高级、从不完善到完善的渐进化策略,建立健全适合本国国情的民主政治制度。还要积极改革旧有的土地制度。进行社会改革意义十分重大,拉美应该继

---

① 参见徐世澄《拉美左翼政权面临严峻挑战》,《当代世界》2015 年第 12 期。

续进行社会改革,逐步废除具有封建色彩的大庄园制,没收闲置与非法占有的土地,分配给无地农民;在经济发展的过程中应促进社会公平,缩小贫富差距,保障低收入阶层和弱势人群利益。目前拉美地区的经济发展状况仍不容乐观,能否实现经济社会持续发展、改善人民生活的目标是对左翼政府的最大考验。拉美左翼政党执政后,在未彻底改造旧有的政治经济结构前提下,推行大幅举债、减免税收等福利政策,这的确在一定程度上减少了贫富差距,缓和了社会矛盾,改善了民众生活水平,但往往随之而来的是债台高筑、物价飞涨、金融失控、社会冲突频发。因此,拉美左翼政府在经济建设中一方面需要打破旧有的利益格局,削弱旧势力、旧阶层的影响;另一方面还要处理好改革、发展与稳定的关系,找到一种新的适合自身发展的模式,以防止引发右翼反弹,裹挟不明真相群众,造成局势动荡。进入 21 世纪以来,拉美经济形势出现了好转的趋势,整体实力明显增强。但是拉美不少国家产业结构不够完善,技术创新能力不强,经济发展主要依靠石油、天然气等初级产品的生产和出口;自身积累资金的能力弱小,在很大程度上依附外资,在世界金融危机和经济衰退的打击下,经济发展遇到了较大的困难。目前,对左翼政府来说,保持宏观经济稳定,在维持经济持续增长的同时实现社会减困,是对其最大的考验。

(二)要选择正确的经济治理战略

在经济制度和经济治理战略方面,"二战"后很多发展中国家包括拉美都采用了国家垄断资本主义的形式,借助国家的力量,其经济得到了一定的发展。但由于具体的制度安排、发展战略、国情及外部国际条件不同，各国发展程度不一。很多拉美国家在"二战"后初期采取了进口替代发展战略，取得了一定的成效，通过进口替代战略，建立了一定的民族工业。拉美一些国家如巴西、阿根廷等国自 20 世纪 50 年代开始，首先采用了这一发展战略，到了 60 年代，进口替代战略成为南美国家占主导地位的发展战略。但行使了这一战略的国家在后期普遍遇到了困难，主要表现是收支危机加重，贫富分化加剧，失业率增加等。对于进口替代战略失败的原因，学术界普遍认为，由于拉美国家工业化是在一个很低的起点上开始的，实施进口替代，必须先进口一些中间产品、技术等生产要素，加剧了外汇危机；在实施这一战略的过程中，一些国家又过度保护和重点发展一些产业，从而导致了产业结构失调，农业和其他部门的发展滞后；由于社会改革不彻底，还存在着一些腐朽的社会阶层，他们生活奢侈，消费西方化，为了满足这些阶层的需要，生产高级消费品成了进口替代工业的主要对象，占用了大量社会资源；等等。

由于进口替代战略后期面临的发展问题与困境，20 世纪 80 年代以来，拉美国家大多接受了新自由主义学说的教导，普遍都进行了新自由主义改革，但程度不一，国家主导型经济和计划经济被描绘成"一无是处"。《新自由主义和全球秩序》的作者诺姆·乔姆斯基认为："'新自由主义'，顾名思义，是在古典自由主义思想的基础上建立起来的一个新的理论体系……该理论体系也称为'华盛顿共识'，包含了一些有关全球秩序方面的内容……所谓华盛顿共识指的是以市场为导向的一系列理论，他们由美国政府及其控制的国际组织所制定,并由他们通过各种方式实施——在经济脆弱的国家,这些理论经常用作严厉的结构调整方案。其基本原则简单地说就是:贸易自由化、价格市场化和私有化。"①拉美国家在实施进口替代发展战略期间,为了保护国内市场和民族工业,高筑贸易壁垒。实行新自由主义政策以来,不少国家实施了贸易自由化战略。在贸易自由化的改革中,关税是贸易自由化的主要壁垒之一。简化税则、降低关税、消除关税壁垒则是贸易自由化政策改革的核心。改革内容包括取消配额,降低关税,简化税种,等等。

拉美国家采用新自由主义的政策,首要的是加快国有企业改革的步伐,大力推行私有化。这种改革于20世纪80年代末90年代初在拉美国家达到顶峰,国家通过直接出售、股市出售、企业内部出售、合资、清理出售和租赁等六种形式进行私有化改革。私有化领域不仅包括了整个国有企业系统,还包括了一大部分社会服务部门,如电信、民航、石油、化工、铁路、公路、天然气、电力、军工等行业。据美洲开发银行统计,1990至1995年,阿根廷共对123家国有企业进行了私有化。在私有化过程中,拉美国家还放松了对外资的限制,从而使外资的投资领域进一步扩大,申报和审批过程中的行政程序更加简化。一些拉美国家还通过提高利润汇出的额度和允许外资参与私有化等方式来吸引外国直接投资。金融领域的改革以金融自由化和消除所谓"金融压抑"为目标。拉美国家独立之初,为加速实现工业化,为工业融资,普遍实行了金融管制。金融自由化改革的内容主要包括降低政府在配置银行信贷方面的

---

① [美]诺姆·乔姆斯基:《新自由主义和全球秩序》,江苏人民出版社2000年版,第3页。

作用,利率市场化,国有银行私有化,减少存款准备金和开放资本市场等方面。金融领域的改革,使外国资本在拉美国家市场中的自由度和流动性不同程度地得到加强,这为以后的金融危机埋下了伏笔。新自由主义的改革者们认为,资本管制是贸易保护主义和金融压抑的补充方式,堵塞了发展中国家企业获取外国资金、技术,以及进入外国市场的通路。因此改革要取消外汇管制,取消对外国直接投资和其他各种资本流入的限制。拉美地区还对价格进行了市场化改革,政府放松对价格的控制,减少定价的范围和对价格补贴的幅度,逐步实现商品价格完全由市场加以调节。

新自由主义最终造成了恶果。新自由主义要求拉美国家进行"市场化"、"私有化"和"自由化"的改革,改革的目标是建立排除一切国家干预的所谓自由市场经济体制,而且往往不顾各个国家的具体国情,强调推行千篇一律的政策措施。这一目标把反对国家干预推到了某种极端,而把自由市场的功能无限地加以夸大,被美国经济学者斯蒂格利茨称为"市场原教旨主义"。发达国家要求不发达国家在尽可能短的时间内摧毁原有的国家干预的经济基础,建立自由放任的市场经济体制,而对这一改革带来的代价却丝毫不顾。新自由主义改革的负面影响首先表现在经济增长率方面。如20世纪90年代后期,拉美地区的经济增速开始逐年递减,1999年和2001年出现了零增长,2002年为负增长。经济发展高度依赖外资,但外资流入不稳定,投向也不科学。在拉美地区,外资已经控制了交通、通讯、能源、金融等关键而内需又急剧膨胀的行业。这使得生产性投资极少,资本积累少,拉美国家极难甚至根本不可能实现高速经济增长。贸易自由化改革使拉美国家的本土制造业遭受了沉重打击；拉美国家国内企业在外来商品的激烈竞争面前无力适应，在生产和经营上陷入困境；一些企业因无力与进口产品进行竞争，宣告破产，在进口替代工业化时期建立起来的技术能力丧失；等等。

私有化使拉美国家的国有资产大量流失，而政府的一部分领导人却从削价出售的国有资产中中饱私囊，捞取回扣。大量的国有资产被转移到了权势阶层和富人手中，使得这一阶层的资产规模进一步扩大，引起了资产分配更严重的不公平。金融自由化和金融深化改革增加了金融风险。在推动金融自由化的过程中，政府未能有效地对金融部门加以监管。结果是，有些银行违规将大量贷款发放给少数"关系户"；有些银行为追求高利润率而从事风险过大的业务；大多数银行被外资银行所控制。政府放松对金融业的监管，是近年来许多拉美国家爆发银行危机的主要原因之一。由于开放了资本项目，国际资本的无序自由流动和巨额游资的冲击，使拉美国家增加了金融市场的流动性和风险性，造成了金融危机的频繁爆发。过分开放，大量引进外资还造成进口急剧扩张和赤字剧增，如 2000 年底，拉美地区的外债增加到了 7405 亿美元，巨大的债务成为拉美国家经济发展的沉重负担。片面私有化，片面否定政府的作用，使国家退出了本该发挥作用的领域，阻碍了社会全面发展。有些国家的政府为了实现财政平衡而减少了对文教卫生领域的投资，从而使低收入阶层得不到必要的服务；有些国家的政府则将一些社会服务设施交给追求利润最大化的私人部门去管理，失去了政府在社会发展领域中的主导地位。拉美国家的新自由主义改革在社会领域也产生了一系列的负面影响。新自由主义理论推崇效率优先,漠视公平的重要性和必要性,并认为市场是万能的。其结果是,两极分化和贫困化十分严重。新自由主义改革造成的两极分化现象愈演愈烈,最终造成了诸多社会问题。主要表现在失业率持续攀升、贫困人口激增、社会治安状况不断恶化、政局动荡不安等方面。

　　世界上一些国家在现代化发展上之所以取得巨大成绩和进步,是因为他们根据自己的国情,借鉴他国的发展经验,开辟了属于自己的发展道路和模式。拉美国家独立以来的现代化经验教训表明,不能完全照搬西方的发展模式,丧失了自己的自主权,完全依附于发达资本主义国家。同时还要根据时代和社会的发展变化,不断调整发展战略。东亚一些国家如韩国,在实行了一个时期的进口替代战略后,及时进行了调整,采取了出口导向政策,取得了较大的成功。拉美应该选择适合国情的经济制度和发展战略。拉美国家首先应该正确处理好政府与市场的关系,不断改进和完善政府行为和市场功能,使二者有机结合。发展中国家属于后发国家,市场经济不够发达,不能单纯依靠市场发展,而要借助政府的力量,在政府主导下培育市场、完善市场、扩张市场,内聚民力、外引资金,推动经济发展。在经济发展战略选择上,拉美左翼政党执政后,普遍对新自由主义经济政策进行了调整,经济上取得了一定的发展。但由于在经济发展上仍然主要依靠石油、天然气等初级产品的生产和出口,单一经济结构没有得到改变,技术创新能力不强,在很大程度上仍然依赖外资,自身积累资金的能力不强,因而在世界金融危机和经济衰退的打击下,经济发展遇到了较大的困难。今后,拉美国家应该主要要围绕这些方面,合理调整产业结构、促进技术创新,完善财政金融服务体系和资金积累机制,调节收入分配差距、创造适合本国国情的福利模式。

当前,应继续完善"新发展主义模式"。具体来讲,通过调整财政、税收和投资政策,鼓励投资,扩大就业,控制通货膨胀,保持较低的政府债务水平、赤字水平,使宏观经济状况良好;调整经济结构,创造和培育新的增长点,转变经济增长方式;增加国内消费,扩大出口;加强基础设施建设;依据经济发展水平建立合理的社会保障体系,改善民生,促进社会发展。在对外政策方面,继续强化贸易多元化,开拓新市场,增加出口,吸引外国特别是中国的直接投资。中国是社会主义大国,奉行互利共赢的对外经济政策,中国经济的快速增长也对拉美经济产生了重要影响。中国与拉美国家的经济联系正在加深,大大促进了拉美的经济发展。拉美国家与中国进一步加强经济交往,有利于拉美国家获得更多的出口收入,获得中国投资,更利于拉美产品和资本进入中国。同时,应注重促进区域经济的一体化。查韦斯总统在世时,积极促进拉美地区一体化,团结反霸,促进了拉美左翼阵营的壮大。以查韦斯为核心,团结了拉美地区一批中间偏左,还有左派的政府,推动拉美地区的一体化。他力推建立南美国家联盟、拉美-加勒比国家共同体、南方银行、南方电视台、南方石油公司等,以及进行南美能源和基础设施一体化建设。目前,该地区已形成南方共同市场、安第斯共同体、中美洲共同市场和加勒比共同体等四大经济集团。促进区域经济一体化,加强各左翼政府之间的团结和联系,不但可以解决发展中国家内部市场狭小的问题,促进经济增长,还有利于左翼政府之间互相支持,共同发展。2014年2月委内瑞拉政局不稳,一部分拉美国家如古巴、玻利维亚、厄瓜多尔、尼加拉瓜、阿根廷、乌拉圭等左派执政的国家对马杜罗政府表示声援和支持。

(三)要注意维护国家经济安全、政治安全

经济全球化为发展中国家提供了巨大的发展机遇,但也存在着风险和挑战。当前,以资本主义发达国家为主导、以巨型跨国公司为代表的全球化生产体系日益形成,发达国家将发展中国家整合进了以自身利益为核心的利益格局之中,这样的国际分工格局对发展中国家极其不利,它不仅使发展中国家获利较少,而且还在事实上形成了发展中国家经济对发达国家的高度依赖性,这会严重削弱发展中国家维护自身经济安全、金融安全、政治安全等方面的能力,也严重影响了发展中国家的经济社会发展。在政治上,一些西方国家搞霸权主义和强权政治,经常为了自身利益的需要干涉发展中国家特别是拉美国家的内政。他们在发展中国家策动"颜色革命",扶植自己的代理人上台;或者以某种名义进行封锁或制裁以及军事打击;等等。2016 年 5 月,委内瑞拉总统马杜罗宣布,延长之前面向全国的"经济紧急状态",以应对来自国内外的"威胁"。他还把批评矛头指向相互勾结的国内外势力,指责美国"秘密煽动对其发动政变"[1]。因此,发展中国家一方面要加强联合,反对霸权主义和强权政治,另一方面要加强国家安全制度建设。例如,在政治、社会、文化安全领域,针对一些霸权国家善于通

---

[1]《委内瑞拉延长紧急状态　马杜罗怒斥美国煽动政变》,2016 年 5 月 16 日,中国新闻网 http://www.chinanews.com/gj/2016/05-16/7871221.shtml。

过各种传统媒体和新媒体、非政府组织等形式来进行文化舆论影响与社会渗透,发动"颜色革命",颠覆他国政权的行为,要形成有效的治理机制与方略,加强法律制度规范,对影响国家安全的行为要及时予以治理。

在经济安全方面,经济全球化时代,落后国家的市场经济不发达,缺少资金、技术、管理等生产要素,引进国际垄断资本、积极参与经济全球化是不可避免的,但发展中国家经济落后、经济体制不健全,在经济全球化过程中极易受到发达国家的控制和外来资本的冲击。再者,发达国家凭借强大的经济实力主宰着经济全球化的进程,他们利用发展中国家经济基础薄弱的现状和参与国际经济合作的迫切愿望,以跨国公司、区域性组织和国际经济组织为工具制定一系列的国际游戏规则来制约、削弱发展中国家的经济主权,极大地危害着发展中国家的经济安全。这就需要落后国家加强国家对经济生活的干预,加强政府的宏观调控能力,提高政府治理经济的绩效。处理好国有资本、私人资本与国际垄断资本之间的关系,建立健全经济金融安全维护机制,保护本国的民族产业,维护金融稳定,通过发展先进技术提升本国产业,这样才能发展本国的资本,增强本国的经济实力,走向世界。

(执笔人:冯颜利、张莉、唐芳芳、周淼)

第六章　国家治理现代化进程中的农村社会治理

　　农村治理现代化是国家治理现代化的重要内容。全面认识农村社会治理在国家治理体系和治理能力现代化进程中的特殊地位及重要意义,系统研究当前农村社会治理中存在的问题,深入探索农村社会治理的内在规律和实践路径,对于推进农村治理现代化进而实现国家治理现代化具有重要的功能和意义。

一、国家治理现代化进程中的农村社会治理:重要地位与应有意蕴

(一)国家治理现代化进程中农村社会治理的重要地位

　　一般认为,社会治理指政府、社会组织、企事业单位、社区和个人等多元主体在一个既定的空间范围内运用各自权威对社会行为、社会事务和社会生活进行规范、协调和服务的过程,其目的是

满足社会需求,维持社会秩序。① 社会治理是国家治理的重要组成部分,社会治理现代化是国家治理现代化的题中之义。而在加强社会治理、推进社会治理现代化的进程中,农村社会治理占据着极其重要的地位,它是整个国家治理现代化的重要基石和关键一环。个中缘由,可以从以下两个层面加以分析:

1.社会治理现代化是国家治理现代化的重要内容和基石

国家治理具有多层性与多维性,可以从多种角度予以界分:从横向来看,可分为经济治理、政治治理、社会治理、文化治理、生态治理、政党治理等;从纵向来看,可分为基层社会治理、地方国家治理、全国性国家治理、国家参与区域治理和全球治理等。② 换言之,国家治理包括了经济治理、政治治理、社会治理、文化治理、生态治理、政党治理等多个领域,以及基层、地方、全国乃至区域与全球治理中的国家参与等多个层次。③ 可见,国家治理和社会治理是不可分割的统一整体,社会治理内含于国家治理之中,是国家治理的重要组成部分,它与政府治理和市场治理一道,构成了现代国家治理体系中三个最重要的次级体系。"国家治理包含社会治理,也规定和引领社会治理,而社会治理则在社会领域实现国家治理的要求

---

① 参见何增科《从社会管理走向社会治理和社会善治》,《学习时报》2013 年 1 月 28 日。
② 参见何增科《国家治理现代化及其评估》,《学习时报》2014 年 1 月 13 日。
③ 参见江必新《国家治理现代化基本问题研究》,《中南大学学报(社科版)》2014 年 第 3 期。

和价值取向,体现国家治理的状况和水平。"①没有社会治理为支撑的国家治理是难以为继的,甚至是不可想象的。

实现国家治理体系和治理能力现代化作为一项系统而复杂的战略工程,社会治理体系和治理能力现代化无疑是其重要内容和重要基石。政学两界都认为,国家治理现代化内含着社会治理现代化,要实现国家治理现代化,一个重要内容和基本要求即是不断创新和优化社会治理,并在此基础上实现社会治理现代化。没有社会治理的现代化,就没有国家治理的现代化。特别是因为我国长期存在"强国家、弱社会"之弊病,社会的"塌陷"已成为严重制约国家治理现代化的现实因素,在此情势之下,尤其要重视加强和优化社会治理,尽快补齐社会建设和社会治理这一短板,进而以社会治理的现代化助推整个国家的治理现代化。而在社会治理中,城乡基层社会治理的地位更为重要和特殊。俗话讲"基础不牢,地动山摇",城乡基层社会作为国家社会的根基,是贯彻国家大政方针的根本依托和核心诉求。缺失了城乡基层社会治理这一环节,国家治理及其现代化也就成为空中楼阁。

2.加强农村社会治理是实现社会治理现代化的关键与重点

我国农村地域广阔,大部分人口在农村,这决定了农村治理是国家治理体系的基础。② 2014 年 3 月 7 日,习近平总书记在参加全

---

① 王浦劬:《国家治理、政府治理和社会治理的含义及其相互关系》,《国家行政学院学报》2014 年第 3 期。
② 参见孙中华《乡村治理是国家治理体系的基础》,《农民日报》2014 年 5 月 31 日。

国"两会"贵州代表团审议时指出："不了解农村,不了解贫困地区,不了解农民尤其是贫困农民,就不会真正了解中国,就不能真正懂得中国,更不可能治理好中国。"这段论述,虽然是直接针对农村扶贫工作而提出的,但同时也显示出了农村治理在整个国家治理中的重要地位。而就社会治理层面来看,农村社会治理则是实现社会治理现代化的关键与重点。之所以这样说,主要原因在于以下几个方面:

第一,从社会治理现代化的逻辑起点来看。实现国家治理体系和治理能力的现代化,固然有一些国际经验可以借鉴,但绝没有现成的模式和道路可以照搬。坚持从我国实际情况出发,实事求是,是推进国家治理现代化的逻辑起点。早在改革开放之初,邓小平就明确指出,中国国情的特点,一是底子薄,二是人口多、耕地少。"耕地少,人口多特别是农民多,这种情况不是很容易改变的。这就成为中国现代化建设必须考虑的特点。"①显然,着眼于农村和农民问题而设计中国式的现代化道路,是邓小平中国特色社会主义现代化思想的一个重要特点,而这一思路同样适用于对社会治理现代化道路的设计。值得强调的是,虽然我国改革开放和中国特色社会主义现代化建设已经持续了近四十年,但农民占人口的大多数、我国大部分人口在农村的基本国情尚未根本改变,这就决定了当前我国社会治理现代化的理念设定与道路设计必须从这一基本国情出发,必须把农村社会治理作为社会治理现代化的关键环节抓紧抓好。否则,搞不好农村社会治理,就搞不好全国的社会

① 《邓小平文选》第二卷,人民出版社 1994 年版,第 164 页。

治理,我国的社会治理现代化就更无从谈起。

第二,从社会治理现代化的核心价值来看。坚持以人为本,实现人民共建共享,维护广大人民群众的根本利益,是社会治理现代化的核心价值和根本归宿。党的十八届三中全会在论及"创新社会治理体制"时,明确提出了"着眼于维护最广大人民根本利益"的根本要求。如果不在解决社会问题的过程中把广大人民群众的根本利益实现好、维护好,而是就治理谈治理,那么社会治理现代化就会迷失方向甚至适得其反。由于我国大部分人口在农村,农民是我国最大的社会群体,因此,维护好最广大人民的根本利益,关键是维护好广大农民的根本利益。农民富裕是全民富裕的基础,是中国特色社会主义建设的一个根本归宿点。邓小平当年在谈到农民脱贫致富和社会主义优越性时明确指出:"农民没有摆脱贫困,就是我国没有摆脱贫困。"①如果"占全国人口百分之八十的农民连温饱都没有保障,怎么能体现社会主义的优越性呢?"②从这个意义上说,如不重视农村社会治理,进而实现农村社会治理现代化,关系农民切身利益的农村社会民生问题就得不到很好解决,广大农民的根本利益就无法得到较好的维护,社会治理现代化的核心价值也就难以得到真正实现。

第三,从社会治理现代化的首要任务来看。促进社会稳定和谐,进而确保国家长治久安、人民安居乐业,是社会治理现代化的首要任务,也是实现社会治理现代化和国家治理现代化的前提保

---

① 《邓小平文选》第三卷,人民出版社1993年版,第237页。
② 《邓小平文选》第三卷,人民出版社1993年版,第255页。

障。"没有稳定的环境,什么都搞不成,已经取得的成果也会失掉。"①党的十八届三中全会在论及"创新社会治理体制"时,也明确提出了"最大限度增加和谐因素"的根本要求,并将"创新有效预防和化解社会矛盾体制"视为"社会治理体制创新"的一项重要内容和基本要求。"中国有百分之八十的人口住在农村,中国稳定不稳定首先要看这百分之八十稳定不稳定。"②没有农村的稳定和谐,就不可能有全国的稳定和谐,就不可能有真正意义上的社会治理现代化。而只有加强农村社会治理,才能防范和消除农村的不和谐因素,增加和谐因素,进而维护农村社会稳定。

第四,从社会治理现代化的地域范围来看。从空间维度而论,社会治理现代化包括城市社会治理现代化和农村社会治理现代化两个基本方面。由于我国农村分布较为分散,农村内部的组织化程度较低、内聚力较弱,且远离国家政治权力中心和政府所在地,经济社会发展相对滞后,公共服务供给严重不足,近年来又积累起内部空心化、人口老龄化等诸多难题,因此,相对于城市社会治理而言,农村社会治理的任务更重、难度更大,因而无疑成为全国社会治理的难点所在。如果没有农村社会治理的优化及其现代化,即便实现了城市社会治理现代化,也难以称其为全国社会治理现代化的真正实现。

---

① 《邓小平文选》第三卷,人民出版社 1993 年版,第 284 页。
② 《邓小平文选》第三卷,人民出版社 1993 年版,第 65 页。

（二）国家治理现代化进程中农村社会治理的应有意蕴

既然社会治理现代化是国家治理现代化的重要内容和基石，而农村社会治理又是实现社会治理现代化的关键与难点，那么，要实现国家治理现代化，必然要求创新和优化农村社会治理，进而实现农村社会治理的现代化。换言之，实现农村社会治理的现代化，进而助推整个社会和国家治理的现代化，应该成为创新和优化农村社会治理的目标归宿。在这个意义上说，国家治理现代化进程中农村社会治理的基本意蕴，应该与社会治理现代化的基本要求相适应，大致涵盖以下几个主要方面：

1.农村社会治理的主体结构：构建多元主体良性互动、协同共治的治理格局

治理区别与管理的一个基本特征在于治理主体的多元化。在社会领域，传统管理让位给现代治理意味着在主体结构上由单中心政府主导向多中心主体合作的转变，特别是要实现政府、社会组织和公民三者的良性互动、协同共治。党的十七大报告首次提出，要"健全党委领导、政府负责、社会协同、公众参与的社会管理格局，健全基层社会管理体制"；党的十八大强调，新的社会治理格局应坚持"党委领导、政府负责、社会协同、公民参与"的基本原则，其中，党委领导是根本，政府负责是前提，社会协同是依托，公众参与是基础；党的十八届三中全会进一步指出，创新社会治理必须"加

强党委领导,发挥政府主导作用,鼓励和支持社会各方面参与",实现"政府治理和社会自我调节、居民自治良性互动","正确处理政府和社会的关系,加快实施政社分开,推进社会组织明确权责、依法自治、发挥作用"。这些论述,明确了社会治理主体的多元化、社会化,以及各主体在社会治理中的地位与功能。具体到农村社会治理而言,除了县乡(镇)党委、政府、村(居)"两委",其他如农村企事业单位、农村社会组织、农民个人等,都可以成为重要的治理主体,并且各治理主体之间应该在共同分担社会责任的基础上彼此结成民主、合作、互动、稳定的伙伴关系,共同参与公共治理,从而形成强大的治理合力,依法依规对农村社会事务、社会生活和社会行为进行处理、规范和协调。在此过程中,除了要继续发挥县乡政府"元治理"的作用,还要注意发挥好农村社区、农村社会组织和农村精英(乡贤群体)在农村社会治理中的作用,社区村(居)委会应扮演关键角色,农村社会组织和农村精英(乡贤群体)应作为重要协同参与力量。政府应该向其他治理主体放权赋能,为它们参与农村社会治理释放政策空间、搭建制度平台、提供必要资源。

2.农村社会治理的根本目标:提升农村公共服务供给的规模与质量,实现农民公共利益最大化

党的十八届三中全会强调指出:"创新社会治理,必须着眼于维护最广大人民的根本利益","努力为社会提供多样化服务,更好满足人民需求"。据此而言,在最大程度上为农民提供多样化服务,维护和发展农民的基本权益,应该是农村社会治理的根本目标和价值遵循。农村社会治理的过程,就是通过党委、政府、市场、农村社会组织和农民个人等多元主体之间的良性互动与合作,在最大程度上实现对农民公共生活的合作管理和对农村公共服务的合作供给,进而实现农民公共利益最大化的过程。在这个过程中,尤其要提升农村公共服务供给的规模、质量和效率,切实解决好农村的医疗、教育、就业、养老、社保、社会治安等关系农民切身利益的最现实的民生问题。农村公共服务主要包括四个方面的内容:一是农业生产服务,如农业技术信息服务、农田水利设施建设、农具农资供应与维修、农产品销售批发等;二是环境综合治理服务,如山林保护、退耕还林还湖、环卫绿化等生态环境的治理,以及农民纠纷的调解、安全隐患的消除等社会环境的治理;三是教育文化服务,如义务教育、技能培训、休闲娱乐、文化普及等;四是农民生活保障服务,如生活基础设施建设、疾病预防与诊断、健康咨询、农村弱势群体的生活扶助等。从这些内容来看,每一个方面都与农民的切身利益息息相关,都是保障农民生产生活所必需的条件。提高农村公共服务供给的规模、质量和效率,是实现城乡基本公共服务均等化、全面建成小康社会的重要前提,也是维护农村社会稳定、增进农民福祉的必然要求,也是农村社会治理的重要内容与根本目标。农村公共服务的供给程度,是衡量农村社会治理的力度与效果的重要指标。提高农村公共服务供给的规模、质量和效率的过程,就是实现农民公共利益最大化的过程。

3.农村社会治理的首要任务:保持稳定、和谐、平安的社会秩序

通过多方协调社会关系特别是利益关系,积极防范和化解社会矛盾,保持稳定、和谐、平安的社会秩序,是经济社会发展的前提保障,也是社会治理的首要任务和直接目的。党的十八届三中全会明确指出,社会治理必须"最大限度增加和谐因素,增强社会发展活力,提高社会治理水平,全面推进平安中国建设,维护国家安全,确保人民安居乐业、社会安定有序"。只有确保社会的安定有序、和谐发展,才能确保国家的长治久安和人民的幸福安康,而这也正是社会治理现代化和国家治理现代化的理想状态与根本归宿。具体到农村社会治理而言,其实质性内涵也主要体现在两个方面:一是乡村社会秩序形成与维持的途径和过程;二是乡村社会发展的实现路径和过程。秩序的构建和发展的实现之间是密切关联的:一方面,乡村秩序是乡村发展的一种现实体现;另一方面,乡村发展也会受制于秩序的结构与性质。[①] "乡村社会治理于乡村秩序构建的意义,主要是通过一定的制度与机制以及管理和控制行为,在社会生活中促成平稳的、常态化的社会关系,并在社会运行过程中处理问题及矛盾,维持社会关系的稳定与协调。"[②]

[①] 参见陆益龙《乡村社会治理创新:现实基础、主要问题与实现路径》,《中共中央党校学报》2015 年第 5 期。

[②] 陆益龙:《乡村社会治理创新:现实基础、主要问题与实现路径》,《中共中央党校学报》2015 年第 5 期。

4.农村社会治理的基本方式:法治保障与价值观引领双管齐下、有机结合

法治是社会文明程度的重要衡量标准,也是国家治理、社会治理的根本手段与基本原则。有别于传统的管制型管理或"运动式治理",现代治理的一个基本特征就是依法治理、授权治理,以实现治理过程的法治化。党的十八大报告首次把"法治保障"纳入社会管理体制之中,并强调"更加注重发挥法治在国家治理和社会管理中的重要作用"。"在社会治理中,法治是前提、基础和保障。"[1]强化农村社会治理的法治保障,依法规范社会治理主体的行为,确保其善用法治思维和法治方式去疏导社会心理、协调社会关系、化解社会矛盾、解决社会问题,有助于防范和弱化治理目标的盲目性、治理体系的杂乱性和治理活动的随意性,从而优化农村社会治理的效果。为此,既需要加强立法工作,完备社会治理的法律体系,确保农村社会治理有法可依;也需要强化法治宣传与法治教育,在全社会特别是广大农民中牢固树立法律至上、依法言行、守法光荣的良好风尚。

重视法治对社会治理的根本保障作用,并不意味着道德教化是可有可无的。有学者指出:"在社会公共生活的自治领域,'法'的规范作用并不是万能的,相反,传统道德教化与文化价值则更多地发挥了规范社会行为、调节社会关系、减少社会问题和化解社会

---

① 李强:《创新社会治理体制》,《前线》2011 年第 1 期。

矛盾的积极作用。"①之所以要重视道德教化在社会治理中的作用，是因为社会治理是建立在广泛的社会认同基础上的，而社会认同的建立与积累，绝非单纯的法律制度所能奏效，道德教化才是社会认同赖以建立的更深厚的根基和更持久的动力。当前，在农村进行道德教化，核心任务是在农村积极培育和践行社会主义核心价值观，使核心价值观真正融入农民的日常生活，实现以核心价值观引领农村社会思潮，凝聚农村社会共识的目标，从而在农村社会治理中实现法治与德治的双管齐下与有机结合。

二、当前农村社会治理存在的突出问题

(一)思想转变尚不到位，致使治理理念存在偏误

创新农村社会治理，前提是转变思想观念，使全社会特别是农村社会治理主体确立起与国家和社会治理现代化相适应的科学理念。具体而言，表现在理念核心上，就是要坚持农民的主体性；表现在理念目标上，就是要实现社会治理的农民共建共享；表现在理念含义上，就是要实行法治、自治、共治三者统合的治理方式。② 但就目前的实际情况来看，县乡(镇)党委与政府、村(居)"两委"、农村社会组织等各治理主体对"治理"的认知及其自我定位仍然存在很大的偏差和误区。

---

① 杨宜勇、曾志敏:《社会治理现代化的政策设计:着眼"十三五"》,《改革》2016 年第 8 期。
② 参见杨宜勇、曾志敏《社会治理现代化的政策设计:着眼"十三五"》,《改革》2016 年第 8 期。

1.就县乡(镇)党委与政府来看

一是对其他治理主体的态度失当。目前,农村一些地方的党委和政府仍囿于传统管制型管理的思维定势,尚未完全认同和践行多中心治理、社会自治、全民共治的理念,在农村社会治理中往往仍将自身定位为威权型而非服务型主体,全能型而非限能型主体,企望同时扮演好"掌舵者"与"划桨者"的二重角色,其内心深处想得更多的是党委政府如何把社会治理好,而不是鼓励引导社会进行有效的自我治理,所以表现出对其他治理主体的不认可、不重视、不信赖,对它们的放权、赋能更是不到位。诚如有的学者所言:"目前一些地方政府仍然习惯于对社会组织和社会成员采取自上而下任务下达与政治动员的刚性工作方式,对社会事务大包大揽,忽略了各种社会组织和公众在社会治理中的主体地位和主力作用,甚至把社会治理片面理解为'对社会的管制'或'管理社会组织',主张对社会组织的防控要横向到边纵向到底,将社会组织和社会成员视为社会治理的对象而不是合作的伙伴。"①这种理念,突出反映在对待农村社会组织的态度上。就目前来看,一些农村基层党委政府对农村社会组织的态度颇耐人寻味、令人费解:对那些规模小、影响力弱的,多采取放任态度,甚至任其自生自灭;而对那些规模实力大、影响力强的,则存在着矛盾心态,"一方面希望其发挥参谋助手、桥梁纽带作用,希望其对政府职能起到拾遗补缺的补

---

① 姜晓萍:《国家治理现代化进程中的社会治理体制创新》,《中国行政管理》2014 年第 2 期。

充作用,希望其协助党和政府缓解社会矛盾解决社会问题,另一方面……又担心民间组织发展成为体制外的异己力量挑战党和政府的权威,因此对于民间组织的信任程度是比较低的"①,在这种心态的影响下,政府对社会组织的扶持相当有限且具有较强的随意性,并且其扶持社会组织的主要目的往往是要将其置于政府管控之下,而很少考虑社会组织的独立性和自主性。

二是对社会治理的价值诉求失当。如前所述,农村社会治理的实质和根本目标应该是维护农民群众的根本权益,努力改善农村民生。但从实践层面来看,一些农村基层党组织没有能够快速适应农村政治生态的变化,实现其自身功能的转变,即"从以组织或动员革命与生产为轴心的功能结构,转变为以社会关怀和利益协调为轴心的功能结构"②;一些农村党员干部特权思想严重,不能够依法办事和为民谋利,与村民的关系比较疏远,致使党组织的凝聚力不强,软弱涣散的问题较为严重。据 2014 年 1 月开始的全国第二批党的群众路线教育实践活动反馈的结果,截至 2014 年 4 月底,"全国共排查确定软弱涣散村党组织 57 688 个,占村党组织总数的 9.6%"③。而从农村一些基层政府来看,仍然秉持维稳诉求大于维权诉求的价值理念,把"维稳"作为农村社会治理的主要目标和根本任务,没有把政府工作的重心放在改善农村民生、维护农民

① 何增科:《中国公民社会组织发展的制度性障碍分析》,《中共宁波市委党校学报》2006 年第 6 期。
② 李小妹:《农村社会协同治理运行机制的整合创新与逻辑建构》,《河南师范大学学报(哲社版)》2015 年第 1 期。
③ 盛若蔚:《六万多个软弱涣散基层党组织被整顿》,《人民日报》2014 年 5 月 31 日。

权益上,甚至出现以剥夺或限制公民权为代价进行维稳的现象。①

2.就其他社会主体来看

一是一些村(居)"两委"或者片面强调自身的独立性、自治主体地位和自身利益目标,而消极对待党委领导和政府指导,甚至搞"上有政策,下有对策";或者片面强调自身的非权威性和附属性,在农村社会治理中完全依赖和听从党委政府,缺乏应有的意志自主性和工作主动性;或者对本村(居)范围内的社会组织、农村精英等治理主体不冷不热,觉得没必要予以支持资助。比如,笔者在山东省莒县店子集镇的店子社区(该社区为农村社区)调研时了解到,该社区存在养羊协会,瓜菜种植协会,巾帼志愿服务队,党员志愿服务队,以及安全、保洁志愿服务队等多个社会组织,其中的巾帼志愿服务队还恪守"奉献、友爱、互助、进步"之宗旨,秉持"播撒爱心、传承文明、奉献社会、完善自我"之理念,积极打造"有事您说话,服务送到家"的服务项目,成为店子社区社会组织发展的一大品牌。但在问及"社区居委会向这些社会组织提供了哪些支持和资助"时,该社区负责人的回答是"经常开会传达上级的政策和文件,帮助制定本组织的规章"。在被追问"居委会有没有给予经济上的资助"时,该负责人明确表示"没有"。

二是一些农村社会组织不能认清自身的自主自治性和协同治

---

① 参见姜晓萍《国家治理现代化进程中的社会治理体制创新》,《中国行政管理》2014年第2期。

理主体地位,也没有厘清自身与党委政府和村(居)"两委"的关系,在自身发展和开展活动中往往过于依赖和听命于党委政府,从而表现出较强的行政性和浓厚的功利色彩。比如,笔者在实地调研中发现,很多农村社会组织虽然参与了农村公共事务的处理和公共服务的供给,但在此过程中不能很好地秉持公益性动机,在供给农村公共服务时往往受某种政治意图和政治行为的左右,甚至是出于完成所谓"政治任务"的目的。正如有的学者所言,一些村庄的"腰鼓队、老年协会和治保会,其实就是行政组织为开展各项活动而组建,腰鼓队每次必须参加县乡政府组织的各项文体活动……基本上失去了民间性特征"[1]。"政治任务"的诱导,造成农村社会组织的自治度降低,导致其不能有效地满足农民的公共服务需求,有时甚至会出现损害农民利益的现象。而在有些农村地区,社会组织本身就是一些地方官员为了突出"政绩"或应付上级检查而组建的。由于我国对基层政府的绩效考核大多采取量化考核方式,以物化成果为主要标准,这客观上诱致基层政府热衷于建设一些实体工程或建立所谓的"组织体系"。而扶持建立一些农村社会组织,也不失为县乡政府官员的一大"政绩"工程。但是,当组建和发展社会组织的初衷是彰显所谓"政绩"时,社会组织的发展及其活动的开展自然会"走样""变味"。

此外,从农民个人来看,其作为农村社会治理的主体地位也严重虚化。农村改革近四十年来,市场经济解放了农村生产力,促进了农村社会生活的现代化发展,但与此同时也导致村民集体主义

---

[1] 刘春春:《农村社会组织参与公共服务的问题研究》,《山西煤炭管理干部学院学报》2013年第4期。

价值观的瓦解。农村社会的家族、村落、民族等传统道德规范要素快速解体,村庄公共性被核心家庭化所取代。从集体解放出来的村民相互帮助合作发展的集体主义价值观日渐瓦解,代之以为自己谋福利的个人主义,集体化的约束被打破,而以核心家庭为单位的发展模式尚未成熟,农村社会陷入集体主义缺失的无序和离散状态,村民变得更"散","小农"意识更强,导致村庄公共事务无人问津,村集体公益事业无法开展,甚至出现"多数服从少数"的民主怪圈。

(二)社会力量发育不足,致使治理主体结构欠佳、合力不强

如前所述,优化农民社会治理必须构建多元参与、协同合作的治理主体结构,特别是要处理好政社关系,积极培育社会力量,尤其要重视发挥农村社会组织和农村精英(乡贤群体)在农村社会治理中的作用。但是,由于我国社会结构长期存在着高度行政化、集权化的传统与惯性,"强国家—弱社会"关系形态存在已久,民间社会向来发育不良、影响微弱。而在目前的农村社会治理中,社会力量发育更为不足,特别是社会组织和农民个体的力量弱小,其对农村社会治理的协同参与不够,已经成为制约农村社会治理的突出问题。

1.农村社会组织发育滞后

据笔者对山东、河南两省的实地调查,发现现在大部分农村地

区特别是新型农村社区,社会组织的普及度较高,几乎没有发现不存在社会组织的社区,只不过其数量有多有少,多则 10 余个,少则 3—5 个。比如,山东省日照市 2011 年被批复为全国农村社区管理和服务创新实验区以来,着力建立健全以党组织为核心、自治组织为主体、群团组织为纽带、社会组织和经济组织为补充的"五位一体"的社区组织结构,仅用了短短 4 年时间,即截至 2015 年 3 月,在日照市规划建设的 407 个农村社区中,就建立了各类社会组织 1822 个,平均每个社区 4.48 个。社会组织的类型也呈现出多样化,涵盖了情趣文体类、社区服务类、维护权益类、慈善公益类等基本类型,但以情趣文体类居多。特别是经济组织或合作社、志愿者服务组织、社区文化娱乐组织、工会、宗族组织、老年协会等,在被调查的山东、河南两省的绝大部分农村社区都已存在(如图 6.1 所示)。

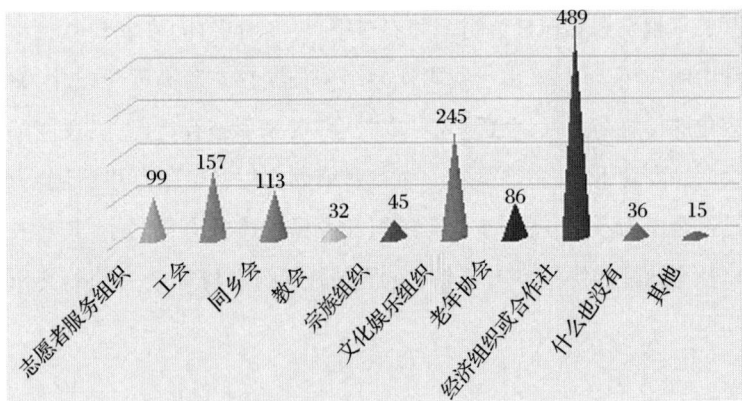

图 6.1　您所在的社区有哪些社会组织(多选)

但总的来看，当前农村社会组织发展良莠不齐，较为普遍地存在着"小""穷""弱"问题。

所谓"小"，是指农村社会组织的规模普遍较小，其成员数量偏少、年龄偏大、稳定性较差，缺乏专职、专业人才，无固定活动场所、无稳定经费来源的社会组织占很大比重。比如，一些农村腰鼓队、舞蹈队根本没有固定的活动场所，往往在大街上或者随便找块空地搭个台子就举办活动。此外，农村社会组织内部的人员数量也较少，导致其活动范围和服务效果受到很大限制。

所谓"穷"，是指农村社会组织的资金保障短缺，无力服务。在笔者的调查中，社会组织负责人纷纷表示，制约组织服务能力提升的首要问题是缺乏资金，这排在了所有问题的第一位。以农民合作社的发展为例：截至 2014 年第一季度，山东省临沂市在工商部门登记的农民林业专业合作社已经达到 1238 个，比 2012 年同期增长 57.1%，合作社的注册资金总额达 7.2 亿元，其数量规模及增长速度不可谓不大。但在这些合作社中，注册资金规模在 50 万元以下的占 67.75%，注册资金规模介于 50 万元—100 万元之间的占 12.9%，注册资金规模在 100 万元以上的仅占 19.35%。[①] 再如，2013 年山东省日照市有 2414 家合作社，平均每家合作社注册资金仅有 83 万元，其中，100 万元以上的仅占总数的 13%；大部分在 10 万元—100 万元之间，占 63%；10 万元以下的占 24%。平均每家合作社入社农户 71 户，其中，入社户数 100 人以上的占 21%，10—100 人的占

---

① 参见王小青等《山东省临沂市农民林业专业合作社发展情况调查报告》，《林业经济》2014 年第 10 期。

70%,10人以下的占9%。① 农村社会组织之所以资金匮乏,主要是因为:一、分税制改革后县乡两级财政收入明显减少,而农业税的免除使乡镇政府财政更加吃紧,县乡政府抱着"多一事不如少一事"的心态,对发展农村社会组织重视不够,要么不予以经济资助,要么虽有一些资助,但未形成制度性安排,缺乏长效机制保障;二、农村社会组织的登记率较低、合法性不足,很难得到信贷资金或社会捐赠;三、农村居民囿于观念或财力,不愿或不能投入社区公益性事业。

农村社会组织的"小"而"穷",直接导致其服务能力"弱"。客观而论,只有少数自身发展较好、得到政府资助较多的社会组织在农村公共事务处理和公共服务供给中发挥了重要作用,而多数社会组织参与农村社会治理和为农民提供公共服务的能力较弱,其提供的公共服务的范围、层次、数量、质量等都不能满足农村发展和农民的现实需求,这就大大弱化了其在乡村社会治理中的地位与作用。在与被调查农民的谈话中,笔者也深深感到他们对农村社会组织的漠视和不屑。

在被问及"如何解决农村公共问题"时,67.3%的农民回答"找镇政府、村干部当面反映",31.4%的农民回答"通过信访、上访、网络访",而极少有农民回答"大家合作解决或通过社会组织解决"。

---

① 参见孔庆乐《日照市新型农业经营主体发展存在的特点、问题与对策》,《青岛农业大学学报(社科版)》2013年第1期。

2.农民个体的参与度较低

共建共享是农村社会治理的一个基本理念和基本原则,农民个体既是农村社会治理的受益者,也是农村社会治理的效力者,应该都积极参与到农村社会治理中来。而在农民个体中,农村精英(乡贤群体)更应成为普通农民的引领者、垂范者、凝聚者,在农村社会治理中发挥更为突出而重要的作用。

然而,由于农村内部的离散化、空心化程度的提高和城市化进程的加速,大量农村精英纷纷从农村涌向城市,剩下"386170部队"(妇女、儿童、老人)留守农村,以致在农村社会治理中出现了领袖缺失、人才匮乏的严重问题。特别是随着市场经济的发展,农民的价值观念发生了变化,他们在逐渐接受市场原则的同时,原有的血缘、地缘关系逐渐淡化。一旦农民由于外出务工等原因而与其他村民沟通变少,感情就会变淡,对互惠行为就会采取无所谓的态度。普遍信任的匮乏和互惠程度的降低,导致农民对公共事务态度冷漠,"各扫自家门前雪,不管他人瓦上霜"甚至已经成为一些农民的普遍心态,他们很少会主动去关心和参与解决本社区的公共事务,参与的积极性和参与的程度都比较低。下面,以农民参与农村社区建设的情况为例加以具体说明:

第一,参与的普遍性不足。据笔者调查,当前农村社区建设中的参与者往往只是少数社区管理者,如街道办事处、社区居委会,绝大部分农民的社区参与意识还比较薄弱。他们虽然长期居住在某一社区,却没有真正意识到自己作为社区建设的主体应该为本社区建设尽一份责任和义务,甚至还错误地认为社区建设完全是政府行为,自己坐享其成即可。比如,当问及"您所在的社区治理状况如何"时,有248人回答社区治理状况不理想,当问"是什么原因造成的",居于前两位的答案是政府失职(34.68%)和社区领导干部不作为(25.40%)(如图6.2所示),这显然是首先将原因归于政府和社区,而没有意识到自己也是社区治理的重要主体,应该为社区治理的不理想负重要责任。

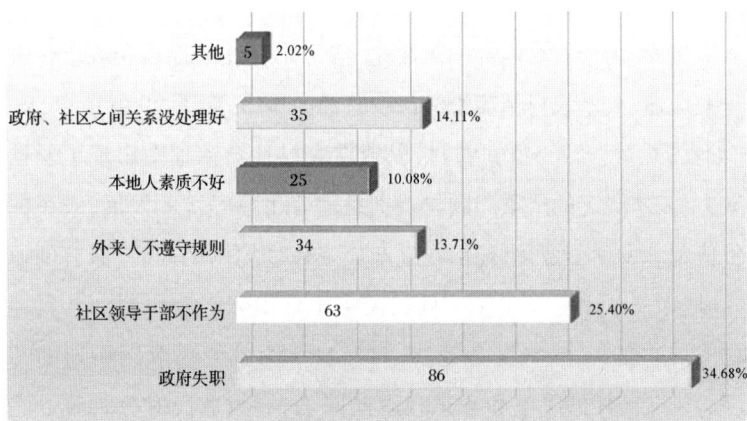

其他 5 2.02%

政府、社区之间关系没处理好 35 14.11%

本地人素质不好 25 10.08%

外来人不遵守规则 34 13.71%

社区领导干部不作为 63 25.40%

政府失职 86 34.68%

图 6.2 若治理状况不好,您感觉是什么原因造成的

第二,参与的广度与深度较低,而且参与效果欠佳。据调查,农民参与社区建设的内容,基本局限于出席居民会议、卫生清洁、文娱活动等一般性社区活动,很少能有机会参与较正式的社区事务决策,至于社区建设、管理方案能不能反映或能在多大程度上反映社区成员的利益诉求,普通农民无从知晓,更无法落实或进行有效的监督。比如,当问及"您觉得以何种方式进行参与可以实现社区有效治理"时,有 358 人选择了"民主选举",仅有 78 人选择了"民主决策"、32 人选择了"民主管理"、70 人选择了"民主监督",2人选择了"其他"(如图 6.3 所示)。访谈时,问他们"为何认为民主选举可以实现社区有效治理"时,他们的回答是"目前民主选举落实还可以,基本都能够去投票,但其他的几个落实不理想,社区事务决策是几个人决定的,具体程序和内容我们不知道","民主管理那是政府和社区领导的事,我们哪有资格管理","民主监督,怎么监督,有人听我们的吗"。可见,社区成员参与社区建设的广度与深度均有限,而且参与效果欠佳。

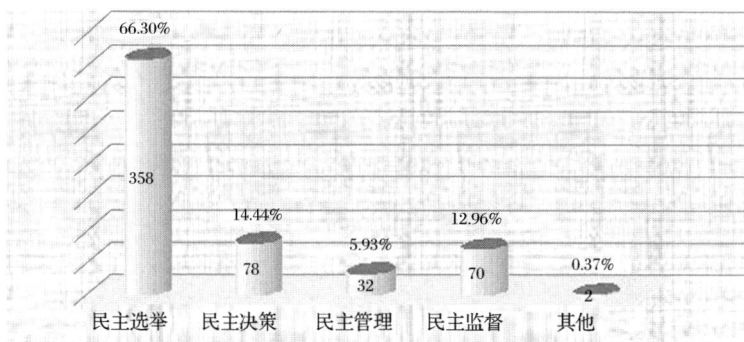

图 6.3　您觉得以何种方式进行参与可以实现社区有效治理

第三,参与的制度化管道不够畅通,随意性较强。由于种种原因,农村社区普遍缺乏公众参与的制度规范,对"谁来参与"(参与的主体)、"参与什么"(参与的内容)、"怎样参与"(参与的途径或形式)均没有规范的条例加以明确规定。常常是社区管理机构感到有必要了,就召集全体或部分社区成员开会、布置、传达,或者是政府有关部门提出了要求,街道和居委会就抓紧组织社区成员落实。即使是在成立了社区成员代表大会、社区协商议事会的社区,对于什么时候开会、哪些人参会、讨论什么主题等问题,也都是由社区管理机构定。这种非制度性参与造成的直接后果是社区成员参与率低,参与的层次也较低。在笔者的调研中,420人回答了"您认为所在社区最需要改革的制度是哪方面",其中212人认为参与制度需要改革,占总人数的一半(如图6.4所示)。可见,社区参与的制度亟须变革。

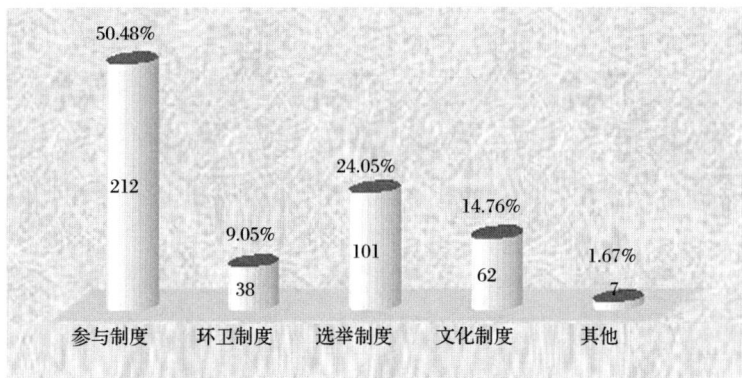

图6.4 您认为所在社区最需要改革的制度是哪方面

第四,参与行为的个体化、非组织化。笔者在调研中发现,很多地方社区成员是以被动的、执行性参与为主要形式,许多参与活动都是根据上级统一部署安排,而非社区根据自己的实际需要组织的,因此居民参与往往采取运动化的方式推进,一哄而上,一过就忘。居民多以个人身份参与社区活动与决策,虽然社区也形成了一定的兴趣组织、娱乐健身组织,在政府和社区的指导下也形成了一些福利性组织和志愿者组织,但居民的职业组织、利益组织等远未发展起来。居民参与的个体化、非组织化,使得社区民主、社区自治流于形式,社区在进行重大事务决策时,几乎不考虑或者很难贴近实际考虑广大居民的建议和利益,社区负责人和居委会成员也就成为脱离社区居民而执行上级行政命令的政府代言人。

(三)公共服务供给短缺,致使农村民生保障不力

党的十八届三中全会强调指出,社会治理"必须着眼于维护最广大人民根本利益"。因此,在农村社会治理中,必须坚持农民利益至上原则,努力改善农村民生,提高农村公共服务的规模与水平,高度关切广大农民的利益期盼与诉求。应该肯定的是,近年来,随着新农村建设和农村城镇化的快速推进,农村社会事业发展速度加快,农民物质生活水平大幅提高,但是,农村公共服务并没有完全同步,其供给严重滞后于农民的公共需求,农村公共服务的供需矛盾非常尖锐。具体而言,当前农村公共服务供给中存在两个最突出的问题:

1.供给总量不足、结构失衡

由于历史的原因,我国农村的公共服务供给水平一直偏低,且严重落后于城市,从而造成农民看病难、上学难、养老难、就业难等一系列问题。随着农民收入水平和生活水平的提高,农民需求日益由较低层次的"生存型"转向较高层次的"发展型"和"享受型",

从而致使上述问题更加突出。近些年来,随着新农村建设的深入和新型农村社区建设的加快,农村公共服务供给的总体水平虽有所提高,但多数地方往往偏重于对乡村道路、供水供电、农民新居、农业水利设施等"硬性"公共服务的建设和供给,而对医疗卫生、文化教育、养老保障、社会治安等"软性"公共服务的供给明显不足。有人对山东省烟台市两个乡镇 8 个村进行问卷调查后发现,"在农村公共服务的供给中,农民普遍比较关切基础教育、医疗保障和养老问题。从调查来看,认为子女上学负担非常重和重的分别占了22.8%和 48.0%,而在'认为目前最需要哪些方面的公共服务?'回答中,医疗服务与保障占了回答者比例的 65.8%,农民在得病后选择'自己买点药吃'的高达 41.7%,甚至有 7.9%的人选择'硬挺着'。在最需要的公共服务回答中,选择养老的占回答者比重的46.1%,农民仍有 11.9%和 15.9%选择'靠子女'和'靠存钱'来解决自己的养老问题"①。

2.供给主体单一、效率低下

第一,政府供给的短缺与低效。西方发达国家的成功经验表明,在农村公共服务供给体系建设中,应当按照公共物品的类型、特点和层次,构建政府、农村社区、社会组织、私人部门等多种力量共同参与的供给主体结构,如此才能切实提高农村公共服务供给的质量和效率。但我国长期以来,各级政府成为农村公共服务主

---

① 樊静:《加强农村公共服务体系建设,强化乡镇政府服务职能》,2014 年 1 月 24 日,http://zqs.mca.gov.cn/article/jczqjs/llyj/201401/20140100581637.shtml。

要的、甚至唯一的供给主体,忽视甚至排斥社会组织和私人部门的参与供给。并且,政府在决定农村公共服务供给的内容和方式时,由于排除了社会组织及其他供给主体的竞争压力,习惯于采取自上而下的单向性决策和行动,而忽视了基层农民对自身利益需求的表达权和决策权。然而,囿于财力的限制,各级政府对农村社会建设的资金投入相对不足,对农村公共服务特别是"软性"公共服务更是爱莫能助。即便提供一些公共服务项目,也往往因为并非社区农民所急需而效率低下、实效较差,无法满足农民多样化的需求,从而最终陷入"出力不讨好"的尴尬境地。

第二,农村社会组织供给的"避重就轻"与"供非所需"。应该肯定的是,近年来农村社会组织迅速发展,对增加农村公共服务供给做出了重要贡献。比如,福州市福清市农村社区综合维修服务行业协会坚持以"促进行业健康发展,规范市场运行机制,提高维修服务质量,发挥桥梁纽带作用,维护会员合法权益,发挥维修行业自律"为服务宗旨,2013 年组织会员单位在农村开展公益活动25 期,维修农机具和各类家用电器 85 071 件,接受咨询服务 29 599人次,提供零部件 187 038 件,年下乡下点共计 48 人次,受到了农民群众的好评。[1] 广东省揭阳市揭东区埔田镇牌边村公益理事会自 2011 年成立以来,"协同村委会大力推进饮水安全工程建设,筹集 330 万元铺设全村自来水管网;筹集 300 多万元拓宽村道;筹集120 多万元建成 4 个垃圾集中堆放点,安排专人清扫村道;发动乡

---

① 参见《福清市农村社区综合维修服务行业协会召开 2014 年度理事会议》,2014 年4 月 28 日,http://www.fuzhou.gov.cn/zfb/xxgk/fzdt/bmdt/201404/t20140428_792441.htm?type=szf。

贤及企业家捐资 65 万元修扩建学校和资助贫困学生"[1]。再如,山东省诸城市龙都街道的邱家七吉社区,先后成立了由 20 名"五老"(老党员、老干部、老工人、老教师、老复退军人)代表组成的老年志愿者队伍,由 9 名企业界人士组成的企业志愿者队伍,由 12 名妇女组成的妇女志愿者队伍,由 13 名共青团员组成的青年志愿者队伍,由 32 名少先队员组成的少先队员志愿者队伍,这 5 支队伍在农村社区中持续开展社会互助救助、环境卫生监督、公益事业服务等服务活动,三年来直接惠及农民 700 余人。虽然农村社会组织不同程度地参与供给了农村公共服务,但服务领域较为狭窄,服务内容较为浅层,存在着"避重就轻"的现象。对于耗资不多、见效较快、社区居民看得见摸得着的公共服务,如农村环境保洁和邻里矛盾排解、走访慰问老年人和困难户,以及举办花灯会、秧歌会、广场舞等文艺活动,社会组织的热情较高;而对那些关系农村长远发展但耗资多、见效慢、费时费力的公共服务,如农村基础设施建设与维护、文化普及、教育培训、环境整治等,社会组织则往往会"望而却步",缺乏供给的积极性,出现供给缺位。除了"避重就轻"现象,农村社会组织参与供给的公共服务内容还存在着"供非所需"的现象。通过问卷调查,我们发现:农民最急需的公共服务是保障类的公共服务,其次是发展类公共服务和文化娱乐类公共服务。在对540 位农民的调查中,有 489 人选择医疗保险,456 人选择养老保障,345 人选择娱乐文化活动,167 人选择贫困救助,89 人选择科普

---

① 黄齐雄:《广东揭东区推广"一室两会",整合更多力量治理乡村》,《南方农村报》2014 年 7 月 10 日。

文化,82 人选择小额优惠贷款,67 人选择就业技能培训,49 人选择
计生、办证,45 人选择政策咨询,14 人选择其他(如图 6.5 所示)。

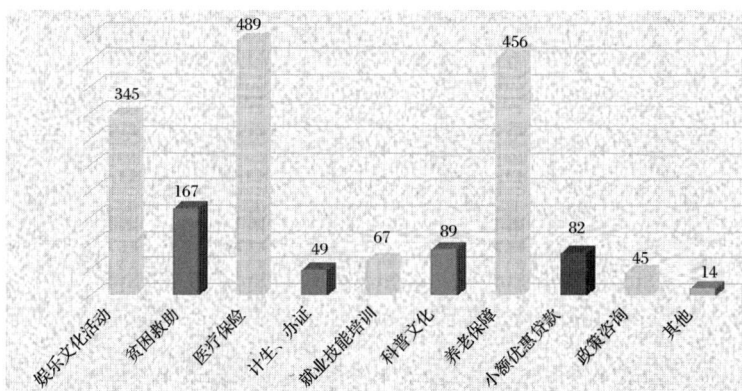

图 6.5 您现在最急需以下哪些服务(多选)

然而,对农民最需要的这些公共服务,农村社会组织供给得很
少。而它们所能供给的其他一些公共服务,则往往因形式或内容
上的失当而不具有较高的需求度。在笔者调查中,有农民反映:
"有时给的并不是我们想要的,如心理健康咨询协会不定期开展心
理咨询服务,但是在公开的场合,大家就是有问题也不好意思上去
咨询";再如,有些文娱性组织经常举办的广场舞、秧歌会等演出活
动,也主要是农村中老年妇女前去观看,其他农民甚至觉得这些活
动根本不是为他们举办的,因而很不"领情"。

(四)社会不稳定因素积聚,致使农村维稳难度加大

如前所述,最大限度增加和谐因素,维护稳定平安有序的社会

秩序,是农村社会治理的首要任务和直接目的。农村社会稳定在空间上的广度和时间上的持久度,是衡量农村社会治理效果的重要指标。应当说,当前农村社会总体上是稳定的,但也潜伏着两个层面的不稳定因素:一是传统意义上的、长期影响农村稳定的因素,如农村封建迷信活动及非法宗教活动、农村宗族矛盾与邻里纠纷、农村水土林草资源权属争端等;二是在改革发展过程中新产生或凸显的不稳定因素。这些因素的积聚,无形中加大了维护农村社会稳定的难度和压力。对于前一层面的因素,理论界已经多有研究,以下仅就后者择要叙之。

1.土地使用管理问题突出

"土地既是农业最基本的生产资料,也是农民最可靠的社会保障。长期稳定农村土地承包关系,既是发展农业生产力的客观要求,也是稳定农村社会的一项带根本性的措施。"[1]但近年来,土地使用管理问题已经演变为农村经济社会发展中的一个极为突出的问题,从而成为影响农村稳定的首要因素和棘手难题。土地使用管理问题中,除了土地清理、地界纠纷等旧问题,还有一些日渐突出的新问题:

其一,强行征占土地问题。随着工业化、城镇化进程的加快,土地资源稀缺性更加凸显,一些地方的财政甚至成为"土地财政",侵害农民土地权益的现象时有发生。更为严重的是,农民失去土

---

[1]《江泽民文选》第二卷,人民出版社 2006 年版,第 213 页。

地后,大多数无法就业,由此导致"失地即失业"的问题,而失业无疑是增加了农村社会不稳定因素。

其二,征地补偿标准偏低问题。在有些地方,对农民土地的征占存在补偿标准偏低的问题。农民所获得的低廉的补偿金,既难以弥补实际损失,更无法维持长远生计,这自然会引起农民的严重不满。更让农民难以接受的是,补偿费用往往不按土地承包年限计算,而只计算当年土地的价格,二者之间落差太大,农民反应强烈。

其三,土地承包关系调整问题。近年来,随着农业税的取消和粮食直补、良种补贴政策的落实,土地收益上升,农民种田的积极性有所提高,原来拥有土地使用权的农民工开始大批回乡,要求转包户和乡村干部返回原承包的土地;没有赶上农村土地二轮延包的农户,也根据国家现行的农村常住人口人人享有农村土地使用权的政策向乡村干部施压,要求重新调整土地。但是,目前占有土地承包权的农户,往往反对重新调整农村土地。这种状况,也容易引发原承包户与现租赁户或承包户之间的矛盾,成为影响农村社会稳定的因素。

2.城乡收入差距的拉大

改革开放以来,农民收入的绝对量虽然不断提高,但与城镇居民的收入差距总体呈拉大趋势。近两年来,城乡居民收入差距有所缩小。国家统计局发布的数据显示:全国收入差距的基尼系数从 2008 年的 0.491 下降到 2015 年的 0.462;城乡之间居民收入差距也有所缩小,2008 年城镇居民人均收入是农村居民人均收入的 3.3 倍,2015 年则为 2.73 倍。另据国家发展改革委副主任兼国家统计局局长宁吉喆于 2017 年 1 月 20 日在国新办新闻发布会上的介绍,2016 年全国居民收入差距继续缩小,城乡居民人均收入倍差为 2.72,比 2015 年缩小 0.01。

但需要指出的是,如果单从城乡居民收入差距的绝对值来看,结果堪忧:2010 年农民的人均收入为 5 919 元,城镇居民的人均可支配收入为 19 191 元,二者的绝对差距为 13 272 元;2016 年全国居民人均可支配收入 23 821 元,其中城镇居民人均可支配收入 33 616 元,农村居民人均可支配收入 12 363 元,二者的绝对差距为 21 253 元。城乡收入差距的拉大,导致部分农民逐渐趋向相对贫困化,农民由此产生强烈的心理失衡和相对剥夺感。理论研究表明,相对剥夺感的强度与收入差距呈显著的正相关关系。如果任由城乡收入差距继续扩大,势必会进一步加剧农民固有的生存焦虑和相对剥夺感,甚至会引发农民对社会的严重不满和对抗性反应,进而对农村社会稳定构成严重威胁。邓小平曾反复强调:“社会主义最大的优越性就是共同富裕,这是体现社会主义本质的一个东西。如果搞两极分化,情况就不同了,民族矛盾、区域间矛盾、阶级矛盾都会发展,相应地中央和地方的矛盾也会发展,就可能出乱子。”①胡锦涛进一步指出:“在任何社会中,社会成员之间存在一定收入差距是难以避免的,但应在合理范围内。如果社会成员收入差距悬殊而又长期得不到解决,就不仅会挫伤人们的积极性,影响经济社

---

① 《邓小平文选》第三卷,人民出版社 1993 年版,第 213 页。

会发展,而且会影响社会安定团结。"①

3.农村干群关系不够和谐

长期以来,农村基层政府的架构、行政目标、行政方式与市场经济的运行机制和农民的需要很不适应,职能错位问题相当严重。表现在乡村干部身上,衍生出思想作风、领导作风、工作作风、生活作风等方面的许多问题。"一些基层党组织过去在'压力型体制'下,全面干预乡村的政治、经济、社会和文化生活。"②这些情况说明,农民对乡村干部存在严重的不信任、不认同。

在国家取消农业税之后,有些人乐观地认为,农业税全面免除之后的一个重大正面效应就是将改善农村干群关系,重塑干部与农民之间的信任。然而,发生在基层的大量纠纷表明,农村社会现在仍然普遍存在信任危机,农村干群关系并没有得到根本性改善。有田野调查发现,一些农村基层干部对基层工作和农民抱怨不断,认为"农民素质差、不配合工作"等,而有些农民对农村基层干部也不无抱怨。③ 可见,农村干群之间缺乏互信、关系紧张这个影响农村稳定发展的老大难问题,现在并没有得到很好的解决,容易酿成一些群体性事件和恶性事件,从而对农村社会稳定构成威胁。

---

① 中央文献研究室编著:《十六大以来重要文献选编》中,中央文献出版社2006年版,第315页。
② 曾业松:《现阶段党和农民关系的思考》,《中共石家庄市委党校学报》2007年第4期。
③ 参见张德元《"民心"困局:信任危机根源》,《人民论坛》2010年第1期。

4.农村文化建设相对滞后

建设农村文化对促进农村社会稳定具有显著的作用,这可以通过农村文化建设的四大积极效应①表现出来:一是减贫效应。农村文化建设有助于提高农民的文化技术水平,缓解农民的技术贫困并促进农民增收,而农民增收显然能够缩小农民与城市居民的收入差距,进而有助于农村社会稳定。二是社会心理优化效应。农村文化建设有助于确立符合社会主流价值准则的心理导向,帮助农民提高心理承受力,形成稳定的心理质量,而"社会稳定最终取决于民心稳定"②。三是社会结构优化效应。农村文化建设能够促进农民思想道德素质的提高,从而对减少农村的违法犯罪现象、维护农村社会稳定具有重要意义。四是社会化效应。农村文化建设有助于农民的早期社会化和再社会化,即根据环境变化自动接受新的社会活动、生活方式,这有利于减少因农村社会变迁而导致的文化矛盾和文化冲突,对维护农村社会稳定具有重要意义。

近十年来,随着社会主义新农村建设的开展和农民物质生活水平的不断改善,农民对精神文化的需求愈益强烈。尽管国家就加强农村文化建设采取了很多措施,但相对于农民的热切需求,农村文化建设仍较为滞后。"在一些农村地区,文化生活贫乏,农民兄弟'早上听鸡叫,白天听鸟叫,晚上听狗叫',除了干活,就是吃饭

---

① 参见王鸿《农村文化建设与农村社会稳定的关联研究》,《农村经济》2008 年第 2 期。
② 中央文献研究室编著:《十六大以来重要文献选编》中,中央文献出版社 2006 年版,第 489 页。

睡觉,自然古朴的生活里几乎没有文化的新意。"①在农民的文化生活普遍贫乏且缺乏主流文化引导的情况下,一些不健康的东西开始趁势侵蚀农村的文化阵地,封建迷信、奢侈浪费、聚众赌博、卖淫嫖娼等不良现象滋生蔓延,成为危害农村社会稳定的毒瘤。

(五)法治保障不力,核心价值观难以融入农民日常生活,致使治理方式的科学化程度不高

如前所述,优化农村社会治理,表现在治理的基本方式上,就是要做到法治保障与价值观引领双管齐下,从而实现法治与德治相结合、他律与自律相统一。但从现实层面来看,保障农村社会治理的法治不够完善,社会主义核心价值观尚未真正融入农民的日常生活,致使法治与德治的合力尚未彰显,一些地方仍然停留在主要依靠行政手段管理农村的传统状态。

1.法治保障不力

2015年"中央一号文件"《关于加大改革创新力度加快农业现代化建设的若干意见》明确指出:"农村是法治建设相对薄弱的领域,必须加快完善农业农村法律体系,同步推进城乡法治建设……

---

① 李成贵、孙大光:《国家与农民的关系:历史视野下的综合考察》,《中国农村观察》2009年第6期。

善于发挥乡规民约的积极作用,把法治建设和道德建设紧密结合起来。"①农村法治建设薄弱,无疑弱化了农村社会治理的法治保障。

首先,从立法方面来看,在一些领域存在明显的法制空白或法制"赤字",致使有些工作的开展无法可依。例如,农村社会组织的发展及其对农村社会治理的协同参与目前就遇到很多法律瓶颈的制约。众所周知,我国改革开放以来陆续颁布了《社会团体登记管理条例》《民办非企业单位登记管理暂行条例》《基金会管理条例》等关于社会组织的一系列法规,但迄今为止仍没有形成一部规范的、保障社会组织发展的专门法律,致使社会组织发展面临合法性困境。况且,在已有的相关法律法规中,对社会组织的注册资金、会员人数、活动场所等方面条件的限制也是较为严苛的。比如,对于《社会团体登记管理条例》所规定的"有50个以上的个人会员或者30个以上的单位会员","全国性的社会团体有10万元以上活动资金,地方性的社会团体和跨行政区域的社会团体有3万元以上活动资金"等条件,很多农村社会组织只能望之兴叹。我国农村社会组织虽然类型多样、数量繁多,但很多因找不到法定的主管部门或达不到法定的登记注册条件而难以取得合法身份。"按照国务院办公厅2013年3月下发的《〈国务院机构改革和职能转变方案〉任务分工通知》,社会组织管理的'三大条例'即《社会团体登记管理条例》、《民办非企业单位登记管理暂行条例》和《基金会管

---

① 《中共中央国务院关于加大改革创新力度加快农业现代化建设的若干意见》,《人民日报》2015年2月2日。

理条例》的修订工作由民政部会同国务院法制办负责,并应在2013年年底完成,但截至今日仍未完成和出台。"①由于不符合现有的法律规定,多数农村社会组织要么"难产",要么因缺乏合法性成为"黑户"。笔者在山东、河南两省部分农村社区调查了解到,67%的社区社会组织仅经社区村(居)委会批准成立,而没有到民政或工商部门登记注册,很多只能以无章程、无固定人员、无活动经费、无活动场所、无主管部门的"游击队"形式存在。

再如,《农民专业合作社法》自2007年正式实施至今已有10年,但该法一直存在诸多不足。② 一是,该法所指的"合作社"仅指"专业合作社",难以涵盖业已存在的各类合作社,法律的适用范围过窄。二是,该法关于农民合作社的相关法律支持规范,大多为较笼统的原则性条款,具体针对性和可操作性不强,以致一些地方在理解、执行该法时,往往演变为鼓动式、宣传式、形式化的政策口号,甚至形成"政策软化法律"的局面。三是,该法明确规定农业部门是合作社的主管部门,但在合作社登记规定上,特别是支持合作社发展资金的审核和发放方面,没有前置审批限制或登记后由农业部门备案的规定,农业部门掌控合作社的手段缺乏,不能及时准确了解合作社的动态,导致对合作社的指导、服务和管理相对滞后。这些不足所导致的一个直接后果是,《农民专业合作社法》在实际工作中难以真正执行和发挥出应有的规范约束作用,从而在

---

① 杨宜勇、曾志敏:《社会治理现代化的政策设计:着眼"十三五"》,《改革》2016年第8期。

② 对于该法所存在的不足,中央决策层早已意识到,并提出了修改完善该法的要求。比如,2013年"中央一号文件"就明确提出"要抓紧研究修订农民专业合作社法"。

一定程度上限制了农民合作社的发展。

名不正则言不顺,言不顺则事不成。缺乏合法性地位的农村社会组织必然难以得到政府支持和法律保护,这既不利于政府对它们的统一管理和农民对它们的信任支持,也限制了它们参与农村社会治理的广度与深度。因此,通过系统性立法为包括农村社会组织在内的各治理主体提供充分的法律保障,已经成为当前农村社会治理中急需解决的事务。

其次,从执法守法和司法方面来看,也存在很多不尽如人意之处。在执法守法方面,有些农村基层组织和农民的守法意识不强,或者不知法不懂法,或者知法而故意违法,或者以村规民约取代法律而做出与国家法律法规相抵触的行为。比如,长期以来一直备受社会关注的"农嫁女"问题就是典型案例。"'农嫁女',具体指代农村已婚嫁出的妇女,而在现实中已经成为土地权益受损对象的代名词。不少农村集体经济组织往往以村规民约或者村民会议、村民代表会议决定的形式,直接剥夺'农嫁女'的土地权益和集体收益分配权。"①另外,农村司法领域问题堪忧。党的十八届四中全会指出,司法部门"执法司法不规范、不严格、不透明、不文明现象较为突出,群众对执法司法不公和腐败问题反映强烈"②,这些问题在农村也有所体现,司法部门在介入农村基层社会治理中存在的诸如征地、拆迁等问题时,常常会受到行政机关的干预,存在司

---

① 谢文英、何璐辇:《频损"农嫁女"土地权 村规民约成法外之地?》,《检察日报》2013 年 12 月 23 日。

② 《中共中央关于全面推进依法治国若干重大问题的决定》,《人民日报》2014 年 10 月 29 日。

法不公,这样非但无助于农村矛盾纠纷的化解,反而容易引发群体性事件,破坏农村和谐稳定的大局。

2.核心价值观难以真正融入农民日常生活

社会主义核心价值观不是空洞的说教,而是与社会生活息息相关的具体的行动纲领。习近平总书记曾强调:"一种价值观要真正发挥作用,必须融入社会生活,让人们在实践中感知它,领悟它。要注意把我们所提倡的与人们日常生活紧密联系起来,在落细、落小、落实上下功夫。"[①]只有将社会主义核心价值观融入农民的日常生活,能够使其在农村像空气一样无所不在、无处不有,才能真正使社会主义核心价值观在农村"落细、落小、落实",发挥出其对农民的道德教化作用和对农村社会秩序的保障作用。但是就目前来看,社会主义核心价值观融入农民日常生活面临许多困境,其中首要的是认识困境。应该说,提高农民和农村基层干部对社会主义核心价值观的认知与认同程度,是农村进行社会主义核心价值观培育和践行工作的关键。但是,这两个主体均在认识上对社会主义核心价值观存在偏差,这就构成了社会主义核心价值观融入农民日常生活的认识困境。

首先,农民自身对社会主义核心价值观的忽视或轻视。农民自身对社会主义核心价值观的认知程度直接影响其在农民日常生活中的融入度与践行度。农民对社会主义核心价值观的了解程度

[①]《习近平在中共中央政治局第十三次集体学习时强调　把培育和弘扬社会主义核心价值观作为凝魂聚气强基固本的基础工程》,《人民日报》2014 年 2 月 26 日。

越高,就越重视、越容易践行。但是,在多数农村地区,农民在日常生活中的精神文化活动是稀少而落后的。比如,农民在农闲时最常做的事情就是聚到一起打牌、打麻将,有的甚至会聚众赌博。这些不良的棋牌文化对农民的影响力要远远超过中国正统的优秀传统文化和社会主义核心价值观。再加上农村的青壮年劳动力大部分都进城务工,留在农村的主要是妇女、小孩和老人,而他们主动读书看报的情况很少。至于社会主义核心价值观是什么、究竟为了什么、怎么去落实,多数农民的关注度不高,热情度不够。有人对广西藤县 185 名农民进行调查后发现,被调查者没有一个人能完全讲清楚社会主义核心价值观的具体内容,其中对社会主义核心价值观"非常了解"的仅占 3.8%,6.3% 的人"比较了解",45.6%的人"了解一些",44.4% 的人"不了解"。①

其次,农村基层干部对社会主义核心价值观的忽视或轻视。来自乡镇党委政府和村(居)"两委"的农村基层干部与农民的联系最为紧密,他们对社会主义核心价值观的态度,对普通农民具有影响乃至决定作用。但长期以来,农村基层干部习惯性地把农村经济建设摆在首位,把意识形态的宣传教育和精神文明建设工作放到次要位置。就目前而言,主要表现是对社会主义核心价值观在农村的宣传教育和践行不够重视。在他们的认知里,经济建设是硬指标,而价值观教育这个软指标无足轻重甚至可以弃之不顾,或者认为只要经济建设搞好了,价值观自然会搞好。农村基层干部对社会主义核心价值观的不重视,自然会导致社会主义核心价值

---

① 参见朱红晖《农民对社会主义核心价值体系的认知及践行——基于广西藤县的调查》,《人民论坛》2013 年第 8 期(原文数据疑因四舍五入导致有微小误差)。

观在农村的宣传教育弱化乃至缺位。据有人对杭州市平山新村230 名农民的问卷调查,关于村(党)委对社会主义核心价值观进行的宣传活动,有 112 人表示"不清楚或没有",82 人表示"偶尔会有",21 人表示"经常有"。(另有 15 人疑未作回答。)在村(党)委对社会主义核心价值观普及上发挥的作用的调查中,50% 表示"没有或不清楚",38% 表示"偶尔会有",12% 表示"经常会有"。[①]

三、国家治理现代化进程中农村社会治理的对策选择

(一)创新治理理念,坚持融合、协商、合作、因地治理

思想是行动的先导,理念的更新是创新和优化农村社会治理的前提。概括来说,在农村社会治理中应该遵循以下基本理念:

1.融合治理理念

当前现代化社会的快速发展,给城乡社会发展带来了前所未有的变化。广大农民正在经历着深刻的社会变革,身份从传统农民向现代公民转变,同时个体自由及发展空间也在不断扩展。在这个变革过程中,城乡及乡村内部虽然实现了农民个体自由流动,农村及城市逐渐可以容纳不同身份居民居住,但是,由于传统的户口制度、集体产权制度及经济组织关系等因素的限制,广大农民在

---

① 参见田传信《杭州市新农村建设中社会主义核心价值普及度的调查报告——以杭州市文明村平山新村为研究对象》,《鸡西大学学报》2013 年第 2 期。

走出乡村后并不能真正融入城市生活，外来人口也很难进入乡村社会，使得流动居民很难与当地人同等地享有公共资源，导致如今的城市与乡村仍然处于分割、分离的状态。虽然当前国家正在通过推进新型农村社区建设，积极构建新型的农村生活共同体，争取实现基层社会的重新整合与融合，但是各类社会资源、要素并未实现新的有机融合。现代社会的发展讲求的是人性的解放、社会的高度融合及协调发展，这就要求当前农村社会治理必须打破传统治理模式，以促进人（农民）的自由发展为目标，坚持融合治理的理念，实现城乡有机协调与融合，实现乡村社会内部有机协调与融合，最终实现整个社会融合与和谐的状态。

2.协商治理理念

在城镇化建设大潮的推动下，目前农村社会的治理环境已经发生了深刻的变化，农村变得更具开放性、流动性、异质性，治理对象的构成更加多元，治理主体必然会随着治理对象的变化而变化。因此，农村社会运行需要全新的治理主体结构，强调治理主体参与的多元性、融合性与协调性。协商治理本质上可以理解为一种政策制定方式，它通过构建一个农民共同参与讨论的平台，使得关系农村发展的各项制度的制定、事务的处理接受全体农民的监督。尽管大多数事务的治理很难同时满足全体农民的期望，但通过协商治理，整合全体农民的意见和建议，可以大大提高治理制度的可操作性，以及农民对各项事务处理结果的认同感，进而在利益的分化与差异中形成共识，推动农村基层社会的和谐发展。

3.合作治理理念

现代社会的发展,实际上是一个国家向社会让渡权力并实现国家与社会合作治理的过程。在农村社会治理中,应当建立起上下联动和多元参与的合作治理机制,这一机制应该包括以下几个方面的内容:由村(居)"两委"代表、农民代表、各类经济及社会组织的代表共同协商产生农村基层社会自治机关;由自治机关统领本村域的各类经济及社会组织,并引导它们参与社会治理与服务,通过协商与合作,共同解决农村社会公共性问题;广大农民可以通过自治机关参与社会公共事务治理,也可以通过公益、志愿组织等载体参与社区治理;下沉到农村基层社会的政府管理和服务组织在上级政府的领导下提供管理与服务,并接受农民的广泛监督;社会力量在政府及自治机关的双重监督下参与农村基层社会的管理与服务活动。这样,逐步建立起以社区自组织网络为基础的基层社会自我治理与政府行政管理两套机制的有效衔接,形成政府、社区及社会三种力量参与的合作治理机制。

4.因地治理理念

我国农村区域面积广阔,不同地区之间经济与社会条件存在较大差异,既有传统的农业型地区,也有第二、三产业较为发达的非农业型地区;既有经济社会发展水平和开放程度较高的较发达地区,也有经济社会发展水平和开放程度较低的老少边穷地区。

因此,应该基于不同地区之间的差异性,在农村社会治理中秉持因地治理理念,特别是在农村社会治理创新模式的选择上,不能搞一刀切,而是要鼓励地方性创新,支持地方在实践中因地制宜创新,围绕如何满足广大农民的合法利益需求及权益保障,充分发挥农民及社会的主动性,形成基层良性治理秩序,基于自身条件探索适合本地的农村社会治理模式及治理机制。当然,在因地治理的过程中,不排除学习借鉴其他农村地区社会治理的成功经验和做法,但这些经验和做法只有真正适合本地区才能借鉴受益,如果不顾本地实际而盲目照搬其他地区的经验和做法,必然会因"水土不服"而无法奏效甚至得不偿失。

(二)优化治理格局,转变政府职能

1.优化治理格局

农村社会治理是一项复杂的综合性工程,离不开国家、市场组织、社会组织及居民的共同参与,需要形成政府协调、社会参与、企业支持、农民推动的多中心治理格局。与传统的"自上而下"的单中心治理机制不同,多中心治理格局是基于"自下而上"的、多个决策中心协同并存的治理机制。多中心治理格局具体体现在农村社会治理领域,就是要求打破政府的垄断主体和单一主体地位,而代之以农村基层政府、村(居)委会、农村社会组织、农村居民等多元主体的积极参与,从而建立起基于多元主体协同合作的治理机制。这种治理机制不仅能够有效克服单中心治理中存在的低效、无序等弊端,而且能够更好地适应农村居民对农村公共服务的多样性需求,使之享受到更高效、更优质、更价廉、更为个性化和多样化的公共产品与服务。

在优化治理格局的过程中,首要的前提是准确定位政府在农村社会治理中的地位和作用。政府无疑是社会治理的核心主体之一,社会治理是政府的一项基本职能。特别是在目前农村社会力量比较弱小的情况下,政府势必应该在农村社会治理中发挥主要的甚至决定性的作用。作为掌握公共权力的政府各部门,在农村公共秩序的维护、农村公共服务的供给、农村基础设施建设的投入等方面都处于主导地位,应充分实现政府部门之间各种资源的最大化配置,形成部门之间的合力,建立各部门之间协调协同参与农村社会治理的系统,突出其公共性职能及价值。

2.转变政府职能

政府部门在参与甚至主导农村社会治理的过程中,必然涉及自身的职能转变问题。如果政府还是像以往那样死抱"管理社会舍我其谁"的旧理念,把自身视为社会治理的唯一主体,不及时转变自身职能,农村社会力量势必难以发育,农村社会协同治理也就无从谈起。政府职能转变应具体包括以下几个方面:"一是职能取消或转移。将市场和社会主体能够自主决定的,竞争机制能够自行调节的,中介机构能够自律管理的事项,交由市场或社会组织。二是职能下放。根据就近管理、便民服务的原则,充分给予基层组织广泛的微观管理权限,以有效发挥其面向群众、贴近基层的优势。地方政府仅保留需要本地区统筹协调、综合平衡的事项,对于不涉及跨地域、无关重大民生和安全、下级或者基层组织能够承接的事项,原则上要下放。三是职能整合。坚持精简、统一、效能的原则,将具备相同或相似职能的权力进行精简归并,该放的坚决放,该减的彻底减。四是职能加强。根据经济社会发展需要,地方政府应加强发展战略、规划、政策、标准等的制定和实施,加强市场监管和社会监督等方面的规范管理和监督指导。"①

在政府职能转变过程中,关键环节是政府下放权力,对社会力量放权赋能,为其参与农村社会治理主体让渡空间。在这方面,山东省日照市的做法值得肯定和借鉴。近年来,日照市东港区在农村社区建设中大胆创新、下放权力,解决了许多办事难题,极大方便了农民的生产生活:一方面将区政府下放至社区的 17 项权力分授到各个社区,另一方面将原先行政村应上收集中到社区的 29 项权力上提到社区,这就保障了社区服务中心有权办理相应的服务项目。比如,日照市东港区河山镇的申家坡社区下设了户口证件、计生卫生、党员管理等十几个服务窗口,设服务大厅主任 1 名、公益性岗位工作人员 1 名、其他工作人员 3 名,制定完善了社区工作人员考核管理办法,社区公章完全下沉到社区;河山镇党委政府出台了专门通知,将党费收缴、农村财务管理、新型农村养老保险参保缴费等 29 项权力上提到社区;区级部门将社会救助、劳动保障、综治安全、卫生计生、文体教育、农林水务等为主的 6 大类 55 项政府公共服务下沉、下放到社区,充分利用社区资源和上级政策开展

---

① 鹿斌,金太军:《国家治理现代化进程中的社会治理创新》,《天津社会科学》2016 年第 2 期。

社区服务。目前,申家坡社区服务大厅基本实现了部门职权下放和村级职能整合,通过下放、上收等方式赋予社区必要的职责和权力,强化社区权威,使社区真正成为社区群众和企业职工办事依靠的主体和实体。表 6.1 所示的是东港区下放权力到申家坡社区的办理事项目录。

表 6.1　东港区下放权力到申家坡社区办理事项目录

序号	事项名称
1	流动党员活动证办理
2	重点优抚对象医疗补助
3	医疗救助
4	慈善助学办理
5	慈善助困办理
6	社区村民捐款捐物受理登记
7	享受就业创业扶持政策人员审核认定
8	农村土地承包经营权流转合同备案代理
9	农村土地承包经营纠纷调处
10	独生子女父母光荣证办理
11	农村计划生育家庭奖励扶助办理
12	重度残疾人最低基本生活保障办理
13	残疾人康复项目的筛查、登记、申报等工作
14	残疾人托养(居家安养)办理
15	残疾大学生就学补助办理
16	残疾人就业创业和贴息补助办理
17	老年人优待证办理

日照市东港区通过下放、集中等方式赋予农村社区必要的权力之后,大大增强了社区自治组织的自治功能:凡属村民自治范围内的事情,由社区村委会(管委会)等自治组织牵头自主管理。建立社区分层民主协调机制,区分社区、小组、个人三个层级,采取会议协商、恳谈协商、书面协商、网上协商等方式进行,同时完善农村社区自治清单,建立村民代表会议、村委会会议、村务公决等民主决策方式,积极推进农村基层社会自治管理由村级为主向以社区为主转变,促进农村社区民主决策、民主管理、民主监督形式的不断完善。图6.6所示的是日照市东港区小花社区的自治体制。

农村基层社区得到政府授权之后,也结合社区实际积极探索社区治理体制创新,在社会治理层面上形成了一些行之有效的具体方法,如日照市莒县墩头社区的“六步议事法”。

同时,在社区自治过程中,日照市莒县墩头社区还形成了社区议事决策流程,对社区、单个自然村及村民小组的事务形成议事决策流程。图6.7所示的是莒县墩头社区议事决策流程。

```
                    ┌──────────┐
                    │ 社区村委会 │
                    └──────────┘
                         │
       ┌─────────────────┼─────────────────┐
       ▼                 ▼                 ▼
  ┌─────────┐      ┌─────────────┐    ┌─────────┐
  │ 社区议事会 │      │ 社区村民代表会议 │    │ 社区监事会 │
  └─────────┘      └─────────────┘    └─────────┘
       │                 │                 │
       ▼                 ▼                 ▼
┌───────────┐     ┌───────────┐     ┌───────────┐
│ 社区两委干  │     │ 从现有村民代表 │     │ 村财会人   │
│ 部、网格组  │     │ 中推选产生   │     │ 员、退休   │
│ 长等组成   │     │            │     │ 干部、村   │
│           │     │            │     │ 民代表组   │
│           │     │            │     │ 成        │
└───────────┘     └───────────┘     └───────────┘
       │                 │                 │
       ▼                 ▼                 ▼
┌───────────┐     ┌───────────┐     ┌───────────┐
│ 参与社区重  │     │ 民主决策    │     │ 民主监督   │
│ 要工作和重  │     │ 民主管理    │     │ 财务管理   │
│ 大事项的研  │     │            │     │ 审计公开   │
│ 究和决定   │     │            │     │           │
└───────────┘     └───────────┘     └───────────┘
```

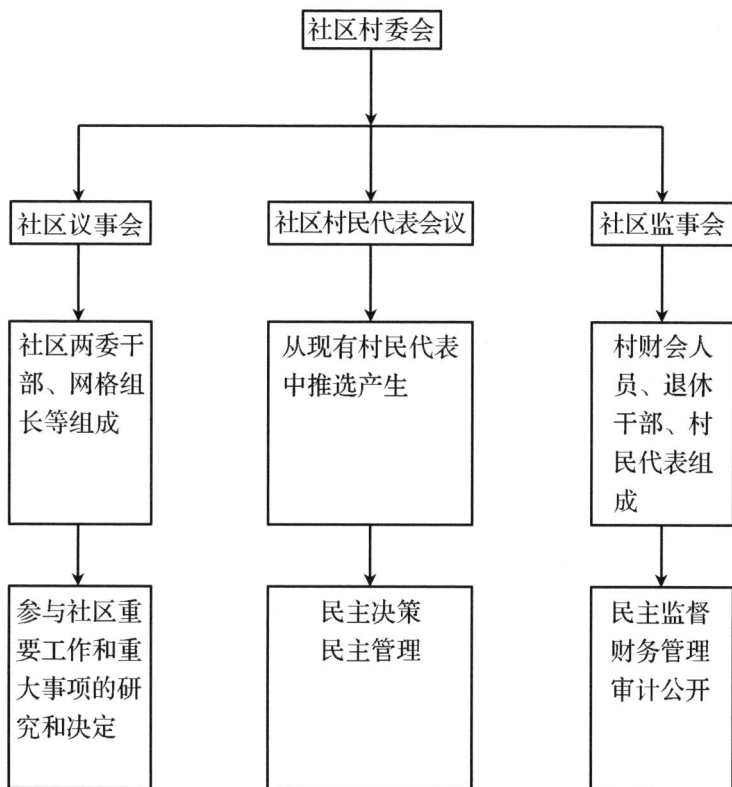

图 6.6　日照市东港区小花社区自治体制

议事决策流程

1.涉及整个社区建设或所有村民切身利益的社会事务决策

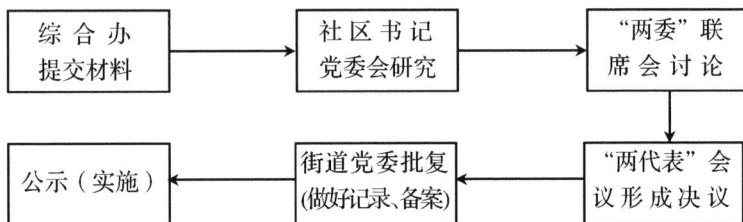

综合办提交材料	→	社区书记党委会研究	→	"两委"联席会讨论

公示（实施）	←	街道党委批复(做好记录、备案)	←	"两代表"会议形成决议

2.单个自然村的村务决策

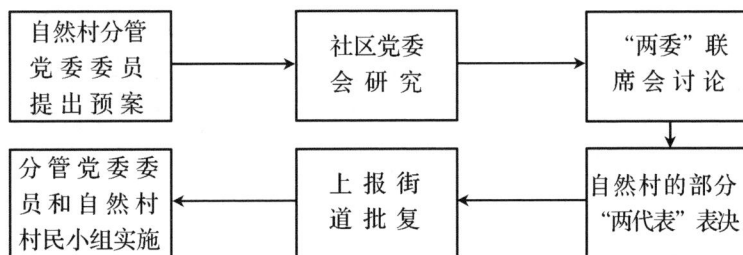

自然村分管党委委员提出预案	→	社区党委会研究	→	"两委"联席会讨论

分管党委委员和自然村村民小组实施	←	上报街道批复	←	自然村的部分"两代表"表决

3.单个村民小组的事务决策

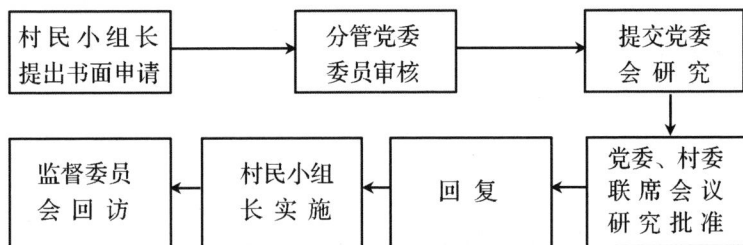

村民小组长提出书面申请	→	分管党委委员审核	→	提交党委会研究

监督委员会回访	←	村民小组长实施	←	回复	←	党委、村委联席会议研究批准

图 6.7　莒县墩头社区议事决策流程

（三）加强农村社区建设,构牢农村社会治理平台

21 世纪以来,在现代化的冲击下,乡村社会发生一系列变化,以新型农村社区为载体的"社区化治理"已经成为当前农村基层社会治理的发展方向,实现基层社会治理体系、治理制度、治理机制的创新与完善,是实现农村治理体系与治理能力现代化的过程,亦是推进国家治理体系和治理能力现代化在农村基层治理中的直接体现。面对社会结构及功能日益分化的乡村社会,传统的农村治理制度已经力不从心,无法适应农村社区社会治理的实际变化。要保障农村社区建设和社区治理,前提是创新农村社区社会治理的制度,特别是破除原先的城乡分割二元格局,构建城乡一体化的农村社区和多元主体参与的制度规则。具体来说,制度创新内容可概括为以下五点:

1.打破城乡二元制度,形成城乡一体发展机制

新型农村社区治理的内在目标是打破原有城乡二元结构,缩小城乡生活差距,实现城乡融合发展,具体包括更具流动性的户籍制度改革,更方便灵活的住房制度改革,更具容纳性的管理制度改革,以及更具开放性的服务制度改革。

户籍制度是城乡二元结构的基础性制度,是阻碍流动人口实

现社会融合的主要制度性障碍,①它大大延缓了人口城市化进程。建立在户籍制度之上的教育、社会保险、医疗卫生等社会福利制度都因城乡户籍的不同而产生较大差距,而放开户籍准入后必将面临的巨大财政压力是各地不敢轻易尝试户籍制度改革的主要原因,这就使得城乡二元结构的制度性基础长期存在。因此,在农村社区建设与治理过程中,应逐渐推动城乡公共服务的均等性发展,同时实现户籍制度与相关社会福利制度相脱离,从而减小各地户籍制度改革所面临的财政压力。

打破城乡二元结构,需要打破其制度性基础,同时推动户籍制度、住房制度、管理制度、服务制度的综合配套改革,全面推进城乡融合发展。在农村,村民宅基地不能自由买卖、进入市场交易,不动产无法自由转化。同时,村民缺少进入城市生活的资金,而进入城市生活最先遇到的就是住房问题。资金问题无法解决,没有固定住所,这些问题在一定程度上打消了村民进入城市生活的愿望。城乡一体化管理制度改革最突出的是人口管理。我国现行户籍制度是将人口分为城镇人口和农村人口,实行有差别的社会福利保障政策,并对户口的"农转非"进行限制,导致城乡居民之间的不公平、城乡人口无法合理自由流动等一系列社会问题。针对这个问题,有学者提出以"一元化结构,三证式管理,多层次户籍迁移"的人口登记管理制度取代户籍制度,②实现更有效、更合理的人口管

---

① 参见李涛、任远《城市户籍制度改革与流动人口社会融合》,《南方人口》2011年第3期。

② 参见陈君武《以人口登记管理制度代替户籍制的构想》,《兰州大学学报》2011年第3期。

理。此外,要改革当前城乡二元结构下的基本公共服务制度,逐渐缩小基本公共服务供给上的城乡差距,如教育、医疗卫生、社会保障等,优化基层公共资源配置。

2.破除村社一体、政经合一制度,恢复社区本质特征,促进乡村社会开放

从乡村社会发展实际来看,导致当前开放、流动社会中农村社区治理困境的主要原因就是原先乡村社会的村社一体、政经不分。在政经不分的情况下,村民无法有效处理自己所占有的那部分集体经济,也不能支配所承包经营的土地、房产、宅基地等。他们一旦从农村迁出,将意味着各项集体经济利益及权益的消失。同时,由于集体经济资源由村委会掌握,且缺乏相应的监督与管理,农民的集体经济利益很容易受到侵害。在村社合一的条件下,村委会越权行使了原本属于集体经济组织的权力,代其对村庄的集体经济事务进行管理,政治原则代替了经济原则,而自己原本的职责却没有有效地履行;同时用村集体经济财产支撑各项村级事务的开展,而村集体经济组织则又承担起部分村内的管理与服务职能,使得村委会与村集体经济组织之间出现职能混乱,且两者自身职能都未能得以良好履行。因此,推进村社分开、政经分离是当前流动社会发展的必然要求,也是实现农村社区开放、流动发展的推动力。通过村社分开、政经分离,使得村委会和村集体经济组织各自履行自己的职责,实现村经济事务、管理与服务事务的顺利开展,而分离后的集体经济组织可以通过市场化运行机制,保障农民个

体的集体经济权益。

3.清除户产一体制度,破解农民制度性捆绑

户产一体在我国有着较为长久的历史渊源。改革开放后,在农村主要表现为以户籍身份为基础的村民,既是村社社区成员,又是集体经济组织成员,社区成员身份与经济权利的紧密结合,导致社区成员身份的失去,这意味着原有经济权利的丢失,也极大地限制了农村人员的自由流动,对村民是一种变相的利益捆绑。同时,外来人口进入当地生活意味着要分享原村民集体财产,这无疑会加大当地村民的对外排斥心理,不利于外来人口融入当地生活。在此背景下,整个村庄呈现出内在封闭性、外在排斥性特点。户产一体的传统管理体制,使得外来人员进入当地乡村社会变得更为困难。同时,由于社区成员身份与集体经济组织成员身份的密切联系,导致乡村社会的封闭性加剧,与当前开放、流动的社会发展趋势背道而驰。因此,突破户籍的束缚,保障原本属于本村集体经济组织成员的集体经济组织成员权,抛弃传统户产合一的限制,成为重要工作内容。主要表现在如何保障集体经济组织成员所享有的集体产权不会因为未来户籍的变化、职业的变化、居住地的变化而消失,以及打破传统乡村社区的封闭性与排外性,使村庄社区演化为一个社区内部人员可以自由流出、外来人员能够自由进入社区生活的社会生活共同体,促进社会的融合与城乡发展一体化。

4.实施农村产权制度改革,保障农民合法财产权利

集体产权制度的封闭性及排他性,是导致当前农村社区治理困境的另一个重要原因。重新构建集体产权制度,是化解农村社区治理困境的主要方法,而明晰及量化产权成为重构集体产权制度的重要内容。可以将集体经济交由集体经济组织专门经营管理,集体经济量化股份到人,按照市场机制经营,实现集体经济利益增值,原持股居民按照持股比例分享年终分红。如在山东省肥城市农村集体经济组织改革中,设置集体股和个人股两类股权,集体股按照集体资产净额的一定比例折股量化,属于全体成员共同所有,并由集体经济组织持有,其余为集体经济组织成员个人股,由其本人持有,改制后成立村股份经济合作社,设立股东大会、董事会、监事会,按法人治理结构实施管理。① 同时,通过产权改革,逐渐赋予、放宽农民处置自己房产、土地等的权利,明确财产的产权主体及产权性质。总之,农村产权制度改革,可以强化村民处理自身生产资料及不动产的主观能动性,能够保证村民按照自身利益需求对财产进行合法自由处置,保障其合法经济利益。

---

① 参见《山东省肥城市农村集体经济组织产权制度改革试点工作实施方案》,2015 年 3 月 26 日, http://www. caein. com/index. asp? xAction = xReadNews&NewsID = 91180。

5.构建容纳性社区治理制度

改革开放以来,农村经济社会结构及功能发生巨大转型,农村社会的开放性、流动性较之以往也发生了巨大改变。而社区作为一种自治组织,治理主体、治理对象也都随着社会流动性的增强而变得更加复杂。传统的乡村自治体制已经无法适应当前的新型社区治理实际,不能良好地处理新型农村社区出现的新问题、新情况、新挑战,这就要求新型社区在治理过程中必须对传统的自治体制进行改革、创新。

当前农村社区治理体制改革主要面临两个问题:一是在村民权利意识、法律意识及参与意识逐渐增强的情况下,如何构建新的治理体制,确保村民更顺畅地参与社区治理、维护自身权益;二是如何确保流动人口融入当地生活,并实现权利平等。随着经济发展,人民生活水平不断提高,受教育程度及政治素养也随之提高,流动人口也大量增加,而且并非仅仅是农村人口流向城市,而是村与村、村与城之间的多向流动。日益活跃的人口流动使得社区治理对象更加复杂,所面临的情况也更加多样,导致乡村地区传统的治理体制与当下的社区治理实际脱节。传统的社区治理制度受到户籍制度的极大限制,外来人口无法融入农村社会,而农村人口进入城市生活也无法平等享受城市居民所拥有的社会福利保障。因此,良好的农村社区治理需要建立更具容纳性的社区治理制度,体现社区治理主体的多元参与,保障外来人口参与社区治理的权利,确保其在所居住社区享有基本公共服务,实现权利平等。新型农村社区的治理体制,要逐渐剥离传统乡村自治体制所带有的浓重的统治性与管理性,要实现治理的多元参与、共同协商,突出治理主体的多元性,突出利益要求的多元性,突出社区治理多元参与的治理理念,最终构建起多元主体合作治理机制。

(四)加快农村社会组织发展,增强其参与农村社会治理的能力

农村社会组织是创新农村社会治理的重要力量。只有将农村社会组织真正纳入农村社会治理的权利主体体系,才能壮大农村社会力量、实现农村社会协同治理。当前,鉴于农村社会力量发育迟缓、农村公共服务供给不足的问题,尤其要重视加快农村社会组织的健康发展,增强其参与农村社会治理的能力特别是参与供给农村公共服务的能力,为此,特别要抓好如下三个主要环节:

1.改善农村社会组织发展的外部环境

完善的制度环境,是农村社会组织健康发展的必要保障。首先,要完善、制定相关法律法规,确保社会组织的合法性,为社会组织提供法治保障。完善的法治保障不仅能够有力规范社会组织的服务行为,而且能够正确引导社会组织的服务方向,保证其向着实现社区居民公共利益最大化的方向发展。当前,应该在广泛调研和征求意见的基础上,进一步完善保障社会组织发展的法律法规。既要对不利于社会组织发展的现行法律法规进行及时修改,更要

针对各类社会组织的特点,制定相关的单行法规。其次,要理顺政府与农村社会组织的关系。由于社会组织的微弱性和政府部门的强势性,农村社会组织和政府之间事实上存在一种依附与被依附、管制与被管制的关系,这对社会组织高效参与农村社会治理是极为不利的。因此,应该进一步理顺政府和社会组织的关系,改变依附与被依附、管制与被管制的关系,代之以指导与被指导、帮助与被帮助的关系。政府要坚持"有所为、有所不为"的原则,指导、协调社会组织的发展,并针对社会组织在发展中遇到的实际困难制定和实施财政、税收、信贷等方面的配套扶持政策。此外,政府部门还应积极培育各种有利于推动社区居民自治的社会组织,充分发挥它们在社区治理和公益服务中的作用。总之,要通过完善法律法规,优化政策环境,形成"政府搭建平台、政策扶持保障、社会组织运作"的服务机制。

2.加强农村社会组织与其他治理主体的协同合作

农村社会组织加强与其他治理主体之间的协同合作,有助于提高农村社会治理的效率与质量。其一,与政府部门的协同合作。对于经济性、公益性农村社会组织,政府部门可以采取"委托授权"等方式进行合作,即政府根据社会组织的服务能力情况,将一些社区服务项目酌情授予社会组织开展,并为之提供必要的政策、物力支持,最后根据社会组织的工作实绩予以资金补助。对于文娱性社会组织,则可以根据其开展文娱活动的次数、参与人员规模、居民满意度等情况给予相应的财政补贴。其二,与社区村(居)委会的协同合作。村(居)委会要改变对农村社会组织的全面管制,代之以教育、引导与协助。根据农村社会组织的不同性质和活动开展情况,村(居)委会应该提供必要的帮助,这种帮助既可以是物质层面的资助,也可以是政策方面的支持、舆论方面的宣传和精神层面的褒誉。同时,社会组织可以向村(居)委会反映社情民意,帮助其排忧解难,这本身就是与村(居)委会的合作共赢。其三,社会组织内部的协同合作。农村社会组织种类繁多,服务领域比较宽泛,均具备在各自领域的专业性优势,或者在某些服务能力上的优势。社会组织之间建立平等协商的合作关系,有助于实现服务资源上的整合和补充,弥补自身的能力缺陷。一是同种性质的社会组织要加强合作,比如,腰鼓队、舞蹈队等文娱性质的社会组织应该加强合作,为社区居民提供喜闻乐见、形式多样、内容丰富的公共服务。二是不同性质的社会组织之间应该加强合作,比如法律协会可以与经济性社会组织合作,通过宣传法律知识,使农民能在经济活动中依法生产经营、用法律维护自身利益;文化娱乐类社会组织可以与老年协会、养老院等合作,为农村老年人提供高质量、多样化服务,让更多的老年人参与到文娱活动中,丰富老年人的精神文化生活。

3.增强农村社会组织参与提供农村公共服务的能力

农村社会治理的一个核心任务是努力增强农村公共服务供给,努力改善民生。为此,应重视发挥农村社会组织的作用。2010年"中央一号文件"在谈到"完善农村基层治理机制"时,明确提出要"加强服务设施建设,培育发展社区服务性、公益性、互助性社会组织",这就为农村社会组织的建设与发展指明了方向。2011年民政部在《城乡社区公共服务体系建设"十二五"规划》中明确提出,要"构建以居民需求为导向、以政府为主导、社区参与的多元化供给机制"。而"形成多元参与、公平竞争的格局"和"构建以居民需求为导向、以政府为主导、社区参与的多元化供给机制"的过程中,显然不能无视社会组织的存在。为此,国务院在2011年公布的《社区服务体系建设规划(2011—2015年)》中明确提出,每个社区最少应建立5个民间(社会)组织。2012年党的十八大报告指出,要"加快形成政府主导、覆盖城乡、可持续的基本公共服务体系,加快形成政社分开、权责明确、依法自治的现代社会组织体制","加强基层社会管理和服务体系建设,增强城乡社区服务功能,强化企事业单位、人民团体在社会管理和服务中的职责,引导社会组织健康有序发展"。党的十八届三中全会进一步提出,"适合由社会组织提供的公共服务和解决的事项,交由社会组织承担"。李克强总理在2014年政府工作报告中再次重申,"更好发挥社会组织在公共服务和社会治理中的作用"。这些论述,为农村社会组织参与农村公共服务提供了政策依据。农村社会组织本质上应该是一个为服务农村和农民、为农民提供公共服务的组织。提高农村社会组织参与供给农村公共服务的规模与效率,关键基础是坚持以农民需求为导向,增强农村社会组织的公共服务能力。为此,最主要的是解决两大问题:一是"有力服务"问题,二是"有人服务"问题。

首先,拓宽农村社会组织的资金来源,确保"有力服务"。一是加强政府对农村社会组织的资金支持。政府部门可以学习国外经验,通过免税等措施来对社会组织提供支持。县乡政府应在财政预算中设立对农村社会组织的专项支持资金,不得随意挪用或削减,并尽量减少专项资金的拨付环节,防止专项资金的"跑冒滴漏"。同时,通过购买服务、减免税收、低价或无偿提供活动场所和设施等措施向社会组织提供资金支持。二是在国家信贷方面,应该对公信力强、业绩突出的农村社会组织给予信贷支持和优惠,建立融资担保体系,积极为农村社会组织的发展筹资。三是农村社会组织可加强与企业的合作,通过与驻区企业建立稳定的项目合作关系,广泛吸纳企业捐赠。① 四是农村社会组织可以尝试在不影响其公益性的前提下,向社区服务对象适度收费,通过服务性收费拓宽资金来源,增强经济实力。

其次,夯实农村社会组织的人才基础,确保"有人服务"。一是要提高农村社会组织原有人员的专业培训,提高其参与公共服务的素质和能力,并积极吸纳农村社区精英参与社会组织,将其培育为社会组织的组织者和带头人。二是社区村(居)委会人员要发挥组织带头作用,不仅通过自我学习和接受组织培训来提高自身的文化素质和管理服务能力,而且要动员和组织社区居民参加必要的教育培训,并引导其参与社区公共服务供给。三是吸引和鼓励本社区外出打工人员返乡创业,改善他们的创业就业环境,并积极利用国家鼓励大学生去农村工作创业的机遇,合理利用"选调生""大学生村官"等群体,吸引高校毕业生和社会志愿者到农村社会

---

① 笔者在山东省日照市东港区河山镇的申家坡社区调研时了解到,该社区现有驻区企业单位45家,社区吸收企业成员成立社区共建理事会,参与社区管理与服务工作,驻区企业为社区建设、社区社会组织等的发展提供了大量资金支持和项目支持。

组织中工作,并通过这些高学历、高技术人才对农村社会组织其他成员进行专业培训和业务指导来提高其解决社区公共事务、提供公共服务供给的热情与能力。

(五)以农民的公共需求为导向,实现农村公共服务"政府+社区+社会"的协同治理

1.建构以农民需求为导向的农村公共服务供给制度

农村公共服务种类繁多,不同区域的农民对公共服务的需求偏好不同、急需程度不同,因此,为了提高农村公共服务供给的质量和效率,必须进一步对农村公共服务需求进行分类和排列,建构以农民需求为导向的农村公共服务供给制度。

首先,对农村公共服务进行分类,明确哪类应该由政府承担,哪类由社区承担,哪类由两者共同承担。农村公共服务和公共品,可分为纯公共品和准公共品。农村的准公共品又可细分为三种:性质上接近纯公共品的准公共品,一般的农村准公共品,性质上接近私人品的农村准公共品。与城市公共品和服务相比,农村公共品及服务的明显特征是纯公共品少、准公共品多,并且界限相对模糊,政府提供与否的伸缩性较大。① 纯公共品和性质接近纯公共品的准公共品应该由政府承担;一般准公共品应该由两者共同承担;

---

① 参见袁方成《使服务运转起来:基层治理转型中的农村公共服务》,西北大学出版社 2008 年版,第 27 页。

性质接近私人品的准公共品应该由社区承担。明确界定农村公共服务的类型和其承担者,有助于明确两者的责任,同时有助于提高社区自我服务的能力和各类民间组织的发展。

其次,对农民所需的公共服务进行优先序排列。农民对各类公共服务的需求紧迫程度是不同的,不同地域的农民对公共服务需求的顺序也有较大不同。因此必须通过调查,对农民所需的公共服务进行排列,优先提供农民最需要、最关心,以及社会组织最方便提供的公共服务。

再次,建立农村公共需求的表达机制,使农民树立现代公民意识,积极主动地表达公共需求意向。在此基础上,培育各类农民合作组织,提高农民的自我服务能力,使公共需求的表达更加集中和组织化。另外,提高农村社会组织、基层政府和站所聚合农民需求的能力和机制。

最后,建立以农民需求为导向的农村公共服务供给制度。需求的表达和分类只是公共服务供给的前提,公共服务的真正实现还需要建立完善的供给制度。公共服务供给制度的建立要以需求为基础,以效率为导向,并实现供给方式的不断创新。

2.实现农村公共服务"政府+社区+社会"多元主体的协同治理

作为农村社会治理的核心任务,农村公共服务供给的最终受益者是广大农民群众,在公共服务提供上必须遵循广大农民群众的利益需求。增加农村公共服务供给,是全国实现公共服务均等化的重点和难点。公共服务均等化不仅要求实现资源的公平享受,同时还必须实现资源的有效供给,体现供求一致的原则。这就在客观上要求必须建立行之有效的公共服务的需求表达机制,实现自下而上的需求传导,做到"引导"而不"硬套","帮助"而不"包办"。

从农村公共服务的性质来看,农村公共服务中有一大部分属于准公共品,如果单纯由政府部门来提供,往往由于信息不对称、资源无法实现优化配置而导致公共品提供效率低。同时,自税费改革之后,农村集体经济实力总体上出现弱化现象,导致在基础公共品提供上存在财力不足现象,通过"一事一议"制度筹集资金又必须征得农村居民的同意才具有合法性。因此,探索公共服务由政府、社区、社会三方合作的供给模式,能够有效弥补政府和社区单方提供的不足,还能充分利用社会力量,从而实现资源的优化配置,提高供给效率;另外,还能实现公共服务供求中的信息共享机制,有利于有效公共服务均等化。在此过程中,政府需要明确自己的定位,实现从传统的管理者向现代的公共服务者角色的转换。对于政府、农村居民、社会组织等各方的权利和义务及服务范围,也应该在法律制度层面加以规定和划分,既保证正常的社会秩序,又发挥各自所长,从而提高供给公共服务的效率和效果。

3.强化社区和广大农民的自我服务能力

《中共中央关于构建社会主义和谐社会若干重大问题的决定》指出:"完善居(村)民自治,支持居(村)民委员会协助政府做好公共服务和社会管理工作,发挥驻区单位、社区民间组织、物业管理机构、专业合作经济组织在社区建设中的积极作用,实现政府行政管理和社区自我管理有效衔接、政府依法行政和居民依法自治良性互动。"①要提高社区和农民的自我服务能力,需要依靠大量的以农民为成员的社区民间组织来完成。首先,要建立各类专业合作经济组织。据调查,多数农民对发展类的公共服务急需程度非常高,他们迫切希望通过专业合作经济组织来发家致富,提高收入水平。建立专业经济合作组织要健全相关政策和法律法规,完善组织内部治理机制,降低组织成本,引导合作组织在正确的方向上发展。其次,要建立各类自我服务组织。农民有各种各样的需求,政府提供的只是农民最基本的公共需求。大量的集体性需求和个人需求需要通过集体组织和个人互助来满足。这就需要建立各类自我服务组织。自我服务水平的提高是农民的自主性和独立性增强,以及公民社会逐步成熟的标志。最后,要建立各类社区文化组织。随着物质生活水平的提高,农民对社区文化组织的需求程度较高。因此,要加大力度建立各类文体组织,提高农民的生活质量和生活情趣,让农民在轻松愉快的活动中提高自身的综合素质,培养他们对农村(社区)的认同感和归属感。

(六)维护农村社会稳定,优化农村社会治理环境

农村社会秩序稳定,既是农村社会治理的首要任务,也是农村社会治理的必要前提。如前所述,影响农村社会稳定的因素具有

---

① 《中共中央关于构建社会主义和谐社会若干重大问题的决定》,人民出版社 2006年版,第 26 页。

多元性、复杂性。因此,要保持农村社会稳定,必须整合党政部门、社会组织、农民自身等多种力量,综合运用经济、法律、行政等多种手段,积极防范与化解影响农村社会稳定的各种矛盾纠纷,形成维护农村社会稳定的强大合力。针对上文所论的影响农村社会稳定的新问题,特提出如下对策:

1.完善农村土地政策,优化对土地的使用管理

"落实好农村土地政策,长期稳定农村土地承包关系,是亿万农民的愿望,也是保持农村乃至整个社会稳定的基础。"[①]各级政府在土地政策调整与执行中,必须从维护农村稳定的战略高度,始终把维护和保障农民利益放在首位。首先,要改革完善农村土地的征用制度。要坚决执行最严格的土地管理制度,节约、集约利用土地;要严格区分公益性用地和经营性用地,将征地范围严格限定在"公共利益"的边界之内;要依法严格限定征地主体的资格及其权限,特别是依法规范各级政府的征地行为。政府即便在合法合理的土地征用中,也应及时公开土地调整、流转、征收的具体内容、方式及用途,提高土地征用过程的透明度,自觉接受农民的监督,避免借地生财、与民争利。其次,要建立完善的失地农民保障机制。必须从保障农民的长远利益出发,完善征地程序和利益补偿机制,确定科学合理的、多数农民能够满意和接受的补偿标准,探索实现补偿方式的多样化,并按照同地同价原则及时足额地对农村集体

---

① 中央文献研究室编著:《十六大以来重要文献选编》上,中央文献出版社 2005 年版,第 137 页。

组织和农民予以合理补偿。要合理分配土地流转收益,明确农民的收益主体地位,提高农民在土地流转尤其是土地增值收益分配中的所占份额,并切实解决好失地农民的再就业、住房和社会保障问题。再次,要稳定土地承包关系,赋予农民充分的土地自主经营权。要在稳定土地承包关系的前提下,理顺集体与农民的权益关系,赋予农民清晰的土地财产权,保障农民的土地自主经营权,严禁政府的"统一划片"行为,防止因强行干涉农民的生产经营而引发农民不满和农村不稳。

2.发展农村经济与健全农村社会保障并举

任何社会要实现并保持社会稳定,都需要一定的物质基础做支撑,而这个物质基础只有依靠经济发展才能获得。在此意义上说,加快发展农村经济,并在此基础上逐步改善农民的生活,无疑是保持农村社会稳定的根本基础。正如邓小平所指出的,保持社会稳定,"最根本的因素,还是经济增长速度,而且要体现在人民的生活逐步地好起来。人民看到稳定带来的实在的好处,看到现行制度、政策的好处,这样才能真正稳定下来"[1]。江泽民在谈到农村扶贫工作时多次告诫全党,在农村发展和农民富裕问题上一定要有忧患意识,因为贫困往往成为一个国家或地区政治动荡和社会不稳定的重要根源。"我们必须更加重视和加强农业,把农村经济搞上去,这样才能保持经济社会的稳定,才能增加发展的回旋余

---

[1]《邓小平文选》第三卷,人民出版社1993年版,第355页。

地。"①胡锦涛也指出："在经济发展的基础上努力保障和改善民生,是化解各种社会矛盾、保持社会和谐稳定的一个根本之策。"②党的十八大报告进一步指出："只有推动经济持续健康发展,才能筑牢国家繁荣富强、人民幸福安康、社会和谐稳定的物质基础。"

发展农村经济,尤为重要的是发展壮大农村集体经济。在这方面,山东省齐河县的做法值得借鉴推广。近些年来,齐河县加快发展农村集体经济,成效显著。2014年,该县先后被评为"中国中小城市综合实力百强县(市)""第十四届全国县域经济与县域基本竞争力百强县";2015年蝉联"全国双百强"称号。其主要做法是:

第一,制定有力政策,为集体经济发展"护航"。2014年7月,齐河县出台了《中共齐河县委关于实施"帮扶社区(村)上项目发展壮大集体经济"工程的意见》,10月,又出台了《齐河县扶持经济薄弱村发展集体经济项目专项资金管理办法(试行)》,其中规定项目贷款额度依据项目规模,一般不超过50万元,贷款期限不超过1年,借款人利息先付后贴;对借款人因未按期偿还贷款产生的逾期贷款利息,不予贴息。同时,乡镇(街道)作为监管单位,全程参与贷前审查、监督项目、绩效考核。此外,齐河县还安排160多名县乡干部抓经济薄弱村帮扶,县领导、部门单位主要负责同志、各乡镇(街道)党委书记、乡镇长(街道办主任)、副书记,每人包一个村,负责帮助村庄引进集体增收项目,成立合作社或增收产业,力争实现经济薄弱村都有增收项目,推进全县村级集体经济发展"三年规

---

① 《江泽民文选》第二卷,人民出版社2006年版,第207页。

② 胡锦涛:《在党的十七届二中全会第二次全体会议上的讲话》,《人民日报》2008年2月28日。

划"落实。

第二，抓好粮食生产，为集体经济发展"助力"。近年来，齐河县出台了《山东省齐河县小麦、玉米生产社会化服务标准综合体县市规范》和《山东省齐河县小麦、玉米质量安全生产标准综合体县市规范》，粮食生产实现"十三连增"，30万亩绿色增产模式攻关核心区，再次刷新全国最大面积高产纪录，成为全国面积最大、标准最高的绿色、生态、高产、高效、可持续均衡增产的典型，在全国粮食主产县中率先迈出了农业综合标准化的步伐。齐河县坚持大方田引领、整建制推进，实施了"8521"工程，即规划80万亩粮食高产创建示范区、50万亩粮食高产创建中心区、20万亩粮食增产模式攻关核心区和1万亩"全年吨半粮"高产攻关展示区。2015年通过的《齐河县全面建成小康社会目标实施方案》提出：继续深入推进整建制粮食高产创建与绿色增产模式攻关，深入实施"8521"工程，力争2016年实现全县整建制"吨半粮"，带动全县粮食生产实现连年丰产丰收，打造连年增产增收的国家级大粮仓，保持全国粮食高产创建制高点地位。

第三，创新增收模式为集体经济发展"造血"。齐河县各乡镇、街道在充分了解村情的基础上，运用两区同建、资源开发、资产盘活、土地流转、合作组织、商贸市场、经营实体、物业经济、扶贫开发等九大增收模式，不断增强村级集体经济的"造血"功能，促进村集体经济加快发展。比如，该县晏城街道毛官社区通过土地流转、土地整理和招商引资"三步走"的办法，与村民签订土地流转合同，全村土地实现100%流转，为社区招商引资搭建了平台。目前，毛官社区已先后引进了奶牛合作社、蔬菜示范园等5个项目，为社区集体收入增加 30 多万元。社区集体经济"腰包鼓起来",社区居民的新农合保险、养老保险、70 岁以上老人和困难户补助金等各项费用,全部由社区集体收入来支出。赵官镇把推进村集体增收作为着力点,通过召开会议、典型带动、发展合作社、流转土地等方式,努力实现"一村一品"发展,推动了村集体收入全部达标。该镇付庄村引进山东旺泽集团,发展了千亩金银花种植,其中,集体土地 200 亩,年增收 20 多万元。大马头村发挥靠近黄河优势,与长清归德股份合作成立浮桥公司,仅此一项,村集体就增收 20 多万元。

在发展壮大农村经济、改善农民生活的基础上,还应辅之以完善的农村社会保障制度建设,建立健全包括社会保险、社会救助、社会福利、社会优抚在内的多层面、立体式的农村社会保障体系。农村社会保障是农民特别是低收入农民的生命线,是农民最关心、最直接、最现实的利益问题,它对维护农村社会稳定至关重要。当前,要围绕农民迫切需要解决的"生有所靠、病有所医、老有所养"这三大问题,重点推进农村最低生活保障、农村合作医疗保险、农村养老保险三项制度建设。同时,要深化农村社会保障管理体制改革,强化农村社会保障的制度建设和对保障资金的监管,逐步实现农村社会保障的制度化、法律化。

3.努力改善农村干群关系

改善农村干群关系,是维护农村社会稳定的重要举措。而农村干群关系的改善,有赖于两个基本条件:

其一,农民民主权利的充分保障。如前所述,农民对乡村干部不信任、不认同,往往是因为乡村干部的作风不正,农民的合法民主权利得不到保障。因此,强化农村基层民主建设,维护农民的民主权利,是改善干群关系的首要条件。诚如江泽民所强调的:"扩大农村基层民主,保证农民直接行使民主权利,是社会主义民主在农村最广泛的实践,也是充分发挥农民积极性、促进农村两个文明建设、确保农村长治久安的一件带根本性的大事。"①农村基层民主建设的前提是基层民主制度建设,而其基础在于村级民主制度建设。按照中央的要求,村级民主制度建设的主要内容是"依法健全三项制度:一是村民委员会的直接选举制度,让农民群众选举自己满意的人管理村务。二是村民议事制度,村里的大事,尤其是与家家户户切身利益密切相关的事情,都要经村民大会或村民选出的代表讨论,不能由少数人说了算。三是村务公开制度,凡是群众关注的问题,都要定期向村民公开,接受群众监督"②。

其二,农民物质利益的不断增进。"我们党正确处理同农民的关系,保持同农民群众的坚强团结,靠的是什么? 就是靠党的正确路线方针政策,靠不断地给农民群众看得见的物质利益。"③乡村干部如果不能为农民不断谋取物质利益,反而经常侵害农民的物质利益,干群关系就绝对不可能得到改善。因此,农村基层政府和乡村干部应当真正坚持以农民为本,发自内心地关心、体贴、善待农民,真正做到权为农所用、情为农所系、利为农所谋,积极有效地为

---

① 《江泽民文选》第二卷,人民出版社 2006 年版,第 214—215 页。
② 《江泽民文选》第二卷,人民出版社 2006 年版,第 215 页。
③ 中央文献研究室编著:《江泽民论有中国特色社会主义(专题摘编)》,中央文献出版社 2002 年版,第 120—121 页。

农民的生产生活提供服务,充分保障和不断增进农民的利益特别是物质利益。

4.加快农村文化建设

农村文化建设之所以落后,固然与多种因素有关,但首要原因在于国家投资的严重不足。至于政府之外的其他社会力量,对农村文化事业的投入更是少得可怜。鉴于此,加快农村文化建设的首要条件,就是要增加资金投入。各级政府要加大对农村文化事业的财政支出力度,同时动员和鼓励企业、社会团体等各方力量投资农村文化事业,形成农村文化事业的多元投资主体。在增加投入的前提下,还须采取如下四个方面的基本举措:

其一,要加强对农村文化事业的规划与领导。要根据国家文化建设的总体规划和广大农民的现实文化需求,制定和落实农村文化事业的发展规划,通过对电视台、广播电台、报刊等重要的公共文化资源进行合理调整,逐步增加为农村服务的资源总量;要持续开展文化科技卫生"三下乡"、文化对口支援等多种形式的文化活动,满足农民群众特别是"老少边穷"地区农民的精神文化需求;要加强农村文化市场管理,抵制腐朽落后文化。

其二,要切实加强农村的文化基础设施建设。农村文化基础设施是农村文化建设的必备载体和前提条件,必须切实加强。为此,一要对县乡图书馆、文化站、村文化室等原有文化设施进行改造,并不断提高其使用效率;二要增添宽带网、通信网等现代文化设施,继续实施农村电影放映工程和广播、电视"村村通"工程,发展文化信息资源共享工程农村基层服务点。

其三,政府、社区及各类社会组织要积极开展文娱活动,丰富社区居民的业余文化生活,激发其文化热情,提高其文化素质,比如开展电影下乡、戏剧下乡、广场舞比赛,或是开办各类兴趣社团,丰富社区文化生活。

其四,要积极促进农民的文化参与。农民也是农村文化建设不可或缺的重要主体,而绝不仅仅是农村文化建设的需求者、旁观者和接受者。因此,必须大力扶持和壮大农村的业余文化队伍,鼓励农民兴办多种形式的演出团体和文化产业,基层政府、社会力量要为其提供必要的政策支持和物质资助;要鼓励农民进行农村题材文化产品的创作与生产,保护和发展有地方特色和民族特色的优秀传统文化,开展农民乐于参与、便于参与的各种形式的文化活动。[1]

(七)在强化法治保障的基础上,着力推动社会主义核心价值观融入农民日常生活

农村社会治理的开展,必须有法可依,并且可依之法须是良法。科学立法和民主立法是优化农村社会治理的前提。农村社会的各个方面都需要配套的法律,使农村社会事务的处理有法可依。比如,在农村经济发展中,农业土地使用制度、农产品流通、农产品质量安全等方面的法律法规,与农业生产与人民生活息息相关,所

---

[1] 参见孙迪亮《富农之道:中国共产党解决农民增收问题的理论与实践》,山东人民出版社 2013 年版,第 348 页。

以在制定这些法律时,要恪守"以民为本、立法为民"的理念,使每一项涉农法律都反映人民意志、得到人民拥护,切实维护农民的利益。此外,不能忽视重点领域的立法,如涉及农村土地承包、农村老年人生活保障、农村医疗保险、农村教育方面的立法。当前,尤其要加快完善社会组织方面的法律。既要对不利于社会组织发展的现行法律法规进行及时修改,更要针对各类社会组织的特点,制定相关的单行法规。在完善相关法律的基础上,各级党委政府必须依法执政行政。在关系农民切身利益的重大问题上,党委政府要依法决策、民主决策,在决策过程中尤其要倾听广大农民的呼声,反映人民群众的利益诉求。执法部门要严格规范、公正文明执法,依法惩处各类违法行为,加大关系群众切身利益的重点领域执法力度,全面落实行政执法责任制。基层司法人员在司法活动中,要信仰法律,忠于法律,严格遵守法律,不触碰法律底线,不为名利引诱,勇敢维护法律尊严和司法权威。农民要不断增强法治观念,学会依法办事,积极捍卫自己的合法权益。

在强化法治保障的基础上,必须把社会主义核心价值观作为农村多元化治理主体的价值导向,加快构建价值导向认同机制,实现核心价值观具体化、实践化,强化法制与道德双重规范与约束。[①]鉴于农民是农村发展和农村社会治理的基本主体,因此,实现核心价值观在农村的具体化、实践化,根本环节在于着力推动核心价值观真正融入农民日常生活。思想是行为的先导,要想把社会主义核心价值观真正融入农民日常生活,首要的就是提高思想认识。

---

① 参见郭振宗《塑造我国农村多元化社会治理主体科学统一价值导向的思考》,《山东农业工程学院学报》2014年第4期。

具体而言,就是要通过各种方式增强农民和农村基层干部对社会主义核心价值观的重视,调动起其推动社会主义核心价值观融入农民日常生活的积极性。

1.开展农村评比活动,调动农民践行社会主义核心价值观的积极性

评比活动本身就是思想政治教育的一种有效形式,具有很强的号召力和鼓舞力,有助于调动农民认同和践行社会主义核心价值观的积极性。评比活动可分为两种:一是评选表彰先进,让激励发挥作用。着重推选农民身边看得见、摸得着、学得到的"平民英雄",大力推出涌现在农村的"凡人善举"。对长期服务于农村,并在践行社会主义核心价值观方面起到模范作用的优秀农民代表,给予一定的精神和物质奖励,让农民充分感受到社会主义核心价值观真实地存在于他们的日常生活之中,让他们知道原来践行社会主义核心价值观还会有物质和精神激励。通过这种激励,农民的积极性和热情度会大大提高。二是通报反面典型,让惩罚发挥作用。对少数不遵守家庭美德和社会公德,赌博打牌,搞封建迷信活动,在红白事中大操大办并屡教不改的农民,可以进行通报批评,形成震慑。

据了解,在利用评比活动促进社会主义核心价值观在农村的传播方面,河北省南和县(现南和区)的做法就十分值得学习。之前,该县一些农村存在种种不良社会风气。为了改变村子的不文明现象,南和开展了道德"红黑榜"的试点。围绕社会公德、家庭美

德、个人品德三个方面展开，"红黑榜"分为红、黑上下两部分：红榜聚集正能量，对全村涌现出来的关心集体、孝敬父母、诚信守法等先进典型和好人好事，在红榜上进行大力宣传，在全村树正气、立正风；黑榜鞭策反面典型，对村内破坏公共财物、不孝敬父母等不道德行为，在黑榜上曝光，进行不点名批评，并要求当事人"对号入座"。几年下来，村里上黑榜的已经寥寥无几，整个村庄的民风、家风发生了根本性的改变。

再如，山东省齐河县近年来把培育和弘扬社会主义核心价值观作为凝魂聚气、强基固本的基础工程，提出以"仁义、忠义、信义、孝义、侠义"为主要内容的"大义齐河"道德品牌建设，并把"大义齐河"作为培育和践行社会主义核心价值观的抓手，营造良好社会风尚。在具体实践中，齐河践行"评、宣、奖、学"四字工作法，形成了英雄引领风尚、好人层出不穷的"大义齐河"现象。在齐河，村村建立善行义举"四德榜"，时时开展"百姓身边的凡人善举"评选，周周开展"齐河好人之星"评选，隔年轮流开展"最美齐河人""十佳美德少年"等评选活动；在行业系统内开展"最美教师""最美医生""最美政法干警"等系列评选活动。县里从慈善基金中列支100万元，设立了"大义齐河·道德模范关爱基金"，出台了《帮扶和礼遇道德模范实施办法》，对各级道德模范进行奖励和帮扶。近年来，齐河每年涌现出200余名"最美人物"，累计有5人入选全省道德模范，1人入选全国道德模范，2人入选中国好人榜。

2.完善农村基层干部考核机制,提高其对社会主义核心价值观的重视度

农村的社会主义核心价值观建设要取得实效,必须建立一套涵盖县、乡镇(街道)、村(居)委会三级的目标责任考核机制,进一步细化考核机制。必须注意的是,这一套考核机制应该是专门针对社会主义核心价值观宣传的机制。通过这个机制,将社会主义核心价值观的宣传工作任务落实到干部个人身上,逐家逐户宣传落实,必然会大大提高社会主义核心价值观在农村宣传的实际效果。

完善农村基层干部考核机制,具体来说,就是将社会主义核心价值观宣传工作的完成情况纳入全县、全乡镇、全村的文明建设目标管理考核内容中去,对农村基层干部的工作进行定期或不定期督促检查,对工作出色的干部要进行表扬,对工作不力的干部进行通报批评。此外,还需加强对职能部门任务落实情况和部门配合情况的检查督导,将社会主义核心价值观在农村的宣传教育纳入村级工作年终考核,制定详细考核标准,使村级干部对社会主义核心价值观的宣传教育工作有较高的重视程度。只有对农村基层干部设立考核硬性指标,才会转变他们重经济建设轻文化建设的错误思想,从硬性规定中让他们意识到农村精神文明建设的重要性,只有这样,他们才会在社会主义核心价值观的宣传培育方面做出成绩。

在农村基层干部的考核上,山西省交口县实行的农村支部星

级目标管理是成功的典范。① 交口县以目标考核为核心,以星级评定为标志,以激励奖励为保障,以工作实绩为依据,对村级各项工作和村干部实行百分制考核。具体做法是把星级评定和村干部的补贴结合起来,实行"工龄工资+基础工资+星级工资"的结构工资制度,这样将考核与工资相关联,就会使农村基层干部开始重视精神文明建设工作。此外,他们每年都评选"明星"农村党支部书记,县委组织部认真考核审查,好中选优,严格筛选认定。这项考核制度对促进农村各项工作的开展都发挥了积极作用,使得农村精神文明创建工作顺利进行。

3.加强社会主义核心价值观在农村的实践载体建设

一是队伍载体。应建立一支在农村进行社会主义核心价值观宣讲教育的人才队伍,专门负责设计符合农民认知的标语,编排农民喜闻乐见的娱乐节目,宣传网络平台的使用,组织其他具体实践活动,以促进社会主义核心价值观通俗化、大众化。可考虑在农村基层组织发动农民群众,从中寻找"草根"宣讲队员,真正用农民的语言、农民的思维去宣讲社会主义核心价值观。河北省平泉县(现平泉市)的"草根"宣讲团就是一个成功的典范。② 平泉县坚持重心下移、延伸触角,让更多的普通群众投身到基层宣讲中来,唱主

---

① 参见马顺平《农村干部爱心阐释社会主义核心价值观:对临县玉坪乡玉荐村支部书记王双喜调研随笔》,《山区经济》2008年第3期。
② 参见安娜《平泉"草根"宣讲团推进核心价值观认知认同》,2014年08月12日,http://hb.wenming.cn/zt/pyjxshzyhxjzg/ncjswm/201408/t20140812_2115414.shtml。

角、当主体。通过群众提名、个人自荐、组织考察相结合的方式，精心挑选涵盖理论政策、群众工作、农村发展、文艺演出等方面的优秀人才，组建了"草根"宣讲团，结成了政策法规宣传服务队、文明礼仪宣传服务队、文艺演出宣传服务队、特色产业宣传服务队等二十多支队伍，就文明礼仪、新农村建设等内容开展宣讲培训，为广大干部群众认同核心价值观提供了生动的教材，并在实践中诠释了社会主义核心价值观的丰富内涵。

二是互联网载体。互联网作为传播载体具有极强的优势，我们可以借此在农村壮大社会主流声音，引导舆论热点，让农民主动参与其中，疏导农村社会的大众情绪，并组织线上道德实践，通过QQ、微信、微博等社交软件进行一系列的网络文明传播活动。比如，针对农村空巢老人的情况，可以在社交软件上进行"贤媳孝子"或者"最美婆媳"等评选活动，农民可以转发点赞或评论，这样也能起到很好的道德引领作用。

三是实践活动载体。这方面也有成功经验可以借鉴。比如，山东省寿光市文家街道为推动社会主义核心价值观落细、落小、落实，不仅通过建设文化广场、农家书屋等硬件设施来丰富百姓文化生活，还将核心价值观融入群众文艺汇演、周末大舞台、书画展览等活动，潜移默化、寓教于乐，引领了社会思潮，稳固了老百姓的思想文化阵地。文家街道还组织了周末群众大舞台、师生书画大赛等"核心价值观进家庭"系列文化活动，从而把核心价值观以群众喜闻乐见的方式表达和传播开来，营造了人人践行社会主义核心价值观的良好氛围。

四是制度规约载体。社会主义核心价值观要想对农民的日常行为和思想道德产生实质性的约束力,就必须构建制度规约,建立长效监督制约机制。首先要树立具有强制约束力的村规民约。村规民约要根据本村的现实状况设定,防止与国法相冲突,并符合社会主义核心价值观的基本要求,形式上可以创新,从而能使农民的行为有章可循。其次要对农村基层组织进行监督,对无作为的行为严惩不贷。要加强对村干部的监督管理,广泛发动人民群众对他们的监督,从外部对其进行制约。这一方面做得较为成功的是华西村。长期以来,华西村认真执行《村民委员会组织法》《村规民约》《厂纪厂规》,坚持发扬民主、依法治村。1989 年 8 月,华西村党委刚刚成立,即颁布了"四个过硬"和"六个不准"的规定。1993 年,面对社会上某些不良风气,华西人担心富裕起来的村民会染上赌博的恶习,于是村里就在媒体上刊登了第一份《戒赌通告》。这些制度的制定和实施,都起到了强有力的制约作用,使得华西人的综合素质和文明意识、道德意识得到了较大提升。

五是组织载体。通过建立相应的农村社会组织,对农民的言行和价值观进行引领与约束,如红白理事会、计划生育协会、老年人协会、妇女禁毒禁赌会、社会道德评议会等组织,能够在规范乡风民约、子女婚姻、家庭养老、邻里纠纷等方面发挥重要作用。拿移风易俗来说,成立"红白理事会"是当前行之有效的举措。比如,河北省石家庄元氏县铁屯村办婚事,因为"红白理事会"的工作,每年节约开支 30 余万元。再如,山东省广饶县于 2016 年出台了《关于建立健全农村红白理事会推进移风易俗工作的实施意见》,重点在婚丧嫁娶方面发挥村民议事会、道德评议会、红白理事会等群众组织的作用,推进移风易俗,促进婚事新办、丧事简办,树立了文明、节俭的婚丧新风,进一步提升了乡村文明程度。

六是优秀传统文化载体。习近平总书记指出:"培育和弘扬社会主义核心价值观必须立足中华优秀传统文化。"①相关文化部门可以从丰厚的文化遗产中找寻与社会主义核心价值观相契合的精神,如爱国主义、诚信友善等,并用通俗易懂的话语,编成小故事、小段子、娱乐节目等到村庄演出。还可以在农村公共娱乐场所建立"文化墙"宣扬社会主义核心价值观,通过各种中华传统小故事宣扬传统美德。在这方面,山东省泗水县就是一个很好的典范。他们成立了一支以本地儒学研究者、专家义工等"新乡贤"为主体的宣讲队伍,开设"乡村儒学讲堂",编写《弟子规》《中华传统美德格言》《儒风孝道知识读本》等相对完整的乡村儒学教材,将乡贤文化与儒孝文化结合起来,着力打造"儒风孝道之乡",形成了独具魅力的"乡村儒学现象"。事实证明,这些做法对农村践行社会主义核心价值观具有重大的推动作用。

(执笔人:孙迪亮、李增元)

---

① 习近平:《习近平谈治国理政》,外文出版社 2014 年版,第 10 页。

第七章　当代中国国家治理热点和难点问题

　　国家治理现代化问题是当今世界各国普遍关注的热点和重点。随着中国特色社会主义进入新时代,全面推进我国社会主义国家治理是坚持和发展中国特色社会主义现代化所要着力解决的关键问题。党的十九大报告明确指出"必须坚持和完善中国特色社会主义制度,不断推进国家治理体系和治理能力现代化",同时要在新中国成立100年时达到"国家治理体系和治理能力现代化基本实现"。因此,推进国家治理体系和治理能力现代化是新时代中国特色社会主义应对社会主要矛盾转化、满足人民日益增长的美好生活需要和坚持发展中国特色社会主义的必然要求和重要任务。然而,全面推进新时代中国特色社会主义国家治理体系和治理能力现代化是一项前无古人的伟大事业。新中国成立后,在中国共产党领导下,我国社会主义建设和国家治理经过艰辛探索,取得了巨大的成就,也积累了丰富的经验和教训。改革开放以后,我国逐渐开启了中国特色社会主义建设的新征程,经过40年的理论和实践探索,我们党对中国特色社会主义国家治理的规律把握已经达到了一个新高度。当前,中国特色社会主义进入了新时代,但是我国国家治理现代化仍然面临很多没有弄清楚的问题和亟待解决的难题,尤其是对一些涉及国家治理现代化重大而基础性的理论问题还需要不断深化,其中,有党的领导与依法治国、阶级与阶级关系、政府与市场、边疆治理与民族宗教等热点难点问题亟待解决和回答。如果这些带有全局性、根本性的国家治理重大热点和难点问题不能得到科学有效的破解,就会成为我国国家治理体系和治理能力现代化进程中的"拦路虎"。因此,我们围绕上述问题开展研究,以期为党和国家提供决策参考。

一、关于党的领导与依法治国的关系问题

党的领导与依法治国的关系问题是国家治理现代化的一个重大的基础性的根本问题。关于党的领导与依法治国的关系问题,党中央已经做出了明确回答,根本不存在所谓的"党"与"法"谁大谁小的问题。但是在国家治理现代化建设的实践中,党的领导与依法治国相辅相成、高度统一的关系并没有得到广泛认同。在一定程度上,有些人自觉不自觉地将两者的关系片面地割裂开来,甚至将两者的关系对立起来,这成为当前社会广泛关注和议论的热点问题。其主要表现出两种错误观点:一是从人治思维的视角来衡量,认为党与法的关系是党大,片面地机械地认为党的领导就要凌驾于包括宪法在内的一切法律之上,反映在党与法的关系上,自然就是"党大"。这种观点反映在国家治理现代化的现实中,就是

假借党的领导之名，行传统人治权力之实，是以"权"代"法"的本质反映，其根本就是混淆党的领导、党组织和党员个人的关系，以党员个人代替党组织，以基层党组织代替党中央，导致信"权"而不信"法"的错误认识。二是从西方宪政思维的视角来衡量，认为党与法的关系是"法大"，将党的领导和依法治国对立起来，以依法治国为名，否定党的领导。

透过现象看本质，所谓"党大还是法大"的争论固然是和现实中一些党员领导干部"以权代法""以权压法"的错误认识和实践有关，但某些人之所以挑起"党大还是法大"的争论，则是出于别有用心的目的。他们不是不明白党的领导和依法治国内在的相辅相成、高度统一关系，也不是真的为了推进中国的法治建设，而是试图通过争论所谓"党大还是法大"来设置政治陷阱，将党的领导和依法治国对立起来，以此蛊惑群众，搞乱人心，进而否定党的领导和社会主义制度。因此，说到底"党大还是法大"的争论不是一个纯粹的理论问题，而是一个具有重大理论和现实意义的实践问题，其实质就是如何正确地理解和处理党的领导和依法治国之间的关系。

长期以来，理论界对这个问题都没能很好地予以回答。如果回答"党大"，那法又往哪里摆？依法治国不就是空话和假话？如果回答"法大"，那党的领导又如何实现？在现实生活中，多数情况下是选择回避或者和稀泥，其结果是在党内和广大干部群众中引起相当程度的思想混乱。因此，在全面推进国家治理现代化进程中，必须从理论和实践上对党的领导与依法治国的关系问题予以科学正面的回答，正如习近平总书记所说，"不能含糊其辞、语焉不详,要明确予以回答",这是捍卫党的领导地位和全面推进依法治国的客观需要,它决定着国家治理现代化的方向。

(一)科学认识和把握党的领导与依法治国的关系

第一,在国家治理现代化理念上,要科学认识和把握坚持党的领导与依法治国的内在逻辑的关联性。在现代国家治理当中,绝大多数的国家推行的都是政党政治,政党是各国国家治理的主体,而每一个政党都有其所代表的阶级、阶层利益和价值观。当一个政党成为执政党后,就会将其所代表的阶级的意志和利益通过推动政策和法律变革的方式转化为国家意志。法律作为国家治理最具有强制力的规范,其本身并不具备自我制定和修订的力量,需要由政党来推动制定或修订。当法律制定和修订之后,又需要借助国家机器的力量保证这些法律得到遵守和执行。因此,法律并不是形式主义法学家所宣称的那样神圣和神秘。法律只不过是掌握政治权力的阶级、阶层和政党的意志和利益的根本表达,而法治也不过就是掌握政治权力的阶级、阶层和政党借助国家机器保证其意志和利益得以实现的手段和方式。正如马克思在《共产党宣言》中所说的:"正像你们的法不过是被奉为法律的你们这个阶级的意志一样,而这种意志的内容是由你们这个阶级的物质生活条件来决定的。"①马克思的这个论断至今也没有过时。2016 年的美国大选生动形象地诠释了这个观点。共和党和民主党在很多议题上的

---

① 《马克思恩格斯选集》第一卷,人民出版社 1995 年版,第 289 页。

分歧是泾渭分明的,这种分歧的根源是其所代表的群体和阶层在利益和理念上的分歧。例如,代表共和党参选的特朗普宣称其当选后要在美墨边境修一道边境墙,阻止来自中南美洲的非法移民,要严格地甄别和驱逐已在美国境内的非法移民,其主张得到了美国中下层白人的热烈支持,因为非法移民严重冲击和影响了美国中下层白人在就业、治安方面的利益。相反,代表民主党参选的希拉里·克林顿则宣称其当选后要大赦国内的非法移民,因此得到了美国国内拉美裔移民的大力支持。显然,两者代表不同阶层和群体的利益,无论谁当选,都会对美国移民法律的制定与执行带来重大影响。因此,那种宣称"法律的世界是一个纯洁的、只涉及公平和正义的世界,是一个必须也已经排除了政党利益、狭隘政治诉求的理想世界"的理论,要么是属于理论或政治上的幼稚,要么是别有用心。

第二,在建立健全中国特色社会主义法律体系和法治体系的过程中,要科学认识和把握中国共产党的领导和依法治国的关系。在我国,中国共产党是工人阶级的先锋队,是中国人民和中华民族的先锋队,是中华文明的守护者,是中华民族伟大复兴历史使命的领导者和承担者。中国共产党领导全国人民推翻了国民党的反动统治,废除了代表国民党反动统治的《六法全书》和司法制度,并逐步建立和完善了中华人民共和国的法律体系和法治体系。中华人民共和国法律体系和法治体系反映和捍卫了中国共产党代表的最广大人民在经济、政治、文化、社会、生态等各个方面的利益和主张。同时,在中国共产党的领导下,我国的法律体系和法治体系得以不断改革和完善,以适应不断发展和变化的经济社会和广大人民的要求。比如,重大的法律修改与完善、司法制度的改革往往是首先由中国共产党提出动议,然后推动全国人民代表大会和常务委员会、最高人民法院、最高人民检察院等国家机构予以落实。在我国,中国共产党是法律的制定和修改、司法制度改革的领导者和推动力量。党的十八届四中全会通过的《中共中央关于全面推进依法治国若干重大问题的决定》明确指出:"凡立法涉及重大体制和重大政策调整的,必须报党中央讨论决定。党中央向全国人大提出宪法修改建议,依照宪法规定的程序进行宪法修改。"从这个意义上说,我国的宪法和法律就是要充分体现中国共产党代表的广大人民的主张和意志,但绝不能认为是中国共产党凌驾或超越宪法和法律。《中华人民共和国宪法》第五条明确规定:"一切国家机关和武装力量、各政党和各社会团体、各企业事业组织都必须遵守宪法和法律";"任何组织或者个人都不得有超越宪法和法律的特权"。《中国共产党党章》在总纲里也明确规定:"党必须在宪法和法律的范围内活动。"这些规定充分说明了宪法和法律一旦制定并颁布实施后,包括党在内的任何组织和个人必须遵守宪法和法律。因此,在我国,中国共产党是依法治国和社会主义法治事业的领导者,在推进依法治国和社会主义法治建设的过程中,必须毫不动摇地坚持党的领导。但是,坚持党的领导,并不意味着党能够凌驾于宪法和法律之上,不遵守、不服从宪法和法律。相反,党必须要在宪法和法律规定的范围内活动;而且,只有坚持党的领导,才能更好地推动依法治国和社会主义法治建设,实现人民群众的意志,保障人民群众的利益。相反,正是因为中国共产党拥有领导权,才能推动依法治国和社会主义法治建设,实现人民群众的意愿和主张,并保证人民利益的实现。当然中国共产党也是通过遵守现有宪法和法律的要求和程序,做到依法行使其领导权的。

值得特别指出的是:中国共产党的领导应与中国共产党的党员、党的领导干部和党的组织行使权力区别开来。党员、党的领导干部和党的组织不管是在制定和修改宪法和法律的环节,还是在执法和守法环节都必须遵守宪法和法律的规定。

第三,在依法治国的司法实践中,要科学认识和把握中国共产党的领导和依法治国的关系。目前在司法实践中,有一部分人虽不否定党与法的密切关系,但极力宣称在司法实践中要排除党对司法活动的干预,倡导西方所谓的"司法独立"。这种"司法独立"的说法颇有迷惑性,获得了社会上不少人的支持。但问题的关键是"党对司法活动的干预"指的是什么?"司法独立"指的又是什么?在司法实践中,确实存在党政领导干部运用手中的权力干预司法判决,妨害司法公正的情形。如果"党对司法活动的干预"指的是这种情形,那是要坚决反对的。如果"司法独立"是指保障法院、检察院,法官、检察官依法独立行使审判权和检察权,使之不受任何人和组织的非法干预,那这也是依法治国和社会主义法治建设的题中之义。但是,如果打着所谓的"司法独立"旗帜,排除党对司法的领导,排除党对人民法院和人民检察院的领导,排除党对社会主义法治建设的领导,那就必须予以坚决反对。相反,为了保障社会主义法治建设不走邪路和弯路,保持社会主义法治信"社"而不信"资",必须毫不动摇地坚持党对社会主义法治建设的领导地位。当然,党的领导是政治领导、思想领导和组织领导,而不是对司法机关、司法人员具体办案的干预。正如习近平总书记所说,

"当然,我们说不存在'党大还是法大'的问题,是把党作为一个执政整体、就党的执政地位和领导地位而言的,具体到每个党政组织、每个领导干部,就必须服从和遵守宪法法律。有些事情要提交党委把握,但这种把握不是私情插手,不是包庇性的干预,而是一种政治性、程序性、职责性的把握。这个界线一定要划分清楚"①。

党的领导是全面推进依法治国最根本的保证。依法治国不是在真空中展开,它涉及社会观念的改变、法律和制度的修改与完善、利益的调整,这绝不是制定几部法律、写几篇文章就可以做到的,也绝不是仅仅凭司法机关就能独立推动的。相反,它需要有一个强有力的领导核心做好顶层设计,破除各种利益藩篱,协调各方力量,并动员全社会扎实推进。中国的历史和现实都证明,只有中国共产党才具有这个力量。因此,推进依法治国不是要排除党的领导,而恰恰是要坚持和加强党的领导。正如习近平总书记所说,"全党同志都必须清醒认识到,全面依法治国决不是要削弱党的领导,而是要加强和改善党的领导"②。

(二)党的领导与依法治国的关系问题之争的根源分析

在我国国家治理现代化进程中,之所以在党与法的关系中存在"党大"还是"法大"之争,是因为某些别有用心者习惯于运用西

① 习近平:《坚定不移走中国特色社会主义法治道路为全面建设社会主义现代化国家提供有力法治保障》,《求是》2021年第5期。
② 习近平:《坚定不移走中国特色社会主义法治道路为全面建设社会主义现代化国家提供有力法治保障》,《求是》2021年第5期。

方三权分立和多党制治理国家的思维模式和方式来考量我国国家治理体系中党与法的关系，否定党与法内在的高度统一性。因为西方国家治理实行的是三权分立与多党轮流而治的体制机制，加上这套国家治理理论和制度往往被西方人视为所谓"普世价值"，被认为是放之四海而皆准的东西，于是乎就运用西方这套国家治理理论和制度作为标准来衡量评价我国国家治理体系中党与法的关系，当发现我国制度不符合西方这套理论模式时，就否定我国国家治理体系中党与法内在高度统一的关系，提出"党大"还是"法大"的伪命题。这种现象的发生，其根源是西方国家治理思维和方式在我国国家治理体系中作梗，其目的就是要彻底"西化"我国的国家治理现代化。

在我国，一些所谓的学者、专家"言必称希腊"，将西方的法治理论奉为圭臬，人为地把党的领导与依法治国关系割裂开来，借法治之名对党的执政地位提出挑战和质疑，鼓吹"党与法不能两立"，认为只要坚持党的领导就不可能实现依法治国，要实行依法治国就应当排除党的领导，把两者看作非此即彼、水火不容的关系。殊不知，每个国家治理理论和制度都是建立在其历史传统和现实需要的基础上，不同的历史和现实往往孕育了不同的国家治理理论和制度。西方国家治理理论和制度是建立在西方社会自身的历史演进的基础上，是一种少数人（精英）对多数人（大众）实行统治的"资本民主"的理论与制度。在西方，任何一个政党代表的是一部分人甚至是少部分人的意志和利益，没有一个政党能够代表绝大多数人的意愿和利益，基于此，国家治理也只能采取多党制与三权分立的治理模式和方式，因此政党与法是错位或分离的关系。这对西方国家治理也许是恰当和适合的,但对其他社会和国家却不一定适合。因此,当用西方这套国家治理理论和制度来审视中国国家治理实践时,如果不假思索地否认中国国家治理的实践,指斥中国国家治理的合法性,这种用他国国家治理理论和制度来裁剪、否定一国国家治理现实的做法,其本身就是荒谬的。当代中国的国体和政党与西方国家的国体和政党有着本质的不同。当代中国的国体是人民民主专政的社会主义国家,人民民主专政是对绝大多数人(人民)实行民主,对少数人实行专政。当代中国的执政党是中国共产党,中国共产党是广大人民群众根本利益的忠实代表,是代表并反映绝大多数人民的意愿和利益的执政党,中国共产党作为执政党与国体具有高度的统一性,统一于广大人民根本利益。因此,在一定程度上,当代中国国体与西方国家国体是根本不同的,当代中国共产党与西方政党也有着本质的区别和差异。很显然,完全参照西方国家治理的模式和方式来衡量中国国家治理现代化进程中党与法的关系,是极为荒谬的。

当然,在法治建设的实践中,个别党组织和少数党员干部特别是领导干部习惯运用人治思维、行政思维和政治思维取代法治思维,法治观念不强,不学法、不懂法,撇开法律另搞一套,甚至知法犯法、以言代法、以权压法、徇私枉法,使党纪国法成了"橡皮泥""稻草人"。官不尊法、学法、守法、用法,民怎能信法?这些现象的存在,使人们产生"权比法大""党比法大"的感受,形成"以权代法""信权而不信法"的错觉。虽不能因这些现象以偏概全、以小说大,但确实反映了在依法治国和社会主义现代化法治建设中存在诸多不适应和不符合依法治国精神的问题,必须切实加以改进。

党的十八大以来,在党中央的坚强领导下,我国社会主义法治建设取得重大进展和重大成就,极大地增强了全社会对依法治国和社会主义法治建设的信心,极大地增强了全社会对党的领导的信心。党的十八届四中全会专门进行研究,作出关于全面推进依法治国若干重大问题的决定。党的十九大召开后,党中央组建中央全面依法治国委员会,从全局和战略高度对全面依法治国又作出一系列重大决策部署,推动我国社会主义法治建设发生历史性变革、取得历史性成就。"中国共产党领导是中国特色社会主义最本质的特征"被写入宪法,党领导立法、保证执法、支持司法、带头守法的制度更加健全完善,党对全面依法治国的领导更加坚强有力。社会主义法治建设的顶层设计不断完善,法律规范、法治实施、法治监督、法治保障和党内法规体系建设统筹推进,全面依法治国总体格局基本形成。我国持续推进重要领域立法,深化法治领域改革,推进法治政府建设,建立国家监察机构,改革完善司法体制,加强全民普法,深化依法治军,推进法治专门队伍建设,坚决维护社会公平正义,依法纠正一批冤错案件,全面依法治国实践取得重大进展。①这些重大成就和重大进展不断推进解决依法治国和社会主义法治建设过程中存在的各种问题和不足,有效地回应了人民群众对依法治国和社会主义法治建设的期待,从而极大地增强了全社会对依法治国和社会主义法治建设的信心,极大地增强了全社会对党的领导的信心。说到底,我们只有用社会主义法治建设和依法治国的切实成效才能真正有效地回应和消解所谓"党大还是法大"的问题与争议。

---

① 参见习近平《坚定不移走中国特色社会主义法治道路为全面建设社会主义现代化国家提供有力法治保障》,《求是》2021 年第 5 期。

二、关于正确认识当前我国阶级与阶级关系的问题

正确认识当前我国阶级和阶级关系的问题是推进国家治理体系和治理能力现代化的基本前提,也是一个绕不开的基本问题。推进中国国家治理现代化是在保持我国社会主义国家性质不变和方向不偏的前提下进行的,绝不是要西方化、私有化和资本主义化,也绝不是要否定或夸大当前我国的阶级和阶级斗争。因此,科学认识和把握当前我国的阶级与阶级关系是国家治理体系现代化建设中的一个重大的理论和现实热点问题。

近年来,关于人民民主专政和阶级斗争的问题在社会各界引起极大的争论,这种争论实质是对当前我国阶级和阶级关系不同认识的反映和体现。尽管关于当前我国阶级和阶级关系的问题已经在《中华人民共和国宪法》、《中国共产党章程》和《建国以来党的若干重大历史问题的决议》中明确论述清楚了,但是改革开放40年来,和平与发展成为当今时代两大主题,关注和平和发展的人多了,谈论阶级和阶级关系的人少了;讨论民主的人多了,关注专政的人少了。于是乎人们开始渐渐地淡忘了阶级和阶级关系,一谈阶级和阶级关系,尤其谈起阶级斗争、人民民主专政就显得十分敏感,一些别有用心的人因此大肆主张"告别革命论",将马克思主义的阶级观点和阶级分析方法与"以阶级斗争为纲""文化大革命"等同起来,肆意制造意识形态领域的混乱,以此来否定阶级、阶级关系和阶级斗争的存在,否定人民民主专政,否定马克思主义阶级观点和阶级分析方法,以达到其不可告人的目的。很显然,如何运用

马克思主义阶级观点和阶级分析法引导广大人民群众科学认识和把握当前我国阶级和阶级关系问题，是当下需要正视和破解的重大现实热点和难点问题。

（一）马克思主义阶级理论的再认识问题

2008 年国际金融危机爆发，世界各国经济不同程度陷入困境，贫富分化愈演愈烈，[1]一些国家政治危机、社会危机初现端倪。东欧、中东、亚太地区地缘政治冲突暗流汹涌，欧洲、北美民主政治面临挑战。有西方学者惊呼：阶级斗争或将卷土重来，[2]新的世界大战或在酝酿之中。[3] 第二次世界大战后建立起来的世界秩序，历经 60 年风雨似乎到了岌岌可危的地步。[4] 苏联解体之后，不少西方学者曾经欢呼共产主义破产，认为共产主义社会的历史已经终结，马克思主义已经过时。然而，面对中国成为世界第二大经济体和中国和平崛起战略顺利实施的事实，如何认识中国社会主义现代

---

[1] 参见青木等《惊人贫富分化令世界担忧》，《环球时报》2016 年 1 月 20 日第 16 版。

[2] 参见［美］迈克尔·舒曼《马克思的复仇：阶级斗争如何塑造世界》，《时代》周刊 2013 年 3 月 25 日网页版，http://business.time.com/2013/03…d = sty − main − mostpop2。（《参考消息》2013 年 3 月 29 日第 10 版转载。）

[3] 参见［英］尼尔·弗格森《下一场世界大战》，《外交》（双月刊）2006 年第 9—10 期。（作者为哈佛大学教授，斯坦福大学胡佛研究所高级研究员。关于新的世界大战，俄罗斯国际问题专家，莫斯科罗蒙诺索夫国立大学社会学系主任弗拉基米尔·伊万诺维奇·多博林科夫也有类似观点，见博客中国：何新博客专栏文章，http://hexinblog.blogchina.com/1152854.html。）

[4] 2016 年 6 月 25 日，习近平、普京在北京发表《中华人民共和国主席和俄罗斯联邦总统关于加强全球战略稳定的联合声明》，指出：个别国家和军事-政治同盟的某些政策，"动摇了全球战略稳定体系"。

化发展的理论、制度和道路,如何认识当代中国社会的阶级和阶级关系问题,成为国际社会和马克思主义理论都无法回避的问题。不提阶级斗争就代表阶级斗争不存在吗？正视阶级斗争就意味着搞阶级斗争扩大化和"以阶级斗争为纲"吗？社会主义社会真的就不讲阶级和阶级斗争？面对这些社会普遍关注的热点问题,需要运用马克思主义阶级立场、阶级观点和阶级分析方法进行回答,既要反对把阶级斗争扩大化的观点,又要反对阶级斗争已经熄灭论和"告别革命"的观点,同时也要反对只讲民主不谈专政或者只讲专政不搞民主。要将民主与专政结合起来。人民民主专政是我国的国体,离开人民民主专政,中国就会改变性质,改变颜色,所以科学认识和把握当前我国阶级问题是全面推进国家治理现代化建设的基本前提和基础。

马克思、恩格斯在《共产党宣言》中鲜明地指出:"至今一切社会的历史都是阶级斗争的历史。"[①]不过,马克思对于阶级范畴并没有给出明确的定义。列宁指出:"所谓阶级,就是这样一些大的集团,这些集团在历史上一定的社会生产体系中所处的地位不同,同生产资料的关系(这种关系大部分是在法律上明文规定了的)不同,在社会劳动组织中所起的作用不同,因而取得归自己支配的那份社会财富的方式和多寡也不同。所谓阶级,就是这样一些集团,由于它们在一定社会经济结构中所处的地位不同,其中一个集团

---

① 《马克思恩格斯选集》第一卷,人民出版社1995年版,第272页。不过,恩格斯在《共产党宣言》1888年英文版加了注释,认为这是指有文字记载的全部历史。因为恩格斯根据马克思的笔记整理出版的《家庭、私有制和国家的起源》一书已经揭示,原始共产主义解体以后,人类社会才产生阶级。

能够占有另一个集团的劳动。"①按照这个定义,阶级本质上是一个经济范畴,划分阶级的根本标准是经济关系,阶级是以占有、剥削,即以一个集团占有生产资料从而占有另一个集团的劳动为前提的。掌握这个本质,是我们掌握马克思主义阶级理论的第一要求。但是,承认社会存在阶级并非马克思主义独有的理论主张,掌握马克思主义阶级理论我们还必须注意以下几点:

首先,阶级是一个历史范畴,不是永恒的历史现象。阶级随着一定历史条件的产生而产生,又随着一定历史条件的消亡而消亡。是否承认阶级的历史性,正是区分马克思主义阶级范畴与资本主义阶级范畴的关键。马克思在《资本论》第一版序言中说,"我的观点是把经济的社会形态的发展理解为一种自然史的过程"②,占有、剥削被理解为一个"自然史"的自我扬弃的历史过程,因而,阶级不可避免的也是一个自我扬弃、不断发展的历史范畴,它有自己的产生和消亡过程。列宁反对单单把"阶级斗争"作为马克思学说的主要观点,他说:"阶级斗争学说不是由马克思而是由资产阶级在马克思以前创立的,而且一般说来,是资产阶级可以接受的。谁要是仅仅承认阶级斗争,那他还不是马克思主义者,他可能还没有走出资产阶级思想和资产阶级政治的圈子。用阶级斗争学说来限制马克思主义,就是割裂和歪曲马克思主义,把马克思主义变为资产阶级可以接受的东西。只有承认阶级斗争,同时也承认无产阶级专政的人,才是马克思主义者。"③

①《列宁全集》第三十七卷,人民出版社 1986 年版,第 13 页。
②《资本论》第一卷,人民出版社 2000 年版,第 10 页。
③《列宁选集》第三卷,人民出版社 1995 年版,第 139 页。

马克思也说:"无论是发现现代社会中有阶级存在或发现各阶级间的斗争,都不是我的功劳。在我很久以前,资产阶级历史编纂学家就已经叙述过阶级斗争的历史发展,资产阶级经济学家也已经对各个阶级作过经济上的分析。我所加上的新内容就是证明了下列几点:(1)阶级的存在仅仅同生产发展的一定历史阶段相联系;(2)阶级斗争必然导致无产阶级专政;(3)这个专政不过是达到消灭一切阶级和进入无阶级社会的过渡。"[1]认识阶级的历史性及其与无产阶级专政的关系,是我们科学认识和合理解决我国社会主义现代化建设过程中的阶级问题的基本切入点。

其次,阶级的根源在于私有制。阶级的本质绝不简单的就是社会集团,而是决定社会集团之所以以这种对立的方式存在的那种经济关系。个人之所以从属于一定的阶级,思想、行为都带有阶级的烙印,是因为他本身是一定社会的阶级关系的产物。关于这一点,马克思在《资本论》第一版序言中解释得很清楚,他说:"不管个人在主观上怎样超脱各种关系,他在社会意义上总是这些关系的产物。同其他任何观点比起来,我的观点是更不能要个人对这些关系负责的","个人只是经济范畴的人格化,是一定的阶级关系和利益的承担者"。[2] 因此,认识阶级的本质,必须还原它背后的经济关系;要消灭阶级,也不能够简单地通过消灭社会集团来达到目的,而必须消灭社会集团所赖以产生的经济关系。是什么导致了占有和剥削,从而导致了阶级的存在? 这个问题必须从其历史根源和现实基础两个方面来回答。马克思的劳动价值理论、剩余价

---

① 《马克思恩格斯选集》第四卷,人民出版社 1995 年版,第 547 页。
② 《资本论》第一卷,人民出版社 2000 年版,第 10 页。

值学说是马克思论述阶级关系的经济本质的两大理论武器,"异化劳动"理论是阶级产生的现实基础的哲学基础,社会发展阶段理论则是对阶级产生的历史根源的完整揭示。在现代西方马克思主义的言说系统中,无论是否承认劳动价值理论和剩余价值学说,其对阶级的分析,如加姆菲尔德(David Camfield)、罗默(John Roemer)、莱特(Oric Olin Wright)等都没有超出从占有、剥削这个基础来探讨阶级的产生和划分的基本方向。其关于中间阶级、"跨国阶级"的探讨,相对于马克思主义经典作家对现代社会两大阶级划分和中间阶级走向没落的论断,以及帝国主义理论,也没有多少新意,没有从根本上说明阶级产生的社会历史根源。

马克思主义认为,阶级矛盾是社会基本矛盾,即生产力与生产关系、经济基础与上层建筑之间的矛盾的主要体现,阶级斗争是阶级社会发展的直接动力。原始社会生产力极不发达,人类社会处处实行的是一种共同占有生产资料,共同劳动,产品平均分配的"原始共产主义"公有制,社会高度统一,没有分化出阶级。原始社会末期生产力有所进步,剩余产品开始产生,从动产归个人占有开始,逐渐不动产也被私人占有,私有制逐渐萌芽,导致原始共产主义社会逐步瓦解,人类社会进入阶级对立的社会。奴隶社会、封建社会是阶级对立社会的两个不同发展阶段,现代资本主义则是阶级关系最为发达、最为典型的阶段。"当文明开始的时候,生产就开始建立在级别、等级和阶级的对抗上,最后建立在积累的劳动和直接的劳动的对抗上。没有对抗就没有进步。这是文明直到今天所遵循的规律。"①

简言之,马克思主义认为,占有、剥削其实是根源于特殊的生产方式,②即在生产力有所发展但还不够发达的历史阶段,生产采取了生产资料私人占有的所有制形式,这是阶级产生的条件。金属工具的使用、社会分工的发展、私有制的确立,这些就是历史上阶级产生过程中的一系列前提。金属工具的使用带来了剩余产品,社会分工的发展使得产品分属不同的个人或人群,这些因素构成了人们产生占有自己的劳动产品的观念的条件。一开始,占有只是偶然发生的个别现象,只能针对动产,而不能针对不动产。但随后,这种占有一步步变成了普遍现象和支配性的权力。偶然的占有和剥削导致私有制,私有制的确立又巩固了占有和剥削,变成了必然的占有和剥削,从而使社会分裂为不同的阶级。占有、剥削与私有制,看似是一个循环,不知哪一个才是根本,但是,从必然的占有、剥削来自私有制的确立这一角度而言,正是私有制导致了占有和剥削成为恒久的社会现实,因此,阶级关系又是私有制的产物,只有消灭私有制才能消灭阶级,消除剥削。正因为如此,《共产党宣言》才把消灭私有制作为自己的原则:"共产党人可以把自己的理论概括为一句话:消灭私有制";"共产主义革命就是同传统的所有制关系实行最彻底的决裂;毫不奇怪,它在自己的发展进程中要同传统的观念实行最彻底的决裂";"在所有这些运动中,他们都

---

① 《马克思恩格斯全集》第四卷,人民出版社1958年版,第104页。
② 马克思在《资本论》第三卷中说:"现代社会的主要阶级是基于资本主义生产方式的"。

强调所有制问题是运动的基本问题"。① 认识阶级关系发展与私有制扬弃之间的关系,是我们科学认识和合理解决我国社会主义现代化建设过程中的阶级问题的核心支柱。

最后,阶级是一个政治范畴,表现为一定的阶级意识和与之相适应的政治组织。共同的生存条件是一个阶级的阶级意识和政治组织形成的基础。一个阶级有无自己的阶级意识,有无自己的政治组织,是其是否成熟、是否从自在阶级转向自为阶级的标志。历史上,资产阶级因为与封建主义的长期斗争,在政治上成熟得比较早。无产阶级的大多数是从农民阶级中转化而来的,但是,因为生产条件的限制,农民阶级的阶级意识是普遍比较淡漠的。马克思在分析法国农民阶级意识的特征时指出:"数百万家庭的经济生活条件使他们的生活方式、利益和教育程度与其他阶级的生活方式、利益和教育程度各不相同并互相敌对,就这一点而言,他们是一个阶级。而各个小农彼此间只存在地域的联系,他们利益的同一性并不使他们彼此间形成共同关系,形成全国性的联系,形成政治组织,就这一点而言,他们又不是一个阶级。"②由于革命的需要,列宁非常重视无产阶级的阶级意识问题。卢卡奇受到列宁的启发,也提出历史是实体,无产阶级及其阶级意识是主体,"革命的命运(以及与此相联系的是人类的命运)要取决于无产阶级在意识形态上的成熟程度,即取决于它的阶级意识"③。总之,按照马克思主义的观点,阶级本质上是一种在生产力不够发达的条件下产生的,导致

---

① 《马克思恩格斯选集》第一卷,人民出版社 1995 年版,第 286、293、307 页。

② 《马克思恩格斯选集》第一卷,人民出版社 1995 年版,第 677 页。

③ 卢卡奇:《历史与阶级意识》,商务印书馆 1992 年版,第 129 页。

社会分裂为相互对立的不同社会集团的生产关系,其根源是私有制,其存在的现实基础是每时每刻发生的,不以人的意志为转移的必然的占有和剥削,其成熟的表现形式是具有一定的阶级意识和自己的政治组织的大的社会集团。成熟的阶级最后一定要形成自己的政治组织。认识阶级关系的政治属性,是我们科学认识和合理解决我国社会主义现代化建设过程中的阶级问题的基本框架。

(二)当前我国阶级关系的再认识问题

现阶段我国的阶级关系问题是我国全面推进国家治理现代化的基本问题。在我国将长期处在社会主义初级阶段的这一特殊历史环境下,阶级关系问题是一个极易引起困扰的问题。在这个问题上,党的十一届三中全会以来,随着我国指导思想转向"以经济建设为中心",中国共产党对阶级关系有了新的认识,在《关于建国以来党的若干历史问题的决议》中指出:"在剥削阶级作为阶级消灭以后,阶级斗争已经不是主要矛盾。由于国内的因素和国际的影响,阶级斗争还将在一定范围内长期存在,在某种条件下还有可能激化。既要反对把阶级斗争扩大化的观点,又要反对认为阶级斗争已经熄灭的观点。对敌视社会主义的分子在政治上、经济上、思想文化上、社会生活上进行的各种破坏活动,必须保持高度警惕和进行有效的斗争。必须正确认识我国社会内部大量存在的不属于阶级斗争范围的各种社会矛盾,采取不同于阶级斗争的方法来正确地加以解决,否则也会危害社会的安定团结。一定要毫不动摇地团结一切可以团结的力量,巩固和扩大爱国统一战线。"这是我们正确认识和把握当前我国阶级关系的基本观点。在新的历史形势下，需要从三个方面对当前我国的阶级关系再认识和再深化，这也是推进当前我国国家治理现代化建设的基础和前提。

首先，所有制的改变并不等于阶级斗争已经熄灭。中国革命以暴力的手段夺取了全国政权，并进一步以专政的手段完成了社会主义改造，确立了公有制的主体地位。但是，产生阶级的土壤，即某些范围内的私有制和旧的剥削观念依然存在，传统的小农经济依然存在。因此，基于这样的历史条件，我国的"阶级斗争还将在一定范围内长期存在"的判断依然还是真理，不能因为不存在剥削阶级就认为阶级斗争已经熄灭或者过时。甚至，"在某种条件下还有可能激化"的论断也绝不是空洞的说教，而是现实面临的危险，这就要求我们进一步确立马克思主义阶级立场和阶级观点，运用马克思主义阶级分析方法全面分析当前我国在国家治理现代化进程中的阶级关系，把握阶级的特点及其运动规律，理直气壮地坚持人民民主专政，巩固工农联盟政治基础，在对广大人民群众实行民主的基础上，对破坏中国特色社会主义现代化建设的所有敌对势力和敌对分子毫不手软地实行专政，开展坚决有效的斗争。

其次，剥削阶级作为阶级之所以不存在，是因为在我国人民民主专政体制下，政权通过共产党掌握在以工农联盟为基础的工人阶级手里，新的剥削者作为自在的阶级，不能发展为自为的阶级。因而，不可能形成以代表本阶级利益的阶级意识来取代马克思主义的指导思想地位，也不可能组成代表本阶级利益的政治组织。但是随着我国社会财富流向进一步分化和集中化，剥削阶级存在着一定的组织化风险，是需要中国共产党通过缩小或消除贫富差距,实现共同富裕来消灭剥削阶级的。

最后,必须高度重视国际资产阶级的渗透,保障无产阶级的民族利益和国家利益。当今世界的经济已经呈现高度全球化的趋势,跨国集团在资本输出的过程中,为了追求利益的最大化,会通过霸权主义、文化殖民主义影响第三世界各国,带来阶级关系复杂化的局面。文化竞争的领域,其实是一条看不见硝烟的阶级斗争战线,需要雄厚的文化软实力、高超的政治智慧和高度的文化自信力来应对国际资产阶级对我国意识形态领域的渗透和西化。

三、关于政府与市场的关系问题

政府与市场关系问题在国家治理体系和治理能力现代化进程中,既是重大理论问题,又是重大的现实问题。习近平同志指出:"经济体制改革的核心问题仍然是处理好政府和市场的关系。"关于政府和市场关系问题的争论一直伴随着中国特色社会主义经济建设、改革、发展的全过程。政府与市场的关系问题之争,究其实质,就是政府与市场在中国特色社会主义经济建设、改革、发展中究竟扮演何种角色、发挥什么作用、解决哪些问题,以及这些角色作用通过什么方式发挥、何种途径彰显的问题;也就是说,在中国特色社会主义经济建设、改革、发展中,究竟是政府起决定作用,还是市场起决定作用的问题。

关于政府与市场的关系问题,党的十八届三中全会通过的《中共中央关于全面深化改革若干重大问题的决定》(以下简称《决定》)明确提出:"经济体制改革是全面深化改革的重点,核心问题是处理好政府和市场的关系,使市场在资源配置中起决定性作用和更好发挥政府作用。"但是在国家治理现代化建设的实践中,政府与市场的这种关系在经济建设中并没有完全得到广泛认同。有些人自觉不自觉地将两者的关系片面地割裂开来,甚至将两者的关系对立起来,这成为当前国家治理现代化进程中被广泛关注和议论的热点问题。其主要表现出两种错误观点:

一是从行政思维和社会主义公有制特征的视角来衡量,认为政府与市场在经济建设中政府应该起决定作用,片面地机械地认为中国特色社会主义市场经济是以公有制为主体的经济体制,政府在经济建设中自然要发挥决定作用。这种观点反映在国家治理现代化的现实中就是借政府在经济建设中的决定作用之名,不愿放权,搞以"权"代"管",否定市场在经济建设中起资源配置的决定作用,从而导致政府包办经济建设一切的现象,企图"走回头路"。

二是从西方新自由主义经济思维的视角来衡量,认为政府与市场在经济建设中的关系是市场起完全的决定作用,认为政府在经济建设中不仅要放"权",更要主张不"管",主张在经济建设中市场起所谓的"完全决定作用"。然而,这些看似是认识和实践问题上的争论,很容易被一些别有用心的人拿"政府和市场关系"来说事。其实质不是不明白政府和市场在中国特色社会主义经济建设中是内在相辅相成、缺一不可的关系,也不是真的为了推进完善中国特色社会主义经济建设和发展,而是通过宣扬所谓"政府起决定作用"或"市场起完全决定作用"来设置政治陷阱,其目的是引导中国特色社会主义经济建设和发展走"回头路"或"改旗易帜的邪路"。因此,说到底"政府与市场"关系问题不是一个纯粹理论问题,而是一个重大的现实问题。在全面推进国家治理现代化的进程中,必须从理论和现实上科学处理政府与市场的关系问题,这是确保中国特色社会主义市场经济健康发展的客观需要,它决定着我国国家治理现代化的方向。

(一)科学认识和把握政府与市场关系

理清政府与市场的关系,就是要搞清楚政府与市场在中国特色社会主义市场经济建设、发展中的定位与角色、权限与作用,从而使政府与市场在中国特色社会主义进入新时代中明晰各自的正确定位,在特定的权限范围内发挥好各自的职能,协同推进中国特色社会主义经济的发展,确保中国特色社会主义市场经济体制保持稳定、趋向完善且更为健康。关于政府与市场关系的问题一直伴随着新中国成立以来我国社会主义经济建设、改革和发展的全过程。可以划分为三个阶段,具体为:

第一,改革开放前三十年,关于政府与市场关系的认识问题。新中国成立以后中国共产党人在带领全国人民向苏联学习社会主义经济建设经验的同时,也在积极探索着走自己的经济建设之路。毛泽东在《论十大关系》中就讨论了"国家、生产单位和生产者个人的关系"问题,明确指出"必须兼顾国家、集体和个人三个方面",要借鉴苏联和自己的经验,不能把权力与资源集中在中央和省市,必须要给工厂一定的权力、利益与机动的余地,要实现"统一性和独立性的对立统一"。① 虽然在新中国成立之初的过渡时期,市场在经济生活和资源分配中还发挥着重要的作用,但是随着社会主义改造的进行,政府开始全面地侵蚀、排挤市场并最终完全将其替代。② 因此,在改革开放前,受主导的传统社会主义计划经济的局限,中国共产党人也认为市场经济是资本主义制度特有的,计划经济才是社会主义的基本特征。因此,改革开放前三十年主要采用了高度集权的计划经济体制,否定和排斥市场经济的作用,完全由政府通过计划配置社会资源,③因此,并不存在"政府与市场关系"的问题,即使在个别地方个别领域的经济建设中有市场的因素,但也是用评判或否定的态度来对待。直至"文革"结束后,百业凋敝、经济困难、发展落后,传统的社会主义计划经济模式的弊端充分暴露且严重阻碍了社会生产力的提高与社会主义事业的发展,对计划经济的反思与对市场经济的重新认识成为改革开放后的重要任务,"政府与市场关系"的问题也才正式成为中国经济建设中一个重大的理论问题。

第二,改革开放后三十年,关于政府与市场关系的实践问题。在对改革开放前三十年我国社会主义经济建设发展经验教训的总结基础上,针对传统社会主义计划经济模式的各种弊端,党的十一届三中全会明确指出:要重视价值规律的作用,按照经济规律办事,改变过去经济管理体制的权力过分集中的局面,大胆放权。由

---

① 《毛泽东文集》第七卷,人民出版社 1999 年,第 28—29 页。

② 参见曹文宏《建国以来政府与市场关系:基于政治和经济的二维解读》,《东南学术》2014 年第 6 期,第 53 页。

③ 参见马相东《正确认识和处理政府和市场的关系》,《新视野》2014 年第 2 期,第 4 页。

此,中国开启了以市场为取向的经济体制改革。① 邓小平同志很早就意识到不能将社会主义与市场经济对立起来。早在 1979 年 11 月接受国外新闻媒体采访时,邓小平同志就明确指出:"说市场经济只存在于资本主义社会,只有资本主义的市场经济,这肯定是不正确的。社会主义为什么不可以搞市场经济,这个不能说是资本主义。我们是计划经济为主,也结合市场经济,但这是社会主义的市场经济。虽然方法上基本上和资本主义社会的相似,但也有不同,是全民所有制之间的关系,当然也有同集体所有制之间的关系,也有同外国资本主义的关系,但是归根到底是社会主义的,是社会主义社会的。"②邓小平的观点逐步在党内形成共识,党的十二大明确提出了"计划经济为主,市场调节为辅"的原则,1984 年党的十二届三中全会进一步将社会主义经济明确表述为"公有制基础上的有计划的商品经济"。1985 年 10 月邓小平会见外宾时再次强调"社会主义和市场经济之间不存在根本矛盾","把计划经济和市场经济结合起来,就更能解放生产力,加速经济发展";③1987 年 2 月邓小平在《计划和市场都是发展生产力的办法》中更进一步强调:"计划和市场都是方法","它为社会主义服务,就是社会主义的"。④ 随着全党对社会主义的本质特征的认识逐步加深,党的十三大将"社会主义有计划的商品经济的体制"解释为"计划和市场

① 参见广西社会科学院编《中国特色社会主义重大理论问题》,广西人民出版社 2008 年,第 168 页。
② 《邓小平文选》第二卷,人民出版社 1994 年版,第 236 页。
③ 《邓小平文选》第三卷,人民出版社 1994 年版,第 148—149 页。
④ 《邓小平文选》第三卷,人民出版社 1994 年版,第 203 页。

内在统一的体制",同时提出了国家调节市场、市场引导企业运行的机制。① "政府与市场关系"才真正作为一个重大现实问题突显出来。但改革开放初期主要是通过政府放权,鼓励企业在市场中发展,一方面慢慢培育各类市场主体,另一方面逐步缩小政府直接干预的领域。因此,20 世纪 80 年代"政府与市场关系"实际上是政府通过单方面的放权来培育市场主体,激发市场活力,发展市场经济,体现为"市场"的地位逐步提高并与"政府"对等,两者共同作用于社会生产力发展和"四个现代化"建设。

20 世纪 80 年代末 90 年代初苏联解体和东欧剧变,以及国内出现的经济波动与社会动荡,不仅险些让改革开放陷入停滞甚至倒退,而且在国内思想界重新挑起了"姓资姓社"的争议,这也使"计划经济才是社会主义"的老调重新弹起。在改革开放伟大事业可能夭折的重要历史关头,邓小平同志在"南方谈话"中再次明确强调,"计划多一点还是市场多一点,不是社会主义与资本主义的本质区别。计划经济不等于社会主义,资本主义也有计划;市场经济不等于资本主义,社会主义也有市场。计划和市场都是经济手段"②。这一论断不仅从根本上厘清了思想争议,促使改革开放继续深化;而且通过对社会主义本质的深刻认识,丰富并发展了马克思主义基本原理。在正确的思想引领下,党的十四大正式确立"我国经济体制改革的目标是建立社会主义市场经济体制","要使市场在社会主义国家宏观调控下对资源配置起基础性作用";1993 年

① 参见广西社会科学院编《中国特色社会主义重大理论问题》,广西人民出版社 2008 年,第 169 页。

② 《邓小平文选》第三卷,人民出版社 1994 年版,第 373 页。

的全国人大八届一次会议将"国家实行社会主义市场经济"正式写入宪法,由此发展社会主义市场经济成为我国改革开放的重要战略。党的十五大明确提出"充分发挥市场机制作用,健全宏观调控体系","进一步发挥市场对资源配置的基础性作用";党的十六大提出要"健全现代市场体系,加强和完善宏观调控","在更大程度上发挥市场在资源配置中的基础性作用",从而确立市场在经济运转与社会生活中的首要地位。由此,"政府与市场关系"才真正作为一个重大理论问题而被广泛地关注和讨论。在这一阶段,政府与市场作为资源配置的两种机制在中国特色社会主义建设过程中共同发挥着作用。其中,市场优先配置经济资源以激发各类经济主体的活动,推动生产力发展;政府则作为市场机制的补充,通过科学、有效的宏观调控遏制市场的"集体非理性"行为,维护正常的市场经济秩序。两者在经济社会发展中形成良性互动、合作互补的关系。由此,党的十七大明确提出的"从制度上更好发挥市场在资源配置中的基础性作用,形成有利于科学发展的宏观调控体系"是对这一阶段政府与市场关系的准确概括。

第三,党的十八大以来,关于政府与市场关系的再认识和实践问题。随着党对中国特色社会主义的发展模式、发展路径形成了更为深刻、更加全面的认识,十八大报告明确指出"解放和发展社会生产力是中国特色社会主义的根本任务",提出"要坚持以经济建设为中心","坚持社会主义市场经济的改革方向",由此需要"更大程度更广范围发挥市场在资源配置中的基础性作用,完善宏观调控体系"。基于此,党的十八大报告明确提出了"全面深化经济体制改革"的战略目标,并且清晰指出了"经济体制改革的核心问题是处理好政府和市场的关系,必须更加尊重市场规律,更好发挥政府作用"和"健全现代市场体系,加强宏观调控目标和政策手段机制化建设"的改革要求。这些改革目标和改革要求不仅对改革开放以来,政府与市场的关系演变历程与时代特征做出了高度概括;而且也清楚表明了在我国经济社会发展中,政府与市场是相互协调、互相补充的良性互动关系——市场主导资源配置,政府弥补市场不足。同时,党的十八大报告在"深化行政体制改革"部分明确提出了"深入推进政企分开、政资分开、政事分开、政社分开,建设职能科学、结构优化、廉洁高效、人民满意的服务型政府"的改革目标,指出必须"深化行政审批制度改革,继续简政放权,推动政府职能向创造良好发展环境、提供优质公共服务、维护社会公平正义转变"的政府改革要求。这一目标要求进一步明确了政府除了通过继续简政放权激发市场活力、完善市场机制、维护市场秩序,还需要为市场经济体制的健康运转创造良好环境并通过提供高效、优质的公共服务,一方面为各类市场活动主体提供便利和协助,另一方面有效弥补市场机制的缺陷与不足,从而构建更加开放有序的社会主义市场经济体制和更加公平正义的社会主义和谐社会。

党的十八届三中全会通过的《决定》中提出了"紧紧围绕使市场在资源配置中起决定性作用深化经济体制改革",由此明确市场机制在我国经济社会发展中对资源配置的作用是根本性的、决定性的,这是对我国社会主义市场经济体制的发展与政府和市场关系的定位形成的新认识。《决定》明确了"市场决定资源配置是市场经济的一般规律,健全社会主义市场经济体制必须遵循这条规律"。因此,经济体制改革的核心问题是"处理好政府和市场的关系,使市场在资源配置中起决定性作用和更好发挥政府作用",由此"加快完善现代市场体系、宏观调控体系"和"推动经济更有效率、更加公平、更可持续发展"。清楚指明了政府有效的宏观调控是市场经济的持续健康发展不可或缺的重要保障。针对近年来我国经济社会发展中出现的政府对市场不合理的干预、侵扰,以及政府职能缺位、错位、越位、失位等阻碍社会主义市场经济体制健康高效运转的问题,《决定》明确指出改革必须"大幅度减少政府对资源的直接配置,推动资源配置依据市场规则、市场价格、市场竞争实现效益最大化和效率最优化"。为维护市场在资源配置中起决定性作用和实现更好的发挥政府作用,《决定》明确指出"政府的职责和作用主要是保持宏观经济稳定,加强和优化公共服务,保障公平竞争,加强市场监管,维护市场秩序,推动可持续发展,促进共同富裕,弥补市场失灵"。《决定》在"加快转变政府职能"方面进一步提出"科学的宏观调控,有效的政府治理,是发挥社会主义市场经济体制优势的内在要求"。为此要建立法治政府和服务型政府,通过行政审批制度改革大幅减少政府对微观事务的直接干预和管理,凡"市场机制能有效调节的经济活动,一律取消审批",让市场机制更加充分、自由地发挥作用;同时强调要"全面正确履行政府职能",指出"政府要加强发展战略、规划、政策、标准等制定和实施,加强市场活动监管,加强各类公共服务提供";并且中央政府与地方政府在各自职责上要有所侧重,"加强中央政府宏观调控职责和能力"和"加强地方政府公共服务、市场监管、社会管理、环境保护等职责",使各级政府更有侧重地妥善履行相应职能,从而为社会主义市场经济体制的运转与完善保驾护航。

党的十九大明确指出了:中国特色社会主义发展进入了新时代,并且根据我国经济社会发展的实际情况,提出新时代我国社会的主要矛盾已经转化为"人民日益增长的美好生活需要和不平衡不充分的发展之间的矛盾"。社会主要矛盾的转化必将对中国的国家治理体系与治理能力现代化提出新的要求,从而也促使政府与市场关系发生新的转变、呈现新的形态。

在现代市场经济体制中,市场与政府从来就不是对立的,市场对资源配置的根本性作用与政府的宏观调控及再分配同时发挥作用,是现代国家得以保持经济社会持续健康稳定发展的根本保障。中国特色社会主义新时代的社会主要矛盾中存在着"不平衡不充分的发展"的问题,而这个问题有效解决的关键是需要政府通过高效的宏观调控与优质的公共服务对市场进行调节和补充。由此,中国特色社会主义新时代的"政府与市场关系"本质上是更深程度与更大领域上的"互动—合作"关系,即十九大报告中明确指出的,通过"使市场在资源配置中起决定性作用,更好发挥政府作用",从而更好地"构建市场机制有效、微观主体有活力、宏观调控有度的经济体制"。因此,为了确保"市场经济在资源配置中起决定性作用"能够得到真正落实,要做到如下内容:第一,政府必须通过"创新和完善宏观调控,发挥国家发展规划的战略导向作用",以克服市场经济本身会导致的"集体非理性",而协助市场机制优化资源配置、克服经济风险,并通过"完善市场监管体制"维护好市场经济秩序,在"打破行政性垄断"的同时也要"防止市场垄断";第二,政府必须在市场无力调节甚至会继续激化的领域积极地发挥作用,按照"履行好政府再分配调节职能,加快推进基本公共服务均等化,缩小收入分配差距"的要求,主动干预并引导企业与社会组织协助做好社会资源的再分配;第三,提供更加广泛、优质、均等的公共服务,且努力构建开放、平等、多元的公共服务供给机制,以维护社会和谐稳定、实现公平正义发展。

因此,中国特色社会主义新时代的"政府与市场关系",是在改革开放过程中逐步确立起来的政府与市场良性互动的基础上,通过更好地发挥市场经济在资源配置中的决定性作用,更好地履行政府维护社会秩序、促进公平正义的基本职能,以市场经济推进政府改革,让政府履责弥补市场不足,由此构建政府职能的积极发挥与市场经济的良性运转之间的协调合作,从而共同推进中国特色社会主义事业的发展,实现中华民族的伟大复兴。

正如习近平总书记强调构建"亲—清"新型政商关系一样,中国特色社会主义新时代的"政府与市场关系"实质上也是这样的"亲—清"关系:市场经济的良性运转与政府职能的有效履行有着各自相对独立的领域和日益清晰的边界,但两者又是相互融合、相互协调、相互促进的,以共同推动中国的经济发展与社会进步。在中国特色社会主义现代化建设的伟大征程中,"亲—清"的政府与市场关系能够使市场自由竞争与政府公共服务各自发挥优势、相互弥补不足,最终协同作用,以推进中国特色社会主义经济社会实现全面协调可持续的发展。

(二)政府与市场关系问题的根源分析

政府与市场关系之所以成为推进国家治理体系与治理能力现

代化进程中的热点和难点问题,是因为传统的社会主义计划经济建设思维仍然没有完全消除。一些人还幻想通过"回头走老路"来解决近年来经济社会发展中出现的所谓"矛盾和问题"。无论是前些年"国进民退"的争论,还是近两三年对国企改革的"反思",乃至对"产业政策"的激烈讨论,其本质问题就是政府与市场关系的问题。政府与市场关系的问题如果不能从理论上厘清以形成正确认识,就会对十八届三中全会和十九大提出的"推进国家治理体系与治理能力现代化"的目标要求形成阻碍,甚至会危害中国特色社会主义事业的发展与中华民族伟大复兴的实现。因此,政府与市场关系问题的根源主要体现在以下方面:

第一,政府与市场关系问题受现代西方经济学的影响。政府与市场的关系一直是现代西方经济学研究的主题。随着西欧资本主义生产关系的起步,奉行"天赋人权"的西欧资产阶级反对中世纪后期流行的重商主义的观点,强调在经济社会发展中实行自由放任的竞争,以让"天赋人权"原则的实现不受世俗约束。以亚当·斯密为代表的古典自由主义经济学家们认定,市场这只"看不见的手"能够使每位理性的经济人自发地按照自身利益行事并无形中促使社会利益实现最大化。而一个"警察+法庭"的"守夜人"政府,才是最能有效发挥市场自由竞争效力的政府。因此从18世纪末到20世纪初,"自由放任"的市场与"守夜人"的政府构成了西方经济学对于政府与市场关系的主流观点。政府基本不积极主动地干预市场经济的运转,且仅对社会和公众提供极少量的公共物品。20世纪30年代的世界经济危机与日益拉大的社会贫富差距使不愿选择走法西斯主义道路的部分欧美国家开始思考与审视自由放任的市场经济所带来的负面效应。"凯恩斯主义"理论强调政府积极干预市场经济并实施有效的宏观调控、刺激消费、创造就业的政策。① 受该理论的影响,美国也凭借"罗斯福新政"走出了危机并在"二战"中挽救了西方资本主义文明。"二战"后,西欧各国在美国援助下大都按照"凯恩斯主义"理论建立起福利国家制度,通过强有力的政府干预管控市场经济并发展公共福利,政府的政策管制作用和公共服务职能极大加强,市场经济活动受到了政府直接且强大的干预。到了 20 世纪 70 年代,政府的强干预使得市场经济失去活力,不断扩张的社会福利支出让财政赤字和政府债务难以得到控制,西方福利国家在克服了资本主义周期性经济危机的同时却陷入了"滞胀"的怪圈。由此以撒切尔夫人与里根为代表所推崇的"新自由主义"思潮在英美兴起。政府开始大规模地退出对市场经济的直接干预,而更多地在关键领域发挥作用,并且政府通过宏观调控与公共服务以形成对市场经济的有效补充。因此,当代资本主义国家大都认识到"市场失灵"与"政府失败"在经济社会发展中是并存的,市场经济机制作为基础,与政府的积极干预,对于经济社会发展来说都是不可或缺的,从而最终形成了政府积极干预和市场自由竞争相结合的"第三条道路"。②

　　第二,政府与市场关系的问题受早期马克思主义经典作家关于政府与市场论述的影响。由于正确认识到早期资本主义社会和

---

① 参见王玉海《政府干预市场理论对转型条件下政府与市场关系的启示》,《中国流通经济》2005 年第 4 期,第 15 页。
② 参见张旭《政府和市场关系:一个经济学说史的考察》,《理论学刊》2014 年第 11 期,第 61—62 页。

古典自由主义理论对于市场自由竞争的过分迷信,不仅无法使资本主义遏制其自身造成的经济危机,而且也不能改变无产阶级被剥削被压迫的命运,马克思、恩格斯在《共产党宣言》第二章中就提出了十条纲领,通过无产阶级掌握政权后对经济社会各领域的国有化取代市场经济来实现共产主义革命。虽然马克思、恩格斯在《共产党宣言》的 1872 年德文版序言中表明原先在第二章提出的十条纲领"根本没有特别的意义","如果是在今天,这一段在许多方面都会有不同的写法了",甚至"这个纲领现在有些地方已经过时了",①但这并不意味着马克思、恩格斯对资本主义尤其是自由放任的市场竞争和古典自由主义经济学说的分析判断出现了失误。鉴于资本主义制度无法调和其自身矛盾而必然会灭亡,马克思、恩格斯设想,在消灭了私有制而使生产力高度发达的共产主义社会,由于实行单一的社会所有制,因此,将采取计划机制来配置社会资源。② 由此开始,"市场""私有制"与"计划""公有制"就被分别打上了"资本主义"和"社会主义"的烙印,经典作家如列宁就强调,无产阶级领导社会主义革命夺取了政权成为统治阶级后,"它掌握着国家政权,支配着已经公有化的生产资料",并引导小生产者将资本主义性质的生产和交换逐步"纳入国家资本主义的轨道",从而在苏维埃国家中实现无产阶级专政与国家资本主义结合、联合和并存。③ 虽然后来鉴于苏维埃政权建立初期,苏联是生产力水平低

---

① 《马克思恩格斯选集》第一卷,人民出版社 1995 年版,第 249 页。
② 参见广西社会科学院编《中国特色社会主义重大理论问题》,广西人民出版社 2008 年版,第 165 页。
③ 中共中央编译局编著:《列宁专题文集》,人民出版社 2009 年版,第 161、219 页。

下、经济落后且遭受破坏、多种所有制并存的小农国家,列宁也认为在无产阶级掌握政权、控制运输业和大工业的情况下,适当允许私人资本主义的存在是能够促进社会主义发展的,受无产阶级国家监督和调节的资本主义在某种限度内的发展是有益的和必要的;①但无论列宁还是斯大林,都没有改变社会主义国家必须实行统一的计划经济这一观念,经典作家们还是将社会主义与市场经济对立起来。②

四、关于我国边疆社会治理中的民族宗教问题

边疆治理是国家治理现代化不可或缺的重要组成部分。边疆治理在国家治理中不仅承担着边疆安全、民族团结、宗教事业发展等独特的职责,而且还承担着国家对外交往,构建睦邻友好关系的功能。我国边疆地区不仅是我国少数民族聚居地,也是我国主要宗教信仰和民俗信仰的集散地。我国边疆治理中夹杂着复杂的民族宗教问题,在一定程度上说,民族宗教问题是边疆治理的核心内容。因此,正视边疆治理中的民族宗教关系,维护边疆民族团结,推进边疆宗教事业发展,是边疆治理的根本任务。

当前我国边疆民族宗教问题在国内外多重因素影响下,随着边疆各民族交往交流交融趋势增强,开始变得异常复杂,涉及民族宗教因素的矛盾纠纷不断上升,反对民族分裂、宗教极端、暴力恐

---

① 参见中共中央编译局编著《列宁专题文集》,人民出版社 2009 年版,第 229、237 页。
② 参见广西社会科学院编《中国特色社会主义重大理论问题》,广西人民出版社 2008 年版,第 166 页。

怖斗争的任务异常艰巨,边疆民族宗教问题与边疆经济、政治、文化、社会、生态等多重因素相互交织交融,显现出边疆民族宗教问题多元多样的复杂态势。少数别有用心之人打着所谓"民族宗教"的旗帜,将所谓的民俗民风和宗教自由凌驾于法律法规之上,企图惑众,形成与党和政府的对抗。还有民族分裂主义分子企图阻拦和破坏边疆治理,破坏边疆社会稳定和安定。为此,必须进一步厘清边疆治理中民族宗教基本问题,引导边疆少数民族和宗教信仰群众积极参与边疆治理。

(一)边疆治理中的民族关系问题

边疆治理中的民族关系问题涉及我国边疆地区经济、政治、文化、社会、生态等方方面面的建设和发展,如果这些问题得不到有效解决,可能引发政治问题。边疆治理中的民族关系问题具体体现在以下几个方面:

一是中华民族认同与少数民族认同的关系问题是边疆治理中的基本民族关系问题。少数民族认同先于中华民族认同,是中华民族认同的基础和前提,中华民族认同是少数民族认同得以形成和延续的前提。[①] 少数民族认同往往需要通过中华民族认同来得到巩固和保障。与此同时,中华民族认同和少数民族认同相互依存,没有少数民族认同也无所谓中华民族认同。中华民族认同以少数民族认同为基础,少数民族认同以中华民族认同为存在形式。

---

① 参见袁娥《民族认同与国家认同研究述评》,《民族研究》2011 年第 5 期。

反对民族分裂、维护中华民族团结,是中华民族认同强大的生命力、凝聚力和创造力的根基之所在。① 如果在边疆治理中过于突出少数民族认同会被民族主义者所利用,从而导致中华民族认同"弱化""淡化",最终会导致中华民族分裂。反之,如果忽视或压制少数民族认同,也会引起少数民族不满,破坏民族团结,中华民族认同也就成了空中楼阁。因此,在边疆治理中必须处理好中华民族认同与少数民族认同的关系。

二是少数民族习俗与国家法律关系的问题是边疆治理中的主要民族关系问题。少数民族习俗与国家法律关系在边疆社会治理中犹如鸟之两翼、车之两轮,都是边疆社会治理中的重要手段,缺一不可。国家法律是边疆社会治理的根本手段,是少数民族习俗边疆社会治理的重要补充。同时,少数民族习俗是国家法律的延伸部分和重要的支持系统,也是国家法律不可或缺的"本土资源"②。在边疆社会治理中,必须处理好少数民族习俗与国家法律的关系问题。一方面,要充分发挥法律在边疆社会治理中的权威和强制力作用,全面推进边疆法治治理,维护法律的权威;另一方面,在实施依法治理边疆社会的进程中,要充分尊重边疆社会少数民族习俗习惯,将法律精神、法治原则和法律法规融入边疆少数民族习俗之中。但是不能只强化少数民族习俗,忽视法律在边疆社会治理的主导性和权威性。过于突出民族习俗会被民族主义者所利用,从而导致国家法律权威被弱化;反之,如果忽视少数民族习俗或压制民族习俗,也会引起民族不满,破坏民族团结,国家法律

---

① 参见袁娥《民族认同与国家认同研究述评》,《民族研究》2011 年第 5 期。
② 辛志成、王扬:《论民俗与法律的关系》,《云南行政学院学报》2007 年第 6 期。

权威也会打折扣。

三是边疆民间信仰价值观与社会主义核心价值观关系问题是边疆治理中重要的民族关系问题。边疆民族地区有着丰富的民间信仰，各民族的民间信仰价值观既有对本民族民间信仰价值观的认同，也有对国家社会主义核心价值观的认同。因此，在边疆治理中，一方面要尊重边疆少数民族的民间信仰，发挥少数民族民间信仰在边疆治理中的积极作用；另一方面，在尊重边疆少数民族民间信仰价值观的基础上，要积极引导边疆少数民族群众自觉认同和践行社会主义核心价值观，积极将社会主义核心价值观融入少数民族的民间信仰价值观之中，用社会主义核心价值观引领边疆少数民族民间信仰的发展。因而，片面强调任何一方面，而忽视另一方面，都是不正确的。如果在边疆治理中造成民间信仰价值观与社会主义核心价值观对立，可能有两种结果：一种是用社会主义核心价值观裁剪民间信仰价值观，扼杀民间信仰价值观的多样性和丰富性；另一种是用民间信仰价值观裁剪社会主义核心价值观，扼杀社会主义核心价值观的普遍性和主导性。

综合上述边疆治理中的民族关系问题，全面推进边疆社会治理现代化进程，处理好边疆民族关系问题，核心在于增强中华民族认同和国家认同；重点在于反对民族分裂；根本目标是维护民族团结，促进民族繁荣；出路在于推进边疆社会治理现代化。

第一，处理和维护边疆民族关系关键在于维护好民族利益和民族权利，促进民族发展。从中国的疆域来看，无论是东部和南部的海疆，还是西部和北部边疆地区，多数是少数民族聚居的区域，都涉及较多的少数民族利益和权利。从历史上看，边疆少数民族长期处在落后的阶段,衣不能暖,饭不能饱。如云南的西双版纳傣族自治州,1950 年 2 月全境解放前还处在封建领主社会。滇西北地区的独龙江流域,清末民初还处在奴隶社会。因此,在全面推进边疆治理的过程中,要切实紧紧抓住全面建成小康社会和精准扶贫历史大好机遇,大力促进边疆地区经济社会文化教育事业大发展,缩小边疆地区同内地之间的差距,切实从体制机制和法律等层面维护和保障边疆民族利益与权利,巩固民族团结和谐的经济基础,强化中华民族的认同,增强中华民族自信。

第二,处理和维护边疆民族关系核心在于反对民族分裂,增强中华民族和国家认同。在一定程度上,边疆民族关系问题不仅涉及民族之间利益、权利和发展的问题,而且还涉及整个民族和国家利益,甚至涉及国家的主权问题。如果边疆民族关系问题处理不得当,将会直接影响边疆社会稳定和发展,继而影响整个国家的政权稳定和安全,成为最大的政治问题。因此,无论是"藏独"、"疆独"还是"台独",总是千方百计利用民族之间的利益和权利之间的矛盾,通过宗教、报刊、媒体和电台等方式,鼓动边疆地区民族分裂,引发边疆社会不稳定和民族纠纷,达到其不可告人的政治目的。因此,在边疆治理中,处理民族关系要从政治的高度来认识和把握。一方面,要坚持以马克思主义国家民族政策为指导,尊重国家整体利益,确保国家主权完整,依照国家民族方针、政策和法律法规开展民族工作。另一方面,处理边疆治理中民族关系问题必须立足边疆社会经济政治文化实际,尤其要尊重边疆民族风俗习惯和民俗信仰,既要防止边疆治理带来民族不团结不和谐,又要防止将民族问题演化和发展为边疆治理问题。在发展中国特色社会主义民族关系时,要坚持统一和自治相结合,坚持民族因素和区域因素相结合,把宪法和民族区域自治法规定的民族关系贯彻好、落实好。既要解决好物质方面的问题,也要解决精神方面的问题。

第三,处理和维护边疆民族关系的根本出路在于全面推进边疆治理现代化,尤其要使边疆地区人们的思想观念现代化,观念现代化才有行为的现代化。我们不仅要解决边疆经济问题,推进经济建设;而且要进一步推进边疆地区精神文明建设,推进边疆地区人们思想观念的现代化。要通过边疆社会治理,旗帜鲜明地反对各种错误思想观念,自觉增强识别大是大非、抵御国内外敌对势力思想渗透的能力,积极培养中华民族共同体意识。在边疆治理进程中,既要发挥边境地区所具有的民族区域自治制度的优势,又要坚持统一和自治相结合、民族因素和区域因素相结合的原则,切实帮助边疆民族地区发展经济、改善民生,坚决反对大汉族主义和狭隘民族主义,自觉维护国家最高利益和民族团结大局。

(二)边疆治理中的宗教关系问题

宗教关系问题始终是国家治理现代化需要处理好的重大问题,也是边疆治理中最基本的关系问题。宗教关系问题不仅关系到我国宗教事业的健康发展,更关系到中国特色社会主义事业发展,关系党同人民群众的血肉联系,关系社会和谐、民族团结,关系国家安全和祖国统一。在我国,宗教关系包括党和政府与宗教、社会与宗教、国内不同宗教、我国宗教与外国宗教、信教群众与不信教群众的关系。边疆治理中宗教关系问题主要体现为以下三组基

本关系问题:

一是中国共产党领导与宗教信仰自由的关系问题。党的领导与宗教信仰自由的关系是边疆治理中最基本的关系问题。坚持党的领导是维护边疆宗教信仰自由的前提和基础,维护边疆宗教信仰是坚持党的领导的必然要求。因而,在边疆治理中,不能用党的领导来否定边疆宗教信仰自由,也不能用边疆宗教信仰自由来否定党在边疆治理中的领导地位。事实证明,如果把坚持党的领导与维护边疆宗教信仰自由对立起来,可能有两种结果:一种是用党的领导来否定边疆宗教信仰自由,扼杀了边疆宗教信仰自由,就会吞噬边疆治理中党领导信教民众的基础,就会弱化边疆治理中党的领导地位;另一种是用边疆宗教信仰自由来否定党的领导地位,扼杀了边疆治理中党的领导地位,边疆信教民众也就没有了领导核心和依靠力量,边疆宗教信仰自由也就没有了保障和依托。

二是宗教规制与法律规范关系的问题。宗教规制与法律规范关系是边疆治理中的重要关系。坚持法律规范是维护边疆宗教规制的前提条件,维护宗教规制是坚持法律规范的内在要求。因而,在边疆治理中,不能用国家的法律规范来取缔宗教规制,更不能用宗教规制来否定国家的法律规范。因此,要妥善处理好宗教规制与法律规范关系,宗教规制需要服从法律规范。在边疆治理中,宗教规制必须在法律规范下实施,必须做到国法高于教规,教规服从、服务于国法;政府宗教事务部门尊重和维护宗教规制必须坚守法律底线,必须严格依法对宗教规制的实施进行具体分析、判明性质,依法保障边疆信教民众的合法权益。

三是宗教活动与社会稳定发展的关系问题。宗教活动与社会稳定发展是边疆治理的重要关系。宗教活动与社会稳定发展,既相互区别,又密切联系、相互依存,共同构成边疆宗教治理中的宗教活动与社会稳定发展的关系问题。宗教活动必须以维护边疆社会稳定发展为前提基础,以不能破坏社会稳定为底线。边疆社会稳定发展为边疆宗教活动有序开展提供保障。因而,在边疆治理中,片面强调任何一方面,而忽视另一方面,都是错误的。事实证明,如果边疆宗教治理过程中导致宗教活动与社会稳定发展对立,可能有两种结果:一种是以所谓边疆社会稳定发展为名而拒绝或禁止边疆宗教活动,反而会将宗教问题掩盖起来,造成隐患,带来宗教关系复杂性问题,诱发边疆社会不稳定的因素;另一种是假借边疆宗教活动自由之名,违反社会法律法规,破坏边疆社会稳定发展。

综合上述边疆治理中的宗教关系问题,若要全面推进边疆社会治理现代化进程,处理好边疆宗教关系问题,关键在于推进宗教工作创新、健全边疆宗教治理安全体系,根本出路在于完善边疆宗教治理体系、实现边疆宗教治理体系和治理能力现代化。

第一,处理好边疆治理中宗教关系问题,关键在于推进宗教工作创新,健全边疆宗教治理安全体系。宗教问题始终是国家治理现代化需要处理好的重大问题,它不仅关系到我国宗教事业的健康发展,更关系到中国特色社会主义事业的发展,关系到党同人民群众的血肉联系,关系到社会和谐、民族团结,关系到国家安全和祖国统一。在我国,边疆宗教治理包括处理党的领导与宗教信仰自由关系、宗教规制与法律规范关系、宗教活动与社会稳定发展关系等。宗教工作是国家边疆治理的重要内容,宗教工作是国家边疆治理的"晴雨表"。

习近平总书记在全国宗教工作会议上指出："宗教工作在党和国家工作全局中具有特殊重要性，关系中国特色社会主义事业发展，关系党同人民群众的血肉联系，关系社会和谐"，"做好新形势下宗教工作，就要坚持用马克思主义立场、观点、方法认识和对待宗教，遵循宗教和宗教工作规律，深入研究和妥善处理宗教领域各种问题，结合我国宗教发展变化和宗教工作实际，不断丰富和发展中国特色社会主义宗教理论，用以更好指导我国宗教工作实践"。[①]宗教工作是党和国家的一项重要的工作。在边疆治理进程中，处理我国宗教关系必须牢牢把握坚持党的领导、巩固党的执政地位、强化党的执政基础这个根本；必须坚持政教分离，坚持宗教不得干预行政、司法、教育等国家职能实施，坚持政府依法对涉及国家利益和社会公共利益的宗教事务进行管理。要提高宗教工作的法治化水平，用法律规范政府管理宗教事务的行为，用法律调节涉及宗教的各种社会关系。要保护广大信教群众的合法权益，深入开展法治宣传教育，教育引导广大信教群众正确认识和处理国法和教规的关系，提高法治观念。但是，随着经济全球化进程的加快，思想意识形态领域斗争异常尖锐，宗教活动异常活跃。从地域上来看，各种宗教不断地向农村边远地区渗透和传播；从群体来看，宗教不断地向老年群体和青少年群体渗透和传播。客观上来说，宗教在边疆治理中确实具有整合社会成员，调整社会关系，缓解社会矛盾的功能。无论是外来宗教还是本土宗教，宗教活动中始终伴

[①] 习近平:《发展中国特色社会主义宗教理论全面提高新形势下宗教工作水平》,《人民日报》2016 年 4 月 24 日第 1 版。

随着宗教意识形态的渗透,这给边疆社会治理带来了极大的影响。尤其在事关宗教极端活动等各种渗透颠覆破坏活动的大是大非和政治原则问题上,必须严密防范和坚决打击,帮助干部群众划清是非界限、澄清模糊认识。

第二,处理边疆治理中宗教关系问题的根本出路在于完善边疆宗教治理体系,实现边疆宗教治理体系和治理能力现代化。党的十八届三中全会明确提出全面深化改革的总目标是完善和发展中国特色社会主义制度,推进国家治理体系和治理能力现代化。推进国家治理体系和治理能力现代化显然也包括推进边疆宗教治理体系和治理能力现代化。边疆宗教治理现代化关键在于明确边疆宗教治理制度取向、完善边疆宗教治理制度结构、调整边疆宗教治理政策实践、实现边疆宗教治理主体行为的法治化和理性化。[①]一是明确边疆宗教治理制度取向。坚持公民宗教信仰自由,坚持政教分离,坚持在党的领导、宪法和法律允许的范围内进行宗教活动。只有明确边疆宗教治理制度取向,才能健全边疆宗教治理体系和治理能力现代化,牢牢把握正确的政治方向。二是完善边疆宗教治理制度结构。健全国家边疆宗教治理制度,全面强化基层政权的制度化建设,警惕和防范宗教势力影响基层党组织、基层行政等基层政权机构的有效运行;在依法保障公民宗教信仰自由的同时,进一步增强全国各级人大、政协机构对宗教力量的引导吸纳

---

① 参见王怀强、张雪雁《当前我国民族宗教问题凸现原因及治理思路》,《西北民族大学学报(哲学社会科学版)》2015 年第 1 期。

能力。① 三是调整边疆宗教治理政策实践。针对边疆民族宗教治理实践出现的一些新情况、新问题,调整边疆宗教治理政策,不仅需要规范政府在保障公民宗教信仰自由的前提下,依法对宗教组织和活动进行有效管理,而且需要对当前一些极端宗教思想的传播保持高度政策敏感,在事关大是大非和政治原则的问题上,必须增强主动性、掌握主动权、打好主动仗,帮助边疆民族干部群众划清是非界限、澄清模糊认识,坚决遏制不良宗教势力对边疆基层政治社会生活的影响。四是实现边疆宗教治理主体行为的法治化和理性化。在实现边疆宗教治理主体行为法治化和理性化的问题上,不管是政府部门在处理宗教问题时,还是宗教界精英和代表人物、普通信教群众在参与宗教教事务时,都必须严格遵守国家法律法规,自觉以国家法律法规来规范自身行为,必须理性运用国家法律法规规范妥善处理党的领导与宗教信仰自由关系、宗教规制与法律规范关系、宗教活动与社会稳定发展关系等问题。

(执笔人:曾令辉、张兴、杨强、李晓鹏、李何春、罗家锋)

---

① 参见王怀强、张雪雁《当前我国民族宗教问题凸现原因及治理思路》,《西北民族大学学报(哲学社会科学版)》2015 年第 1 期。

第八章　中国国家治理体系和治理能力现代化方略、制度、体制、机制研究

一、国家治理演进及特点剖析

（一）人类社会发展不同阶段国家治理的演进及特点

　　治理是人类管理、运转、处置自身集体事务的一种有组织的活动。在漫长的人类社会发展史上,治理经历了不同阶段。国家治理具有顺应历史情境的结构性维度和特点,不同时期的治理有着不同的内涵,同一时期不同国家对于治理的价值判断、制度设计等也不尽相同。鉴于此,中华民族在漫长的历史征程中进行了实践与考证,世界上许多国家也进行了一些尝试,在长期的实践过程中,他们形成了具有一定特色的治理模式,既积累了较为丰富的经验,也留下了深刻的教训。

1.国家治理在人类社会不同发展阶段的演进

国家治理就是治国理政,即以国家为中心对统治阶级的利益及社会的公共事务进行安排和处置。① 国家治理在人类社会的治理发展中是一个重要的时期,它本身经历了漫长的演进发展,共有四个阶段。

奴隶制国家治理阶段。奴隶制国家最早产生于公元前 40 世纪初的埃及,后来,亚洲的巴比伦、印度和中国也先后建立了奴隶制国家。公元前 8 世纪,古希腊建立的希腊城邦和后来的古罗马共和国等,也都是奴隶制国家。奴隶社会是原始社会后第一个具有阶级意义上的社会发展形态。在该社会形态中,主要是在物质生产领域,大部分劳动者是奴隶,他们辛勤劳动,在得到只能维持自身温饱和人类再生产的需要之外,没有任何自己的财产和报酬,也没有对自己身体和生命的自由支配权利;而在政治领域,奴隶主阶级则靠剥削收入,组织强大的军队和警察机构,建立森严的等级制度,维护奴隶主的特权,并通过战争不断向外扩张。在这种政治形态下,许多奴隶基本上被剥夺政治权利和经济权利,而统治阶级拥有无限的特权,包括对所属奴隶的人身所有权和支配权。封闭保守、残酷剥削、阶级专政、统治者绝对专权,是奴隶社会形态下国家治理的根本特点。

封建制国家治理阶段。公元前 475 年,中国进入战国时期,开

---

① 参见[法]让-皮埃尔·戈丹《何谓治理》,钟震宇译,社会科学文献出版社 2010 年版。

始了封建社会,封建制国家因此形成。公元476年,西罗马帝国灭亡标志着西欧进入封建社会并逐渐形成封建制国家。封建社会是奴隶主阶级被推翻后,新兴地主阶级上台专政的一种历史政治形态。在封建社会中形成的自然经济,是以土地为基础,农业与手工业结合,以家庭为生产单位,具有自我封闭性、独立性,以满足自身需要为主的经济结构。这种经济结构中的关键生产资料大部分都掌握在地主(或封建领主)手中,故而能够形成"地主(封建领主)剥削农民"的阶级关系。地主阶级统治其他阶级的根本即为封建土地所有制,地主阶级掌握土地这一生产资料,通过榨取地租、放高利贷等手段剥削其他阶级。同时,封建土地所有制的形式也不尽相同。有些通过契约租赁、缴纳地租、雇佣佃户等方式实现,但其本质依然是一种剥削与被剥削的关系,不会改变封建社会作为一个阶级社会的本质。封建社会中,往往存在相当明显的阶级制度,如中国的宗法制,西欧的教主-国王-领主-爵士制,形成金字塔式的统治架构。

资本主义国家治理阶段。资本主义国家是由代表着资本主义生产方式的资产阶级根据自己的利益要求,在与封建地主阶级的政治斗争中建立起来的。一般认为,1640年发生的英国资产阶级革命,是资本主义国家的开端。封建社会的生产关系和生产力发展到一定阶段以后,封建社会的统治在农民起义、资产阶级革命的打击和摧毁下,也逐步走向了终结。在封建统治的废墟上发展起来的是资本主义,通常封建社会由于生产力的发展会转型为资本主义社会。最早的资本主义诞生于当时商品经济发达的意大利,如佛罗伦萨、威尼斯等地。代表资本主义的经济形式,是以商品交换与商品生产为核心的商品经济。由于生产目的由单一满足转变为向社会提供产品，从而决定了生产关系将有别于原有的封建制度。由于商品经济的发展，原有的自然经济受到冲击，开始解体，农民与手工业者开始丧失生产资料，成为无产阶级，再由工厂主——最早的资产阶级与他们签订雇佣协议，形成新的生产关系——劳动力的雇佣关系。欧洲在16世纪到19世纪形成了制度化了的综合的经济行为，特别以雇佣劳动为中心，还包括在一个相对自由的市场（意味着不受国家的制约）中以公司的名义进行例如商品买卖，特别是资本货物（包括地产和劳动力）的组织和贸易。这就是早期的所谓自由资本主义。发展到19世纪（工业革命背景下）及20世纪以后，自由的商品经济发展进入高度竞争的阶段，又逐步发展到大工业的垄断资本主义时期。而这时候的政治形态通过资本主义革命的洗礼和公民权利的确立，从以阶级专政为根本特征的统治走向现代民主政治，因此，在国家治理方面从根本上出现了一些与早期阶段不同的特征。

在资本主义民主政治形态下，政治权力被认为是来源于公民权利的让渡，是必要的恶。为此，政治权力是被限制的，这着重体现为在政治全过程中贯彻了宪政主义的思想和原则。作为资产阶级革命的重要理论体系，宪政主义发展了资本主义政治制度架构的根本原则。而以宪政主义为原则建构的政府体系和行政规则着重反映了资本主义形态下的政治治理。概言之，资本主义国家治理有着以下几个方面的特征：一是在权力主体的构造中，贯彻了分立制衡的原则，实行了三权分立的政治体制。立法权、行政权和司法权分别属于不同的议会、政府及法院系统，三者之间互相制约和监督。二是在政府权能方面,资本主义的不同阶段发生了不同的变化。在自由资本主义时期,政府的角色被定位为"守夜警察",要求除了保护私有财产、维持公共秩序,尽量不介入经济社会。而在资本主义后期,经济、社会的危机发生较为频繁,在社会矛盾相对激化的情况下,政府的角色开始走向主动,尤其是在 20 世纪 30 年代后,政府开始介入经济发展,介入民众生活,推出社会保障和社会福利,政府的权能得到了很大的扩展。在一些有着社会主义倾向和传统的国家,甚至出现了社会福利主义,而行政权也相应得到了较大程度的扩展。三是在公务员制度方面,资本主义国家开始实行政治中立的文官制度,开始向社会公开招聘,建立了一个相对开放的用人体系。四是在社会治理方面,开始应用民主政治的架构,实行代议制民主,以及利益集团在公共政策中发挥重要作用的新合作主义。在社会事务方面,公民事务实行的是底层自主决策体系,进行地区自主或社区组织自治,比较尊重公民的自治权利和公民的自主作用,实行"国家—社会"合作机制。

社会主义国家治理阶段。1917 年,俄国十月革命取得胜利,建立了社会主义国家。社会主义社会是人类社会发展至今最高的历史阶段,有着其他社会历史形态所不能比拟的优越性,其中最集中的表现就是,占人口多数的广大人民翻身做了主人,实行无产阶级专政或人民民主专政,并实现了最大多数的人民民主政治。在具有根本优越性的政治体制和政治制度下,社会主义国家治理同样具有其他历史形态所不能比拟的优越特征。一是在生产资料所有制方面,社会主义实行了生产资料的公有制。这种制度的实行决定了绝大多数人在经济地位方面的平等,由此提高了每一位公民在政治上的平等地位，为民主政治的大众参与创造了客观条件。二是国家在组织和领导经济、政治、社会生活中具有高度的权威，国家的经济和社会管理职能十分突出。在社会主义各项事业的管理中，由于公共权力在经济领域中的独特作用，使国家和政府在政治生活中处于支配性的主导地位。社会主义民主政治非常强调保障人民大众依法参与民主选举、民主决策、民主管理和民主监督，在制度的设计方面有着比较完善和优越的参与制度、协商制度、决策制度和监督制度。①

由于社会主义被当作共产主义的初级阶段，与人类未来的理想社会——共产主义社会相比，社会主义的政治形态有其稚嫩性和不完善性，在组织机构设置、体制设计及其运行，以及政治文化价值取向和实际政治道德水平方面都有着不可避免的历史局限性。因此，社会主义国家治理有一个适应社会经济发展而不断调整的过程。可以预见，在社会主义向共产主义过渡的过程中，随着人类社会经济的高度发展，国家治理越来越追求平等公正、大众参与，国家治理将开始向着本原的社会治理逐步地复归、提升。

2.国家治理在本质上的区分及其标准设置

对国家治理的分析还要从本质的规定性上揭示其不同的类型和转型的轨迹，国家治理先后形成了四种类型并经历了三次转型。

首先是统治型。奴隶制国家和封建制国家的治理，其重要的

---

① 参见许耀桐《治理与国家治理的演进发展》，《中共福建省委党校学报》2016 年第9 期。

职能在于统治,统治就是治理,治理也就是统治,而作为统治的治理,必须维持一个阶级对另一个阶级的剥削和压迫的规矩和秩序。作为近代的、新兴的资本主义国家,也是建立在暴力的基础上,并凭借暴力维持自己的阶级统治。在这种公共权力形成时,国家就体现为军队、监狱、警察等暴力公共权力机关,起到镇压的作用。当然,国家在进行统治的同时,为了把被剥削阶级控制在其生产关系的秩序范围内,也具有非暴力的社会管理职能,如兴修水利、兴办教育,实行社会救济、环境保护等。此外,国家也具有经济管理职能,表现为国家通过不同形式干预经济活动,直接为剥削阶级的经济利益服务,其实质在于通过国家干预来加强对劳动阶级的剥削,从而巩固剥削阶级的政治统治地位。因此,从国家产生开始,统治人民和管理社会的机构和职能也就同时产生了。但与其统治的机构和职能相比,管理的机构和职能并不是主要的。

其次是管制型。资产阶级取代封建阶级后,随着资本主义国家政权的逐渐稳固,资产阶级统治者开始转向对公共行政事务的治理。资本主义国家也就从早期赤裸裸镇压的统治型,更多地转向了处置社会公共事务的管制型,这是国家治理的第一次转型。管制型治理的基本特点如下:一是严谨精准,公务员讲究专业技术性。科层制拥有完美的技术化程序和手段,不仅愈益倚重各类专家,而且在管理的方法和途径上也越来越科学化、合理化。二是责任到位,公务员的从属关系一般是由严格的职务或任务等级序列安排的,每个职务本身的规定细致而明晰,使得每个人都能够照章办事而不致越出权力义务体系。三是法治原则,公务员讲法律条文规定,受制度约束,必须依法办事。管制型的治理表明,国家是一个庞大的官僚制度机器,政府无所不能、无所不管,具有垄断性、神秘性,不讲经济效益,具有无限扩张倾向。管制型的国家和政府发号施令,民众得求它办事。它高高在上、冷若冰霜,正如老百姓所埋怨的"门难进、脸难看、话难听、事难办"。

再次是管理型。针对管制型治理的弊端,20 世纪 60 年代欧美国家发起了行政改革运动,使国家的行政管理进入了"新公共管理"的阶段,这是国家治理的第二次转型。新公共管理主张通过民营化等形式,把公共服务的生产和提供交由市场和社会力量来承担。而政府主要集中于掌舵性的职能,如拟定政策、建立适当的激励机制、监督合同执行等。由于政府不再干预具体的公共事务,而且重视第三部门组织的作用,可以减少机构人员,实现大社会、小政府。

最后是治理型。治理型的国家,是后工业社会出现新情况、新问题的要求。在后工业社会中,人们的价值追求日趋多元化,他们对国家治理的多样化也提出了更高的要求。当代之所以兴起治理理论并要求国家转向治理型,显然是因为治理比统治、管制、管理具有更广泛的适用范围,治理中的权力主体是多元的、广泛的,其手段也是多元的、相互的,强调沟通和协调。①

概括地说,治理与统治、管制、管理在国家治理相对其他形式的标准设置之间存在着以下几个方面的不同:

第一,主体不同。治理的主体远远超过统治、管制、管理的主体。统治、管制、管理的主体主要是指以公共权力为后盾的公共组织或公务人员,国家成为中心和关键之所在;而作为治理的主体,

---

① 参见许耀桐《治理与国家治理的演进发展》,《中共福建省委党校学报》2016 年第9 期。

国家权力组织并不是唯一的中心,其他的社区组织、志愿者组织和私营组织等都可以是权力的中心,都可以参与决策和管理,主体和权威出现了多元化。

第二,权源不同。在权力的来源上,统治权、管制权、管理权都统一来自国家权力机关自上而下的逐级授权,并由被授权的权威机关行使。治理权则并非由上级权威机关授予,而是来自公众认可或社会契约赋予,甚至由人民直接行使,这便是自治、共治。

第三,对象不同。统治、管制、管理在大政府时代可以说是控制着社会生活的方方面面,人们的一切都是其调控的对象;当进入小政府的时代,政府的作用范围大为缩小。对于治理来说,由于主体的界定不同,其对象范围带有很大的伸缩性,它既可以是一所学校、一个公司所属的人、财、物等,也可以是一个民族国家甚至是世界范围内的事物。从现代的大企业到学校,现在的治理可以取代政府的控制,渗入人们生活的各个领域。①

第四,手段不同。统治、管制、管理采取的手段和方法以具有强制性的行政、法律手段为主,有时甚至是军事手段,以实现对社会的强力控制。而治理的手段除了国家的手段和方法,更多的是强调各种机构之间的自愿平等合作。“治理的主要特征不再是监督,而是合同包工;不再是中央集权,而是权力分散;不再是行政部门的管理,而是根据市场原则的管理;不再是由国家‘指导’,而是由国家和私营部门合作。”治理的手段是复合的、合作的、包容的、协商的,有效性得以增强。

---

① 参见陈光中《国家治理现代化标准问题之我见》,《法制与社会发展》2014年第5期。

第五，运作不同。统治、管制、管理的层级是金字塔形的，权力顺着科层制的流向自上而下地垂直分布，以政府的权威对社会事务实行单向度的、强制的、刚性的控制，其作用的对象只能表现为接受和服从。而治理，由于参与主体的多元化，在迈向共同目的地的过程中，各个主体间的协调和沟通十分突出。治理的层级是扁平化的，所拥有的运行机制，不仅依靠政府的权威，还依靠合作网络的权威。治理强调公民和社会机构的参与，其权力运行向度是多向的、相互的。治理的权力更多的是做水平运动，权力的流向是双向或多向的互动。①

和统治、管制、管理相比，治理显然具有更大的优势：一是更能够发挥人类处置自身公共事务的能力；二是更能调动全社会的积极性；三是更加的科学、民主、有效率。治理型的国家，将是国家治理的终结，这之后将进入人类未来的社会治理。

当代的治理和国家治理是具有广泛适用性的概念，是各种国家公共机构或社会的、私人的机构乃至个人共同处置公共事务的诸多方式的总和。它既包括有权迫使人们服从的正式制度和规则，也包括人们同意或认为符合其利益的各种非正式的制度安排。对于中国而言，国家治理无疑必须坚持党的领导和政府主导，但同时需要强调民主、法治、多元、合作，打破近现代以来传统意义上的国家与市场、政府与社会、公共与私人的两分法，淡化国家与市场、政府与社会、公共与私人之间的分界线，在治理的主体、职能、方法等各方面都要做出扩展，以提升国家治理的有效性。②

---

① 参见高兴《西方国家社会治理的理念及启示》，东北师范大学硕士学位论文，2015年。
② 参见耿雁冰、俞可平《现代国家治理的5个标准》，《21世纪经济报道》2013年12月3日。

（二）古今中外不同国家、阶段的国家治理特点及启发

1.我国封建王朝的国家治理

从历史纵向来看,在漫长的封建王朝演化过程中,社会治理是非常重要的。以维护社会秩序为首要目标,通过将一系列相关的制度、体制、机制操作化、应用化,以确保政权不会被推翻,社会运行规则不致被打乱。我国古代主张民为邦本、政得其民,礼法合治、德主刑辅,为政之要莫先于得人、治国先治吏,为政以德、正己修身,居安思危、改易更化,等等。其中,儒家思想对中国国民性的形成与社会治理形态的形成,曾发挥过非常重要的作用。我国古代将儒学精髓贯穿治理的始末,从某种程度上说就是坚持在社会核心价值理念的引领下进行社会治理。这主要体现在国家的政治实践中。比如官员的产生,自隋朝建立科举制度,科举考试内容便以"四书五经"为主,其核心就是儒家思想。又如,历朝的法律制定和司法断案,都以儒家思想作为主线,以儒家宣扬的社会秩序作为社会常态,其他任何行为都会被视为失范和违法。儒学精髓贯穿治理始末还体现为用儒家思想概括出的一套道德伦理秩序建构民众生活,而且历代法律都建立在这一秩序基础上。大家都熟悉"三纲五常"——君为臣纲、父为子纲、夫为妻纲,以及"仁义礼智信"五大人伦关系。这种尊贵与服从、特权与卑贱的关系,既是一套道德

规范,也是一套规定性的社会秩序。①

中国古代史可以说是一部治与乱交替轮回的历史,国家治理在治世与乱世的交替轮回中起着尤为重要的作用。

中国古代史上,出现了几个被人津津乐道的"治世""盛世"时期,如汉"文景之治"、唐"贞观之治"、清"康乾盛世"等等,这些都在于统治者善于吸取前朝覆亡的教训,确立正确的治国理念,采取正确的政策与措施。

首先是在为官择人上,注重吏治。汉文帝时,多次在诏书中提到奖励廉吏,以及督促地方官吏重视农业的问题。在策问贤良文学时,也把"吏之不平""政之不宣""民之不宁"作为策问的主要内容。后人在提到西汉官吏时曾说:"汉时去古未远,法制尚简。吏咸久于任,如库氏、仓氏,盖皆以官为氏,故史称其吏老死长子孙,终汉之世,遂多循吏。"可见西汉初年的吏治确实不错。然而,随着经济的逐渐复苏,以及黄老无为而治思想的影响,文景时期也曾出现部分官吏沉迷于声色享受,而政府对贪污庸赖之吏疏于惩处等流弊。但总体而言,文景两朝统治者还是能够严于治吏,并率先垂范的。此外,有研究者指出,汉去秦未远,由于惯性使然,秦律中所体现的"明主治吏不治民"的精神在汉律中也有深刻地反映。它不仅对当时的社会产生了积极的影响,而且也为后来统治者所遵循。贞观年间,唐太宗君臣也非常注重择官和吏治。他说:"为朕养民者,唯在都督、刺史,朕常疏其名于屏风,坐卧观之,得其在官善恶之迹,皆注于名下,以备黜陟。县令尤为亲民,不可不择。"唐太宗

---

① 参见张林江《传统中国社会治理的三大智慧》,《党政视野》2015 年第 1 期。

把用人作为"致安之本",认为只有选用大批具有真才实学的人,才能达到天下大治,因此他制定了一整套颇具特色且行之有效的用人政策,并严格按照德才兼备的原则选拔官吏,从而使贞观年间人才济济。康乾时期,康熙对吏治的重要性也有清醒的认识。所以,他在位期间,很注重禁官扰民,察吏固本,以安定民生。后来,雍正、乾隆在吏治理论与制度方面又有新的发展。有学者认为,"康乾盛世"的三代帝王在吏治上提出的理论见解及其反腐活动切合清前期的社会实际,从而为盛世的开创发挥了积极的政治作用。由于当时的统治者注重吏治,使得国家机器的运转较为顺畅,在北抗沙俄、南征西藏等战事中取得节节胜利,进而安定了社会,发展了生产,为后来"康乾盛世"的出现创造了条件。

其次是改革法制,取信于民。有无健全的法制,是关系到封建王朝能否巩固的一个大问题。有一定的法制,才能做到政策稳定,赏罚分明,官吏及百姓都有一定的制度可循,起到安定民心促进生产的作用。出现"治世"的汉唐两朝,初期的统治者,无论在立法还是在执法等方面都比较认真。刘邦入关之初,就谴责秦"诽谤者族,偶语者弃市"的苛法。因此,汉初法制改革的重点在两个方面:一是法制内容有不少更新,刑法较前大为宽松;二是注意依法办事,吏治较为清明。汉自刘邦、萧何制定各种制度以后,曹参、陈平相继为相,"举事无所变更,一遵萧何之约束",以至百姓歌颂说:"萧何为法,讲若划一,曹参代之,守而勿失,载其清靖,民以宁一。"至文景时,汉文帝认为,有制度虽总比无制度好,但有了制度如不能实行,坏作用反而更大。因此,他更加注重法律制度执行的严肃性。由于统治者重视制度的实行,因此史称文景时"山东吏布诏令,民虽老羸癃疾,扶杖而往听之,愿少须臾毋死,思见德化之成也"。唐代初年,在科学总结历史经验的基础上,唐太宗创造性地提出"为国之道,必须抚之以仁义,示之以威信"的统治主张。在此,"必须抚之以仁义"即是指德治,"示之以威信"即是指法治。对于此,有学者指出,综观唐太宗的一生,都不曾忘记德法兼用的原则,即使在《唐律》这样专门以刑杀为事的封建法典中,也浸润着德治思想。在立法建制的时候,唐太宗君臣特别强调国家的政令必须经过慎重的讨论。中书省、门下省是唐政权草拟和审核政令最机要的部门,为了使国家所颁布的诏令能相对稳定,唐太宗曾多次告诫臣下要充分发挥这两个机构的职能,并要求大臣做到"无私徇公,坚守直道",定下了诏令"必须审定"才能颁行的原则。

再次是减轻刑律,缓和矛盾。在减轻刑律方面,历代暴虐的封建统治者都是刑罚酷暴、滥施淫威的。秦末"赭衣塞路,囹圄成市";隋史称炀帝"淫荒无度,法令滋章,教绝四维,刑参五虐",酷刑暴政,至于极点。严刑酷法是激起人民反抗的一个重要原因,所以,新王朝建立以后,那些比较明智的统治者多实行缓刑恤狱的政策,借以缓和矛盾,安定社会。汉时,刘邦入关,与民约法三章,兆民大悦。汉文帝在位时"除宫刑","除肉刑","尽除收律相坐法"。同时,文帝要求大小官员严格执行法律,依法办事。文帝自己也带头遵守法律,使当时的汉朝社会秩序比较安定。景帝即位后,在文帝约法省刑的基础上,又"减笞法,定垂令"。故文景时,史称"刑罚大省,至于断狱四百,有刑错之风"。由于汉初统治者奉行约法省刑的政策,使得秦时人人自危、互相猜忌的社会风气得到了一定的改善,从而有利于汉初宽舒、平和的社会环境的形成。再如,唐太宗即位之初,"以宽仁治天下,而于刑法尤慎"。对此,有学者认为,这实际上反映了太宗对待法律的基本态度。为避免重蹈亡秦与亡隋严刑峻法的覆辙,他认为必须废除严刑酷法,因而,太宗时修订的法律比隋时"减大辟九十二条,减流入徒者七十一条……凡削烦去蠹,变重为轻者,不可胜纪"。为防止发生冤假错案,贞观朝开始,建立了一整套司法机关相互配合、相互制约的制度。正是由于"慎刑"的原因,"贞观四年,天下决死囚仅二十九人",几致"刑措"。①

总结治理方法则主要表现在以下几个方面:其一,通过建立强大的国家强制机器,对各种反抗行为进行镇压,对可能影响政权稳定的民间组织(特别是借助宗教的集体组织和行动)进行严格管束。如通过建立户籍、保甲、连坐等一系列制度,在减少社会流动的同时,防范社会动荡和社会矛盾;通过立法,对破坏皇权统治、破坏社会运行规则的行为,进行严厉地惩罚;通过建立特务机关,加强对各种反对势力和结社的严密监控和随时管束。从这个角度说,中国的维稳传统是非常久远的,依靠强力和国家机器实现维稳的技术也是非常高明的。其二,通过建立颇有成效的文官制度和适度赋权制度,实现地方治理。中国历史上的政治权力一直奉行"主权在皇,自上而下赋权"的逻辑,皇权实现上通过一种类似"委托—代理"关系,转让给经层层选拔出来的官员,官员代表皇帝实行"牧民之治"。如,按赋权模式建立郡、县、府、道、台等各种地方机构;汉代以乡亭里制、隋唐以乡里村制、宋代以都保制、清代以保

---

① 张家骏:《廉开盛世 腐毁社稷——中国古代治世、盛世与乱世、衰世的现代启示》,《廉政大视野》2003年第8期。

甲制,建立基层性社会管理机构,管理辖区内的居民;另外,还在此基础上,通过土地与人口、税赋、军役相关联的制度,在实现汲取社会资源的同时,自上而下地用管理的方式进行社会的再组织。其三,将社会优秀人才集中到国家政权中,在提高治理能力的同时减少精英的反对机会。如汉朝用察举制,将全国最优秀的人才引到中央,为政府做事;隋朝开始的科举制度在成为社会中下层向上流动、改变命运的机会的同时,还成为封建王权源源不断地获得优秀人才、确保治理能力提高的机会,也在客观上减少了社会精英的民间化、非政府化乃至反政府化。其四,通过建立系统的社会等级秩序,将人们的社会地位和彼此的关系定位固化。这种人际间等级秩序,被历代统治者认为有利于维护统治和稳定,从而成为官方确认的社会等级结构。与此相适应,全社会还重视家庭—家族的观念,"父母在不远游、父母亡守丧尽孝"的传统,重视阖家团聚讨厌别离的社会风气等,又有效地帮助维护了这一等级制度。

与中国历史上辉煌的治世和盛世相反,也出现过历史黯然失色的乱世衰世。从中国历代乱世的发生和形成看,统治者的腐败不是发生在夺取江山的战乱年代,而是发生在治理国家的和平时期。汉初陆贾在打天下与治天下的问题上,提出了"马上得之,却不能马上治之"的观点。唐太宗君臣论政时对创业难与守业难的问题进行了辩论。魏徵认为,"帝王之起,必承衰乱,覆彼昏狡,百姓乐推,四海归命,天授人与,乃为不难。然既而得之,志趣骄逸,百姓欲静而徭役不休,百姓凋残而务务不息,国之衰弊,恒由此起"。又说:"自古帝王初即位者,皆欲励精图治,比迹于尧、舜;及其安乐也,则骄奢淫逸,莫能善其终。"这说明历史上诸多帝王能艰苦创业,却过不了守成这一关,即功成而德衰。有善始者实繁,能克终者盖寡。到历代王朝的中晚期,往往出现"天下承平日久,自王侯以下莫不逾侈"的现象,使统治者忘记了忧患,忘记了祖先打江山的艰辛,也忘记了治理江山的责任,只追逐骄奢淫逸的糜烂生活,从而导致整个统治者集团吏治腐败。吏治腐败进而引发众多的社会矛盾,使内忧外患加剧,使王朝处于分崩离析的乱世与衰世之中,最终使王朝覆灭,江山易主,从而也伴随着无尽的挽歌,书写了历代王朝败亡的墓志铭。

中国历史上这类事例并非鲜见,因腐败国破人亡的典型如隋末、唐末、两宋末、明中期、清中期等。农民起义因腐败而功败垂成的典型如明末李自成的农民起义、清代洪秀全太平天国起义,概莫能外。西晋中期"八王之乱"、南朝梁末"侯景之乱"、唐中期"安史之乱",也得以佐证因统治者腐败而引发的社会动乱,使王朝从此一蹶不振,陷入乱世衰世之中。

通过上层政变建立起来的隋王朝,在封建政局相对稳定、国家迅速富庶后,统治者很快走向骄奢淫暴。隋炀帝杨广凭借积累起来的国力财富,大肆挥霍,日夜沉湎于酒色之中。最高统治者穷奢极欲地追逐享乐,各级贪官污吏也就放胆对百姓进行敲诈。无法忍受暴政的百姓除了造反再无别的生路,在农民起义的风暴中隋王朝寿终正寝。

藩镇割据、宦官朋党之争,造成唐王朝后期一百多年政治的极度黑暗。唐宣宗以后的晚唐皇帝,个个昏庸糜烂,恣意挥霍。官吏横征暴敛,苛捐杂税日趋增加,百姓苦不堪言,纷纷啸聚山林。在王仙芝、黄巢领导的农民起义打击下唐王朝名存实亡。

如果说隋、唐末年是因统治者腐败等原因导致农民起义而亡国，那么后来因腐败败在了后起的少数民族手下的北宋、南宋政权则更值得深思。北宋末年封建经济已有了高度发展，与宋对峙的金正处在奴隶制向封建制转化的时期，经济技术方面远远落后于宋。但北宋王朝吏治败坏，官吏贪赃枉法。到宋徽宗时，重用蔡京等"六贼"，使北宋政治进入极度腐败和黑暗的时期。在这个腐败政府的统治下，北宋军队在金军的进攻面前节节败退，留下"靖康耻"的遗恨。宋高宗建立的南宋照旧是一个腐败王朝，南宋的统治区域比北宋大为缩小，但其军费、行政费和统治集团的奢侈享受费用比北宋还大。南宋末年，宰相贾似道操纵朝政，收受贿赂，吏治更为腐败。此时兴起的蒙古奴隶制政权，在灭掉金后，与南宋开始了长期的战争冲突。后来南宋恭帝成了蒙古军队——元军的俘虏，南宋亡。

明朝后期的皇帝一个比一个腐朽、昏聩。明武宗重用宦官到处嬉游。世宗在位45年，20多年不理朝政。神宗深居后宫，不见朝臣，纵欲玩乐。熹宗不理朝政，将朝政交给宦官魏忠贤处理。皇帝如此，下面官吏的腐败可想而知。加之天灾人祸，使陷入绝境的农民只好铤而走险，农民起义已是不可避免。在农民军攻克北京后，崇祯帝自缢，随后清军横扫关内外，明朝亡。

19世纪中叶，正当欧美资本主义迅猛发展并伺机发动侵华战争的时候，统治中国的最后一个王朝——清王朝却循着历代王朝的兴衰轨迹由盛而衰、腐败不堪了。清朝前期，统治者励精图治，曾创下了长达130多年的"康乾盛世"，但到清朝中晚期，这已成为"辉煌的日落"。在这个时期，官僚之间的互相倾轧更加深了吏治的败坏,贪污贿赂恶性发展。嘉庆帝时,国势开始衰落,政治更为腐败,到道光帝时终于发生了外敌入侵的第一次鸦片战争。战后不到10年,咸丰帝时,又爆发了洪秀全领导的太平天国农民起义。从此清王朝处于乱世和衰世之中。

从以上因腐败而导致王朝陷于乱世衰世的实例中,我们看到腐败是导致乱世、衰世的主要因素,历代封建王朝都没有跳出"腐败周期律"这个怪圈。历史上规模较大的农民起义的失利,又何尝不是因为腐败。李自成领导的明末农民起义,在经历了几起几伏、艰难备尝的征战后,终于推翻了明王朝,但因胜利而骄傲、而腐败,顷刻之间丧失了已有的成果。洪秀全领导的太平天国运动,起事后势如破竹,但定都天京后,却因腐败导致"天京内讧",也没能逃脱失败的厄运。这又从另一个角度证明了腐败是导致事业功败垂成的恶源。

"以史为鉴,可以知兴替。"中国古代治世、盛世和乱世、衰世的历史说明,一个政党、一个国家,每当取得较大发展和进步的时候,往往也是官吏滋生腐败的时候。50多年前,著名民主人士黄炎培到延安造访毛泽东时,提出了历代王朝"其兴也勃焉,其亡也忽焉"的"历史周期率"问题。毛主席以伟大的气魄提出民主治腐打破"历史周期率"的思想,并在以后的反腐倡廉斗争中成功地进行了实践,改革开放以来针对腐败滋生蔓延的趋势,邓小平、江泽民同志对反腐倡廉都做过深刻的论述,并领导全党对惩治腐败问题进行了不懈的探索,其中包括借鉴中国历代治世、盛世与乱世、衰世的经验教训,开展以澄清吏治、根治腐败为重点的权力观教育活动,使反腐败斗争呈现标本兼治、向纵深发展的良好态势,这也正是笔者今天考究吏治清廉、吏治腐败对中国古代治世、盛世和乱世、衰世形成的现实目的所在。

2.日本的国家治理

现代社会的国家治理,治理主体不限于单一的政府,还包括政府以外的社会组织、民间组织、商业组织等,并且政府与这些非政府组织之间的关系不是纵向的,而是横向的,即多元主体对公共事务进行共同治理,在这一意义上国家治理也就是公共治理。尽管现代国家治理是多元、开放、共治的,但政府始终是其中不可替代的最重要的治理主体,特别像日本这样的战后相当长一段时期致力于工业化的发展导向型国家,在温和的威权主义政治制度安排下,具有一种"强国家、弱社会"的基本倾向,其他治理主体参与国家治理的政治空间扩展相对缓慢,政府在国家治理结构中占有的地位更为强势,起到的作用更为突出。

一般认为,在东亚发展过程中,大多数国家都采用了一种威权发展模式,或者说拥有一个具有良好的经济推动能力的威权政府。这种体制的基本特点是:有强势而懂经济的领导人,把经济发展当作国家目标、意识形态甚至信仰;有一个辅佐领导人制定和实施经济政策的技术精英集团,政府的合法性来自经济发展的成功。其中,第一条的领导人最为关键,其他条件可以因一个强大的领导人而产生。在大多数同类研究中,通常并不把日本纳入东亚的威权主义体制中,这或许是因为认定日本已经是一个西方式的民主国家,甚至习惯上已经把日本当作西方国家一员。但是,不难观察到,上述构成了东亚威权主义体制的基本要素,几乎都存在于日本,唯一的区别是,日本不存在像韩国的朴正熙、菲律宾的费迪南德·马科斯、印尼的苏哈托、马来西亚的马哈蒂尔那样的强势领导人,代替强势领导人的是强势政党。

日本的宪政转型,是一种外生强制型的大规模制度转型,由此产生了一个具有威权主义性质的政治制度安排。日本的案例表明,如同西方那样的宪政转型与立宪民主之间的确定关系,并不能得到完全验证。不是由个人而是由政党长期执政,是日本威权主义的重要特征,由此决定了其更为合理、和平、稳定,因而是一种"温和的威权主义",这是一种过渡形态的政治制度安排,构成了战后日本由后发展经济向工业化经济转变这一特定阶段国家治理的政治基础。

战前、战后日本的收入分配在高度不平等与高度平等之间存在一个巨大落差,从而对社会稳定产生不同的影响,最终决定了现代化进程的不同结果。日本的经验表明,收入分配平等与否对社会稳定具有极端的重要性。战后日本迅速完成了由不平等向平等的转变,提供了一个稳定的社会环境,可以将更多的国家治理资源配置到经济发展中,加速了向工业化经济的转变,大大降低了国家治理成本,从而使国家治理在取得重大经济成就的同时,也取得了突出的社会成就。

政党与官僚制的相对关系,直接影响国家治理结构和国家治理机制,是一个特别值得重视的制度设计问题。在日本自民党与官僚结盟的二元国家治理结构中,保证了官僚制的相对独立,使得韦伯意义上的理性化组织运行效率提高,在发挥比较信息优势、制定发展战略和产业政策、实现部门之间资源转移、协调利益集团之间的利益分配等方面,起到了政治不可替代的突出作用。

3.欧盟的国家治理

从当今世界各国横向来看,欧盟国家的社会治理模式有其合理可借鉴的部分,这些国家通过多元参与、民主、合作及制度化理念,成功提高了治理的效率。他们的经验教训对于我国国家治理体系和治理能力的现代化有良好的借鉴意义。

以德国为例,统一后的德国政府充分认识到此时国家首要危机是来自内部的巨大区域间发展差距所引发的"木桶效应"。执政的德国联盟党首先通过修改颁布《德意志联邦共和国基本法》,规定了统一后的德意志联邦共和国将全体人民基本生活一致性和社会公正性作为国家核心价值之一,以此统一全体国民的思想意识,消除长期分裂导致的地域偏见等问题;通过重新修订《空间规划法》《改善区域经济结构共同任务法》等一系列法律,将平衡东西部差异和改造传统产业模式作为经济政策的核心和全体国民的共同任务。

值得一提的是,统一后的德国打造了严律苛法的治理环境,法律一经颁布,即严格排除一切与之相悖的事物,借此为推进政策实施打基础。在实施具体政策的过程中,德国政府坚定不移地推进区域间发展的平衡,以投资资金倾斜东部的转移支付政策、"团结附加税"等税收政策,为东部地区重建获得了大量资金,极大地帮助了东部地区的经济复苏。2005年原东德地区的失业率下降到了

9% 左右, 而之前一度达到 20%; 同时取得了 2% 左右的经济年增长率。这在一定程度上平衡了区域间的差异, 实现了国家的整体发展。①

此外, 德国政府还针对东部地区几乎瘫痪的社会保障采取了覆盖全国的同标准失业保障金、救济金和养老金政策, 将福利政策覆盖全国, 缩小了贫富差距, 保障了社会稳定。

德国模式中另一个亮点便是找准了国家建设投入的正确方向, 在准确判断了城镇化进程为不可逆转的世界性大趋势后, 德国政府以"小即是美"的理念将重心置于中小城镇的发展之中。德国政府的城镇打造政策促进了东部地区在计划经济下的大量集体农庄的现代城镇化转型, 造就了一大批分布均匀、设施完善、功能明确、经济发达的小城镇, 既有效避免了"城市病", 缩小了城乡差距, 还进一步平衡了东西部发展的差距, 可谓政治和经济模式构建的创新之举。

特别需要指出的是德国的文化治理政策。德国的文化治理政策并非单纯打造学术高分, 而是配以"善良教育"模式, 即从娃娃时代抓起, 以净化心灵、塑造性格为主线, 树立正确核心价值观的模式。"善良教育"主要分为三个方面: 一是爱心教育, 以帮扶他人、同情弱者、爱护动物等为主题教育方式, 培养孩子的怜爱之心; 二是宽容教育, 以反对暴力、宽以待人、近善远恶为主题教育方式, 规正孩子的处事方式; 三是公平教育, 以社会公平、远离激进、真善为美为主题教育方式, 完善孩子的思维模式。这些政策取得了非常

---

① 参见孙来斌《德国国家治理的经验与启示》,《人民论坛》2016 年第 1 期。

明显的效果。众所周知,德国人公正严谨的作风使得经济高速良性发展,社会秩序井然,而德国政府又是世界上少见的清廉高效政府,这离不开从娃娃时代就开始进行的价值观塑造,培养了大量品德高尚、公正守法的高素质国民。

4.美国推进国家治理体系和治理能力现代化过程

美国将立足本国国情与借鉴外国经验,维护基本制度与动态调整相结合,不断推进国家治理体系的改革和完善。

立国之初,美国人口主要由英国等欧洲国家移民构成,其宗教、文化和殖民地时期的自我治理模式均继承自英国,社会契约论、三权分立等欧洲启蒙思想家的主张均对美国政治体制的设计产生了重要影响。但是,美国立足于其新大陆移民国家的基本国情,以各州宪法和政府结构为蓝本,协调各州不同利益诉求,确立了不同于英、法等欧洲国家的独特政治体制。美国高度分散制衡的权力结构、自由市场经济,以及"小政府、大社会"的治理模式,均源自美国人崇尚个人自由、怀疑权威、警惕权力的独特民族个性,具有鲜明的美国特色。国家治理体系的调整完善是一个持续的动态过程。美国基本制度从独立战争后初步确立到南北战争后大体稳定用了将近90年的时间,具体经济社会治理模式更是始终处于调整之中。一方面,维护基本制度稳定,确保政策连续性且保持本国特色和优势。美国宪法自制定后从未修改,而是以增加修正案的形式进行必要补充,200多年中仅有27项修正案被通过并列入宪法,其国家治理体系从未发生根本变化。另一方面,随着形势变化不断调整创新,力求完善。在政府、市场、社会三者关系,以及经济社会各领域具体治理方式方面,始终保持动态平衡,不断提高治理能力,实现国家治理体系和治理能力现代化。

政府和政治精英始终在推进国家治理体系和治理能力现代化过程中发挥引领作用。美国虽秉持"有限政府"理念,但政府在推进国家治理体系和治理能力现代化过程中始终发挥着"掌舵"的核心作用。首先是敏锐把握发展形势和民众需求变化,找准方向,主动引导国家治理体系的调整完善。其次是做好顶层设计,推动相关立法,制定政策并贯彻落实。更多引进专家学者参与决策,更多倾听社情民意,达成政治共识,使政策设计符合实际,达到科学化和系统化治理的目的。第三,政治精英在此过程中始终发挥引领作用。美国基本制度的确立,完全由华盛顿等开国元勋主导完成。在南北战争、进步主义改革、大萧条、公共管理改革等一系列重大危机和转折时期,林肯、西奥多·罗斯福、富兰克林·罗斯福、里根等总统及其身边的精英人物均发挥了关键领导作用。

美国充分发挥市场和社会作用,坚持多元主体共同参与治理,不断为国家治理体系注入活力。美国经济社会治理模式的突出特点是政府与市场、企业、非营利组织、民众等多元主体共同分享权利、分担责任。一方面,以市场和社会为主体,充分开展自由竞争、自我治理,培育、发展和利用好企业、媒体、非营利组织、志愿者等民间力量,充分调动市场和社会的积极性、主动性,最大限度释放其活力和创造力;同时,在政府与民众间建立起沟通桥梁和缓冲地带,有效避免政府过多卷入具体事务和纠纷,缓解社会矛盾。另一方面,政府找准定位,做好"裁判员",既不缺位也不越位,在提供基本设施和制度保障的基础上,重点通过法律法规和经济社会政策,对企业、非营利组织的行为进行调控、监管和服务。

美国坚持完善法律法规,培养全民法治意识,保障国家治理体系有序、顺畅运行。法治是贯穿美国国家治理体系和治理能力现代化进程的关键要素。一方面,切实加强法制建设。美国治理体系首先以宪法形式确定下来并保持长期稳定,其任何调整和改革都首先寻求立法保障。法律制度全面、具体,确保经济社会活动都有法可依。另一方面,在全社会牢固树立法治意识,崇尚法治精神。美国在公民教育中始终重视提升公民法治意识和整体素质,民众具有根深蒂固的宪法至上观念,普遍自觉尊重、遵守、维护和运用法律,政府、市场和社会的一切活动都在法律框架下进行,保证国家治理体系运行顺畅。

美国努力建立完整的价值观和理论体系,重视治理理念发展创新,支撑国家治理体系和治理能力现代化建设。美国国家治理体系建立在深入本国民心的美式价值观基础上,二者相互渗透、互为支撑,受到民众的认可和自觉维护,因而基本治理体系得以长期存续,并在世界范围内产生广泛影响。美国国家治理体系中具体制度的调整、改革,也同样与社会思潮、理论研究和治理理念创新密切结合。一是从社会舆论中及时发现问题所在、民心所向并顺势而为。西奥多·罗斯福在看了《屠宰场》一书后意识到食品安全存在的严重问题,进而顺应民意,采取坚决措施予以应对。二是选择适应现实需求的研究成果为政策制定和调整提供理论依据。美国政府在历次经济危机中的重大政策调整背后均有相应经济学理论支持,保证了政策的系统性和科学性。三是主动引导民意,与民众充分沟通,做好宣传、解释工作,保证国家治理体系调整得以顺利进行,这本身也是国家治理能力的重要体现。富兰克林·罗斯福总统发明的"炉边谈话"就是这一做法的最佳典范。[1]

5.俄罗斯国家治理的特点及演变

苏联解体以后,俄罗斯开始了全面的社会转型进程。但十多年的实践证明,俄罗斯的社会转型并未实现其政治精英的理想预期,而是引发了诸多的矛盾与问题。政治上,新国家体制的建设既缺乏周密设计的制度安排,又没有对民主观念充分尊重的政治文化,导致政局动荡,权力危机频发;经济上,全面私有化并未实现自由市场经济的建立,寡头坐大与国家资本主义的较量表明俄罗斯的经济发展模式尚未最终成型;社会上,权力重组并未根除旧体制的"顽疾",新包装下所进行的实质上的"精英延续",使很多旧的管理模式与风格仍然保留在新体制中;外交上,"国家身份"的模糊使俄罗斯的对外政策始终处于矛盾之中。[2]

面对诸多矛盾,俄罗斯经历了国家主权独立、国家机构的重新建立、巩固国家机构、构建新俄罗斯的国家观念、强国战略、发展道路继承性,以及普京计划、新政治战略等八个具有鲜明特色的不同治理阶段。

---

[1] 参见张晓明《美国国家治理体系和治理能力现代化的过程、做法及启示》,2015 年 10 月 22 日,中国改革论坛网,http://www.chinareform.org.cn/gov/governance/Experience/201510/t20151023_236650.htm。

[2] 参见冯玉军《俄罗斯的社会转型:矛盾与问题》,《现代国际关系》2005 年第 3 期。

　　俄罗斯国家治理的基本问题包括国家结构形式的调整完善（联邦制度），最严峻的内政问题（车臣问题），政治利益分配格局的发展变化（政党制度），隐性权力结构的发展历程（精英政治），最高权力结构的动态（总统、总理、议会三驾马车），系统性政治矛盾的治理（反腐败），以及现代化的心理基础（国民心态）等七大问题。俄罗斯国家治理观念也正是借由上述七大基本要素的载体，完成了制度变迁，并体现了国家治理的最终归宿是要探索适合俄罗斯自身特色的发展道路。

　　国家治理及政治转型研究的根本问题就在于深入分析俄罗斯的政治体制是否适合俄罗斯的重新崛起，政治体制乃至政治发展道路对俄罗斯强国富民的战略目标是否是正叠加的促进作用。当代俄罗斯政治研究的核心问题即在于此。可以从拥有强大执行权力机构的总统制，新权威主义下的宪政民主体制，总统集中管理模式的控制本质及其影响，以及俄罗斯官僚集权特征的挑战四个方面分析俄罗斯的政治体制。政治体制的开放和灵活是俄罗斯实现现代化的前提和决定性的因素。因为只有政治体制具有更加复杂的内部结构，才能适应快速发展、灵活多变、透明而又多维的社会结构，满足自由、富足、富有批判精神和自信的人民的政治文化需求，才能实现国家、社会与民众三者之间的良性互动。[①] 俄罗斯的国家治理属于大国治理类型。大国治理问题是俄罗斯长期延续的一个历史性课题。作为原苏东地区政治转轨的大国，面对利益关系复杂化的社会，如何寻求符合俄罗斯历史与现实的制度模式，确

---

① 参见庞大鹏《俄罗斯国家治理的研究探析》，《欧洲探究》2010 年第 4 期。

保俄罗斯国家发展战略的顺利推进,以达成有效的国家治理,是俄罗斯发展道路的核心与关键。[①]

6.国际范围内鲜明案例对比分析

当今新加坡辉煌的治理成就令世人惊叹。除了巨大的经济发展成就,新加坡也是全球公认的治理严明、社会和谐、文明优雅的现代化国家治理典范。

规模小、效率高、执行能力强的政府,是新加坡国家治理能力中执行力的保障。[②] 新加坡国家治理的秘诀,从制度性因素来说,主要有以下几点:第一,强而有力的执政党。新加坡人民行动党自1954 年成立、1959 年执政以来,一直是主导新加坡国家治理和现代化进程的执政党,这是一个具有极高现代治理能力、发展意识的执政党。第二,小而廉洁的政府。新加坡政府严格来说只有"一个半"阶层,即"一个中央政府"加上"半个人民协会"。新加坡政府除总理公署外,只有 14 个政府部门,总理和各个部长都可以直接面对社区和民众。人民协会是新加坡政府成立和主导的半政府性社会组织,是政府联系和沟通民众的主要制度通道。新加坡拥有一个规模小、效率高、执行能力强的政府,是其国家治理能力中执行力的保障。第三,新加坡政府制定一系列制度规定,强制性保证执政党和政府人员做到与民众沟通的日常化、制度化,这主要体现

---

① 参见孔令秋《俄罗斯治理变革策略的演变及其对中国的启示》,《中南大学学报(社会科学版)》2017 年第 1 期。

② 参见周少来《国家治理的新加坡经验》,《大众日报》2015 年 3 月 28 日。

在人民协会的沟通功能和议员接待选民日的制度实践中。第四,对法治规则的高度认同。新加坡在执政党的强力推动下,从"严刑峻法"做起,一步一步扎实推进法治国家与法治社会的进程,从而在全社会树立起对宪法和法律的崇高权威和威信,包括执政者在内的全体公民对法治规则的高度认可与遵守,尤其是执政党和政府对法治的真心认同和尊重,使新加坡成为全球法治程度最高的国家之一。

从希腊开始的欧洲债务危机,不仅给希腊本国带来了几乎灭顶的灾难,更是波及整个欧元区,乃至对全球的经济发展都产生了一定的影响。这是由其市场失灵,以及希腊政府治理失灵导致的。

希腊的治理问题,我们可以概括为以下几点:第一,过高的社会福利加重了政府的财政负担。希腊长期实行高福利政策,导致政府用于福利和公共的支出逐年攀升,而国家的经济实力和增长速度又不足以维持长期的高福利支出,长此以往,希腊政府财政入不敷出,只能依靠政府举债来维持,给政府财政造成了巨大负担,对国家长远发展极为不利。第二,加入欧元区前希腊政府涉及经济数据造假。① 政府是经济管理者,也是很特殊的一类微观经济主体,其收入和支出行为在多种情况下都具有明显的微观经济特征。希腊主权债务危机的原因之一便是来自政府微观主体金融欺骗的不当行为,特别是与华尔街投行高盛的不当"勾结"行为,缺少了超然公共机制的干预和监督,故而有时候政府失灵比市场失灵造成的后果来得更为隐蔽也更为严重。第三,贪污腐败和偷逃税现象

---

① 参见冉刚《希腊债务危机的腐败根源》,《中国监察》2012 年第 19 期。

严重,希腊政府也需要检讨其严重的贪腐问题。纳税对于公民来说是应尽的义务,也是必须和强制性的,但在希腊,由于政府很少依法惩处偷漏税行为,所以许多人都没有纳税意识,即便在希腊政府实施紧缩政策时,这个漏洞也没人关注。另外,希腊官员收受贿赂现象普遍,很多希腊人认为如果政客腐败的话,那我们为什么还要缴税?① 上述这些现象便是经济监管中的寻租问题,寻租活动的特点就是利用各种手段以获得拥有公权力租金的特权。第四,政府过早救市加重债务负担。政府所获得的经济信息受政府本身的信息传递机制和政府本身的判断能力的限制,这些限制会造成政府决策失误。第五,统一货币政策与分散财政政策制度性缺陷。财政政策与货币政策是一个主权国家调节经济运行的两个最基本、最核心的工具,只有二者的和谐搭配才会有效地对经济运行实施调节。由于欧元区实施统一货币政策,各国缺少了汇率和利率两大工具的支持,希腊为了走出由美国次贷危机所带来的经济衰退,只能借助扩张性财政政策来刺激经济复苏,而这给希腊带来了两个问题,一是助长了希腊政府的巨额财政赤字,二是加深了希腊在这次金融海啸中遭受的损害。

综合以上新加坡和希腊国家治理的情况,我们可以得出:新加坡因为其辉煌的国家治理成就带动了经济的高速发展;而希腊主权债务危机的爆发却从一定程度上暴露了希腊在国家治理方面的缺陷。具体体现在:

第一,新加坡政府是典型的规模小、效率高、执行能力强的政

---

① 参见张志明《希腊主权债务危机成因研究》,东北财经大学硕士学位论文,2013年。

府,也是新加坡国家治理能力中执行力的保障。而希腊政府就有些不尽如人意了,不仅政府人员冗杂,且风气不好,裙带关系严重,导致政府效率低下,消耗了大量经费却没有得到应有的治理效果。

第二,新加坡政府是出了名的廉洁政府,新加坡既有维护社会公序良俗的鞭刑,也有一套严密的预防、惩治腐败贪污的法律制度,而且领导人的以身作则也起到了最好的示范作用。而在希腊,贪污腐败似乎成了一种社会风气,对此政府也没有出台什么行之有效的惩治措施,于是愈演愈烈。另外,在希腊,官员收受贿赂现象普遍,连政府都有如此严重的寻租行为,其他社会群体就更加肆无忌惮了,长此以往,国家的经济将会遭受巨大打击。

第三,在新加坡,政府官员对公民的服务意识很强,官员、议员的官位利益与是否密切联系群众高度相关,使之不可能"走过场""装样子",在政府及官员的合力作用下,新加坡公民的利益就会得到强有力的保障,而国家治理的核心在民,民的利益得到保障了,随之而来的只会是方方面面的发展越来越好。而在希腊,虽然有着长期的高福利政策,听起来是对人民生活有着强有力的保障,但是希腊的经济发展水平根本不足以支撑这样高水平的福利制度。结果可想而知,只会加重政府的财政赤字,使国家陷入债务危机,在此基础上希腊政府的"画饼充饥"也就毫无意义了。

第四,在法治方面,两国也存在着很大的差异。首先,新加坡拥有详细、严厉的反贪腐法律,且这些法律的适用范围非常广泛,不仅仅局限于公务员。其次,新加坡国家治理中高度的法治化,也是新加坡政府廉洁和社会清明的根本原因和社会基础。纳税对于公民来说是应尽的义务,也是必须和强制性的。但在希腊,由于政府未依法惩处偷漏税行为,所以许多人都没有纳税意识,即便在希腊政府实施紧缩政策时,这个漏洞也很少有人关注。法治如此不严明,公民的法律意识和认同感也如此低下,这样的治理漏洞也是希腊政府造成如此局面的一个不可忽视的原因。

7.西方社会国家治理特点分析

总体而言,西方社会的国家治理主要体现出以下特点:

第一,西方社会强调多元化治理主体。这种多元社会治理主要包括两个方面:首先,社会治理的主体多元化。治理的主体不只是政府,而是包括政府及公民社会、其他社会组织和市场化组织等。其中,政府充当着重要主导角色,其他的主体则是在治理过程中充当着政府的补充力量。其次,社会治理的手段是复合的。政府通过行政手段提供公共服务,或者通过市场手段提供服务。政府以外的社会非营利组织、公民社会、市场化的组织等也可以通过市场化的手段为公民提供产品和服务。就美国而言,美国政府为了在税收、医疗卫生、教育等方面的改革顺利进行,创新政府的社会治理制度机制,广泛解决社会问题,妥善化解社会矛盾,满足社会需求,充分利用非政府组织的力量,协同处理关于劳资、平权、种族、贫富差距等社会公共问题,美国现已有100多种类型的非营利性组织,总数达到140多万,这些组织涵盖了社会生活的各个方面。最近20年,发达国家为达到提高社会治理绩效这一目的,在特定管理领域中设立了许多执行局,让议会政治领导人负责政治,政府高级行政官员或政策法规司负责治理或者制定具体政策,执行局负责行政或公共部门管理。纵观国际经验,社会治理所涉及的领域十分广泛,很难将治理机构整合到同一个部门。这样一来,各个治理部门间的权责和合作就需要被确定下来。俄罗斯也非常强调非政府组织的"民间治理"在社会服务、社会整合及参与国家治理中发挥的积极作用。普京政府一直在积极探索国家与非政府组织进行交流对话及合作的机制与平台。

第二,西方社会强调民主化治理。在西方国家,民主政治的发展主要围绕政治与经济之间的发展以及国家和个人的发展展开。社会与个人之间的关系,是始终贯穿于社会发展中的最基本的一组关系结构。在政治领域,个人与社会的关系主要由国家这个"利维坦"来处理。近代以来,由于资本主义经济的发展,原有的国家专制的制度被完全打破,这也就成为民主政治发展的基础。而经济的发展使政府发生了改变,变成了一个有限的政府。有限政府的放松最先体现在对劳动力管制的放松,劳动力是社会生产中最为活跃的因素,放松劳动力使国家与公民个人之间的关系,从国家主义走向了个人主义,这样从某种意义上来看,人民的主权才有了经济基础的保障。随后,在自由资本主义发展过程中,治理主体发现,经济的过度自由发展,以及个人主义的盛行会给人带来新的问题,这样就要求民主政治必须在政治和经济、国家和个人之间保持平衡。到了 20 世纪 90 年代,日本出现经济泡沫之后,呈现了萧条的状态,政府财政出现严重问题,日本政府不得不改革政府职能,完善治理体制。日本政府提出了将政府权力由官向民的转移,就是把曾经由社会承担的责任分配给地方来完成。政府部门只负责监督,简政放权国有企业并引入民间企业。通过一系列的改革减轻了政府的财政负担,从而促进了社会治理的发展。国家治理现代化的实现过程就是国家、市场和社会权力重新分配、实现均衡的过程。法国也是秉持这一治理理念深化国家治理民主化改革的。首先,在政府机构改革方面,实行中央向地方分权,改变高度集权的中央体制,加强地方政府部门的自治能力。其次,在政府与市场关系方面,扩大市场参与公共服务的权力。法国实行市场化分权的主要措施有:国有企业的市场化改造,运用混合经济、特许委托、招标、投标等方式将私营部门、社会组织引入公共事业的管理中,实现国家向市场的分权。再次,在国家与公民的关系中,扩大公民的政治参与,进一步实现"主权在民"的价值理念。通过鼓励完善第三部门的发展,为公民多渠道参加政治生活提供制度安排。同时公民直接参与政治生活的管道日益健全。例如在法国,公民可以直接向市长表达个人意见,公民可以自办报纸、散发传单等。公民参与政治生活的管道顺畅,公民政治权利日臻完善,极大地推动了法国国家治理民主化的进程。又如俄国政府通过价值观的整合与利益的平衡,培养公民的理性宽容、妥协精神、社会责任感,以及通过谈判、协商等方式理性地参与国家的民主政治生活。新加坡官员或议员建立有"密切联系群众"的制度化机制,同样也公开透明、精细到位,切实保证了新加坡执政党及时准确地了解民意,及时高效地服务民众。

第三,西方社会注重多方合作化治理。西方国家政府将原本独自承担的责任分给了公共部门和公共组织,由公民社会越来越多地承担政府的责任。这种治理模式的特征是合同包工代替了监督,分散权力代替了中央集权,国家管理代替了国家分配,国家与私营部门合作代替了国家独掌大权,是政府与公共机构、私人机构的合作,是国家与公民的合作,政府与公共部门之间建立了有效的合作,弥补了市场的失效。这种治理主体之间协同合作的关系优化了资源配置,使公民和社会的权益都得到了保障。社会领导的责任是提供整体战略方向,协调地方权益人和合作伙伴之间的关系和活动。除了政府,社会治理的主体还包括公民社会组织、非营利组织和市场化组织等,政府由主要承担经济社会发展的责任变为由公民社会、市场化组织及政府共同对社会公众负责的态势,这样一来,新型的多主体协同治理的模式就出现了。多元化的治理主体之间相互依存相互协调,共同推动社会治理朝着良性方面发展。瑞典的社会合作最重要的特点,是强调并突出了社会组织在政治参与和政治决策中的自主地位和作用,强社会是其核心依托。其社会合作性质的组织主要有以下几种类型:一、有政府背景的官方组织。此类型的机构和组织往往具有政府背景,是国家机构体系中的一部分。尽管其具有官方背景,但是此类组织仍具有跨区域沟通与合作的职能和色彩。二、非营利性志愿性组织。瑞典拥有巨大的非营利性志愿性组织 NGO(Non-Governmental Organizations)。这些组织包括一些大的利益团体,比如工会和雇主协会,也包括一些行业协会,比如制造业合作社和消费者合作社,以及形形色色的慈善组织和成人教育团体等。三、营利性公司或组织。从合作的角度,这类公司或组织具有营利性的特点,但是其主要功能是为劳方、资方和政府之间提供信息和沟通的平台。

第四,西方国家治理还体现出对制度化治理理念的重视。在西方社会,人们已经开始认识到制度在社会治理中的重要性,制度正成为社会发展中人与人交往的软件。因此,在社会活动中,运用制度来控制和约束各方的行为成为不可缺少的一项。要保障社会治理的有效进行和开展,将制度的理念深植于政府和公众的内心显得尤为重要。英国是西方老牌资本主义国家,社会保障工作比较健全。在英国,社会治理决策与执行分离,树立顾客导向的社会治理理念,通过市场化和社会化优化政府社会治理职能,在社会治理中引入私营部门的管理技术。英国的社会保障和社会工作已经形成制度化。其社会保障制度主要包括社会保险、社会救助、专项津贴和国民保健服务四个子系统,这四大子系统构成英国社会保障制度的主体框架。而新增加的一些社会保障项目,例如个人社会服务,基本也都是围绕这四个子系统进行补充和完善的。英国社会保障制度的主要特点是社会保障管理体制统一化、社会保障范围全民化、社会保障制度法制化。

8.吸收借鉴西方国家治理经验,推动我国社会治理创新

(1)要构建符合我国国情的治理模式

西方国家的社会治理理念和模式有其合理可借鉴的部分,西方国家通过多元参与、民主、合作及制度化理念成功地提高了治理效率。但这些理念及机制并不能完全为我国所用。我国在探索社会治理的道路上需要借鉴西方国家的优秀经验,取其精华为我所用,探索出一条适合我国发展的道路。

随着社会的发展,社会治理模式对社会治理创新起到一定的促进作用,也必将掀起全球性的治理变革。现今,我国处于社会治

理转型的初级阶段,社会问题多样化、矛盾多样化,目前我国在社会治理上主要面临两大方面的困难。

第一,内部社会问题。表现为:一、社会管理体系已不能满足现今时代需求,新型的体制又不能完全适应现代社会,相对的机制不能涵盖全部社会现状。新出现的主体内部还存在较多的缺陷,有些主体不择手段,导致社会矛盾、冲突日益加剧,社会发展运行不畅。二、违法乱纪、权力滥用、以权谋私、贪污腐败等问题依然存在,有些官员"在其位不谋其政",领导干部不能妥善处理人民群众的矛盾和问题,"情为民所系、权为民所用、利为民所谋"的宗旨没有体现,这些严重损害了群众利益和国家利益。另外,发展的现实情况,与解放思想、文化管道多元化、民主意识增强以及人民群众法律意识、政治参与性提高在很大程度上存在一定的差距。这就容易导致核心价值观形态的扭曲,失去导向作用,更容易导致公共危机,致使人民群众对政府的信任度降低,社会和谐稳定遭到破坏。三、弱势群体、普通劳动者的群体利益非常脆弱,当其出现问题时,常常得不到尊重和维护。四、公平、公正性及效率兼顾机制受到忽视。社会发展与资源分配之间不适应,经济基础主体上不协调。

第二,在国际社会上,不确定因素较多,和平发展形势受到影响。我国作为发展中国家,在政治、经济、文化、军事等方面面临较为严峻的压力和挑战。总体上,我们必须因地制宜地选择适合我国的治理理念和发展模式,在战略、战术两方面采取措施,加强社会治理整顿、解决社会问题、构建和谐稳定的社会。这个治理模式应确保责任与权力主体双向性地参与到社会治理中,能够高效快速处理应急问题,解决矛盾纠纷,避免社会冲突,防止社会动荡,维护社会稳定、团结,使社会发展处于良性轨道上,加速和谐、稳定。其实,所需要的治理模式应该是适应时代与社会发展需求,维护社会和谐稳定,具有较强的修复能力和辨别力的,这样才会产生高效、优质的社会治理方式。

当前,对于政府的内部建设和外部管理,我国政府需要大量的监管职能和机制来发挥政府在治理过程中的导向作用。同时,我们也应该看到,我国的市场经济存在着的先天不足的弱点。尽管发展多年,秩序混乱的状况仍然存在,这些问题都需要政府通过加强监管职能来解决。除此之外,政府的主导作用还体现在维护社会稳定,保障社会公平和公正,提高社会服务意识上。现阶段,我国要完善市场经济,完成政府职能转变和制度完善,就需要快速发展市场组织和社会组织,同时不断完善社会治理结构。要想更好地保证社会治理的有效进行,提升社会治理的作用,必须要以政府为主导,多种组织并存。党的十八届四中全会指出,要加快保障和改善民生,加强社会治理体制创新的法律制度建设。同时,要依法加强和规范公共服务,保证在教育、收入分配、医疗卫生、社会保障、就业、社会救助、慈善、扶贫,以及妇女儿童、老年人、残疾人合法权益保护等方面的法律法规的健全。要规范和引导各类社会组织的健康有序发展。坚持系统治理、依法治理、综合治理、源头治理,提高社会治理法制化水平。

(2)要培育规范公民组织

近年来我国社会组织建设取得了长足进步,形成了一定规模,已成为政府和企业之外的另一支有生力量。但由于我国社会组织发展尚处于初级阶段,政府对社会组织管理机制也处于转型中,种种因素作用下也造成了诸多问题,在一定条件下造成了社会组织持续发展的滞后,也影响了社会组织功能的发挥。第一,我国社会组织的准入门槛比较高,主要体现在现行的法规对社会组织成立限制比较多。第二,社会组织现今不能独立存在,一般都是依靠某些机关部门,很多社会组织是从政府职能部门转化而来或是直接建立的,其本质仍未改变。第三,社会组织中营利化现象比较严重,产权不清,分不清个人产权、公益产权、集体产权、管理者产权的归属。第四,被动性较大。第五,关乎社会治理的法规不严。第六,社会组织自身运行机制完善度不足。主要体现在内部制度不完善,自我治理能力较差,问责机制与考评体系不完善,民主政治建设不到位。第七,社会监管体系有漏洞。主要体现在主管部门及民政部门权力交叉、重叠现象严重,相关的管理机制弹性大,不能做到权责统一。

就这些问题,作为政府部门应该认真履行管理职责,规范社会组织自身建设,与社会组织一起管理社会事务,为公民营造一个较为规范的制度环境。党的十八届三中全会通过的《决定》,提出了创新社会体制要"加强党委领导,发挥政府的主导作用,鼓励和支持社会各方面参与,实现政府治理和社会自我调节、居民自治良性互动。我们的社会治理是坚持系统治理,其中就包括治理主体系统性",党始终发挥着领导作用,统领全局,这是中国特色社会主义社会治理体制的重要标志。政府应发挥主导作用,而政府并不是与社会力量相对的力量。在现今我国的社会力量十分不成熟的条件下,将政府放置一边而单言社会是行不通的,在较长的时间里,社会治理体制的创新必须要政府做主导,要激发社会组织活力,正确解决和处理好政府与社会的关系,将政、社分开,推动社会组织权责明确,依法依规管理。政府在社会管理体制中逐渐从直接管理过渡到法制规范、政策引导等作用上来。加强党委领导,在发挥政府主导作用的基础上,鼓励和支持各方面力量的参与,形成社会治理与社会自我调节、居民自治良性互动的社会治理新体制。各级政府要针对我国公民社会组织发展中面临的问题,采取分类定级的管理办法,对不同的社会组织给予不用的治理方法。基本的路线就是"放开一大片,限制一小部分",也就是说,使服务型组织在法律的框架内更加自由,积极发挥其创造性和自由性,在支持政府工作的基础上,发挥自身作用以促进我国社会的发展。限制一小部分的意思是指限制那些有不良企图的社会组织的发展,来保证社会健康有序的发展。社会组织应该与政府共同承担国家的治理,而不是争权或取代政府,要与政府协作治理,促进国家的长治久安。首先,社会组织不能过分依赖政府,要利用法律手段为自己争取发展权;其次,社会组织要不断完善自身机制,强化管理,严格规范内部关系以增加公民对其的信任度;最后,作为社会组织的成员,要努力提高自身的素质以形成高质量高素质的组织。我党在十八届四中全会中指出,要深入开展多层次的法治创建活动,深化治理各基层组织和部门,保证各类社会组织自我约束和自我管理。发挥市民公约、乡规民约和行业规章及团体章程等社会规范在社会治理中的积极作用。这对于我国社会组织的培育和规范具有很好的作用。

（3）制定并实施突出社会公正的政策

现如今，我国政府通过一系列的改革，结束了破除旧体制的初创时期，从而到达了一个具有新体制的创新时期。在日常生活中，政府必须完善公共服务职能，加强公共服务能力，完善公共服务体系，以确保公民可以享受公共服务。因此，当前最重要的是加快公共服务均等化标准的制定和实施。公共服务均等化是指政府要为公众提供不同标准的最终在不同阶段大致均等的基本公共产品和服务。标准的公共服务的均等化就是指，不管地方政府的财力是什么状况，都要满足公众最低标准的社会服务。换句话说，政府要在基本的社会服务方面尽最大努力来保障公民的权利，保障公民的基本需求。而基本的社会服务的均等化主要是要求政府为社会成员提供基本的社会服务和产品。公共领域作为社会治理的必要能量场，是在公民的私人领域与公共权力领域之间的一个社会存在，是对所有社会公民开放的中间地带，主要由平等的对话和交往建构而成。"公共领域首先是我们社会生活中的一个领域，它原则上向所有人开放。在这个领域中的人们来到一起，他们在理性辩论的基础上就普遍利益问题达成共识，从而对国家活动进行民主的控制。"也就是说，在公共领域中，个人通过关注公共事务进而通过商谈来达成共识，以达到对公共权力的制约，使公共权力能更加合理地发挥其作用，形成健康的公共舆论。开放性和平等性是公共领域形成的基础，二者缺一不可。只有在开放基础上的公平和公平基础上的开放才能形成有效的公共领域。通过平等的交流提出个人观点和建议，才能做到真正意义上的解决问题。在相关公共领域中的社会建设的重大问题，需要人们通过协商民主的讨论行使决策权力,来确保公民能充分参与政府社会建设和管理。

就当前形势来看,作为社会治理主体的政府应该加强对社会公正的重视而不是强调效率优先。政府的工作重心应该放在公共服务和公共产品之上,如公共教育、公共交通、医疗卫生、劳动就业等方面。政府应该更多地重视发展民生,使广大人民群众感受到新时期的改革成果。然而,当前很多社会问题来自社会利益的分化及不公正的社会分配,因此,政府的首要任务就是完善社会分配体系,缩小人民的贫富差距,提高低收入者的收入,合理调节高收入,取缔非法收入,保障社会的和谐健康发展。

就社会保障制度来说,社会保障制度是国家通过立法和国民收入再分配,为因年老、疾病、失业、贫困等原因导致的低收入而出现生存困难的社会成员提供基本生活需要的一系列的政策和制度。社会保障制度是一项具有中国特色的制度,是健全社会主义经济体制的一项主要内容。加强社会保障制度的建设是发展社会主义市场经济的重中之重,也是保障社会和谐稳定的重要举措。就当前中国的形势来看,建立健全社会保障制度是中国共产党根本宗旨的重要要求,同时也是保证经济发展的重要基础。此外,建立健全社会保障制度,能够有效地缓解人民群众的顾虑,推进经济快速健康发展。十八届三中全会发布的《决定》指出,要"保证各种所有制经济依法平等使用生产要素、公开公平公正参与市场竞争。废除对非公有制经济各种形式的不合理规定,消除各种隐性壁垒"。这项决定是我党在加强经济体制建设方面的又一大创新,这就使得所有的经济体系都能在公平的环境下得以发展。时任中央财经领导小组办公室副主任的杨伟民说:"这次对公有制经济和非公有制经济的定位十分鲜明,二者没有老大、老二之分。"《决定》还指出,政府要加强司法体制的改革,加快建设更加权威的司法制度来维护人民的合法权益,使人民在每一起司法案件中都感受到公平正义。任何组织和个人都不得违反法律法规,法律面前人人平等,必须追究任何违反法律的行为。社会公平的底线就是司法公正,必须深化司法改革来确保审判权和检察权的独立公正,使人民群众切实感受到司法体系的公平公正。因此,构建社会主义和谐社会必须要建立起与经济发展相统一的社会保障体系。

(4)加强基层民主政治建设

原有的计划经济体制的消失使得单位的组织管理弱化,这就导致了基层社会发生了重大变化,基层社会的变化对当前的治理制度产生了重大影响,通常情况下政府支配资源的能力受到了限制,政府的全能主义模式无法发挥作用。也就是说,传统意义上的单一行政手段的治理模式逐渐消失,再加上社会管理的重要性越来越显著,所以政府在原有制度基础上对基层社会的治理开始失效,这种治理方式主要体现为单位制度和行政权力的集中。政府已经无法再大包大揽地统筹社会治理的所有问题,它已经不是社会治理的唯一主体了,因此,更加有效的治理模式和治理措施显得尤为重要。当前我国社会治理的一大变化就是基层社会治理模式的改变,社会治理随着社会成员从个人到社会人发展而形成了以单位为基础到以社区为基础的改变。这样的变化使得基层自治的水平得以提升,同时实现了基层的政府治理和社会治理的有效互动。

我国的基层自治主要有三个发展变化。首先是从自治主体、自治手段、自治目标这三部分来发展新型的社会治理。其次,基层自治的主体应该从单一化转变为多元化,要达到这种效果就要做到以下几个方面:一、积极培育第三部门组织,使其社会服务功能得以发挥。二、组建新型的权力关系,形成新的组织结构。新型的治理模式是治理权力的自上而下和自下而上的互动,打破了原有自上而下的模式,这种模式以协商合作的关系保障对社会事务的治理。三、保证社区单位的积极参与性。最后,基层自治的手段主要包括法律、政治、经济、文化等多种复合手段,这就要求基层社区必须要完善相关的法律法规,同时政府要加强公共服务力度,提高社区工作者的职业素养,培育社区的文化氛围。

经济体制改革促进市场经济不断发展,这就使得基层社会出现了变革,社区制代替了传统的单位制。基层社会的治理不仅打破了我国原有的治理模式,还需要保证维护各个部门的利益,这就需要建构利益协调机制之类的相关机制。同时要以当今的社会结构来建构基层社会的各个组织,包括政治、经济等组织,并协调各组织之间的关系,实现有序治理。这就需要基层社区的自治来组织分散的社会个体,集合社会资源,重建原有的单位制模式,以促成新的基层社会秩序。

总的来说,基层社会的发展需要社区自治水平的完善,同时也是保障公民参政机会和完善参与制度的基础。党的十八大报告指出:要完善和建设基层社会的治理体系,保证城乡社区的服务功能,使人民群众能积极参与社会治理,政府还应该动员基层群众的自治组织和人民团体等组织参与社会治理工作,实现共同治理的局面。只有发动每一个群众,使人民群众积极参与,才能促进社会治理的创新,才会为社会治理创新提供坚实的基础,才能保证社会主义事业的发展。

9.当今社会主义国家的国家治理

越南、老挝、古巴等社会主义国家执政党在社会治理过程中也形成了诸如增强执政党责任感以获取合法性认同、构建全面系统的法治框架、引入公共服务与激励机制、优化公共管理机制、构建有限政府与责任社会等特点。三国近年提出的社会治理理念在一定程度上带动了社会活力,促进了社会经济和民主法治的发展进程。主要体现在以下几个方面:

一是增强执政党责任,获取合法性认同,完善治理理念。在老挝的政治体制中,人民群众拥有通过国民大会、各种社会组织等表达意愿、参与决策的机会,执政党也越来越倾向支持人民代表对党和政府的政策进行详细的审查和监督。为了更好地确保老挝执政党的合法性和责任性,老挝确定了平衡国家权力、改进选举程序、加强人大职能、增加政治沟通四个优先维度,为社会治理提供良好的政治基础和平台。1993 年起,越南国会代表便采取全国直选方式,制定了详细规范的选举程序,以契约精神改变权势阶级的话语垄断状况,维系人民间接参与社会治理的可能。2002 年实施的国会质询制度有效强化了执政党在社会治理中的责任意识。2009年,越共十届十中全会原本要提出“公民社会”概念,后因担心敏感暂时搁置,但多元治理的大方向得到肯定并在操作环节上初具雏形。为有效推进多元治理结构的整合,越南大刀阔斧改革国会制度,鼓励社会力量的有效参与。

二是构建全面系统的法治框架,规范决策执行过程。法治原则在老挝宪法第十章有明确规定,该规定指出:国家依照宪法和法律规定管理社会;所有的政党、国家机关、群众组织、社会组织和公民应当在宪法和法律的框架内活动。老挝的司法系统由中央一级的高级法院和省、区级地方法院组成,同时设立了公共总检察长办公室,以确保政府组织、社会团体及大型组织对法律的尊重,维护广大人民群众通过法院主张自己利益的权利。古巴共产党十分重视修改或制定与"更新"模式有关的法律法规,近年来,古巴全国人大制定了新的税收法、社保法、个体劳动者法、选举法等,从法律角度为社会治理建立规范基础。三国执政党都积极主动地构建全面系统的法治框架,通过公平公正的方式制定良法,进一步引导全社会尊重执行良法,规范了社会政策的决策与执行过程,为社会治理提供了法律保障。①

三是引入公共服务与激励机制,优化公共管理机制。在总结历史经验的基础上,老挝人民革命党制定了一系列改革配套措施,如成本节约型政府和人民公共行政的发展,通过精简机构设置和工作队伍,改良工作协调机制,以资讯与通信技术为工具,增强政府公共行政的透明度,方便社会监督,进行行政领域的反腐败工作,鼓励公民举报投诉,促进公共服务的廉洁发展。除此之外,为了向人民进一步提供安全有效、成本节约和能够负担的服务,老挝人民革命党发展了与私人部门及公民群体等分担成本的各种合作关系。1961年古巴对外宣布实行社会主义制度后,面对美国的全

---

① 参见林洁《越南、老挝、古巴等社会主义国家执政党社会治理特点探析》,《上海党史与党建》2015年第11期。

面经济封锁政策,依然将一些制度化管理的优越性保持了近半个世纪,比如全民医疗保障和全民免费教育制度等,这些公共服务为古巴社会治理的实行提供了良好的社会基础。在越南,从胡志明时代开始,公共服务就被视为执政党政策制定的重要目标,越共分别从养老保障、医疗卫生和住房保障等方面提高公共服务的水平和广度。同时以技术治理方式推动社会治理,引入社会组织参与公共服务提供过程,公开公共服务流程,鼓励社会监督,等等。为更好地向人民提供高质量的服务,三国执政党不断提高公共服务的效率和效能,促进经济的可持续发展,逐步消除贫困,引进新方法增强公共服务传输的透明性和责任性,为全面推进社会治理提供了公共服务基础。

四是构建有限政府与责任社会,形成和谐共享社会。1996 年,老挝人民革命党建立了一个全国人力资源开发项目,其目标是为将来的善治创造必要条件,内容广泛,包括健康、教育、社会安全等。这是老挝制定的社会治理八个优先发展战略之一,它将人力资源开发目标和善治目标联系起来,主要针对三个目标群体:内政服务、私人部门和公民社会。近年来,越南执政党和政府的角色日益弱化,更多突出社会力量对社会和谐的构建,鼓励全社会协同参与、共同营造和谐社会。在越南,消除贫困、实现社会平衡稳定被认为是全社会共同的责任,除执政党和政府,非政府组织 NGO 与企业也承载了大量的扶贫功能。以企业为例,除了要尽可能为贫困人群提供就业机会,还要为其提供直接补助。此外,针对贫困人口较为集中的农村地区,越南在 2011 年推出"全国携手共同建设新农村"竞赛活动,要求政党、政府、企业集团与其他社会组织密切协作,提高农村居民的精神及物质生活水平,共建和谐社会。越南与老挝执政党在有限政府构建的同时,尽力营造和谐共享的社会,特别体现在公民社会通过创造或者抓住机会,评价其他主体服务的质量、方式及范围,从而尽量体现发展中的公平、公正和绩效,兼顾公平与效率,这些内容是社会治理计划中的一项重要内容。

越南、老挝、古巴三国执政党的社会治理经验对我国在新形势下创新社会治理具有一定的参考价值和启示意义。首先,要注重执政党合法性和责任性的建构,进一步明确为人民服务的宗旨,坚决维护人民当家作主的权利,提高人民对中国共产党的权威认同,以及执政党自身的责任意识;其次,要构建全面系统的法治框架,规范决策执行过程,在法治下推进改革、在改革中完善法治;再次,要引入公共服务理念与激励机制,真正做到为人民服务,同时鼓励公民监督,促进公共服务廉洁发展;最后,要构建有限政府和责任社会,我国需要加快政府简政放权的步伐,发挥市场在资源配置中的决定性作用,同时激发社会活力,鼓励社会力量参与社会治理,构建和谐共享社会。但是,社会治理是一项系统工程,在吸收借鉴别国优秀经验的同时,还要注意结合本国实际,采取适合本国的改革发展模式,这才是保障社会治理顺利进行的题中应有之义。

现今,中国正在形成一种特殊的治理模式,它既不同于传统的社会主义模式,又不同于西方国家的资本主义模式。它是在我国历史传承、文化传统、经济社会发展的基础上长期发展、渐进改进、内生性演化的结果;它能反映中国人民意愿,适应中国国情和时代发展进步要求,有着深厚历史渊源和广泛现实基础;它是马克思主义基本原理与中国具体实际相结合的崭新制度。而当代中国的国家治理从传统型治理走向现代治理具有以下五点特征：

第一，以党组织为主导的多元治理结构。[1] 当代中国国家治理体系始终强调坚持党的领导，能够有效防止利益集团的影响。共产党的最大优势就是没有自身特殊利益。这一点，马克思主义的创始人在《共产党宣言》中就强调指出："共产党不是同其他工人政党相对立的特殊政党"，"在无产者不同的民族的斗争中，共产党人强调和坚持整个无产阶级共同的不分民族的利益；另一方面，在无产阶级和资产阶级的斗争所经历的各个发展阶段上，共产党人始终代表整个运动的利益"。当前中国的治理主体已经多元化，但是在所有治理主体中，最重要的是中国共产党的各级组织。而在西方国家，政府通常是公共治理的最重要主体。与此不同，中国的公共治理结构，是一种"以党领政"的治理结构。党组织比政府在公共治理中的作用更大。[2]

第二，纵横合理的治理格局。中国是一个实行单一制的大国，中央政府通过垂直与平行的两个权力系统实施对国家的治理。垂直的权力系统是由中央和省直接管理的纵向政权组织，其特征是上下垂直管理。平行的权力系统是由地方各级党政机关管理的横向政权组织，其特征是横向的平行管理。纵横结合，构成了错综复杂的中国公共权力结构。这一结构，既体现着中央与地方、上级与下级的关系，也体现着党委与政府、党委与人大、政府与人大、部门与部门之间的关系。

第三，当代中国国家治理体系始终强调立足于中国特色社会

---

① 参见俞可平《中国特色治理模式正在形成》，《中国社会报》2008 年 12 月 29 日。

② 参见胡鞍钢《从国家治理角度看中国的制度优势》，《四川统一战线》2014 年第 8 期。

主义制度基础之上，能够实现一种具有综合优势的治理。谈到国家治理体系和治理能力现代化，习近平总书记指出，推进国家治理体系和治理能力现代化，必须完整理解和全面把握深化改革的总目标，这是两句话组成的一个整体，即完善和发展中国特色社会主义制度、推进国家治理体系和治理能力现代化。中国特色社会主义制度，集中体现了效率与公平相兼顾、民主与集中相结合、活力与秩序相统一、人的全面发展与社会文明进步相促进等中国特色社会主义的特点和优势。当代中国的国家治理体系和治理能力现代化就是要把这些制度优势发挥出来。

第四，以社会主义核心价值观为引领的现代国家治理理念。社会主义核心价值观所倡导的国家、社会和个人三个维度，是我国当前公共治理活动的重要价值和目标，对于中国这样一个处于社会转型中的大国而言，这一价值观尤其重要。从人民有信仰，民族有希望，国家有力量角度锲而不舍地抓好社会主义精神文明建设，这既是评价国家治理的主要标准，也为国家治理创造了良好的实施环境。

第五，法治是起重要作用的治理方式。习近平总书记提到："法律是治国之重器，法治是国家治理体系和治理能力的重要依托。全面推进依法治国，是解决党和国家事业发展面临的一系列重大问题，解放和增强社会活力、促进社会公平正义、维护社会和谐稳定、确保党和国家长治久安的根本要求。"但值得注意的是，在任何公共治理中，制度的因素与人的因素都必然发生重要作用，对于在政治文化传统中缺乏法治内容的中国来说，人的因素显得格外重要。虽然中国在改革开放后日益重视依法治国，而且在20世纪90年代正式提出了建立社会主义法治国家的目标,在法治建设方面也确实取得了巨大的进步。但是,中国毕竟是一个有着两千多年人治传统的国家,建设法治国家将是一个相当漫长的过程。

我国治理的现代性体现在以下几方面:一是治理科学化。建立健全体现科学理念、科学精神,又具有科学规划、科学规则的治理体系,充分利用现代科学技术手段进行治理。二是治理民主化。广泛发动社会组织和公民参与治理或进行自治,实行民主决策、民主监督,保证治理过程公开化、透明化。三是治理制度化。共同遵守办事规程或行动准则,使社会生活规范化、有序化。四是治理法治化。形成完备的法律规范体系、高效的法治实施体系、严密的法治监督体系、有力的法治保障体系和完善的党内法规体系。

二、中国国家治理体系和治理能力现代化的现状

(一)国家治理体系和治理能力现代化(简称"国家治理现代化")的概念

习近平总书记指出:国家治理体系和治理能力是一个国家的制度和制度执行能力的综合体现,两者相辅相成。[①] 具体而言,国家治理体系包括了经济治理、政治治理、社会治理、文化治理、生态治理、政党治理等多个领域,以及基层、地方、全国乃至区域与全球治理中的国家参与等多个层次。其主体部分是党领导人民治国理

---

① 参见习近平《习近平谈治国理政》,北京外文出版2014年版,第105页。

政的制度体系,是经济、政治、文化、社会、生态文明和党的建设等各领域的体制、规则、机制、程序及相关法律规范的总和。国家治理能力,是运用国家制度治理国家和社会各方面事务的能力,包括改革发展稳定、内政外交国防、治党治国治军等各个方面的能力。解决中国的各种问题,实现各项既定目标,维护中国共产党的领导权威,关键要靠国家治理体系和治理能力的现代化。党的十九大报告进一步明确指出,在新时代中需要"坚决破除一切不合时宜的思想观念和体制机制弊端,突破利益固化的藩篱,吸收人类文明有益成果,构建系统完备、科学规范、运行有效的制度体系"①。

(二)国家治理现代化的属性

从上述界定可见,中国国家治理现代化至少有四个方面的属性。

第一,国家治理现代化区别于以往提出的"四个现代化",是一个政治学范畴的、具有重大政治意义的概念。20世纪中期,新中国第一代领导集体提出了实现"工业、农业、国防和科学技术的现代化"的"四个现代化"目标。在当时,"四化"成了国家建设的发展重心,号召和鼓舞了新中国建设者投身建设"四化"的事业中去。从"四化"的性质看,它是党在当时所规划的目标蓝图和实施路径。2013年党的十八届三中全会提出的"国家治理体系和治理能力现

---

① 习近平:《决胜全面建成小康社会 夺取新时代中国特色社会主义伟大胜利——在中国共产党第十九次全国大表大会上的报告》,2017年10月18日,新华网 http://www.xinhuanet.com/2017-10/27/c_1121867529.htm。

代化"与先前的"四化"有着实质的区别,简单地将其并列为"四化"之后的"五化"不够妥当。国家治理现代化的内涵要丰富得多,具有高度的理论水平,治理现代化理论是系统规划、顶层设计、制度整合、关系重构的过程,内容涵盖政治、经济、文化、社会、生态文明和党的建设等各个方面。

第二,国家治理现代化是中国共产党集体智慧的升华和自我革命的成果,是治国理政理论的重大发展和创新。从中国共产党的执政经历看,经历了从国家统治阶段到国家管理阶段,再到当前的国家治理阶段。治理是对以往治国理政经验的全面升级,无论是内容和形式都涵盖了统治和管理阶段的成功经验,这是党在执政进程中不断自我革命、持续完善的伟大成果,具有划时代的重大意义,标志着党领导下治国理政的理论和实践进入一个新的时代。中国国家治理的历程和横向比较,表明中国国家治理的水平已经有了长足的进步,现实的治理成效是最有力的证明。中国从近代积贫积弱的人口大国发展成为贫困人口大幅度削减、城乡社会经济繁荣的国家,离不开行之有效的、符合中国国情的国家治理体系和治理能力。

第三,国家治理现代化具有现代性特征。国家治理是现代国家特有的概念,现代以前只有国家统治和管理。"治理"这一概念源于西方,"治理"作为调整国家与社会之间关系的一种理念而存在,代表着社会中心主义对国家中心主义的替代,治理理论最初表达了对国家统治、管理失灵的反思,提出比较极端的观点——"没有政府的治理"①,之后,随着理论的发展,理性认识回归,治理重提国家中心主义的观念,强调强国家强政府的有效性,同时追求强国家强社会的优质国家治理模式。中国国家治理现代化对治理理论进行了充分借鉴和合理扬弃,借用改造融会过的治理理论来解决当前国家发展中的治理失灵问题。

第四,国家治理现代化是中国治国理政的经验总结、提炼与深化,是基于中国国情、针对中国问题、回应中国社会、面向中国未来的治理现代化,具有鲜明的中国特色。治理现代化的思路是与历史上中国治理思路一脉相承的,在中国共产党长期执政实践摸索中形成,每一代领导集体都为治理现代化做出了理论的贡献,治理理念在实践中经受考验,在面临一次次重大危机之时发挥引领作用,高度符合中国国情,具有鲜活的生命力。

(三)国家治理现代化的重要意义

1.国家治理现代化是实现可持续增长的需要

当代中国国家发展已进入一个关键阶段,在前期长足发展的基础之上,积累了大量物质财富,国力得到极大提升,国家进一步发展的存量基础已经具备。但同时,国家进一步的发展也面临着严峻的现实挑战,如何实现经济回暖、政治稳定、社会和谐、文化繁荣和生态优美,这些都是当前重要而迫切的任务,为确保国家能够

---

① [美]詹姆斯·N. 罗西瑙:《没有政府的治理——世界政治中的秩序与变革》,张胜军、刘小林等译,江西人民出版社 2001 年版。

在未来保持全面可持续的增长趋势,需要对国家治理体系和治理能力进行优化和重构,在原有的基础上获得增量发展。尤其是,目前国家经济发展处于转型升级的阵痛期,经济发展模式从传统粗放型向现代集约型模式转换,升级淘汰的过剩产能需要消化,新兴产业的培育需要时间,财政金融风险依旧。在深化改革的攻坚战中,国家必须对牵动全局的经济社会发展重大问题通盘考虑,需要有一个更为宏观的全局视野,在重大决策及实施中确保不出现重大失误,这就需要国家重大决策从酝酿、意见综合,到决策,再到执行决策的整个过程实现系统化、法制化,提高国家决策力,确保民主决策和科学决策。

2.国家治理现代化是适应新时代我国社会主要矛盾转化的需要

党的十九大报告指出,中国特色社会主义进入新时代,我国社会主要矛盾已经转化为人民日益增长的美好生活需要和不平衡不充分的发展之间的矛盾。[①] 国家治理现代化就应将解决不平衡不充分的发展问题作为主要目标。

目前,我国社会生产力水平总体已经有了巨大的提高,许多社会产品的生产能力已跻身世界前列,改变了生产力落后的状况。随着国家经济社会的发展,人民物质文化生活的需要升级换代,对

---

① 参见习近平《决胜全面建成小康社会　夺取新时代中国特色社会主义伟大胜利——在中国共产党第十九次全国大表大会上的报告》,2017 年 10 月 18 日,新华网 http://www.xinhuanet.com/2017-10/27/c_1121867529.htm。

商业产品、公共产品和公共服务的需求不仅在量上有所提升,更重要的是对质量的要求有了大幅度的提升,因此,国家在繁荣市场、提高生产效率、加大社会产品产出的同时,还要顺应时代要求,激励市场提升产品质量,生产出更多更好的符合大众个性化需要的产品。在民生和公共服务领域,治理现代化意味着要将保障民生和实现公共服务均等化作为目标,将民众所关心的问题摆在第一位去解决,从问题出发,切实解决住房、教育、医疗卫生、养老等民生问题。使广大人民的生活条件和生活质量得到实质性的改善,能够有尊严地生活,并保障其拥有未来发展的机会。当前国家治理还没能彻底解决发展的不平衡不充分问题。其中,不平衡体现为城乡不平衡、区域不平衡、体制内外不平衡、产业不平衡、收入不平衡等方面;不充分则体现为生产力发展不充分、科技发展不充分、资源能源利用不充分、民生工程发展不充分等方面。这些都是国家治理所面临的现实难题,也是制约人民日益增长的美好生活需要的主要因素。国家治理现代化就是要通过完善国家治理体系、提高治理能力来解决这种不平衡不充分发展的难题,最终化解新时代中国社会的主要矛盾。

3.国家治理现代化是解决社会冲突的需要

改革开放以来,国家经济社会变迁剧烈,经济社会体制机制的转型带来了社会结构的重大变化,社会各阶层之间利益分化问题较为突出,社会群体和成员彼此之间的冲突时有发生,比较激烈的社会冲突现象在近些年来比较普遍,从而严重影响了社会稳定。

党和政府有没有能力应对社会冲突,协调社会利益,化解危机冲突,已经成为衡量国家治理成效的重要指标。从当前的国家治理能力来看,面对各类潜在及业已发生的社会冲突,中央与地方政府的反应速度和应对能力虽较原先有了很大提高,但在部分地区,由于地方政府执政能力不足,没有及时有力地遏制冲突,社会间冲突激化并升级转型,甚至转而冲击地方政府,上升为更为严重的政治冲突,造成了地方政府公信力的流失,基层政府的执政权威受损。因此,提高国家应对社会冲突的能力,实施上游干预源头治理,加强基层党政机构的执政力,调动社会力量化解冲突,这些都是国家治理现代化建设的主要内容,更是当前解决社会冲突的迫切需要。

(四)中国国家治理现代化的目标

国家治理现代化的目标主要有三点:一是维护国家的安全稳定,这是由国家的统治职能所决定的,实现国家的安全稳定从而获得统治的合法性,赢得民众的认同与支持。二是提升全社会利益和协调社会各阶层人民之间的利益,这是由国家的社会管理职能所决定的,是国家治理有效性的体现,也是国家得以持续发展、长治久安、全面实现小康社会的要求。中国国家治理以提升全体国民的整体利益为目标,能否提升国民利益一向都是评判国家治理成效的核心指标。国家治理现代化围绕着"为人民服务"这一中心展开,应以最终提升和保障国民利益为宗旨,提高效率,创造更多社会财富,最终全面建成小康社会。"把治理理念与维护最广大人民的根本利益联系起来,是党中央治国理政实践中实现的重要理论创新。"三是全面促进人的发展。中国国家治理具有明确的"发展观",一贯主张"发展是硬道理",以发展来调动全体国民的积极性,投身经济和社会建设之中,明确了发展的目标——实现中华民族伟大复兴的中国梦。以发展来解决发展中的问题,发展经济创造财富,发展社会提高全民的生活水平,解决贫困问题,发展文化教育事业,为每个人的发展创造均等的机会,等等。归结起来,国家治理现代化就是要以人的发展为中心,实现人的解放,最终实现全体国民的共同发展。

上述三点目标之间具有内在的关联性,体现为:国家政治稳定是国家治理各项工作顺利推进的前提条件,没有国家稳定就没有国家发展所需要的和平环境。反而观之,社会利益的提升和协调是全面实现小康社会的终极目标,保障协调好全社会的利益才能更好地团结和激励全体国民投身国家建设,才能进一步提升国力,维护国家的统一和安全。最后,国家长治久安,社会稳步发展,必然能够提升全体国民的素质和现代化水平,培育和塑造现代公民;而有了现代意义上的公民,又将促进国家发展和社会和谐。

(五)新的历史方位下对国家治理现代化的新要求

党的十九大报告指出,在过去的 5 年中国家推出了 1500 多项改革举措,重要领域和关键环节改革取得突破性进展,主要领域改革主体框架基本确立。国家治理体系和治理能力现代化水平明显提高。全社会发展活力和创新活力明显增强。但同时,新的历史方位下,国家治理现代化的建设还存在薄弱环节,依旧还有许多有待进一步提升的空间。

1.进一步厘清国家治理多元主体的定位和角色

国家治理是党、政府、企业、社会组织等多元主体协调共治，解决复杂性公共事务的过程，这当中每一个主体的角色定位、职责分配、权力义务划分都应有清晰且明确的预设。但从国家治理的现状来看，治理主体的划分还存在模糊不清的地方，单从政府主体来看，目前也尚处于制订权责清单的阶段。此外，各主体之间的关系也有待进一步厘清：包括党政关系、政企关系、政社关系等，需要各主体之间划定权责范畴，各就各位、各尽其职。

首先，应进一步加强党的领导和执政能力。"党政军民学，东西南北中，党是领导一切的"，其中，党的领导力实质上是一种影响力，是依靠自身的权威来获得的非强制性的号召力，[1]党的领导力的获得必须建立在完善的党建基础之上，这就是"打铁还需自身硬"，党也由此获得政治合法性。在新时代下，在推进全面从严治党产生了良好效果之后，党要管党、全面从严治党及其制度化和常态化就成为当下最为紧要的工作。党的执政力则体现为党运用国家权力施政的过程，党依法执政依法治国，党在制定国家政治方向、大政方针及重大决策的过程中，就需要不断完善相应的制度体系和运行机制，确保党的领导和执政不出现重大失误。

其次，应进一步推动政府职责体系的建设。党的十八届三中

---

① 参见张明军《领导与执政：依法治国需要厘清的两个概念》，《政治学研究》2015 年第 5 期。

全会通过的《决定》中明确提出:"加强中央政府宏观调控职责和能力,加强地方政府公共服务、市场监管、社会管理、环境保护等职责。"国家治理的顺利实施离不开权责清晰、高效有力的现代政府,转变政府职能,明确中央与地方两层次的政府职责划分,是当前国家治理现代化建设中的关键环节之一。中央政府与地方政府职责的进一步划分,加快拟定与各级政府岗位职责相对应的政府权责清单,将能有效地避免权力滥用、责权利不对等、事权与财权不匹配、上头千条线底下一根针等现实问题,有利于理顺各级政府间的部门职责关系,"深化对政府纵向间职责配置的细节性研究,并促进政府职能转变的上下联动"[①]。此外,国家治理现代化对政府的简政放权提出了清晰的思路:"直接面向基层、量大面广,由地方管理更方便有效的经济社会事项一律下放地方和基层管理",进一步改革政府行政审批制度,完善政府行政许可清单,从而避免政府管得太多,管了不该管的事情。简政放权一方面为政府减负,另一方面有利于监督和约束政府的权力,还有利于启动市场和社会。

再次,国家治理现代化需要充分激发社会的活力。在以往强调政府管制的全能政府单边主义思维模式下,政府全能社会失能,强政府弱社会的格局,有碍于社会活力的激发。在当前国家治理的语境之中,更为强调政府、社会组织、企业和个体公民之间的互动合作,共治公共事务,共建公共秩序、公私合作,提供公共产品。为实现基本公共服务均等化,保障和改善民生,维护最广大人民群众的根本利益,实现共同富裕等社会领域的奋斗目标,就需要社会

---

① 朱光磊:《全面深化改革进程中的中国新治理观》,《中国社会科学》2017年第4期。

治理体系和治理能力的全面提升。因此,在今后,国家治理应更加注重激发社会活力,调动一切积极力量参与社会建设,在党和政府把握方向的基础上,政府渐进放权,着力培育社会的自主能力。如近年来在公共基础设施建设中逐步推广的 PPP(Public −Private Partnership)模式,就是通过政府与社会资本合作参与提供公共产品的运作模式。该模式既解决了政府受资金约束且效率低下的难题,又鼓励了私营企业和民营资本加入公共产品生产之中,提高了公共产品供给的效率,降低了成本。

2.全面依法治国提升国家治理的法治化水平

法治化是国家治理现代化的重要标志,是衡量国家治理现代化水平的主要标准,是实现国家治理现代化的关键。党的十八大以来,提出全面依法治国的重大方略,将建设完备的法律规范体系、高效的法治实施体系、严密的法治监督体系、有力的法治保障体系,作为国家治理现代化的基础支撑。十九大报告更为明确地提出完善以宪法为核心的中国特色社会主义法律体系,建设中国特色社会主义法治体系,建设社会主义法治国家。

以法律来固定业已定型的制度规范,依法治国、依法执政、依法行政,这是世界上许多现代化国家的成功经验,也是现代国家治理的共识。中国国家治理处在法治化进程之中,总体趋势向好,依法治国的理念得到了强化,但从现状看,法治化水平不高,国家治理法律体系还不完备,立法任务艰巨,国家公务人员的法治意识和法治精神还不足,无法可依、有法不依、违法难究的现象依旧存在,这无疑是实施依法治国方略的严重阻碍。因此,加快国家治理现代化的法治化进程就成为当务之急,必须对国家治理制度体系建设的框架和细节进行系统充分的研究,以民主科学的程序将相对成熟的规则制度提炼出来,立法固化。以法律作为国家治理的依据,实施法治,确保国家治理公正合法有序地开展。例如,应完善规范性文件、重大决策合法性审查机制,政府重大决策须经过合法性审查、召开听证会等法律程序才能做出,普遍建立法律顾问制度,强化党政组织国家公务人员的法律意识,等等。总之,一个治理现代化的国家必然是一个法治化的国家,国家治理现代化本身就蕴含了法治化的性质要求。①

3.国家治理现代化的持续创新

国家治理现代化从本质上看就是要对现有的国家治理模式进行革新,在原有的基础之上不断注入新的观念理念、改善制度体系、推动制度创新、鼓励技术创新、增强治理能力的持续过程。

国家治理现代化的制度创新有其历史渊源。改革开放之初,国家就以改革促进制度创新变迁,国家制度演进至今有着制度创新的传统。在当前,国家治理现代化尤其需要延续制度创新的传统,这是由当代中国国情所决定的。目前国家整体发展不平衡不充分问题还很突出,从发展水平看,发展质量和效益还相对较低,生态环境保护亟须加强,保障民生还面临难题,社会矛盾和问题交

---

① 参见胡建淼《治理现代化关键在法治化》,《人民日报》2015 年 11 月 23 日。

织叠加,社会发展带来的新现象新问题也层出不穷,等等。这些问题都是需要党和政府以高度的智慧推动制度创新来加以解决的。例如,随着公共事务的复杂化,区域公共治理及政府间合作成为当前的热点问题,为了治理区域内各级政府所要共同面对的公共事务,区域政府合作制度机制成为制度创新的聚焦点,应对河流流域的污染治理创造了"河长制",为实现区域间政府协作进行了"区域政策一体化""政府合作协同机制"等的创新。①

国家治理现代化的技术创新也是题中之义。以互联网产业化、工业智能化、工业一体化为代表,以人工智能、清洁能源、无人控制技术、量子信息技术、虚拟现实和生物技术为主的第四次工业革命正在世界范围内迅速展开。技术革命给中国国家治理现代化提出了技术创新的要求,互联网+国家治理、大数据+国家治理、智慧治理等的探索已经成为治理现代化的重要任务,以科技革命来推动国家治理的技术创新,全面提升国家治理能力,在未来必将取得引人瞩目的成效。

4.国家治理现代化的价值认同基础须加强

国家治理现代化需要"志同道合"之行动者的精诚合作,强调多元主体的协同治理,而前提条件在于有共同明确的价值基础,如果没有对中国特色社会主义共同理想的基本共识,也就难以将全国人民团结在党的领导下,也难以坚定不移地走中国特色社会主

① 参见陈瑞莲《论区域公共管理的制度创新》,《中山大学学报(社会科学版)》2005年第 5 期。

义道路,由此,国家层面上价值认同的重要性就不言而喻了。从现实状况看,凝聚中国全体国民的社会主义核心价值观已经确立,"富强、民主、文明、和谐;自由、平等、公正、法治;爱国、敬业、诚信、友善"这二十四字作为社会主义核心价值观的凝练,已在全社会加以倡导。但社会各阶层对核心价值观的认知和实践程度有较大差距,部分民众存在对国家的文化传统、道德规范、价值追求等精神意识层面的自觉自信不足问题,更有少数人对国家的认同、基本国家制度的了解存在偏差,缺少爱国主义精神和民族自豪感,思想不统一、价值观混乱、精神空虚的现象也不同程度地存在着。

三、中国国家治理体系和治理能力现代化的制度建设

国家治理现代化首先要将国家的基础性制度和相关领域的各项制度构建和完善起来,以此作为推动全社会广泛参与协同治理的基础平台,由此,制度体系建设可以被视为国家治理现代化的关键要素。国家制度体系涵盖社会生活的方方面面,是以制度来确定各领域共同遵守的办事规程和行动准则。制度体系的构建需要从全局出发、顶层设计、整体推进。历任国家领导对制度重要性的认识早已有共识,邓小平就曾强调"制度问题更带有根本性、全局性、稳定性和长期性";"制度好可以使坏人无法任意横行,制度不好可以使好人无法充分做好事,甚至会走向反面"。从新中国成立再经过40年改革开放的历程,中国国家制度体系已经建成并有力地推动了社会主义各项建设事业,但客观地说,制度体系的完善程度还不够高,制度体系内在的逻辑还有待理顺,各项制度还需要随

着时代的发展而逐步改进完善。国家治理现代化的制度体系应以强调效率、协调、法治和责任为建设原则,完善和发展社会主义制度体系,实现制度的现代化。

(一)优化和完善国家治理的各项制度

国家治理制度体系的构成包括政治制度、行政制度、经济制度、文化制度和社会制度等。

1.完善中国特色社会主义政治制度

中国特色社会主义政治制度,应以渐进扩大民主为目标,在党的领导、人民当家作主和依法治国的原则下,继续完善各项根本制度和基本制度,渐进扩大民主,确保公民有序参与政治,尤其应当积极探索基层协商民主制度的建设路径,总结基层社会通过民主协商解决基层问题的经验和教训。在国家治理的高层,注重完善治国理政重大方针决策出台的程序和制度,从政府过程的理论层面,加强对政府过程制度化的建设,从而确保重大决策从酝酿到出台的整个过程有制度的保障。

2.完善中国特色社会主义行政制度

行政制度体系不够健全,是当前亟须继续推进政府行政体制改革的根源。新中国成立以来,中国政府行政体制经历了多轮改革,行政体制顺应时代变革的要求,一直进行着动态的调整,体制的合理性和科学性不断提高。但考察政府行政的实绩,还是发现存在诸多问题,部分地方政府为求政绩不依法施政,决策不民主,政策执行不到位,政府不作为乱作为等情况屡屡发生,难以根治。

3.完善中国特色社会主义经济制度

现代化的制度体系能够最大限度地提高发展的效率。改革开放的历程中,始终将提高效率作为国家各项制度建设的核心目标。当前,新时期制度现代化要求制度改革的方向是优化制度,使之有利于增质提效,从而推动生产力的进一步发展。中国特色社会主义经济制度优化,应重点调整政府与市场的关系,"使市场在资源配置中起决定性作用和更好发挥政府作用"。完善生产资料所有制、现代企业制度和分配制度,从而消除阻碍生产力发展的因素,调动广大劳动者的积极性、主动性和创造性。

4.完善中国特色社会主义文化制度

应当以弘扬中国优秀传统文化为宗旨,在意识形态领域坚持马克思主义的指导,充分激发全社会的文化活力,繁荣文化,增强国家文化软实力,并将社会主义核心价值观融入法治建设,将"核心价值观作为贯穿中国特色社会主义法律体系的主线,体现到宪法法律、法规规章、公共政策和党内法规制度中,鲜明法律制度规范的正确价值导向"①,以制度来推进文化产业的发展,把握传统文化,逐步建构起面向现代化、面向世界、面向未来的,民族的、科学的、大众的社会主义文化制度。

5.完善中国特色社会主义社会制度

以调动一切社会因素积极性、构建社会主义和谐社会为出发点,以保障和改善民生为着力点,注重创新社会治理体制、改进社会治理方式、激发社会组织活力、提高社会治理水平,从而在维护公平正义、增进人民福祉中发挥愈来愈显著的作用。

(二)顶层设计提升国家治理制度体系间的协同性

中国国家治理不仅有着悠久的治国理政传统,而且在新中国成立之后进行了社会主义国家制度建设的探索,更有改革开放之后摸着石头过河的制度改革尝试。这决定了国家治理一方面获得了丰富的经验,另一方面也总结了深刻的教训,在反反复复试错之后,一路摸索前行,无论成功抑或失败都积累了大量的理论素材。这一过程之中,动态变迁是常态,相对而言,治国理政的制度化水平低,稳定的系统的治理体系尚未成型,制度始终在变革之中,各项制度之间内在协调不足,制度不配套是普遍现象,制度的法制化程度也普遍较低。国家治理的理论化和制度化是渐进的过程,必

---

① 刘奇葆:《强调:扎实推进社会主义核心价值观融入法治建设》,《光明日报》2017年4月14日。

然经历一个较长的整合时期,才能将碎片化状态调试成为成熟稳定的体系,提高制度一体化程度,理顺各项制度之间的衔接。

制度体系的顶层设计应以中国特色社会主义道路为宗旨展开,坚持马克思主义的基本原则,走自己的道路,既不走封闭僵化的老路,也不走改旗易帜的邪路,兼顾制度的发展变革和稳定持重,在打破制度的路径依赖与维护制度的持续稳定之间拿捏分寸。制度体系的顶层设计应着力解决国家各项制度之间的匹配问题,制度衔接和匹配在国家治理现代化中尤为重要,其源于当前国家治理所面临的外部环境日益复杂化的特征,许多公共事务呈现出跨领域、跨区域、跨部门、跨行业的交叉性。尤其当突发性危机事件爆发时,就需要国家治理的多元主体通力合作协同治理,那么协作的制度基础之间的对接就显得尤为重要了,无论是源头治理、常规治理还是危机治理,都需要有综合治理的视野,做好各类制度之间的对接,并使这种对接制度化。同时,制度之间的匹配也是理顺各类治理主体间关系的有效途径,在处理复杂性公共事务时,党政关系、政企关系、政社关系需要有明确的界定,各主体的职责权限、权力义务、角色定位等都应纳入制度轨道。制度体系的顶层设计还应处理好基础性制度与各领域具体制度之间的关系,应以基础性制度为核心开展,将基础性制度的建设作为国家制度体系的"地基",具有统摄全局的意义,只有"地基"打牢固了、结构完备了,建立于其上的其他各项具体制度才能够立得稳。

（三）国家治理制度体系的法制化

国家治理制度现代化从本质上看,是国家治理制度体系法制化和构建法制秩序的过程。法律规范本身的完整性、协调性和普遍性能够为国家治理提供可资借鉴的法律依据,为人们的社会行动提供明确的价值指引和行动指南。把现代政治价值从纸上搬到国家现实制度的过程中,所有国家都毫无例外地借助了法律的强大力量。[1] 以往,国家制度的法制化程度不高,各项制度以法律形式确立下来的范围和程度都还有所局限,应当予以加强。

从党的领导制度看,应以从严治党为战略出发点,继续出台各项党风廉政制度,进一步完善《中国共产党党内监督条例》《中国共产党纪律处分条例》《中国共产党巡视工作条例》《中国共产党工作机关条例》《中国共产党党员权利保障条例》《党政领导干部选拔任用工作条例》等条例,以法律规范的形式对党的领导进行统摄,对党的行动进行约束,实现依法治党,维护党的执政权威。

从政府制度看,一些政府制度已经实现了法制化,上升为国家法律规范,如《中华人民共和国行政许可法》《中华人民共和国政府信息公开条例》,今后应进一步推进行政审批制度改革,"以点带面"推进行政管理体制、信用体系建设、监管方式方法、统一综合执法等重点领域改革,全面推动政府权责清单制度的建设,依据权责法定的原则划定权力的边界,将政府权力关进法律的笼子,使政府

---

[1] 参见唐皇凤《构建法治秩序:中国国家治理现代化的必由之路》,《新疆师范大学学报(哲学社会科学版)》2014 年第 4 期。

的职能得到法律的精准确权,对政府调控市场的行为做出明确规范,从而确保政府行政有法可依、违法必究,使政府既有所为又有所不为,履行好政府的各项职能,包括对公共物品的资源配置功能,对收入、财富的调节分配功能,对国民经济的宏观调控功能等,这些都需要加快政府施政的法制化进程。

从社会制度看,应当依据党中央提出的"坚持党的领导与社会组织依法自治相统一"[1]的总体要求,推进社会制度的法制化工作。改革社会组织管理制度,对行业协会、商会组织、科技协会组织、公益组织、慈善组织、城乡社区服务组织等各类社会组织的管理制度进行改革,用制度规范来鼓励社会组织参与公共治理和社会服务,激发社会活力。加强群团组织建设。群团组织是社会组织中直接由党领导的群众组织,"群团组织有群团组织的特点,不能直接用管理党政机关的办法来管理群团组织,应该给它们留出创造性开展工作的空间"[2]。对群团组织的管理制度进行构建,将有利于充分发挥群团组织的作用,搭建起党与人民之间的联络桥梁。

概括而言,国家治理不应以某个领导人的意志为转移,一切行动都应纳入法律的框架实施。国家治理的制度体系现代化,应当是国家治理能力现代化的前提条件,制度规范人也束缚人,制度是双刃剑,良好的制度能够引导人最大可能地发挥其能动性,反之反是。国家治理能力要得到提升,必须扬"良法"弃"恶法",法度严

---

[1] 参见《关于加强社会组织党的建设工作的意见(试行)》,党建读物出版社 2015 年版,第 1—2 页。

[2] 本报评论员:《让党的领导更有力更有效——三论学习习近平在中央党的群团工作会议上的重要讲话》,《人民日报》2015 年 7 月 11 日。

明,施之有度,这也正是依法治国的客观要求。因此,必须不断强化国家立法工作,充分行使人大立法的权力,依照立法程序有序开展立法工作。

四、推进国家治理体系和治理能力现代化存在的主要问题

国家治理现代化是我们党继"四化"之后提出的又一个现代化目标。国家治理可以理解为国家各类组织和社会各类成员自主协同规范社会关系的活动状态,包括国家治理体系和治理能力。从总体上讲,我们的国家治理体系和治理能力是好的,是有独特优势的,是适合我国国情和发展要求的,是得到国际上越来越多人的肯定和赞扬的。但是,正如习近平总书记指出的,"我们也要看到,相比我国经济社会发展要求,相比人民群众期待,相比当今世界日趋激烈的国际竞争,相比实现国家长治久安,我们在国家治理体系和治理能力方面还有许多不足,有许多亟待改进的地方"。我们的制度还没有达到更加成熟、更加定型的要求,有些方面甚至已经成为影响和制约发展稳定的重要因素。我们已经有了比较完善的制度体系,但制度的效能和作用还没有得到充分发挥。当前在推进我国国家治理体系和治理能力现代化进程中主要存在以下突出问题:

（一）治理主体多元化有待进一步加强

社会治理现代化的重要表征是社会治理主体呈现多元化，即社会治理的主体包含着政府、社会组织、企事业单位、居民等多元行为主体，这些行为主体通过形成合作伙伴关系，依法为社会提供公共服务，规范社会成员行为，维护社会成员权益，协调社会成员关系，管理社会成员事务，实现公共利益最大化。这就要求社会治理主体改变"大政府"一元架构的局面，实现从"一元"到"多元"的转变。加快形成党委领导、政府负责、社会协同、公众参与、法治保障的社会治理格局，实现从政府单一主体的单向度管理向多元主体的协同治理，推动社会治理从国家本位向社会本位转变。

由于传统社会治理思维惯性和路径依赖，现实中，政府负责等同于政府包揽，从观念到制度都排斥社会组织和公民参与社会管理，还不适应现代社会治理"主体多元化、需求多样化"的要求，表现为：社会治理理念上还没有从"控制社会"向"组织社会"、从"集权管理"向"放权社会"转变；角色上还没有完全从党委政府"独唱"向多元主体"合唱"转变；做法上还没有从干涉、限制非政府社会组织为群众提供服务向鼓励、引导各类社会组织为居民提供专业服务转变。社会组织培育相对乏力滞后。目前按照"政府扶持、社会运营、专业发展、项目合作"等有效思路，改革社会组织登记管理体制，放宽设立门槛，加大培育扶持力度，促进社会组织健康有序发展还没有充分推广和有效展开。在厘清政府与社会的边界，正确处理政府和社会关系，加快推进政府与社会组织在机构、职能、经费、人员等方面的合作还有较长的探索过程。在制定实施行业协会商会与行政机关脱钩办法,推进社会组织明确权责、依法自治、发挥作用方面还相对乏力。在优先发展行业商会类、科技类、公益慈善类和城乡服务类社会组织,以及在教育、文化、公共卫生、社区服务、养老服务、残障服务等领域重点推行政府购买公共服务,真正使社会组织充满活力方面还有很大的发展利用空间。又比如在基层社会治理方面,在巩固社区党组织领导核心地位的同时,如何有效发挥社区居委会自治主体作用,推动形成社区党组织领导,社区居委会主导,社区公共服务机构、社区社会组织、业主组织、驻区单位和社区居民多元参与、共同治理的良好局面,以及推行政府购买服务制度,建立公益创投机制,充分发挥社区社会组织作用,并鼓励其他社会组织和社会工作专业人才进入社区开展服务方面还需要深入探讨。

(二)治理过程民主化有待进一步跟进

我国是人民民主专政的国家,人民民主是社会主义的生命,民主的重要含义就是人民按照自己的意愿参与管理国家和社会事务,以保证各项社会活动必须把公众的利益和要求放在首位,民主及其精神始终贯穿于社会治理过程的始终。当前选举式民主、参与式民主、协商式民主在社会治理过程中都得到不同程度的体现。尤其是党的十八届三中全会提出要"推进协商民主广泛多层制度化发展",更使得协商民主成为我国发展民主政治的一种新形式,在社会治理过程中得到较为充分的体现。在治理方面,协商民主所强调的是社会成员对社会公共利益应有的责任,在多元的社会利益矛盾中对不同利益诉求的辨别,在不同的政治话语之间实现相互和解的愿景。从这个意义上来说,协商民主在实现社会的有效治理和化解多元的社会矛盾方面有着巨大潜能,其能够对多元化的利益诉求进行开放式的回应。比如浙江温岭的"民主恳谈会"就是一种符合国情和地方特色的协商民主形式。通过"民主恳谈会"这种形式,利益相关者能够有效地参与到"公共论坛"当中,并就与自身利益相关的问题进行辩论和讨论。这种辩论和讨论是由政府部门主导的、利益相关方积极参与的、程序上合法公正的、参与者之间平等的、政治参与过程公开化和透明化的辩论和讨论,所有这些都保证了民主协商过程能够取信于民,并真正解决人民群众最关心的利益问题。需要指出的是,政府对政治协商过程的主导作用主要体现在组织和协调上,在利益相关方的辩论和讨论中充当"仲裁人"角色,并通过与利益相关方的协商讨论,使关系人民群众利益的公共问题上升为政策议题,最终落实为公共政策。这样一种制度设计使得社会治理政策的制定更加符合实际,政府能够及时回应民众呼声,同时还能够维护社会稳定,增强社会治理的合法性和权威性。

但由于长期受专制制度和传统文化的影响,民主在现实社会治理过程中也被打了折扣。正如有的学者所指出的,民主在现实社会治理中出现了一些问题,概括起来有三点:一是民主在个别地方、个别部门成了摆设。二是民主成了推脱责任的工具,这一点在决策环节尤为突出。三是在民主发展过程中出现的风险由探索者自担。

(三)治理方式法治化有待进一步提升

现代社会治理实质是在法治精神指导下的社会治理活动,政府、社会组织等社会治理主体,其权力须通过法律赋予并受到法律约束,其行为所依据的法律必须有立法保障,并受到法律的制约。建设社会主义法治国家与推进国家治理体系和治理能力现代化是内在统一的。科学立法、严格执法、公正司法、全民守法是现代法治国家的重要标志,也是国家治理现代化的法治保证。完备的法律规范体系、高效的法治实施体系、严密的法治监督体系、有力的法治保障体系,是国家治理现代化的基础支撑。所以党的十八届四中全会提出"依法治国,是实现国家治理体系和治理能力现代化的必然要求"。

经过长期努力,我国建立了较为完备的法律体系,依法治国、依法执政和依法行政成为当代中国社会治理的新要求。在立法方面,具有中国特色社会主义的法律体系业已形成,现有的法律体制也比较健全和完善,特别是近年来,国家在社会治理领域陆续制定出台了社会保险法、人民调解法等一大批法律法规,立法工作成效显著。但从总体上看,相关社会治理的法律制度还不完备,如:在行政法制建设方面,缺少行政程序法、政府信息公开法等专门的行政法律;在治理方面的法律法规比较分散、不成系统,有的存在内容相对陈旧、可操作性差等问题;在社会治理的不同领域,还存在不少法律法规设置不全,甚至出现空白地带的问题,比如我们到现在还没有一部从整体上对社会组织进行规范的法律,很不适应形势任务的要求。在守法方面,法治意识仍然相对淡薄,总体情况来看,还有一些国家机关执法人员缺乏法治意识,国家机关工作人员的法治理念有待加强。在执法方面,存在的问题比较突出,表现在执法主体混乱、执法程序不清,依情不依法、依言不依法、依人不依法,无程序观念、不按程序执法的情况还时有发生。

以上问题在我国基层群众治理中表现得较为突出。在我国基层群众治理方面,村委会组织法颁布、城市居委会组织法修订实施,地方性法规不断修订完善,社区居委会建设、社区服务体系建设、村委会换届选举、村级组织运转经费保障机制等不断健全,为城乡基层群众治理实践提供了有力的法律和制度保障。与此同时,我国缺少法治的土壤,传统的中国法律文化,与市场经济对法治的要求相差甚远。传统中国的法律观念带有浓厚的人情大于王法的色彩。在人们心中还较难形成"有法可依、有法必依、执法必严、违法必究"的法治观念。传统的法治观念又较难与现代治理匹配,我们也看到基层干部中不学法、不懂法、不用法,甚至徇私枉法现象还大量存在,有法不依、执法不严的情况还较为普遍。在碰到诸如社会治安、民间纠纷等难点热点问题时,还习惯于用"老路子""土办法"去解决,甚至"卖关系""送人情",以权代法、以言代法、以情代法,严重损害了群众利益,导致社会矛盾增加,影响了社会和谐稳定。

(四)治理体系制度化有待进一步强化

国家治理现代化的重要标志,就是习近平总书记提出的"实现党、国家、社会各项事务治理制度化、规范化、程序化"。制度是治理之本,作为治理体系核心内容的制度,其作用具有根本性、全局性、长远性,依靠制度进行治理是国家治理现代化的基本要求。国家治理体系和治理能力是一个国家制度和制度执行能力的集中体现。从根本上看,推进国家治理体系和治理能力现代化的前提是坚持和完善中国特色社会主义制度,即坚持和完善人民代表大会制度、中国共产党领导的多党合作制度和政治协商制度、民族区域自治制度、基层群众自治制度。从当前看,现代化的经济制度、政治制度、文化制度、社会制度、生态制度和党的建设制度是中国特色现代国家制度体系的构成要件。从长远看包括政党制度、立法制度、行政制度、司法制度、军事制度、社会制度等旨在正确处理政党与国家、国家与社会、政府与市场、公权与私权、中央与地方等各种关系的制度,都要进一步与时俱进、健全和规范。

以上是当前和今后较长时期内治理体系制度化必须坚持的重点和努力方向。治理从属于制度,没有超越社会制度的"治理现代化"。经过 40 年的改革开放,我们已经走出了一条不同于其他国家特别是西方发达资本主义国家的成功发展道路,取得了举世瞩目的经济社会发展成就,而且形成了不同于西方国家的成功制度体系,这是我们制度自信的底气来源。当前治理体系方面面临的问题,一是怎样通过治理体系制度化建设强化社会主义制度自信;二是怎样强化各级党组织、政府和领导的制度治理意识,使其不再单凭某种偏好、某人意志,随心所欲进行"治理";三是随着社会治理系统的复杂程度增强,怎样增大制度的覆盖面,减少制度的盲区和漏洞,提高制度体系的衔接性和自洽性,克服某些制度之间的不兼容性;四是怎样充分发挥制度的导向、激励、协调、控制功能,强化制度权威,增强制度效能,减少制度疲软、制度失效现象。

(五)治理手段现代化有待进一步提高

社会治理不仅是一项工作,也是一门科学。要达到"善治"还要借助治理手段的现代化,将先进的信息技术手段、信息网络平台及其他工具、手段引入社会治理之中,不断降低治理费用、减少治理成本,提升社会治理的科学化水平。因此,从社会发展趋势来看,现代科学化社会治理取代传统社会治理已是势在必行。如随着互联网发展和手机移动端的普及,网络问政已成为各级政府"求民稳、达民情"的有效快捷治理方式。大数据的发展,为提升政府治理能力带来了全新契机,数字化治理使得社会治理从粗放式走向精细化。诸如设在桂林电子科技大学的广西高校人文社科重点研究基地——政府数字传播与文化软实力研究中心和广西教育系统网络舆情监控中心在为广西教育系统的数字化治理和校园安全预警服务方面,取得了显著的社会治理效果。贵阳利用大数据、云计算等先进信息技术打造"数据铁笼";依托大数据、云计算、移动互联网等技术手段,整合政府各部门、公共企事业单位等机构的民生服务数据和资源,构建"一站式"大数据民生服务平台;围绕党建工作新常态启动筑城党建红云工程等,均表明大数据在提升政府治理中的重要地位及意义。从总体上看,以大数据提升政府治理能力是大势所趋。构建起一套"用数据说话、用数据决策、用数据管理、用数据创新"的大数据工作机制,进而推动政府治理能力现代化。当前,共创大数据提升政府治理能力的愿景还没充分实现,各级政府和其他社会治理部门的治理手段现代化还有较长的路要走。

五、国家治理体系和治理能力现代化的体制建议方案

推进国家治理体系和治理能力现代化是党的十八届三中全会的重要决定,是当前我国全面深化改革的重要目标。国家治理体系作为一个制度体系,内容直接涉及经济、政治、文化、社会、生态文明和党的建设等各方面,但若从治理主体而言,政府、市场与社会是现代社会运行的"三驾马车",是现代国家治理的三个最重要的力量,与此相对应形成了以法治政府、市场经济、公民社会为表征的现代国家治理格局。适应国家治理体系和治理能力现代化的体制改革就集中体现在政府治理体制改革、市场治理体制改革和社会治理体制改革三大层面。

(一)政府治理体制改革的建议方案

在 40 年改革开放的历史进程中,政府角色及其治理方式的适时转型始终是我国国家治理体系建构的核心问题。政府治理的效能直接决定着国家治理的绩效,国家治理体系和治理能力现代化也主要取决于政府治理体制的现代化。按照建立有限政府、有为政府、有责政府、有能政府、有效政府和法治政府、服务政府、廉洁政府的现代政府要求,当前政府治理体制改革主要体现在以下几个方面:

1.进一步加大政府简政放权的力度

第一，简政放权的关键是处理好政府和市场的关系，核心是让市场在资源配置中起决定性作用，政府在资源配置中起主导性作用。简政放权包括"放开"和"下放"两层含义。"放开"就是取消，凡是市场和社会能做而且能做好的，坚决放给市场、企业、社会，由企业和个人自主决策，依法自主行为。"下放"就是下级政府能管而且能管好的，上级政府要坚决放给下级政府。简政放权具体表现为：一、加快推进政企分开、政资分开、政事分开、政社分开，切实减少对微观经济活动的干预，更大程度和更广范围发挥市场在资源配置中的决定性作用。对市场机制能有效调节的经济活动一律取消审批。二、对直接面向基层、量大面广、更为有效的经济社会事项一律下放地方和基层管理。三、对关系国家安全和生产安全，涉及全国重大生产力布局、战略性资源开发和重大公共利益等项目以外的项目，一律由企业依法依规自主决策。改革的总体方向是"营业执照+负面清单+政府监管和服务"。营业执照是出生证；负面清单是画红线；红线以外，企业市场主体可以自主经营，政府进行有效监管并提供充分服务。要提高放开项目的含金量，放开什么，不放什么，由市场、企业点菜。进一步变"先照后证"为"先照减证"，把审批、核准办证等前置审批改为后置审批。

第二，进一步向社会放权，发挥社会组织在公共事务管理中的积极作用。进一步向下级政府放权，发挥地方政府贴近基层、就近管理、便民服务的优势。将不该由政府管理和政府管理不好的事项下放给市场和社会，从根本上释放市场和社会活力。

2.进一步优化政府组织机构

全面落实习近平总书记指出的"推进机构改革和职能转变,要处理好大和小、收和放、政府和社会、管理和服务的关系。大部门制要稳步推进,但也不是所有职能部门都要大,有些部门是专项职能部门,有些部门是综合部门。综合部门需要的可以搞大部门制,但不是所有综合部门都要搞大部门制,不是所有相关职能都要往一个筐里装,关键要看怎样摆布符合实际、科学合理、更有效率"的改革精神。优化政府组织机构主要体现在:

第一,统筹党政群机构改革,优化组织结构。合理设置党委、人大、政府、政协机构,科学配置党政部门及内设机构权力和职能,明确职责定位和工作任务。积极稳妥实施大部门制改革,进一步明确各部门之间的职责分工,明确各类机构的功能定位、规格体系、运行关系,推动形成各就其位、各司其职、各负其责。

第二,深化地方机构改革,推进机构综合设置。地方政府处在管理和服务的前沿,要综合设置机构,整合执法主体,相对集中执法权,推进综合执法,减少行政执法层级,完善垂直管理体制和机构设置,理顺条块关系,减少行政层次。

3.进一步提升政府监管社会的能力

正如李克强总理所言,本届政府成立伊始,开门办的第一件大事就是推进行政体制改革、转变政府职能,把简政放权、放管结合作为"先手棋"。为此要一方面"深化放",一方面"改进管"。

第一,要改进政府监管理念,要认识到监管是政府的法定职能,管好是职责,不管是失职。要把握好政府监管的度,既不能监管缺位,更要防止监管过度。特别是在互联网时代,面对许多新事物、新业态、新行当,要保持宽容的监管理念,监管部门要处理好发展与监管的关系。要转变监管定位,监管是市场的裁判,而不是直接的参与者。要从传统的对微观事务进行干预,转向营造公平有序的良好发展环境。

第二,创新政府监管方式。随着互联网、物联网、大数据、云计算的出现,要进一步创新监管方式,尤其是要探索"互联网+"政府监管方式,积极运用现代信息技术,创新政府监管方式。

第三,完善政府监管体系。制定统一、权威、系统的事中事后监管制度和规矩,使监管可操作、可监督、可追责,要建立跨部门、跨行业的综合监管体系,把相关部门的监管事项统一到一个平台上来。

4.进一步全面推进政府依法行政

目前采取的措施多是集中行政资源和运用行政权力,如专项行动、集中整顿、多部门联合行动等,虽然短期内社会秩序明显好转,但不久又会恢复到从前的状态,只有当法治秩序取代行政权力秩序,才可能走出不断进行治理整顿的监管困境。

第一,要全面推进依法行政。坚持法治政府与法治市场、法治社会一体推进,用法治思维和法治方式,依照法定权限和法定程序行使职权,履行职责。严格依法行政,完善法律制度,健全行政法制体系,确保行政权力在法律范围内行使,让法律真正成为政府治理的准绳。法律不禁止的,市场主体皆可为;法律未授权的,政府部门不能为;市场主体间依法进行的自愿行为且对第三方无害的,政府不干预。

第二,要坚持依法治理,运用法治思维和法治方式化解社会矛盾,实现治理方式从单纯行政管控向注重法治保障转变。要坚持职权法定原则,加快建立"三个清单",划定政府与市场、企业、社会的权责边界。一是负面清单——规定什么行业不许进入,什么行业限制进入;二是权力清单——依法列出政府权力事项,法无授权不可为;三是责任清单——规定政府及其下属部门在执法施政的时候必须按程序办事,按规定日期回应或批复。

5.进一步优化政府公共服务职责

党的十八大提出,要推动政府职能向提供优质公共服务、维护社会公平正义转变,"放"是为市场主体松绑减负,"管"是对市场秩序进行规范。要创造良好的营商和发展环境,政府必须不断提高公共服务水平,改进公共服务质量。

第一,提供优质公共产品。提供公共产品是现代政府的基本职能,优化公共服务,首先要增加公共产品和服务供给,加大政府对教育、卫生、社保等短板领域的投入,还要鼓励社会成员参与,以提高供给效率。既能补短板、惠民生,也利于扩需求、促发展。要设身处地为企业着想,通过设立一个窗口受理、一站式审批、一条龙服务,做到态度好、手续少、速度快、成本低,为企业和群众提供更加丰富多样、便捷高效的公共产品。

第二,优化公共服务环节。近年来,我国公共服务环境大为改善,但像李克强总理批评的那种名目繁多、无处不在的审批"当关"、证明"围城"、公章"旅行"、公文"长征"等现象依然存在,而且有的方面还比较突出。这些现象对个人来说,耗费的是时间精力,增添的是烦恼无奈;对企业来说,浪费的是人力物力,贻误的是市场机遇;对社会来说,削弱的是公平公正,挤压的是创业创新空间,尤其是抑制劳动生产率提高;对党和政府来说,影响的是形象威信,挫伤的是人心民意。所以必须不断优化公共服务,改善企业发展环境。

第三,完善公共服务供给机制。要充分发挥政府、社会、企业和市场的各自优势,建立公共服务领域的公私合作伙伴关系。对于一些社会服务,政府不必大包大揽,可以将作为最终投入者和实际操作者的职能分开,建立公共服务购买机制,向市场购买服务,提供公共产品。大量实例证明,这样不仅可以降低政府提供服务的成本,而且可以提高服务质量,调动不同市场主体参与公共服务的积极性。

第四,搭建服务平台。政府要借助互联网等信息化技术手段,加大基层服务平台的整合力度,打通数据信息壁垒,推进"一张网工程",搭建审批事务少、行政效率高、方便群众的综合办事平台,让信息多跑路,群众少跑腿。

(二)市场治理体制改革的建议方案

党的十八大报告提出,"经济体制改革的核心问题是处理好政府和市场的关系,必须更加尊重市场规律,更好发挥政府作用",就是强调绝不是要置政府干预于不顾,而是要理顺政府与市场的关系,划分政府和市场之间的权力与责任的边界,让政府的归政府、市场的归市场是国家治理现代化的首要任务。为此要做到放松经济性管制,破除政府行政垄断与行政干预;强化政府的"无为之手"与"扶持之手",同时弱化甚至驱除其"掠夺之手",为市场主体营造公平、公正的竞争环境。

1.进一步理顺政府和市场的关系,明确市场治理的边界和范围

第一,"改"作风,关护市场。要拿出"你投资我服务,你发展我开路,你困难我帮助,你受益我保护"的雅量和真情,像守夜人一样保护和捍卫市场主体。

第二,"转"职能,退还市场。积极推进政资分开,不再直接管理国有资产,而是要委托具有经营资产能力的社会投资机构管理,克服"婆婆加老板"现象。切实打破块块分割,不再制定无所不包的国民经济和社会发展计划;不再用行政手段分解并贯彻实施,使中央政令统一、全国市场统一。完善宏观调控,不再干预企业投资经营。不再随意减免税,而是要运用价格、利息、汇率、税收、信贷等经济杠杆,通过制定和掌握信贷政策、利率政策、汇率政策、产品

购销政策、价格政策、扶贫政策、产业政策等进行宏观调控。

第三，"减"管理，释放市场。一是减机构。各级政府要根据政府治理和市场治理的良性互动关系要求，压缩和精简机构。二是减审批。删减不必要的行政审批。三是减干预。市场经济实行非禁即入，原则是市场能够自我解决的，就由市场去解决；市场不能解决的，交由社会自治组织去解决；只有市场与自治组织都不能解决的问题，才由政府去解决。四是减税赋。适当减税能带来市场活力，有利于经济整体发展。

第四，"放"权限，给力市场。全面落实《国务院关于第六批取消和调整行政审批项目的决定》精神，"凡公民、法人或者其他组织能够自主决定，市场竞争机制能够有效调节，行业组织或者中介机构能够自律管理的事项，政府都要退出"。各级政府要尊重市场、尊重价值规律和供求规律，按经济规律办事，放松对市场的管制，向市场放权。

2.进一步强化法律法规建设，健全现代市场治理体系

社会主义市场治理发展进入历史新阶段，让市场治理既"有活力、有动力"又"有秩序、有责任"是当前改革的重要任务。为此应做到如下几点：

第一，强化市场治理法律法规。各级立法机构要对一些质量不高、市场主体的权利义务界定不清、产权的平等保护不够的法律法规进一步完善；对一些违法处罚性规定偏软，针对性、可操作性不强，甚至一些领域存在盲点和空白的法律法规进一步完善和

制定。

第二，完善不适应的司法体系。以改变司法资源配置、权力运行方式与市场经济的快速发展存在诸多不适应，官本位、行政化现象较为突出，司法效率不高、公信力不强的状况为切入口，完善司法体系。

第三，强化法律法规执行力度。要改变因执法机制不尽完善而导致的"动员式执法""选择性执法""滥用自由裁量权"等状况；改变行政执法和刑事司法衔接不严密，"以罚代刑""降格处理"情况突出，一些市场违法行为得不到有效惩处的状况。

第四，打牢法治治理理念。加强法治教育和宣传，深入纠正情大于法、官大于法等根深蒂固的问题。改变许多市场主体"遇事找人不找法"的思路，以及一些政府部门和市场管理者习惯用行政手段解决问题的陈旧观念。改变权力运行没有纳入法治轨道，市场参与者缺乏安全和稳定预期的状况。

3.进一步完善市场监管规制，构建市场治理监管体系

我国现有的以行政监管为主的市场监管模式，制约和限制着社会和司法监督力量的发挥，使市场主体责任处于被动、从属的地位，为此要做到如下几个方面：

第一，设立权责明确、统一的市场监管机构。建设统一开放的大市场，实质就是在充分发挥市场在资源配置中起决定性作用的条件下扩大市场，构建起"统一开放、竞争有序、诚信守法、监管有力的现代市场体系"。为此，要逐步拆解行业与部门行政管理的藩

篱、消除现行体制与机制的障碍,设立统一有效的大市场监管机构。在"大市场"与"大监管"的理念下,按照精简、统一、效能的原则,设置更具综合性、权威性的行政机构,逐步建成科学合理、顺畅高效的市场监管体系。解决好"各自为战"、多头执法、多层重复执法等问题。

第二,以服务质量、监管质量、执法质量建设为中心,加速政府在市场监管过程中的行政职能转变。放宽市场准入、强化市场行为监管、夯实监管信用基础、改进市场监管执法、改革监管执法体制、健全社会监督机制、完善监管执法保障。政府的监管部门要以提高"服务质量、监管质量、执法质量"建设为中心,坚持"宽进严管,以管促放,放管并重"原则,进一步推进监管重心的下移,最大限度地减少"事中"与"事后"的监管"盲区"。

第三,完善市场监管规制,构建成熟且定型的市场监管体系。市场监管体制是指市场监管的职能部门职责、权利分配的方式和组织制度,其要解决的是:由谁来对市场主体和市场运行等进行监管,按照何种方式进行监管;由谁来对监管效果负责,如何负责等问题。为此要适时修正与完善市场监管规制,从而使监管实践中证明行之有效的"该放的放开,该扶的扶好,该管的管住"改革成果法制化、定型化,使政府市场监管在法制的轨道上运行。此外,行业协会、商会等自律与监督机构要充分发挥作用。促进市场公平竞争、维护市场正常秩序,不仅需要政府依法行政,同样需要发挥行业协会、商会等组织的自律作用,并在市场专业化服务组织监督和公众、舆论监督作用各自有效发挥的基础上,实现自律与他律的结合,共同推动市场主体自我管理、自我规范、自我净化。

第四,要建立健全社会信用体系。要充分发挥政府在信用体系建设中的倡导和组织作用,加强对信用体系建设的整体规划,加强舆论引导和舆论监督,建立信用信息公开和保护制度,建立健全失信惩戒的法律法规和制度,最终形成以道德为支撑、产权为基础、法律为保障的社会信用制度,达到对社会治理监管的目的。

(三)社会治理体制改革的建议方案

早在十六届六中全会,我国就明确提出要建立"党委领导、政府负责、社会协同、公民参与"的社会治理格局。十八大又提出:"加快形成党委领导、政府负责、社会协同、公众参与、法治保障的社会管理体制","加快形成政社分开、权责明确、依法自治的现代社会组织体制"。城乡社区(主要包括城市居民委员会辖区和农村村民委员会辖区)和城乡社会组织(如行业商会类、科技类、公益慈善类和城乡服务类社会组织)在教育、文化、公共卫生、社区服务、养老服务、残障服务等领域已成为当前我国社会治理体系和治理能力现代化的关键抓手和重要推手。同时,着眼政府通过向现代服务型政府转型,搭建更多吸纳公众参与的公共服务平台,也是社会治理体系和治理能力现代化的重要保障。社会治理体制改革的相应建议方案主要如下:

1.深化城乡社区建设,创新社区治理体制

第一,深化城乡社区建设主要包括:一、克服行政化倾向,增强

社区服务功能。改变目前许多社区仍然扮演着政府"下属单位"和"基层部门"的角色定位,转变机关化办公方式,强化服务意识,拓展服务领域,提升服务水平,积极培育群众性服务组织和志愿者队伍,动员社区单位和居民开展邻里互助、志愿服务、社区慈善活动等,不断提高居民自我服务的能力。二、优化社区管理,提升社区自治水平。一方面,不断提升社区居民的公共服务意识;另一方面,不断完善社区事务听证、民情恳谈、议事协商、居民评议等社区居民参与社区事务的管道。逐步健全社区居委会主导,社区公共服务机构、社区社会组织、业主组织、驻区单位和社区居民多元参与、共同治理的良好局面,提升社区的自治水平。三、推进社区党组织建设,充分发挥社区党组织的核心作用。要进一步明确社区党组织在社区建设中的地位,切实加强社区党建工作。要创新社区党组织设置,扩大党组织的覆盖面,积极探索社区在职党员、流动党员、困难党员、老党员分类管理工作机制,对无职党员开展设岗定责活动,组织党员参加志愿者服务队伍,充分发挥党员的模范带头作用。

第二,社区治理体制包括三个方面:一是社区治理组织体系,社区治理不同组织的权责划分;二是社区的权利分配格局和资源分配方式;三是社区的有效动员和实质参与机制。按照"党委领导、多元共治、居政分离"原则,在社区建立"一委一会一中心"的治理体制,是现代社区治理的有益探索。首先是设立社区党委。社区党委为区域性党委。社区党建方面重点加强四个方面的工作:一、党委建在大社区,支部按党章要求规范跟进,夯实党在社区的工作基础;二、实行党建带社建(社会组织建设),使党的领导、公共管理与服务、居民自治工作融为一体成为可能,并保证社区自治正确的政治方向;三、设立党建工作部,实现党的工作和群众工作的有机结合,增强党建工作的渗透性;四、社区党委吸收社区单位党组织负责人作为兼职委员,党组织由纵向体系向横向发展,扩大党的工作覆盖面。其次是设立社区共治理事会。共治理事会由驻区单位代表、党代表、人大代表、政协委员、知名人士、居民代表等组成,负责收集各方意见建议,讨论社区建设和管理事宜,引导驻区单位(居民)参与社区事务,评议监督社区服务中心工作,促进社区公益事业发展。社区共治理事会实行轮值主席和常任理事制,设秘书长、常任理事和理事。再次是设立社区服务中心。这是政府的社区服务和管理平台,事业单位性质,履行服务群众、推动自治、优化管理、维护稳定职责。原来由街道办事处承担的各类事务性管理职能和由居委会承担的行政职能,剥离划转至社区服务中心,将政府的事务性管理和服务直接延伸到社区。最后是加强居委会自治能力建设。考虑社区居民的认同感等因素,按一定人数规模划分成对应居委会。推行"居政分离、居民自治",居委会不承担行政管理性事务,回归自治属性。

2.积极培育社会组织,激发社会组织活力

当前政府与社会在社会治理中的角色与功能尚未明确,政府仍然是社会治理的"掌舵者"与"划桨者",社会组织作为组织化的社会力量,只是一种"执行参与",社会组织作为社会治理的重要协同力量没有得到充分发挥。特别是社会组织培育和发展暴露出诸

多问题。结构上,总量偏少,发展不均衡;规模上,大型、枢纽型、公益型社会组织数量偏少;性质上,具有官民二重性,独立性不足;运作上,服务社会效率低,社会公信力不足;管理上,内部规章制度缺乏,管理不完善。社会组织参与社会治理现状为:职能较弱,依附性强,主观能动性差,缺乏规范管理,缺少内部监督,公众认可度不高。为此要做到如下两点:

第一,积极培育社会组织。首先,按照"政府扶持、社会运营、专业发展、项目合作"的思路,改革社会组织登记管理体制,放宽设立门槛,加大培育扶持力度,促进社会组织健康有序发展。其次,优先发展行业商会类、科技类、公益慈善类和城乡服务类社会组织,在教育、文化、公共卫生、社区服务、养老服务、残障服务等领域重点推行政府购买公共服务,真正使社会组织充满活力。再次,改革社会组织登记管理体制。放宽登记管理权限,有序扩大直接登记,除政治法律类、宗教类社会组织,以及法律法规规定、国务院决定需要前置审批的,对部分社会组织尝试实行直接登记管理制度,如成立行业协会商会类、科技类、公益慈善类、城乡社区服务类社会组织等,可直接向民政部门依法申请登记。最后,加大对社会组织财税扶持力度,建立公共财政和福利彩票公益金资助社会组织建设和项目运行的机制,吸纳民间资本参与社会组织建设。

第二,进一步激发社会组织活力。首先,要正确处理政府和社会的关系,创新社会组织培育扶持机制,形成政社分开、权责明确、依法自治的现代社会组织体制,充分发挥社会组织在促进经济发展、繁荣社会事业、创新社会治理、提供公共服务等方面的重要作用。其次,要积极推进行业协会商会等社会组织与行政机关真正脱钩。进一步厘清行政机关和行业协会商会的职能边界,行政机关将适合行业协会商会行使的职能转移给行业协会商会,行业协会商会要除去行政色彩,真正回归民间。行业协会商会必须设立独立账号,资产不明晰的要限期完成划分。最后,要探索在社会组织引入竞争激励机制,增进城乡社区服务类社会组织的活力。如制定激励社会资本支持社会组织发展的财税政策,建立社会组织发展基金,鼓励企业等加大对社会组织的资金支持等,促进社会组织之间有序竞争,激发社会组织活力。

3.优化基本公共服务,搭建更多公众服务平台

基本公共服务体系是指以满足社会成员基本生存与发展需求为目标,向社会成员提供就业、社会保障、基础教育、公共卫生、公共文化、环境安全等基本公共品的一系列制度安排。旨在根据公共需求优化配置公共资源,最大限度地解决民生问题,化解社会矛盾,促进社会公平。享有基本公共服务,是公民权中社会权利的实现。

第一,优化基本公共服务。首先,要提升基本公共服务体系的法治化水平,加快就业、社会保障、公共财政等方面的专项立法,规范政府公共服务供给过程,控制公共服务领域的自由裁量权,防止权力寻租。其次,创新基本公共服务供给方式,构建多元主体协同供给机制。打破公共服务领域的政府垄断,适度引进市场化和社会化的运作方式,逐步形成政府主导,多元主体协同互动的公共服务治理格局。接着要大力推进城乡基本公共服务制度的有机衔

接,实现基本公共服务均衡化。最后,加大政府购买公共服务力度。制定政府购买服务的指导性目录,明确政府购买的服务种类、性质和内容,并及时进行动态调整。建立健全由购买主体、服务对象及第三方组成的综合性评审机制,对购买服务项目数量、质量和资金使用绩效等进行考核评价,并将评价结果向社会公布。

第二,搭建更多公众服务平台。首先,积极拓展社会工作领域。大力开展社会工作服务,从传统民政领域逐步拓展到综治调解、矫治帮教、医疗卫生、人口计生、教育辅导、就业服务、预防青少年(未成年人)违法犯罪、婚姻家庭等领域,探索多部门、多行业介入的模式。其次,加快建立公共财政向有专业资质的社会组织和企事业单位购买社会工作服务的制度。鼓励创办一批集教育、培训、实务、研究于一体的起示范引领作用的民办社会工作服务机构。

六、中国国家治理体系和治理能力现代化的机制建议方案

党的十八届三中全会提出了完善和发展中国特色社会主义制度,推进国家治理体系和治理能力现代化的全面深化改革的总目标。推进国家治理体系和治理能力现代化是一项复杂的系统工程,改革与创新机制是重要的途径和方法,机制创新应该秉承整体性与局部性相统一、灵活性与原则性相结合的原则,机制建议方案主要由五维一体的法治机制、创新驱动机制、文化培育机制、公众参与机制、吸收借鉴机制组成。

（一）法治机制

法治建设是推进国家治理机制改革的关键和基石。党的十八届四中全会提出："依法治国，是坚持和发展中国特色社会主义的本质要求和重要保障，是实现国家治理体系和治理能力现代化的必然要求。"①在推进国家治理体系和治理能力现代化的工作中，应切实加强立法、执法、司法、守法等环节工作，着力构建法治机制。

1.推进国家治理体系和治理能力现代化的立法工作

法律是治国之重器，首先是要有良法可依，良法是善治之前提，良法的产生则要靠科学立法，必须坚持立法先行。"现代化"的国家治理体系既需要完善静态的法律体系，也需要建立健全动态化的法治体系。

习近平总书记指出："依法治国，首先是依宪治国；依法执政，关键是依宪执政；新形势下，我们党要履行好执政兴国的重大职责，必须依据党章从严治党、依据宪法治国理政……"因此，首先要进一步树立和巩固宪法意识和宪法权威，厘清现有国家机关享有的国家权力的性质和运行规则，逐步通过宪法和立法法有效地划

---

①《中国共产党第十八届中央委员会第四次全体会议文件汇编》，人民出版社 2014 年版，第 17 页。

分立法权限,明确不同的机关可行使哪些权力及各种权力间的关系等。① 其次,要完善立法评估,通过开展立法评估试点,探索跨学科法律实效评估方法,完善技术层面上的立法评估程序等措施,切实提升立法质量。

2.强化执法工作

法律的生命力在于实施,法律的权威也在于实施。习近平总书记指出:有些政策规定是约束性的,有些明确是刚性要求,却成了"稻草人",成了摆设,这样就形成"破窗效应"。推进国家治理体系和治理能力现代化需要解决法律制度体系的"贯彻危机",即需要强化执法工作。

首先,进一步推进综合行政执法改革,切实转变政府职能、提高效能。继续大力削减行政审批事项,注重解决放权不同步、不协调、不到位问题,对下放的审批事项,要让地方能接得住、管得好。整合执法主体,减少执法层次。其次,完善干部选用机制,将德才兼备的人才吸纳入干部队伍中,并强化公职人员的法治教育,培育其法治素质和法治思维,并提高其法治能力与水平。健全权力监督和问责制度,依法公开权力运行流程,并完善惩治和预防腐败机制,借助大数据的巨量数据处理手段打造"数字政府""责任政府"等。

---

① 参见莫纪宏《论"国家治理体系和治理能力现代化"的"法治精神"》,《新疆师范大学学报(哲学社会科学版)》2014 年第 3 期。

3.推进司法体制改革

司法作为维护社会公平正义的最后防线,是宪法和法律制度落实的重要环节,司法能够为国家治理体系现代化输送秩序价值、规范价值、程序价值、信用价值。

因此,首先必须坚持司法为民,落实改革措施,确保司法机关独立公正行使审判权和检察权,完善人权司法保障制度,这样才能大大推进法治中国的建设进程,为国家治理体系和治理能力的现代化提供强有力的司法保障。其次,努力提高司法工作者的素质,加快司法职业化建设,重点是要建立适应司法职业特点和符合独立司法需要的保障制度。

4.确立"全民守法"的规则意识和规则体系

公民对法律的认同和信仰是法治的力量之源。法律既是政府治理社会事务的依据,同时作为人民意志的体现,也是人民监督政府的手段。要实现国家治理机制的创新,就必须借助法治力量,注重培养社会成员的法治理念,抛弃运动式治理思维,塑造现代法治文化,确立"全民守法"的规则意识和规则体系。

因此,首先要加强公民教育,尤其是加强普法教育,弘扬社会主义法治精神,引导人民知法、懂法、守法、用法、护法,着力培育公民法治意识和法治信仰,进而增强社会对公权运行的监督力度。其次,建立全体公民都要对公共利益负责的"普遍责任体系",让每一个社会成员在追求和实现个人利益的同时也能对整个社会承担相应的责任。

(二)创新驱动机制

习近平总书记在中央财经领导小组第七次会议上指出:"创新始终是推动一个国家、一个民族向前发展的重要力量。"[①]同时,十八届三中全会指出,"坚持正确处理好改革发展稳定的关系,胆子要大、步子要稳,加强顶层设计和摸着石头过河相结合,整体推进和重点突破相促进,提高改革决策科学性,广泛凝聚共识,形成改革合力"。

治理体系现代化,意味着从原有政府主导的单一体系转变为政府引导、多元主体参与的协同共治体系。而治理能力现代化,则体现为应对社会问题和公众需求的战略性、回应性和民主性。其中"摸着石头过河"更多地体现为地方政府的创新性探索。

政府创新是推进国家治理现代化的必经之路,因而,推进国家治理体系和治理能力现代化,一是要合理地划定政府的权力边界,增大地方政府的自主性,为各界政府的治理创新提供一个基本的制度环境。二是要放手发动和大力支持地方政府广泛开展治理探索和创新,系统地总结各级政府的治理改革经验,及时将成熟的改革创新政策上升为法规制度乃至推动国家层面的制度变迁。三是要制定有效的考核奖励政策,积极鼓励创新行为,给创新者以人

[①] 习近平:《加快实施创新驱动发展战略 加快推动经济发展方式转变》,《人民日报》2014年8月19日。

力、物力、财力、信息和政策的保证,形成足够强大的激励力量,激发人们的创新积极性。四是要建立容错机制,改革和创新一定要冒险,应当降低人们为创新所承担的风险,要支持敢冒风险的创新者,真正鼓励改革创新。五是要善于利用市场工具、社会工具、舆论工具和网络工具创新国家治理,提升国家治理能力现代化水平。

(三)文化培育机制

没有文化的铺垫,所有的改革都是没有灵魂的,因此,推进国家治理体系和治理能力现代化,文化建设是关键。社会主义核心价值观对国家治理体系和治理能力现代化具有导向作用,必须大力培育和弘扬核心价值观,加快构建充分反映中国特色、民族特性、时代特征的价值体系。

1.大力挖掘中华民族优秀传统文化

每个国家和民族的历史传统、文化积淀、基本国情不同,其发展道路必然有着自己的特色。中华民族优秀传统文化是推进国家治理体系现代化的历史基础。文化是可传播的,文化是有力量的,文化是可以发展的,文化是能够成为历史遗产的。文化的宽容、包容、兼容也是一个国家的治理体系和治理能力软实力的显示。一个国家的治理体系是否科学,不仅要看相关制度反映国家治理规律的程度,而且要看这个治理体系对于所治理对象的"适应"和"对症"程度。习近平总书记指出:独特的文化传统,独特的历史命运,独特的基本国情,注定了我们必然要走适合自己特点的发展道路。因此,我国的国家治理体系必须与中华优秀传统文化相适应,需要大力挖掘中华民族优秀传统文化。

2.以社会主义核心价值观引领文化事业

社会主义核心价值观对国家治理体系和治理能力现代化具有定向导航作用。以社会主义核心价值观为灵魂的文化建设是国家治理的重要内容。无论是思想道德教育、文化事业产业发展,还是精神文化产品创作生产,都要贯穿社会主义核心价值观的基本要求,体现社会主义核心价值观的价值取向,融入社会主义核心价值观的要素内涵。文化自信,是一个民族、一个国家、一个政党对自身文化价值的充分肯定和对文化生命力的坚定信念。它关乎国家发展的方向和未来,关乎民族的追求和幸福,关乎社会的稳定与和谐,是一个文化大国到文化强国必须具有的文化担当。

3.深化对社会主义核心价值观的宣传教育

首先,把社会主义核心价值观学习教育纳入各级党委中心组学习计划,纳入各级党委讲师团经常性宣讲内容,纳入各级各类干部教育培训机构教学计划。其次,突出社会主义核心价值观的实践养成。广泛开展道德实践活动,扎实推进公民道德建设,使人们在自觉参与中思想感情得到熏陶,精神生活得到充实,道德境界得到升华。再次,把社会主义核心价值观落实到社会治理中。要把践行社会主义核心价值观作为社会治理的重要内容,形成科学有效的诉求表达机制、利益协调机制、矛盾调处机制、权益保障机制。创新社会治理,完善激励机制,褒奖善行义举,实现治理效能与道德提升相互促进。

(四)公众参与机制

在国家治理由行政管理向公共管理转化的过程中,公众作为公共管理的主体,实现公众参与,可最大限度激发社会活力,有效推进国家治理形式的转变。广大公众积极、理性、有序地参与国家治理是确保国家治理取得长效的重要基础,也是国家治理达成理想状态的必然要求。

1.明确公众参与的职能边界

一是形成职能边界清晰的政府—市场—社会等多元主体"共治"的"现代国家治理体系",构建起以公众参与为特征的协商治理机制,明确社会组织、企业、公民等多元社会主体协同参与国家治理的制度空间。二是能够对公民的监督管理权、公众参与权给予法律范畴的说明。保障公民的监督权得到最根本的执行,对公众反映的各种政府违规行为给予及时处理,公共行政过程及时、透明、彻底、公平,能够最大程度激发公众参与监督的热情。

2.引导公众有效参与国家治理

一是增强参与意识。在制度、政策层面上对公众参与的内容、方式、步骤,参与的广度、深度等做出具体规定的基础上,充分发挥互联网、媒体舆论、专题听证会、电话咨询、问卷调查等管道的作用,增强公众参与意识,把公众参与引向有序发展。二是在具有参与意愿的前提下,培育公民意识,帮助公民树立起正确的角色观念、权利观念和责任意识,塑造公民理性参与精神,张扬理性的力量,实现公众有效参与国家治理。

3.畅通公众有效参与国家治理管道

一是要搭建普通民众、专家学者、政府官员、政府部门、公益性社会组织等多元主体共同参与的国家各级治理平台;二是要健全利益表达管道,涉及重大公共利益和公众权益的重要决策,除依法应当保密的,其他须通过征求意见、听证座谈、咨询协商、列席会议、媒体吹风等方式扩大公众参与。

(五)吸收借鉴机制

推进国家治理体系与治理能力现代化,必须统筹把握吸收我国国家治理的丰富经验与借鉴世界其他国家有益成果的关系。一是不能割断与本国历史和文化的联系,我国今天的国家治理体系,是在我国历史传承、文化传统、经济社会发展的基础上长期发展、渐进改进、内生性演化的结果,也是长期的历史观察、实践探索和知识积累的结果。二是不能割断与世界社会主义历史和社会主义国家已有的实践之间的联系,重要的是要善于从中总结经验教训。三是对国外的治理理论和治理的经验与做法,既不能生搬硬套,也不能排斥拒绝,而要很好地进行吸收借鉴。①

在经济上,坚持从中国实际出发,积极借鉴世界发达国家发展市场经济的成功经验和合理做法,努力寻找能够极大促进生产力发展的公有制实现形式,积极探索混合所有制的发展形式。特别提出的是,鉴于国家治理与公共经济理论的紧密联系,建议在吸收借鉴的基础上,一是要紧紧围绕我国推进国家治理现代化实践的需要,努力提升公共经济理论研究的深度和高度,以增强研究成果的宏观指导功能;二是要针对我国公共经济领域存在的具体问题开展案例式和对策性研究,有理有据地提出解决各种公共经济问题的政策建议,为实务部门提供决策参考,从而使理论研究成果更多更快地转化为实现各个领域公共事务善治的实践。②

在政治上,坚持从我国国情出发,总结实践经验,同时借鉴人类政治文明的有益成果,建设社会主义政治文明。③ 西方现代化理论和政治发展理论很难解释中国的政治体制改革,在维护国家治

---

① 参见许耀桐《习近平的国家治理现代化思想论析》,《上海行政学院学报》2014 年第4 期。

② 参见齐守印《构建服务于国家治理现代化的公共经济理论体系》,《财贸经济》2015 年第 11 期。

③ 参见景俊海《积极吸收人类文明优秀成果推进国家治理体系和治理能力现代化》,《中国党政干部论坛》2014 年第 6 期。

理体系基本稳定的基础上，适应性民主改革和责任型政府体制改革才是中国政治体制改革继续深化的主要内容。[1] 我国国家治理的现代化首先要弄清政治发展的渐进性和有序性，进行科学的制度设计。中国目前最需要的不是破除现代性，直接按照国际上的治理概念进入后现代，而是实现政治现代化。首先要建设现代国家和现代政府，在建设现代性的同时关注一些后现代的结构，逐步实现由一元结构向治理的多元结构的转变，处理好政府和市场、社会、公民之间的关系。[2]

在文化上，我们推进国家治理体系现代化，必须以马克思主义立场、观点和方法为指导，体现国家主流意识形态，吸收中外优秀文化精华。[3] 对于世界上各种思想文化要有吸纳又有排斥，有融合又有斗争，将文化塑造与国家治理有机结合，使国家治理融于文化塑造之中。国家治理本质上是文化层面的顶层设计，是通过熏陶、引导的方式，多元并举、协同共治的实践，最终实现价值整合和文化认同，[4]是从民族精神、时代精神、文化价值体系的构建和发展切入的根本性治理。一是对博大精深的中华文化用马克思主义立场、观点、方法加以甄别、分析，坚决抛弃那些与封建制度紧密相连、在历史上起负面作用的文化；二是做好民族文化与现代制度的协调互动工作；三是以马克思主义为指导，区别对待、批判吸收西

---

[1] 参见徐湘林《社会转型与国家治理——中国政治体制改革取向及其政策选择》，《政治学研究》2015 年第 1 期。

[2] 参见胡伟《国家治理体系现代化：政治发展的向度》，《行政论坛》2014 年第 4 期。

[3] 参见邓纯东《吸收文化精华推进国家治理体系现代化》，《人民日报》2014 年 4 月 4 日。

[4] 参见李宗桂《文化的顶层设计对国家治理至关重要》，《国家治理》2014 年第 9 期。

方资本主义文化;四是要大力发展社会主义核心价值观引导的文化产业,努力推动社会主义文化大发展大繁荣;五是必须推动文化管理到文化治理和善治的转变。

在社会建设上,吸收古今中外文明中关于和谐思想的宝贵成果,把构建社会主义和谐社会作为建设社会主义的一项基本任务,使中国特色社会主义事业总体布局发展完善为经济、政治、文化、社会、生态文明建设五位一体。[①] 一是要完善社会政策体系,二是要优化基本公共服务体系,三是要加强社会组织培育和监管,四是要建立社会行为规范体系,五是要创新社区治理体系。[②]

总之,在国家治理体系和治理能力现代化的机制改革与创新中,在加强和改善党的领导前提下,法治机制是保障,创新驱动机制是动力,文化培育机制是灵魂,公众参与机制是依托,吸收借鉴机制是有效条件。五大机制协同作用,推动国家治理体系和治理能力现代化向前推进。

(执笔人:邓国峰、石奎、王占峰、胡启明)

[①] 参见景俊海《积极吸收人类文明优秀成果推进国家治理体系和治理能力现代化》,《中国党政干部论坛》2014 年第 6 期。

[②] 参见姜晓萍《国家治理现代化进程中的社会治理体制创新》,《中国行政管理》2014年第 2 期。